媒介与生存

——深度解读《娱乐至死》
及其引申

段树德 著

天津社会科学院出版社

图书在版编目（CIP）数据

媒介与生存：深度解读《娱乐至死》及其引申 / 段树德著. -- 天津：天津社会科学院出版社，2024. 9.
ISBN 978-7-5563-0994-8

Ⅰ. G241.3

中国国家版本馆 CIP 数据核字第 202414CF28 号

媒介与生存：深度解读《娱乐至死》及其引申
MEIJIE YU SHENGCUN:
SHENDU JIEDU 《YULE ZHISI》 JIQI YINSHEN
责任编辑：李思文
装帧设计：安　红
出版发行：天津社会科学院出版社
地　　址：天津市南开区迎水道 7 号
邮　　编：300191
电　　话：（022）23360165
印　　刷：北京盛通印刷股份有限公司
开　　本：710×1000　　1/16
印　　张：27.5
字　　数：410 千字
版　　次：2024 年 9 月第 1 版　　2024 年 9 月第 1 次印刷
定　　价：78.00 元

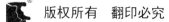

自 序

2020年9月11日，人民日报社主管的《生命时报》在一版发表了以"救救用屏上瘾的孩子们"为通栏标题，以"一块小屏摧残身心 痴迷手机断送一生"为副标题的一篇专访。专访中刊登了一些青少年（也包括一些成年人）被手机上瘾所伤害的事例及相关的统计数据，实在令人触目惊心。基于此，《生命时报》发出了关乎生命的呼唤。在国外，美国、英国、荷兰、意大利、丹麦、挪威等发达国家也经常发布关于人们手机、电脑成瘾的调查报告；中国包括《生命时报》的一些报刊也不时刊登这些方面的文章。除了少数十分不发达国家外，这个问题几乎成了全球性的问题。其实手机、电脑、互联网甚至包括人工智能，在它们为生产、生活、社会管理及社会服务等方面作出极重要的贡献之外，其负面作用也并非只是"上瘾"这么简单，还有更深刻的涉及人的本质属性受到伤害的问题。受到伤害的人也不仅是青少年，还有成年人，甚至也包括一些社会精英们——只要上网，就不可避免地受到屏幕的影响。这里更深刻的变化是现今的数字时代，"算法"主宰的手机、电脑、人工智能和网络，即是媒介，这些先进的媒介掀起的巨大浪潮冲击着人们的精神、生活和社会的各个领域，甚至引起了世界经济、政治、军事等格局的变化，更凸显了媒介的强大力量。时至今日，无论是个人、家庭，还是集团、国家和民族，如果在如此先进的媒介环境中丧失自主性、缺乏媒介意识，那么将意味着的是生存危机。我们应当怎样认识媒介，我们应当如何避其害，用其利，无疑是数字时代摆在人们面前的需要迫切解决的问题。以色列历史学家尤瓦尔·赫拉利（Yuval Noah Harari）在他的《今日简史：人类命运大议题》序中，第一句话就说："在一个信息爆炸却多半无用的世界，清晰的见解就成了一种力量。"这话本身就很有力量。他的意思可能是要人们在信息的汪洋大海中，有清醒的认识、有选择地吸收有用的信息，这便是一种宝贵的能力。如果用媒介论的观点来理解，爆炸（的信息）是由媒介引发的，认识媒介就懂得了爆炸（的信息）是怎样由媒介而来，有何作用和怎样对待它。这种清晰的认识不仅能帮助我们看清隐藏在算法背后的许多问题，还能让我们看到其他领域的一些问题，难道这种（关于媒介的）清晰见解不就是媒介意识吗？不就是一种力量吗？

原本打算独立"编程"讲述有关媒介的问题，后来发现有一个比这更好的办法，就是借助一位专家的名著再发挥一下，这种借力长力的办法也许会把媒介的问题讲得更好。毕竟我们本来就是站在名家肩膀上摘桃子的人。这位专家就是尼尔·波兹曼（Neil Postman）先生，他的《娱乐至死》写于20世纪80年代，有人把它看成是现代社会娱乐化的警世危言；有人把它看成是印刷（文字）媒介与电视媒介对比之优劣的著作。《娱乐至死》再版时，书前有十几位专家学者和媒体写了荐言，但那都是在过去的年代里对该书的精辟评价，而站在现今的数字时代，如果从媒介论的观点来对该书进行估量，就会发现它对我们有许多新的启示，更具现实意义。把锤子——这个可以被认为是古老的媒介——用好了，便会做出许多器物来，用得不好，可以（如将钉子拔出来）重新再来（钉），没什么了不得的。但是，如今把手机、电脑、人工智能用错了可就会对人、对社会产生巨大的伤害，因为这些先进的媒介技术负面作用的致命点都是在人的本质上、在社会性上。这是关系到每个人的生存和社会发展的，弄得不好，人们将陷入空前的科技灾难之中。这的确是关系到个人、家庭乃至国家和民族的命运，难道这种启示还不重要吗？我就想以我微薄的能力告诉大家，这种启示究竟是些什么，所以我并不希望人们把我的这本小书只看成是解读式的书，而是希望看到在解读中受到的启示及其延伸对当今数字时代的意义。

《娱乐至死》是奠定媒介意识的重要著作，可以说整篇都是在分析媒介对人及对社会的作用。他的分析从口语开始，到文字、印刷文字、电报、摄影、电影、广播、电视……也涉及了电脑等媒介。书中借助马歇尔·麦克卢汉（Marshall Mcluhan）的一些媒介学说，所展示的媒介理论不但没有过时，而且还是我们今日认识电脑、手机、人工智能、互联网等这些先进媒介的基础。在这个基础上再认识数字时代，对我们树立媒介意识和探索人类生存将有着更重要的意义。《娱乐至死》绝非明日黄花。

既然媒介理论及媒介意识涉及的层面非常广泛，就将本书的写作带到了两难境地。一方面，要让普通人了解媒介、树立媒介意识。因为普通人是社会基础，他们也在上网，他们的明智与否对社会作用极大，这就要求笔者的解读要通俗化。另一方面，只有深度解读方能认识《娱乐至死》一书的现实意义。别看该书讲了许多故事，但其实质是一本理论性较强的书，关键处的语言又有点晦涩，要解读它、要引申它往往需要借助一些名家的更为晦涩的论述。为了照顾普通读者，笔者将尽力通俗地解说，有些地方还举例说明，讲了点故事（可能不尽恰当，还有点啰嗦），这些事例和故事几乎都是常识，具有中等文化水平的人都能读懂。其实许多道理并没有什么神秘，它就在我们的生活之中。即便如此，有些读者还可能在第一、第二、第十五章等处遇到理解理论的困难，但是不要太纠结，只要知道其论点就可以了，并不妨碍继续读下去，以后找时间慢慢理解。至于解读中对麦克卢汉及波兹曼某些理论引申的东西可供专业人士参考和批评。这样对我的这本书既可以深读，也可以浅读。

深度解读《娱乐至死》就包括非常规地即以媒介论的观点来解读，就会发现媒介竟是那样地关系到历史、政治、经济、教育、法律、宗教、科学等诸多领域。深度解读，还告诉我们树立媒介意识并不是一劳永逸的事，而是一个长远的生存课题。深度解读不仅可以为我们认识互联网、手机、电脑、人工智能等先进媒介打下良好基础，还可以一举多得：从第一章到第十一章，是按照《娱乐至死》的结构和顺序进行解读的，可能会解决某些读者对某处读不懂的问题。读者一时找不到《娱乐至死》，那么本书在某种程度上又可以忝作替代，当然最好的阅读是对照原著，读过本书既可大致了解媒介理论，又可了解《娱乐至死》的基本内容。深度解读还能启示我们将媒介理论加以引申，去认识媒介理论的更多内容。深度解读让我们放开眼量看媒介，从中可见一部（美国）媒介演化史就是一部（美国）文化史。人类生活于世界最基本的是物质需要，除此之外就是对信息和能量的需要，而物质又是靠信息及能量取得的。能量是人类生命的动力，没有能量别说人寸步难行，就是生命也不能存在；没有信息，人不知何去何从，更无发展和进步。信息由媒介而来，媒介不仅是信息的载体，不仅对人和人类社会产生巨大的影响，而且还是文化的载体，各个领域的成果都必须由媒介形成、由媒介承载、由媒介传播，各种文化形式存在于媒介之中，因此媒介之中有文化、媒介之中有历史。深读《娱乐至死》就会看到一部（美国）媒介的演化史是怎样地与美国的历史相应相生。18—19世纪美国有发展得很好的印刷术文化，它促进了美国崛起并奠定了美国20世纪快速发展的基础。美国在电视文化形成和发展时期确立了在世界的领先地位，也正是在这个由电视文化导致的娱乐化使美国文化开始出现了衰退的迹象。20世纪末以来，电脑、网络、手机、人工智能等信息媒介技术成为社会生产力发展的领先技术，出现了其他国家赶超美国的机会，美国前进的步伐相对放缓，美国一家独大的地位开始动摇。这里我们也惊异地发现印刷术媒介和美国的快速崛起相应和；电视媒介与美国的娱乐时代相应和；电脑、网络、手机和人工智能等数字信息媒介大发展时期将与美国欲被赶超相应和。解读《娱乐至死》使我们看到了媒介生态下的美国史，因此在解读中我不但没有过多地删节波兹曼列举的媒介事例，反而对某些人物、事件、故事作了进一步介绍，以便更好地理解媒介在其中起了何种作用。当然这里我们的关注点倒不是美国的历史（但媒介和它所形成的媒介文化却关系到了美国的历史），重点仍然是让人们从这里深入地认识媒介，也提醒人们认识媒介的问题似乎远没有结束，研究媒介其实就是人类研究自己，就是人类用自己的创造物（媒介）同自己对话。我们从人文角度研究媒介，就是在研究日益发达的（媒介）科技条件下人类的生存存在，包括如何拯救自己。

当然，除了普通读者之外，我也很关注大学生们和从事新闻传播、社交媒体业的人员以及从事信息技术研究的人员。十多年前，在中译本《娱乐至死》出版时，我曾向我的一些同事推荐过此书，甚至今日也曾向在学的专业大学生们推荐过，但是他们大都反映说看不懂，这令我感到非常遗憾。正如一名战士手中拿着一杆枪，只知道它可以打击敌人，而不了解它的性能：如何瞄准，杀伤力有多大，有效射程是多少……从事媒体工作的人只知道媒体能传播信息，从事信息技术的人只知道如何更好地求得媒介传播的高能力和传播的高质量，而不知道媒体（介）具何种性质，怎样作用于人及社会，难道不令人慨叹不已吗？这也是我写此书的缘由之一，就它的理论性而言，似乎它还可以作为大学有关专业的辅教性读物。

本书的上篇，第一章至第十一章是对波兹曼原著的解读，并尽力保持其完整性和连贯性。下篇，从第十二章到第十五章是我在麦克卢汉、波兹曼理论的启发下所作的发挥。上、下篇都有我对媒介理论的某种探索。因本人学识尚浅，在解释名家论述和对媒介理论的探索中难免会有不妥之处，望有识者指正。

本书引文出处标于引文后的括号内，引用《娱乐至死》的引文不再标明出版社及版本，只在括号内标注页码，前一个页码为广西师范大学出版社版本（2009年版），后一个页码为中信出版社版本（2015年版）。由于版次和印刷次数不同，其他版本的页码与本书所标的页码稍有差别。引用的短句、短语，只加引号，不再标明页码。

为通俗化，本书在阐述中加注了一些事件、故事、人物，甚至还有一些概念，对名家的论述也作了些解释，深恐扰乱了读者的思维。为使本书脉络清晰，笔者在美编的帮助下制作了思维导图，随书奉上，仅供参考。

目 录

上 篇

下 篇

波兹曼的前言

——序幕从人类命运的话题拉开

波兹曼先生在前言部分从两位作家的预言说起。一位作家是英国的乔治·奥威尔（George Orwell），他写了一部预言性的小说《一九八四》。此书作于1949年，书中说，1984年的时候世界将被一个叫"老大哥"的独裁者所统治，人们将受到压迫和奴役，在失去自由的恐怖下痛苦地生活。书中透露了奥威尔的担忧与害怕。当然有压迫就有反抗——那些自由意志论者和唯理论者将会随时准备反抗独裁统治。另一位作家也是英国的，叫奥尔德斯·赫胥黎（Aldous Leonard Huxley，是被中文译作《天演论》的作者托马斯·赫胥黎的孙子），他在1932年写了一部科幻小说《美丽新世界》。几乎很少人能想到这部小说透露出的信息和奥威尔在《一九八四》所担心害怕的东西正好相反。奥威尔预言的1984年如期而至时，并没有发生他所说的那样，至少在美国没有发生，而波兹曼则说赫胥黎的预言"可能成为现实"。赫胥黎的预言是什么呢？波兹曼在《前言》中以与奥威尔的预言相对照的方式进行介绍。在阅（解）读《娱乐至死》时需要不时地回看两种预言的介绍，所以将《前言》中谈到两相对照的部分照抄如下：

奥威尔警告人们将会受到外来压迫的奴役，而赫胥黎则认为，人们失去自由、成功和历史并不是"老大哥"之过。在他看来，人们会渐渐爱上压迫，崇拜那些使他们丧失思考能力的工业技术。

奥威尔害怕的是那些强行禁书的人，赫胥黎担心的是失去任何禁书的理由，因为再也没有人愿意读书；奥威尔害怕的是那些剥夺我们信息的人，赫胥黎担心的是人们在汪洋如海的信息中日益变得被动和自私；奥威尔害怕的是真理被隐瞒，赫胥黎担心的是真理被淹没在无聊烦琐的世事中；奥威尔害怕的是我们的文化成为受制文化；赫胥黎担心的是我们的文化成为充满感官刺激、欲望和无规则游戏的庸俗文化。正如赫胥黎在《重访美丽新世界》里提到的，那些随时准备反抗独裁的自由意志论者和唯理论者"完全忽视了人们对于娱乐的无尽欲望"。在《一九八四》中，人们受制于痛苦，而在《美丽新世界》中，人们由于享乐失去了自由。简而言之，奥威尔担心我们憎恨的东西会毁掉我们，而赫胥黎担心的是，我们将毁于我们热爱的东西。

这本书想告诉大家的是，可能成为现实的，是赫胥黎的预言，而不是奥威尔的预言。

如果不通读《娱乐至死》大概不太会领略这两种预言的含义，但是会粗略地感到所涉及的都是与人类命运息息相关的话题。《娱乐至死》的序幕就是从这里拉开。除了那位独裁的"老大哥"还有什么会关系到人类命运的呢？读者一下子可能弄不明白波兹曼前言所谈到的两种预言的内容。但只要读下去，波兹曼会慢慢地解释清楚，他会指出另一个关系到人类命运的是什么。

上 篇

第一章　媒介即隐喻

——媒介的力量不可小视

媒介在传播学上是指传播的手段。比如某信息是通过（广播或电视的）电波传播的，那么（广播或电视的）电波即为媒介。如果是通过（书籍、报纸、杂志等）印刷文字传播的，那么印刷文字即为媒介。媒介是作为与人与事物广泛结缘构成某种关系，并能够使人或事物在某种程度上在人的意识中呈现自身的一种存在，它的这个作用使人们能够对人或事物产生某种认识，从而满足人们的某种需要。事物与事物，或人与人，或人与事物发生某种关系，并不是它们之间有因缘，而是人和事物各自与媒介结缘，才在媒介的作用下形成某种关系。人坐在家里，与奥运会（事物）没有关系，先是因为电视（台）直播，使电视（媒介）与奥运会发生关系，然后人又通过"看"这种行为与电视（媒介）发生关系，才使人看到了奥运会，即形成了人与奥运会的关系。在这种关系中，奥运会以其自身的情景通过电视媒介呈现给了电视观众，才使人们对奥运会有了某种认识。这里关键在于媒介，媒介不仅是简单的使两个事物发生关系的事物，更是让人们能够对事物产生某种认识的存在，媒介论首先就是这样地看待媒介，而不是把媒介混沌地、简单地看成中介。在商务印书馆出版的《现代汉语词典》（第7版）中，把"媒介"解释为"使双方（人或事物）发生关系的人或事物"。显然，这种解释是将媒介主要地看成是中介，抹去了媒介能在某种程度上呈现事物（或人）并为人们起到某种认知的作用是不甚妥切的。其实稍微剖析一下所谓的"中介"，就会看到中介就含有对事物产生某种认识的意义。两个原本不相识的人在中（媒）介的作用下互相认识了，不管这种认识是否深刻或肤浅，总之是有所认识。只不过人们习惯于用中介作用简单地说明媒介，而没有发现媒介会让人对事物产生某种认识的作用，所以只用中介来说明媒介是远远不够的。本书后面的一些章节将进一步讨论媒介在认识事物中的作用。媒介与人、与事物广泛结缘，所以其概念的外延是很宽泛的，媒介理论的创始人之一，加拿大的马歇尔·麦克卢汉不仅把能够传递信息的有形（比如文字）与无形（比如电波）的东西看作媒介，而且把工具、用品（如汽车、衣服、货币、武器等）都认作是媒介。后来的研究把科学仪器、技术装置、技术设备等也看作是媒介，再后来将思想意识里的东西，像定理、逻辑、观念等抽象的东西也看成是媒介，比如在大地测量中，利用距离和角度依直角三角形定理，在地面就可以测出山的高度，这一定理就可被认作是媒介。虽然如此，媒介的根据仍然是科技，我们将在后面逐步说明。媒介不仅可以通过传递的信息探知某事物及其变化，它甚至可以引发更隐蔽的变化，或者引发某种问题，这些被隐蔽的东西就被人看成是媒介的隐喻。隐喻也称暗喻，本是修辞学上的概念。与暗喻相对的是明喻，说的是用一样东西（喻体）比喻要说的东西（主体），主体与喻体是两类不同的东西，但通过对喻体的了解便懂得了主体。这里喻体与主体是两个不相干的东西，仅在形式上有某种类似，比如，"她灿烂的笑容就像是一朵盛开的桃花"，以桃花比喻笑容之美艳。而在隐喻中主体与喻体是相关联的、相合的关系，比如将要讲到的"媒介即信息"，媒介与信息虽是两样东西，但它们紧密相关。后来隐喻被扩大使用，超出修辞学的意义，表面上说的是一件事，而实际上在这件事的背后指的是另一件事，而这前后两件事是有关联的，并不是截然不同的、无关系的。这种情况下常把后者说成是前者的隐喻。那么"媒介即隐喻"即是媒介它并不仅仅如表面上的那种直接（比如传播及认识事物）的作用，它还隐蔽着另外的一些作用，即是媒介的隐喻。那么媒介是怎么成为隐喻的呢？这媒介隐喻的事是什么呢？波兹曼在这个命题下展开的不仅是本章的内容，更是关乎全书的意义。读者要本着探寻媒介的这个暗中的作用——隐喻去跟着波兹曼读下去。

（一）四个标志性的城市

波兹曼从美国建立独立国家的历史以及美国的工农业发展作为背景讲媒介故事。初看起来，似乎离（媒介的话）题太远，其实这个开头很是"大气"的，它实质是在暗示（也可以说是隐喻）国家的命运与媒介的某种关系。波兹曼开头讲了美国的四个城市，波士顿、纽约、芝加哥和拉斯维加斯，它们代表着美国历史的演变，又恰恰是作为背景的媒介的演变。

美国这块土地上的历史开始于英国移民。1620年一艘渔船"五月花号"承载了第一批英国人渡过大西洋踏上了北美大陆，建立起新生活。此后的二三百年间移民不断，除了英国人还有其他的欧洲人、被卖作奴隶的非洲人、未被屠杀的土著民，甚至还有做劳工的亚洲人等。起先英国在那里设立了殖民地，派驻了总督代替英王来管理。波士顿这个城市标志着美国独立运动的形成与发展，所以波兹曼说："18世纪后期，波士顿是政治激进主义的中心，震惊世界的第一枪在那里打响……"（5页、3页）。18世纪中叶，英国与法国同西班牙发生了七年战事，虽然英法获得了胜利，但元气大伤，欠了许多债。为解决这些问题，英国本土便向北美殖民地下手——增加对北美的税收。这引起了北美人的反抗。波士顿成为反抗的中心。1773年英国议会通过《茶税法》，让北美人购买东印度公司积压的茶叶，购茶时按《茶税法》向英政府交税。这引起了北美人的强烈不满，一些波士顿人登船向大海倾倒了价值一万英磅的茶叶。此事件掀起了北美反英的巨大浪潮。北美的许多州都一致宣称是"美利坚人"，13个州的人团结一致对抗英国殖民统治，并组建了民兵。1775年4月，英军要占领康克德北美民兵的弹药库。得到这个消息的莱克星顿民兵集合，准备抗击英军。英军将要包围民兵，不知是谁放了第一枪，于是就有了震惊世界的"莱克星顿第一枪"，随之也就发生了著名的美国独立战争。战争持续到1781年10月英军驻军投降。1776年7月，北美殖民地宣布脱离英国，但是直到1787年美国宪法的制定才真正规定美国为联邦制国家。1789年，华盛顿就任美国第一届总统。此时美国才称为真正独立的统一国家。19世纪前后至19世纪中叶，世界各地不少人移民美国，美国又成了多民族融合的国家。后来美国又经历了19世纪中叶的南北战争，也就是奴隶制度与自由劳动制度之间的斗争，以北方的自由劳动制度的胜利而告终，废除了奴隶制的美国走向了更快发展的道路。19世纪末20世纪初，美国已有了较强大的工业和与之相应的农业，那个时代的标志就是钢铁、铁路与牛群，"芝加哥开始成为美国工业发展的中心"。纽约是这个来自世界各地人的"大熔炉式国家的象征"，有了代表自由的女神雕像，人们看着她，好像自己生活在一个美式的自由与民主的国度里；当然也有了为独立战争作出贡献的民兵的雕像，似乎也应该有一座坐落在美国工业发展中心芝加哥的屠夫的雕像。这些象征让人们记住那个时代。然而我想为波兹曼先生补充一句（也是波兹曼上述那段话的隐喻）：那个时代也是美国的印刷术文化时代。从人类的文化角度看，这是个更加值得纪念的时代。（波兹曼在书中将向我们展示印刷术文化对美国人的贡献是多么重要。波兹曼在书中讲美国历史及一些人物、事件等，其实都是在指说媒介，它们的背后讲的都是媒介故事。我们的关注点应放在媒介上，注重衬映在历史、人物、事件背后的媒介，以及媒介的演变给历史带来了什么）。

到了第二次世界大战时美国成了世界第一强国，在高度现代化的同时美国也出现了发达的娱乐业。拉斯维加斯便是美国娱乐业的标志。拉斯维加斯不是一个因商贸、交通等原因自然形成的城市，而是美国在内华达州的一片荒漠上选址进行人工建造的娱乐城，它首先被称为"赌城"，其实还有很多剧院、夜总会、饭店、体育场馆……除了场内表演，场外、街头还有各种娱乐表演。不可小视的是，拉斯维加斯的诞生标志着美国进入了娱乐时代。这种娱乐并非简单地消遣，它更深刻的含义如波兹曼指出的："在这里，一切公众话语都日渐以娱乐的方式出现，并成为一种文化精神"（5—6页、4页）。其实，以拉斯维加斯为标志的娱乐的文化精神已蔓延至全美，"我们的政治、宗教、新闻、体育、教育和商业都心甘情愿地成为娱乐的附庸，毫无怨言，甚至无声无息，其结果是我们成了一个娱乐至死的物种"（6页、4页，重点为引者加）。这句话是波兹曼先生给美国乃至全世界的一句警世危言，我们应当永记于心。需要说的是，波兹曼的"娱乐至死"远不只是人们徜徉在娱乐场中的那种堕落，更是给发达的美国社会带来了社会文化的变迁。娱乐与电子传媒的负面作用相遇，那种危险是巨大的。

（二）美国文化精神的娱乐化

讲完美国四个城市的历史象征之后，波兹曼开始讲美国文化精神的娱乐或者以娱乐为中心的美国文化精神，波兹曼举了几个例子。首先说的是美国第40任总统罗纳德·威尔逊·里根（Ronald Wilson Reagen），里根1981年入主白宫。之前，他曾做过体育节目主持人，还演了50多部电影，曾被好莱坞称作"五大明日巨星"之一，担任过好莱坞电影演员协会主席，从此对政治发生了兴趣。无疑，里根是从娱乐圈走出来的。里根竞选总统的主要对手是约翰·格伦（John Glenn），是一位宇航员，虽然不是娱乐圈的，但却是很有娱乐性的电视节目的宠儿，也算是与娱乐圈搭界的人物。里根与格伦的竞争是否可以看成是带点娱乐性的竞争呢？

再说理查德·米尔豪斯·尼克松（Richard Milhous Nixon），他可是个与娱乐圈无关的政治人物。1959年竞选总统时，他任美国副总统，他的对手是马萨诸塞州资历尚浅的参议员约翰·肯尼迪（John Fitzgerald Kennedy），人们预测尼克松将获胜。然而竞选结果却是尼克松失败了。他把这次的失败"归罪于化妆师的蓄意破坏"（6页、4页）（1969年尼克松才竞选成功）"他就如何严肃对待总统竞选这个问题给了爱德华·肯尼迪一个建议：减去20磅体重"（6页、4页）。（注意这个肯尼迪不是1959年与尼克松竞选的那个约翰·肯尼迪）这也确实是个忠告。1959年，他与约翰·肯尼迪在电视辩论会之前，大多数人都认为尼克松经验老到定能获胜。然而一场电视辩论会使形势大变。当时尼克松刚动完膝盖手术，脸色苍白，身体虚弱，还有点发烧。而肯尼迪刚参加完竞选活动，脸色黝黑，精神饱满。上台前，尼克松随便抹了一点男用粉底霜，灯光一照脸色更加苍白。而肯尼迪的助手给肯尼迪润了润色，结果电视上的肯尼迪光彩照人、活力四射，尼克松则一脸憔悴精神不振，鲜明的对比使看电视的6500万人几乎都把选票投给了肯尼迪。连肯尼迪自己都说，没有电视辩论会很难入主白宫。尼克松从自身参加竞选中得到的经验是"化妆术"。这"化妆术"原本是娱乐圈的事，如今竟也走进了政治，"政治家原本可以表现才干和驾驭能力的领域已经从智慧变成了化妆术"（6页、4页）。波兹曼又说到了电视播音员以及节目主持人，他们都属于新闻工作者，他们对娱乐也心领神会，那就是打扮，让自己的形象更加可人。"那些在镜头前魅力四射的人确实可以拥有超过百万美元的年薪"。美国联邦新闻法并没有规定哪些人能上镜头或不能上镜头，是谁、是什么力量决定的呢？就是电视的娱乐性。

娱乐也侵入经济领域。美国的商人们早就知道"商品的质量和用途在展示商品的技巧面前似乎是无足轻重的"。"展示商品的技巧"就是指广告。在后面的第四章里波兹曼向我们介绍了18、19世纪报纸上的广告，那时的广告是印刷术思维下的广告，以大量的文字介绍商品的质量和用途。而当今已是消费社会的美国，把商品打扮得入时入势、可人可意，比介绍商品的质量和用途更为重要。打扮是表演，是以娱乐的手法展示。无论是美国商人还是精明的日本人都知道应当把大量的资金用在广告上。在这一点上"与其说经济学是一门科学，还不如说它是一种表演艺术"（6页、5页）。广告的力量几乎胜过了经济理论的力量。波兹曼说"不论是亚当·斯密倍加赞扬还是卡尔·马克思百般指责，资本主义原理中有一半都是无稽之谈"（6页、5页）。亚当·斯密（Adam Smith）是英国著名的经济学家，他以经济自由为中心思想，研究国民财富，说明资本主义经济体系的内部关联，赞扬资本主义经济制度。卡尔·马克思（Karl Heinrich Marx）以剩余价值学说作为理论基础，对资本主义经济制度进行了最本质最深刻地批判。波兹曼说经济"是一种表演艺术"，本意是说娱乐已侵入经济领域了，广告最能表现这种侵入。经济领域的娱乐化冲击着资本主义原理，波兹曼用调侃语言说这种侵入，并非真正地去评论经济理论。如果经济学果真是一门表演艺术的话，那就不是一半是无稽之谈了，而是全部是无稽之谈了。

波兹曼又举了两个娱乐的例子。一个是以比利·格雷厄姆（Billy Graham）（他是电视传播宗教的神父之一，以后波兹曼在书中还多次提到他）为代表的一些神学家对资深娱乐人士乔治·伯恩斯（George Burns）打拼了80年的祝贺。其实这也是庆祝他们二人在电视上说笑话的成功。格雷厄姆这个代表上帝说话的人向电视观众们保证"上帝偏爱那些能让人发笑的人"。观众们不知道上帝到底是怎么说的，但是观众们知道美国全国广播公司确实是最喜欢让人发笑的人。这里格雷厄姆把美国全国广播公司等同于上帝了，的确是犯了个"诚实的错误"。波兹曼实际上是告诉人们美国的广播电视是娱乐业的大户，宗教节目及宗教人士也来参加这种娱乐了。

　　另一个例子说的是某位心理学专家。她在主持的两档节目中，向听众介绍有关性的种种事情。她在节目中用性逗趣，她认为取悦于人很好，正像教授讲课时表现得幽默就会让人带着记忆下课。广播电视和教授并不是不能逗趣和幽默，这要看之后给人们的是什么，是知识呢，还是乐子呢？借用乐趣记住了知识这当然很好，但是如果人们求得乐趣而忘了知识，那就不好了。这大概就是波兹曼所说的"她没有说人们带着怎样的记忆，也没有说这些记忆有何裨益"。波兹曼最想说的是广播电视节目追求娱乐，节目主持人追求"取悦于人"。在美国常见的恰恰就是这种摆错主次位置的节目主持人和节目，所以"上帝偏待的是那些拥有能够娱乐他人的才能和技巧的人"。上帝（这里应被看成是广播电视）不管你是什么职业，只要能取悦于人，都极有可能在广播电视中出台或者露露脸。波兹曼对广播电视娱乐化的批判在这里也仅仅是举几个例子，而且这些例子都与一种重要的媒介——电视有关。电视确实是为美国娱乐化作出了重大贡献，以后在书中会看到他更加深刻的对电视娱乐化的批判。

（三）问题的关键在媒介

　　讲到美国文化精神娱乐化问题之后，波兹曼开始探讨这种娱乐文化的根源。美国的有识之士非常关注泛娱乐化现象，"即美国公众话语的解体及向娱乐艺术的转变"。18—20世纪初美国的传播主要是印刷品，形成了印刷术文化，公众交往的话语比较严肃认真，讲究理性和逻辑。后来娱乐化广泛地见诸在各个领域，尤其是电视出现之后娱乐化势头更加强劲，那种理性和认真的公众话语随之解体了。对出现这种转变的原因有过很多探讨，一说是资本主义走向穷途末路而出现的余渣；一说是资本主义成熟后的一种无味果实。"余渣"或"果实"都非明确的概念，都没有真正探究到这种变化的根源和意义。而把根源归于西格蒙德·弗洛伊德（Sigmund Freud）的精神分析下的神经官能症，或是归于人们逐渐不信任上帝而遭到报应，或是归于人性中根深蒂固的贪婪和欲望，或归于上帝，或归于人性等也都表示这些研究者们的某种无力、无奈与哀叹，但都未找到变化的真正根源，当然也拿不出什么办法。

波兹曼在研读上述的一些有识之士的论述中，也学到了一些东西，特别是像马克思、弗洛伊德等人的学说是不能等闲视之的。马克思指出，资本主义必将走向没落和灭亡，新社会将更加注重人的本质的解放……弗洛伊德的精神分析理论指出，享乐是存在于人的潜意识之中的，它常通过"本我"（或称"原我"）顽强地表现自己（在弗洛伊德的学说中把"我"分为"本我""自我"和"超我"。"本我"是潜意识中的强大力量，储有巨大的精神能量，是热情、本能、欲望和习惯的来源，它接受享乐原则，以满足自身的需要。"自我"是现实中存在的那个我，本质上是社会文明的产物。"自我"有意识的部分，所以有着控制自身以符合和适应社会生活方式的能力。"自我"也有潜意识的部分。那里的"本我"的欲望又强烈的顽固地冲击着意识中的理性，所以"自我"总是矛盾着的集合体。"超我"是监督人，使人行为更合乎理性，让人走向高尚，做个有道德的人。"本我"与"超我"是相互矛盾的，但又是在"自我"中调节的，形成一个现实的人）。"本我"是通向"享乐原则"的通道，是需要娱乐的。马克思主义、弗洛伊德学说，甚至神学家们对波兹曼的认识都具有某种启发作用。但"没有人拥有认识全部真理的才智"，况且马克思和弗洛伊德并没有生活在那个公众话语向娱乐艺术转变的时代，关于人和社会的许多内在机理，还是要后人不断地去发现。

到此时，那些有识之士们的研究都没有能够真正解释公众话语转向娱乐艺术的原因。波兹曼发现了"一个比前人的理解更为透彻的观点"，"它的价值体现在其视角的直接性"，所谓的"视角的直接性"，就是从媒介这个视角直视社会文化。"这样的视角正是2300年前柏拉图提出的。根据这个观点，我们应该把焦点放在人类会话的形式上，并且假定我们会话的形式对于要表达的思想有着重大的影响，容易表达出来的思想自然会成为文化的组成部分"（8页、7页，重点为引者所加）。这里波兹曼使用"会话"一词是扩大了词义的，不仅仅是指语言，而是指"人民得以交流信息的技巧和技术"，说得简单一点，就是指"媒介"，就是所说的"会话的形式"。比如现实人们交流信息的方式主要有口语、文字、手机、电脑等。在过去的时代常常是某一种交流方式占有中心地位，就形成了某种社会文化。比如没有文字的原始部落是以口语交流为主的，就形成了口语文化；有了文字，特别是印刷术出现以后，印刷文字占了社会交流的中心地位，就形成了印刷术文化，还有后来的电视文化等。口语、文字、印刷文字、电视等都是媒介。媒介有种力量，即"对于要表达的思想有着重大影响"和"容易表达出来的思想自然会成为文化的组成部分"。波兹曼会在以后的文字里逐渐解释这两句话。

如果现在要粗略地解释，"要表达的思想"大致可以认作是媒介传递内容的形式，也就是传递的内容的类型，比如是形象的（图画、影像等）、文字的、声音的等，这个传递不仅是传递信息，而还暗含着传递信息时人的思维方式，即信息发出者的思维方式与接受者的思维方式是适应这个媒介的，也就是因这媒介而使二者是相一致或者相通，这才能使媒介的传达是可能的（传递者与接受者的这种一致性和相通性将包涵在后面要讲的共鸣概念中）。比如要求不要讲话、保持安静的时候，领导者将食指竖在嘴唇上，这个动作（即肢体语言）就是媒介。领导者（发出信息者）与众人（接受者）对这样传递的信息是相通的，所以能起到较好的传播效果，这就是传播内容的类型是静默类的，是符合于肢体语言（媒介）传播要求的。肢体语言的发展形成了舞蹈这种文化形式，表演者和欣赏者必须对舞蹈这种艺术形式相通才能达到很好的演出效果，这种相通就是文化的相通，就是舞蹈这种媒介形式要求于演出者（传播者）和欣赏者（接受者）的。对任何媒介而言，它都要求传播者和接受者之间是相通的，也可称作是心领神会的。所谓"对于要表达的思想有着重大影响"说的是这个媒介影响着要表达的东西。只有最方便、最适合的东西，才会得到更好的传播。这实际说的是：不是人们要媒介如何如何，而正相反，是媒介要人们如何如何。也就是媒介要人们改变话语方式（思维方式），这样适应媒介，媒介就能很好地传递（播）信息，否则就难以传递（播）信息。"容易表达出来的思想"是说媒介最善于表达的东西，也就是最善于表达的那种类型的信息。这种类型的东西如果成为社会的共识，那么就成为这种媒介的文化，这种媒介文化也就成为社会文化的组成部分。比如文字媒介最善于（容易）表达理性内容的东西，文字媒介得到了社会的认可，它表达的东西，如文学、哲学、数学、法律等都是富于理性这种类型的信息，所以文字媒介就形成了理性文化，再经过印刷术（媒介）的推广，一度形成了社会交往的思维方式，即形成了印刷术（社会）文化，制约着人们的思维和社会交流。再如电视媒介，它最善于（容易）表达形象（感性）的内容，它传播的戏剧、歌舞等富于外在的、感性的这种类型的信息，也得到了社会的认可，而形成了电视文化。当电视文化以其强烈的动感画面、易被接受的魅力，排挤了印刷术（的理性）文化后，形成了社会文化的主导力量时，人们的思维方式、交往方式也将向着非理性的电视文化方式转变。当然这都是本书的后话，我们现在要看到的是媒介形成的诸如"口语文化""印刷术文化""电视文化"等都有一种主导文化的力量，即所谓的"对于要表达的思想有着重大的影响"和媒介文化"自然会形成文化的组成部分"。波兹曼的这段话是用现代语言阐释了柏拉图的观点。如果简述这句话的意思便是：2300年前柏拉图从媒介这个视角出发，把分析问题的焦点集中在媒介上，并假定媒介对于要表达的内容有着重大影响，那么容易（最方便、最适宜的）表达的东西会显露出关于媒介的思想，于是会形成某种媒介文化，它便成为社会文化的组成部分。如果再简略一点，可能就是粗糙的解释，但脉络上大概会更清晰些。把"会话的形式"认作是媒介，即媒介影响着思维方式并形成相应的媒介文化，参与到整个的社会文化之中，就是"自然会成为文化的组成部分"。再简略一下，即是媒介影响着人们的思维方式，并形成相应的媒介文化。这大概就是柏拉图给波兹曼的启示。

依此看来，美国文化向娱乐化转变的原因是媒介发生了变化，即美国社会的主要信息媒介由原来的文字、印刷文字转向了图像（如广告的画像）、电视（动感图像，如前面讲的总统选举、电视传教士、逗乐子的节目主持人等）。电视——这种动感形象式的媒介最适宜传播的就是娱乐，这样大量地由形象媒介传播的娱乐性内容，影响到整个社会文化也必定转向娱乐文化。波兹曼就是这样的在柏拉图的启示下找到了美国文化向娱乐化演化的真正原因。在这里就是从媒介看"美国公众话语"怎么解体并怎么"向娱乐艺术转变"的，找到了这个令美国有识之士们找了很久也未能探究出的那个"转变"的根源和意义。波兹曼这种深刻而明确地阐述媒介与社会文化关系的观点是他对媒介理论的一个贡献。那么媒介怎么会"对要表达的思想有着重大影响"？怎么会引发美国公众话语的解体及其向娱乐艺术的转变？这些问题以后将会由波兹曼慢慢地阐述出来。

波兹曼接着说："我形象地使用'会话'这个词，并不仅仅指语言，同时也指一切使某个文化中的人民得以交流信息的技巧和技术。在这样的意义上，整个文化就是一次会话，或者更准确地说，是以不同象征方式展开的多次会话的组合。这里我们要注意的是，公众话语的方式是怎样规范乃至决定话语内容的"（8页、7页），其中的"会话"及"得以交流信息的技巧和技术"已在前文作了解释。这段话的意思是多种媒介文化构成了整个社会文化，人们在这样的文化中进行信息交流即可称为是"整个文化就是一次会话"。当把"不同象征方式"理解为"不同的媒介"时，那么社会文化的交流就是不同媒介文化的社会组合，也可称作为"多次会话的组合"。波兹曼让我们注意的是"公众话语的方式是怎样规范乃至决定话语内容的"，简化说来是：人们用以交流的媒介决定着你应当说什么，而不适于说什么。这个话初看起来有点不合情理，说什么是我要说的东西，跟媒介似乎没关系。实际上站在媒介论的立场来看不是这样的，不同媒介的传播特点是不一样的。当你选择的媒介和传播的内容相适应或者不完全适应，但是是可行的时候，你感觉不到这个问题，当完全不适应时，这个问题就显露出来了。关于这个问题，波兹曼在以后会作为重点予以阐述。他先举了个简单的例子，让我们体会一下：原始印第安人点燃木头、毡子之类的东西，发出烟雾信号，传达着某信息，人们看到这种烟雾便知道发生了什么事。这很像我国古代利用烽火台点燃狼烟，而发出边关告急的信息，不管这些烟雾按事先约定，传达着什么信息，可以肯定的是只能传递某些简单的信息，而不会传达思想、不会表现哲学，因为简单的烟雾（形式、媒介）决定它不可能表达复杂的哲学（内容），也就是"它的形式已经排除了它的内容"（8页、8页），也可简单地说形式决定内容。在辩证法的范畴中，一般都是说内容决定形式，但在某些情况下，也会说形式决定内容，就是当内容与形式这一对矛盾的演变中，形式上升为矛盾的主要方面的时候，形式决定着事物的性质，即决定着内容。

为此波兹曼又举了两个例子，一个是说美国第27届总统威廉·霍华德·塔夫脱（William Howard Taft）的竞选。那时尚未有电视，竞选的讲演除了直接面对选民（这种形式传播范围有限）以外，主要是借助印刷文字（报纸、刊物）。虽然广播以声音为特点的传播基本适合表达思想和施政纲领，但在塔夫脱参加竞选的年代，广播电台还只在实验阶段，所以他主要是依靠印刷文字获得了竞选的胜利。如果把这种选举放到今日（20世纪80年代的美国）电视发达的时代，塔夫脱那适用于印刷文字的一套内容就不适于电视，再说他那300磅（约136千克）的体重和形象大概会淹没了他精妙的逻辑和思想。因为在电视上，"话语是通过视觉形象进行的，也就是说，电视上会话的表现形式是形象而不是语言"（8页、8页）。这句话的意思是，电视的内容不适于滔滔不绝的逻辑推理和政治解说，即不适应政治哲学，而适于视觉形象。所以我们又会进一步明白当初尼克松参选总统失败时，把原因归于化妆师不是瞎发怨气。在塔夫脱的例子中我们又见到了形式（电视）排除了它的内容（政治哲学）。

波兹曼的又一个例子说的是"今日新闻"。"今日新闻"报道的内容源于电报，没有电报时（当然更无广播及电视），无法快速传递远方的新闻内容，何称"今日新闻"。这里电波（电报）是形式，正因为有了它，才有"今日新闻"的内容，这便是形式决定了内容。所以波兹曼这样表述媒介的决定性作用："'今日新闻'这种东西纯属技术性的想象之物，准确地说，是一种媒体行为"（9页、8—9页）。

但是，波兹曼的这几个形式决定内容的例子只是粗浅的例证，远非达到媒介（形式）更为重要的含义。媒介有它更深刻的作用，就是媒介产生它的特定的公众话语。这种话语甚至会影响人的成长进步和人类生存的社会，于是波兹曼继续探讨媒介与公众话语的关系。20世纪后半叶，发达的美国电视成了千家万户的必备品，很多美国人把大量时间花在电视上，人们过去看书的习惯转向了看电视，"这种转换从根本上不可逆转地改变了公众话语的内容和意义"（9页、9页）。20世纪前半叶及以前18—19世纪的美国是印刷术文化的公众话语，它的特点是讲究理性、逻辑和有序，特别有利于思想、文化、政治等理性内容的传播，而此后的话语转向了电视文化，是以形象为主的话语形式，电视和印刷品是"两种截然不同的媒介不可能传达同样的思想"。电视文化与印刷术文化影响着整个社会，媒介的这种作用的不同引发了美国文化的转换，"随着印刷术影响的减退，政治、宗教、教育和任何其他构成公共事务的领域都要改变其内容，并且用最适用于电视的表达方式去重新定义"。（9页、9页）。这种重新定义意味着这些公共事务要转向形象式的娱乐式的内容，如果社会热衷于形象的判断和对娱乐的欢呼，而轻贱了思想深度和理性探究，这将是令人可悲的，所以波兹曼对此表示了"哀悼"。电视这个媒介将"重新定义"这个世界。波兹曼在这里看到了媒介的神一般的力量。

（四）媒介即信息——什么样的媒介就将带来什么样的文化

上一部分主要是讲媒介的能力，也仅是让大家初步地认识一下媒介，这里便开始深入一步地谈媒介是个什么样的东西，特别是与文化有怎样的关系。波兹曼发现媒介的神一般的力量并非突发奇想，而是很有根据的，这就是对世界传播学有巨大贡献的理论家、加拿大的马歇尔·麦克卢汉的理论。对这位理论家可能大多数人是比较陌生的，但是经常说的一句话"地球村"可是他的原创。麦克卢汉又可称为媒介理论家，他研究了口语、文字、印刷文字、电影、广播、电视、电脑等媒介，他还把许多器物和技术看成媒介，从媒介的研究中，他发现了别人没有发现的问题，发现了新的认识。他在媒介的研究中"有一句著名的警句：'媒介即信息'"（9页、9页）。这句话被波兹曼引来，以便说明本章的题目"媒介即隐喻"。"媒介即信息"和"媒介即隐喻"两句话有点让人坠入五里雾中。但是，先别被这两句话"迷惑"住，波兹曼这本书的第一章和第二章就在解释这方面的问题，当我们用用脑筋努力读过这两章之后，下面的一些章节便是一片较开阔的原野，心理的天空将会明朗起来。

这里需要说明的是"讯息"与"信息"是两个不同的概念。简单地说，讯息是媒介传递的具体内容，像似符码的东西，接收者必须对它进行解（码）读，得到其中蕴含的真意，才能得到信息。在麦克卢汉的表述中都是说"媒介即讯息"，而波兹曼在书中都成了"媒介即信息"。我想这大概不是翻译的错误（在英语中，讯息为message、信息为information），也并非是波兹曼的误写。我猜想这可能是波兹曼为了强调媒介的能动作用或隐喻的力量，让媒介传达的真意更突出些而故意这样写的。以后在阅读中遇到"媒介即信息"的时候，我们就当作是麦克卢汉的"媒介即讯息"来读，并无大碍。所以我在说到麦克卢汉的时候，就写"媒介即讯息"，而说到波兹曼的时候就用他的"媒介即信息"。

首先令人疑惑的是媒介只不过是信息的载体，像是个空壳的东西。当它装入了信息传达给人们才构成了完整的传播的意义。媒介也只能是媒介，而信息可是人们要求得到的东西。媒介与信息是两码事，怎么能说"媒介即是信息"呢？其实这种思维是通常的思维，而麦克卢汉却是以媒介为主动的思维，而非仅仅传递信息。当我们把思维的重心移向媒介时，看看媒介的作用还有哪些、媒介的力量还能做些什么，便会发现媒介带给我们的东西有时会远胜于它直接带来的信息。当我们把思维扩大来看媒介时，媒介便是人的延伸，人做不到的事媒介可以帮忙做到。手无法把钉子钉进木头里，而锤子却可以，锤子是媒介，它是人手的延伸；万里之外的消息不用等到人用很长时间从那里把它带来，而是通过电波瞬间传到眼前，电波便是媒介，它是人腿的延伸；哲人去世了，他的思想依靠文字传留下来，文字便是媒介。媒介作为人的延伸已显示出了威力，但是媒介更重要的作用还在于对人对社会的作用。对此，麦克卢汉以"媒介即讯息"这句话来概括。

"媒介即讯息"是波兹曼作《娱乐至死》的理论基础，所以这里有必要对这句话作一点粗浅的解释。麦克卢汉在其《理解媒介：论人的延伸》中有两处说明"媒介即讯息"。一处说媒介即是讯息"只不过是说：任何媒介（即人的任何延伸）对个人和社会的任何影响，都是由于新的尺度产生的；我们的任何一个延伸（或曰任何一种新技术）都要在我们的事务中引进一种新尺度"（《理解媒介：论人的延伸》，何道宽译，商务印书馆，2000年版，第33页）。比如火车可以被视为是人腿的延伸，在它的速度达到每小时几十千米甚至达百千米以上，它大量运输物资，形成物资的大量集散和生产加工基地，还会带来人口的聚集；它快速送人旅行，加速了人际交往，于是形成新的远比此前先进的大型城市，出现了新的生产交流规则和新的人际关系。也出现了新的城市管理规则，可以说火车带动了生产力的新发展，出现了新的生产关系。这些新的东西也可以说是由火车这个媒介产生的"新尺度"，人们以火车速度来衡量事物……同理，当飞机出现以后，它以每小时几百千米的速度运行，有些事物就以飞机速度来衡量，比如当天即可送达，当天可以谈判，甚至当天可以解决某种问题……这又是一个"新尺度"，这个新尺度在这里也不只是速度的尺度而是由媒介速度带动起来的一系列关系的变化。麦克卢汉将这种新尺度作了深刻的剖析，指出了媒介引起的社会和人的改变。所以他又在另一处指出："'媒介即讯息'，因为对人的组合与行动尺度和形态，媒介正是发挥着塑造和控制的作用"（同上引书，34页）。其实各种各样的媒介引起的社会的组织结构、人际交往、心理状态、人体功能……即社会及人的变化也是多种多样的。这也就是说，一种媒介诞生的时候，它传达给你的绝非仅仅是眼前的那个信息，而是预示着可能引发的社会及人的多种变化，这每一种变化不就是媒介隐蔽着的信息吗？（以后我们还会明白，这隐蔽着的信息是在说明"媒介即隐喻"）这也是"媒介即信息"的一种含义。当把各种媒介拿来比较和研究的时候会发现每个时代都有一种文化上的主要传播媒介，它代表了甚至是缔造了这个时代的文化。美国17—20世纪初是印刷术文化，也可以说是以印刷术为中心的社会文化。20世纪中叶以后是电视文化，也可以说是以电视为中心的社会文化。20世纪80年代以后流行电脑、手机，后来又从模拟时代步入了数字时代。每个时代都有每个时代的文化特征，这就是不同媒介带来的不同"信息"，所以麦克卢汉说"媒介即讯息"并没有错。波兹曼很赞同麦克卢汉的观点："深入一种文化的最有效途径是了解这种文化中用于会话的工具"（10页、10页）。这里"用于会话的工具"不仅是指语言，而是扩大为媒介，就是说这个社会是以何种方式进行交流的，人们以何种方式进行思维的，甚至以何种方式组织社会生活的。这些"何种方式"（媒介）之中就包含有人们的共识（没有这种共识，人们就无法交流），也就是文化，在这个意义上说媒介也是文化的载体，所以要了解一种文化最有效的途径就是了解产生这种文化的媒介。从这里开始，我们在谈到媒介时要与媒介所带来的社会文化相联系，而不只是与媒介带来的具体信息相联系，如此我们的思路便打开了一个新境界，一种媒介便展开了一片属于它的（文化）天空。

波兹曼在谈到麦克卢汉的"媒介即讯息"的时候，并没有直接解释这个论断，而是说了上面讲的关于了解文化的那句话，然后又说了麦克卢汉对未来进行了预言。麦克卢汉是一位天才，也可以说是一位怪才，他的研究很诡异，但很成功。麦克卢汉也像奥威尔和赫胥黎一样地"预言未来"，他的预言大都被证明是对的。比如他的"地球村"，20世纪60年代他就提出数字化，信息高速公路、网络世界、电脑空间等，由于电子传播加快，远在世界另一个角落的事瞬间即可到达眼前，世界变小了，人更近了，经济趋同、游戏规则趋同，全球化的生活日益迫近，网络化将把人类集结为像在一个村庄里生活一样，现在这个预言已被大量事实证明了。还有他说的电子媒介是中枢神经系统的延伸。以前的一些媒介都是人的感官和器官的延伸，比如锤子是人手臂的延伸、印刷品是视觉的延伸等。这些延伸都是单项的，是人的某方面的延伸，是使人肢解的、残缺不全的延伸，而他所说的电子媒介将是中枢神经的延伸，是指人的感知系统和各感知器官趋向平衡的、协调的改变，是全面的、整合的、统一的（这将在我们后续的阐述中说明）。如今的电脑在某些方面具有比人脑更强的记忆、规范、整理、计算和指挥等功能。因其极像人脑的功能，所以被称为电脑，也可以将其看作中枢神经的延伸。麦克卢汉的这个预言又被证实了。可惜的是麦克卢汉只活了69岁，于1980年去世了。他让我们懂得了很多媒介延伸的作用，但他却没能将自己的生命延伸，这可能是令人非常遗憾的事。

波兹曼说他对媒介的兴趣"来自比麦克卢汉更伟大，比柏拉图更古老的预言家"，这就是《圣经》给予他的启示，使他认为"媒介的形式偏好某些特殊的内容，从而能最终控制文化"（10页、10页，重点为引者所加）如果把这句话紧缩一下，那就是"媒介控制文化"，这怎生了得，但是请大家记住这句话，波兹曼的这本书全篇都贯穿着这个思想，比如电视这种媒介就偏好娱乐内容，在电视发达的国家里，娱乐化浸入到各个领域，甚至整个社会文化都偏向娱乐文化，这就是"控制文化"。对此大家现在可能还不太理解，但这不要紧，波兹曼在以后的部分会更加详细地论述。波兹曼说媒介控制文化的这个启示来源于"十诫"，"十诫"是《圣经》中讲的。耶和华（犹太人信奉的神）在火光中降临西乃山，摩西（以色列人的领导者，时常代表耶和华，）迎上去，接受十条诫命，其中第二条是要求以色列人不可雕刻、跪拜和侍奉任何偶像。（这里要说明的是：《圣经》原为以色列人信奉犹太教的《圣经》，后来被基督教承袭。基督降世后与人又定了新约，于是犹太教的《圣经》被称为旧约。后来的《圣经》就包括了《新约全书》和《旧约全书》两部分）波兹曼把第二条诫律表述为"不可为自己雕刻偶像，也不可做什么形象，仿佛上天、下地，和地底下水中百物"（10页、10页）。波兹曼对此诫深为疑惑"为什么上帝要规定人们应该或不应该怎样用符号表现他们的经历。**除非颁布训诫的人认定人类的交际形式和文化的质量有着必然联系**，否则把这种禁令归于伦理制度之中的做法是不可理喻的。我们可以冒险做一个猜测：那些如今已习惯于用图画、雕塑或其他具体形象表达思想的人，会发现他们无法像原来一样去膜拜一个抽象的神"。（10页、10页，黑体为原著所加）这里的"符号"就是指诫条中的偶像、文字之类的媒介，这就是上帝规定人们不能用形象之类的东西（媒介）来表现人们的生活。波兹曼在思考这个问题时从两点分析，第一点如果从伦理制度来看这个规定显然让人无法理解；第二点就是"除非颁布训诫的人认定人类的交际形式和文化的质量有着必然联系"，波兹曼把这句话标注为黑体说明他的这个推想极为重要。在我们看来这真是一种天才的推想，由禁止形象而想到交际形式与文化质量的关系，真不愧为媒介研究的大师，他在这里获得了媒介与相应的文化的关系的启示。请大家与前面介绍的麦克卢汉的"媒介即讯息"的观念对照一下，（如果认定不同的媒介给人带来不同的文化质量，那不是也在说不同的媒介带来不同的信息吗？那么媒介是不是信息呢？这里不要把信息只理解成某种具体信息，媒介带来新的文化、新的思维方式也是信息。）可以看见波兹曼正走在向着麦克卢汉的路上，二人几乎就要相见了。

波兹曼对自己的这个推想进行解释，他认为以具体形象表达思维的人（这是指处在形象文化中的人）敬神时就向那个神像膜拜，而当没了这个神像时，他就不知如何拜神了。类似的，中国传统民俗中农历腊月二十三，将已供了近一年的神像（火）化掉，叫"上天言好事"；到年三十请神时，要买一张神像贴上再拜神，叫"回宫降吉祥"。如果不请（买）那个画像的神，真的不知道如何拜神了。我们要特别注意"习惯于用图画、雕塑或其他具体形象表达思想的人"这句话，我们要思考的是用形象表达思想的人交际形式是形象（媒介），它产生了一种文化质量；而用文字表达思想的人，交际形式是文字（媒介），它产生的是另一种文化质量，这两种交际形式对应着两种不同的文化质量。这就是所言的"交际形式和文化质量有着必然的联系"。相比之下犹太人规定用图像表现神是对神祇的亵渎，神应是在通晓《圣经》的文字之中，是抽象的，是"需要人们进行最精妙的抽象思考"的，这句话也表示与形象思维不同的文字思维的文化质量或社会文化性质。人们看到耶稣受难像就会产生基督教式的膜拜，人们看到释迦牟尼的雕像时就会产生佛教式的膜拜……然而不信犹太教的人是无法对耶和华进行膜拜，也无法让犹太人去膜拜形象的耶稣和释迦牟尼，谁想进入犹太人式的心灵之神，那是太不容易了。波兹曼很重视这种依形象的思维方式和依文字的抽象的思维方式，这是两种截然不同的文化，对人的作用也是不同的。从这里引出了一项思考：媒介与它对应的文化有种必然联系，媒介对文化有某种隐喻作用，不同媒介（交往形式）产生截然不同的文化，而麦克卢汉的"媒介即是讯息"的思想也是不同媒介会对社会及人类产生不同的作用，也就是产生不同的社会文化，也可以说不同的媒介带来不同的社会文化信息。波兹曼指出"我们的文化正处于以文字为中心向以形象为中心转换的过程中，思考一下摩西的训诫对我们也许是有益的"（10页、10页）。文字的神是抽象的神，更神秘、更深奥，比图像的神更难以理解，但它可以启发人的悟性、调动人的思维，相比之下层次更高。而"以文字为中心向形象为中心"的转换，是强化了人的感性，弱化了人的理性，我们是否会感到这种转换对人的所"失"比人的所"得"更大些呢？波兹曼在这里暗指印刷术（文字）文化向电视文化转换，是否会让我们产生某些忧虑呢？如果这样想，那么"摩西的训诫对我们也许是有益的"。总括起来波兹曼从他的推想中得出的结论是"某个文化中交流的媒介，对于这个文化精神重心和物质重心的形成有着决定性的影响"（10页、10页）。也就是说某种媒介会形成这种媒介的文化特色和物质特色，也可以说是这种媒介的文化精神和物质重心。波兹曼的这句话很是重要，我们在读他的书的时候，希望能时时地用这句话思考他的文字，就会有一个引导我们理解的方向。我们试用印刷术媒介和电视媒介来说明这句话的意思：比如印刷术文化由于以印刷文字为媒介，这种媒介形成的文化精神重心必然是偏重理性的，是逻辑的、有序的和分割的，而且这也是印刷文字媒介的思维方式，它的物质重心是机械的，当然也就是力的。印刷文字作为媒介将科学技术大面积地传播，为科技发展作出了重要贡献。印刷术文化时代正是欧洲及北美以机械为主的工业革命时期，是现代社会形成的时期，当然我们不能把这个时期的一切变化全都归功于印刷术文化，但是不可否认印刷术文化在其中有着很大影响。再如电视文化，其交流的媒介是电视，由于它富于形象，所以它所形成的精神重心偏于感性，具有整体性，它削弱了人的理性思维能力，增强了人的感性能力，趋于娱乐性。由于电视媒介重于形象，所以它的物质重心是"电子"，是演示，是五彩缤纷和多侧面的"打扮"。波兹曼告诉我们不同的精神重心和物质重心构成了不同的文化，简而言之，有什么样的媒介就有什么样的文化。初看起来这似乎有点媒介决定论的味道，这个问题将在本书的第十二章进行讨论。

（五）媒介即信息与媒介即隐喻

波兹曼为了说明他对"媒介即信息"的理解，他把语言问题引了进来，因为文化与语言有种直接关系（虽然文化与非语言比如感性的东西也有关系），可以说文化又与媒介有着重要关系。语言又是人类非常重要的首屈一指的媒介，波兹曼说"它使我们成为人，保持人的特点，事实上还定义了人的含义"（10页、10—11页）。他还说："语言结构的差异会导致所谓'世界观'的不同，人们怎样看待时间和空间，怎样理解事物和过程，都会受到语言中的语法特征的重要影响，所以，我们不敢斗胆宣称所有的人类大脑对于世界的理解是一致的"（10页、11页）。这一下就点到了三个重要的问题，第一关于哲学的问题，语言与人的关系；第二是媒介之威力，语言这个媒介竟让人成为人；第三是认识论，人们通过语言认识世界。这里我们更为看重的是语言与媒介的关系，语言具有某种代表性，通过对语言媒介的研究往往可以解释很多关于媒介的问题。前面波兹曼在引用柏拉图的观点时就说"应该把焦点放在人类会话的形式上""会话的形式对于要表达的思想有着重大的影响"，这里"会话的形式"就代指媒介，而不仅仅是语言。后面常常会遇到"话语结构""话语方式"和"思维方式"等说法皆是以语言代替媒介进行言说的。后面还要讲到"真理存在于媒介之中"与"真理存在于语言之中"的结构又是如此地一致。所以语言在媒介中的地位不仅重要，而且往往具有"示范"作用，我们不是语言中心主义，不把关于媒介的一切思想都归于关于语言的思想。但是在某些情况下，语言可以替代其他媒介进行对媒介的思考与研究，所以我下面就多讲一点关于语言的问题。

语言哲学家们对语言进行了很多论述，其中也有不少分歧，甚至有些观点是对立的。波兹曼的观点基本是与现代语言哲学家德国的威廉·冯·洪堡（Wilhelm von Humboldt）和享誉世界的德国哲学家汉斯-格奥尔格·伽达默尔（Hans-Georg Gadamer）的观点相一致的。他们认为语言不是随时拿来使用和随时可以放下的工具。语言是与人共生的，语言一开始就为人类所用。人们在同世界打交道、在认识世界的同时就产生了语词（表达事物的概念及概念之间的关系）。人们借助语言不断地认识世界，同时又发展了语言，提升着人类自己对世界的思考。人的观念、思想存在于语言之中。伽达默尔赞同洪堡的观点并表述为：语言并非是一种生活在世界上的人类所适于使用的装备，相反以语言作为基础，并在语言中得以表现的是，人拥有世界，世界就是对于人的存在的世界，而不是对于其他生物而存在的世界，尽管它们也存在于世界之中。但世界对于人的这个此在却是通过语言而表述的。这就是洪堡从另外的角度表述的命题的根本核心，即语言就是世界观（《真理与方法：哲学诠释学的基本特征》，汉斯-格奥尔格·伽达默尔著，洪汉鼎译，上海译文出版社，1999年版，第566页）。这里的"此在"一词需要解释一下，要了解"此在"，首先谈存在。人们眼见着的，交谈着的、科研着的等等事物都是存在着的，它们之所以存在是因为有意义。学校之所以能存在其意义是能够培养人，否则就空有教室、实验室、运动场等；人民政府之所以存在是因为（其意义）是能为人民办事；物理学之所以能存在是因为（其意义是）能研究自然界中的物理现象……如果没有意义事物在本质上就不存在。学校、人民政府、物理学等事物还只是存在者，它们存在的意义还只是存在者存在的意义，当然存在者一定是存在着，但是一切存在者都是在这个"存在"的概念之下存在着，而认识这个"存在"概念的意义的就是存在论哲学，此哲学为马丁·海德格尔（Martin Heidegger）所开创。此在说的是人在世界中的存在，这个存在不是一般的像石头、树木等那样的存在者的存在。在一切存在者的存在中唯有人这个存在者与其他存在者不同，他能通过对自己（此在）的存在追问"存在"这个概念的意义。此在能以恰当的存在方式对此在自己进行生存论分析，得到存在的意义。比如人（作为此在）使用锤子（与世界打交道——这是他的一种存在方式）把钉子钉在了木板中，让事物显示了自身（锤子）之所是（成为锤子）的东西，也就是锤子的意义，锤子就作为具有这个意义的存在。这个意义是（作为人的）此在在可能的存在方式中得到的，也就是说此在具有通过自己的存在追问存在意义的能力。此在在不断与世界（事物）打交道中追问自己的存在，才使世界有了意义，也使自己不断展开自己而成为人，因为此在与存在的意义密切相关，所以此在成为了存在论哲学的核心概念。伽达默尔所言的"世界对于人的这个此在却是通过语言表述的"即是说人对这种使世界有了意义的多种表述，即是人对世界的真理、体验、意愿、心态等表述都是通过语言进行的。用"此在"来说人的语言，不仅能深刻地说明人，更能深刻地说明语言这个媒介与人生存的密切关系，说明伽达默尔对语言这种存在有更深刻的认识。当然此在更可能、更常见的是人们不以自己的此在追问存在意义的方式存在，而是把自己作为一个存在者——主体，面对另外的一些存在者——世界的事物，让世界成为自己的对象，那么此时便是流俗所言的人与世界打交道。人主观地认识世界、改造世界等，这种流俗的观念并非是错的，而是可用的，但是比不上前述的此在以自身的存在追问存在意义引发的一系列观念更深刻、更源始。人认识世界主要是通过语言这个媒介进行的。语言是有结构性的，即要按一定规则说明各种事物。人们的世界是由语言结构出的世界，从而"拥有世界"。不同的民族生存境域不同、发展阶段不同、生活习惯不同、生活方式不同，于是形成了不同

（结构方式）的语言，这也就是"世界观"的不同。比如表现在如何看待空间、时间上，中国的汉族按农业生产有自己的节气，有自己的日历，即农历；中国的藏族也有自己的日历叫藏历。汉族的农历新年（春节）和藏族的新年就是不同的日子，而汉、藏族人都面对着同样的日月星辰，并一同随地球围绕着太阳在旋转。在人与世界的关系中，把语言看作是媒介的时候，立刻就会感到媒介的力量，人正是通过语言来表述对世界的认识，表述人与世界的关系，也表述人与人之间的关系，即人有了思想，让人有了世界观，让人拥有了世界，从而把人从其他生物区别开来，而成为人，也就是语言这个媒介定义了人。让我们重视媒介的力量，它对于理解本章的题目及以后的各章节是非常有用的。

那么，波兹曼是如何表述"媒介即信息"的呢？他说："虽然文化是语言的产物，但是每一种媒介都会对它进行再创造——从绘画到象形符号，从字母到电视。和语言一样，每一种媒介都为思考、表达思想和抒发感情的方式提供了新的定位，从而创造出独特的话语符号。这就是麦克卢汉所说的'媒介即信息'。"（11页、11页）这里说的是：文化是有语言性的，但并非只是语言。文化是由像语言那样的社会的各种各样的媒介作用一起构成的，非语言的其他交流媒介也是一种"语言"，这里"语言"是个扩大的概念，一切可以交流的媒介都可以看成是"语言"。所以一个社会的文化可以说是"语言的产物"。而语言（专指口语、文字的）只是媒介之一种。生活中还有许多媒介，即便是部落社会（媒介技术尚未兴起）除口语之外还有一些媒介，如岩画、人的表情、人的形体姿态、某些声音（如号角）、颜色等。到了现代工业社会媒介更多了，增加了很多技术性的媒介如图片、摄影、电报、电话，以至广播、电视和如今的电脑、手机、互联网。无论是古代社会还是现代社会，每一种媒介都有自己独特的作用，都有对世界描述的独特方式，也就是"都为思考、表达思想和抒发情感的形式提供新的定位"，每一种新媒介都有自己的特点，都要人们依此种新方式来认识世界，感知世界，每一种新媒介都有自己独特的一套符号，媒介这样"启新"便是对文化的再创造，这些话语符号不就是信息吗？因此，"媒介即信息"。我们前面曾对"媒介即信息"作了麦克卢汉式的解释（其实已经包括了媒介的隐喻概念），这里我们看到的是波兹曼的解释，这个解释更为直接一些，波兹曼的表述和麦克卢汉的理论基本一致。但是波兹曼却提出了一点修正，认为"媒介即信息"的表达方式会让人把信息和隐喻混淆起来，这里终于出现了本章题目中所言的"隐喻"二字。就字面而言，开头在解释本章题目时，通过明喻与隐喻的对比说明了"隐喻"的词义，而且我们还说媒介不仅仅如表面上的那种直接的作用，它还有另外的一些作用，即是媒介的隐喻。这里正式出现隐喻的时候，波兹曼没有直接解释媒介隐喻的意义，但是他说"信息是关于这个世界的明确具体的说明，但我们的媒介，包括那些使会话得以实现的符号，却没有这个功能。它们更像是一种隐喻，用一种隐蔽但有力的暗示来定义现实世界。不管我们是通过语言还是印刷文字或是电视摄像机来感受这个世界，这种媒介—隐喻关系为我们将这个世界进行着分类、排序、构建、放大、缩小、着色，并证明一切存在的理由"（11页、11页）。媒介本来有两种意义，说媒介给我们带来了信息，这个直接带来明确的具体的信息的媒介是媒介的第一种意义；媒介用"一种隐蔽但有力的暗示来定义现实世界"是媒介的第二种意义，媒介的隐喻就是在第二种意义下说的。我们如何来理解"媒介即隐喻"的含义呢？应当指出这个含义是非常深刻的，因为波兹曼说媒介"用一种隐蔽但有力的暗示来定义现实世界"，所以我们就不可进行一般的理解，这个媒介—隐喻的关系确实是需要深入思考的。波兹曼认为虽然媒介能带给人信息，但是媒介却不是信息，直接看它没有代替信息的功能，但是媒介却有着另外的一种功能，这个功能并不亚于媒介带来信息的功能，也并不低于它直接带来的信息的价值，这个功能就是媒介的隐喻，即"用一种隐蔽但有力的暗示来定义现实世界"。修辞学关于隐喻的定义指出喻体和主体是有关系的、是相合的，这种以喻体来说主体时才是隐喻。那么"媒介即隐喻"，即是以隐喻来说媒介的，而波兹曼这样一说可就把媒介的功能展现了出来，且不说媒介即隐喻如此地符合修辞学定义，只看这个隐喻居然"用有力的暗示来定义现实世界"就足够我们重视的了。理解的关键就在于这"有力的暗示"上，而这需要去体验。试想一下，我们在纸上大谈世界（事物），这不就是用文字媒介来表述（定义）世界（事物）

吗？这不就是把事物缩小在纸头上了吗？而人们只看到"纸上谈兵"却没有看到媒介（文字）在把世界缩小。我们看电视不也是把立体的大千世界缩小在一平方米左右的荧屏上吗？人们读一本书，难道不是印刷文字（媒介）在对世界事物进行分类、排序、构建的吗？人们用显微镜为什么能看到细菌，难道不是它（媒介）把事物放大了吗？媒介的这些数不尽的功能都是在"定义现实世界"，即没有媒介，你便不知道外面的世界是什么。其实媒介的这种暗示的力量，除了在本章后部分的一些例证之外还有许多，波兹曼会逐渐指示给我们。要说的是媒介—隐喻的思想是波兹曼对媒介理论的重要贡献，它使我们加深了对媒介的队识。媒介—隐喻的关系是媒介理论的重要组成部分，《娱乐至死》中有许多观点都是建立在媒介即隐喻的基础上。波兹曼先引用了恩斯特·卡西尔（Ernst Cassirer）的一段话来说明媒介—隐喻关系在人类认识中的作用：

> 随着人们象征性活动的进展，物质现实似乎在成比例地缩小。人们没有直面周遭的事物，而是在不断地和自己对话。他们把自己完全包裹在语言形式、艺术形象、神话象征或宗教仪式之中，以至于不借助人工媒介，他们就无法看见或了解任何东西。（11页、12页）

卡西尔是德国著名的哲学家，尤以符号哲学最享盛誉，他认为与其说人是理性的动物不如说人是符号的动物，即人是以符号来思考世界的。如果以媒介论的思想来说，那就是：人是以媒介来思考世界的。上述那段引文可以在上海译文出版社1985年12月出版的中译本《人论》第33页找到（译文略有出入）。所言的"象征性活动"是指人借助符号（或媒介）进行的活动，由于利用符号替代现实的物质世界，世界当然就缩小了，而且人不必亲临现场，就可以以符号对符号的方式进行交流。语言是符号，艺术形象也是符号，神话象征甚至宗教仪式也是符号（或符号的聚集）。是呀！谁也不可能面对真的上帝祈祷。甚至有些时候不用符号，人们便无法看见或了解任何东西。比如发射卫星，都是经过精密的计算（数字符号的运作）后才实施的。那些数字符号正是表示着卫星在空间运行的状况，这也是在把世界缩小，但是却认识了世界。

（六）对媒介隐喻的初步认识

人们利用媒介的象征性活动，不仅仅是符号的活动，媒介的隐喻作用也会启发人的许多思考，这些思考不仅说明将具体问题深化，更使我们认识媒介的这种"有力的暗示"即媒介的隐喻力量有多么强大和多么深远的意义。紧接着，波兹曼为我们讲述了几个关于隐喻的故事。人们在用符号计算分分秒秒的时候就引发了人们对时间的思考。路易斯·芒福德（Lewis Mumford）（中文译者介绍他是美国社会哲学家、教师、建筑及城市规划评论家）在谈到钟表的发明时把注意力转向了钟表（媒介）的隐喻上，"他思考钟表的哲学意义和隐喻象征"。第一，从中看出钟表引发了人们的时空观；第二，"钟表把时间从人类的活动中分离开来"；第三，"使人们相信时间是可以以精确而可计量的单位独立存在的"；第四，"分分秒秒的存在不是上帝的意图，也不是大自然的产物，而是人类运用自己创造出来的机械和自己对话的结果"。（均见12页、13页）这样一来，隐喻便有了哲学的意味。面对着自己是怎样在时间的分分秒秒中生存的，进入了哲学的思考，在哲学中有人就引入了"时间性"的概念，来认识过去、现在及将来，而且这种思考与上帝无关。人们发现自己是在时间中存在的，并且是随时间而变化的。事物也是在时间中变动不居的，同是一个事物，前一个时段与后一个时段是不同的，没有什么永恒，这也是与上帝的意思相违背的。人还以时间概念进行科学研究，产生了人类对时空的认识。时钟媒介给我们展示了一个令人兴奋无比的、可以无限追逐的宇宙大时空，人们开启宇航事业的时候难道不是以时间和与之极为密切的空间关系来进行的吗？由此看来钟表这个媒介的隐喻让人产生了"时空观"。在时空中，人类自己与自己对话的时候，上帝更没了位置，更是输家了。如果不想输，那就让摩西的十诫中再加上一诫："你不可制作任何代表时间的机械"（12页、13页）。

接下来波兹曼谈到书写文字这个媒介的隐喻了。在波兹曼那里文字的隐喻不像是钟表时针和时空观那样可以想见得到，而更像是一种神奇无边的魔力，他一开头便指出："语音的书写形式创造了一种新的知识理念，一种关于智力、听众和后代的新认识"。（12页、13页）把语音变成文字，这一改变本身就是"一种新的知识理念"。人们首先要经过训练与学习，识得文字字义，方可看出文字语言的含义。文字给我们开辟了新的知识境界，比如看小说、读诗词，口头故事变成书面文学，艺术有了新的创作空间……人们在解读文字时，需要智力，因为文字之间的连接是靠思想、理性、逻辑、语言规则等，因此读文字又会提高智力。文字又能长期保存下来，对后代人产生更深远的影响。更何况文字还能为我们预测未来，就像奥威尔与赫胥黎那样，让人们有准备地观察世变和面向未来……（要知道，以上这些都可以看成是文字媒介的隐喻）而这些已被古希腊哲学家柏拉图认识到了。他还认识到文字使表达固定下来，从而使思想固定下来（这也是文字的隐喻），这又是他所不愿意的，所以他写道："没有一个有智力的人会冒险用语言去表达他的哲学观点，特别是那种会恒久不变的语言，例如用书面的文字记录下来"（12页、13页）。柏拉图这么说一方面表示他不欣赏用文字把思想固定下来，另外一方面是源于他的哲学观和语言观。柏拉图是唯心主义哲学大师，他的思想核心是理念论。他认为事物的真理存在于理念中，理念是绝对的、永恒的，人们要想得到它，不能从现象世界去寻找，而只能用直觉、用回忆、冥想、反省去获得，因而也是难以用语言表达的，更何况是用恒久的、不变的文字固定下来。理念是深奥的，而用文字将哲学思想凝固下来肯定是不妥的，所以柏拉图是反对的。但是除文字之外又没有别的办法将哲学思想留下来，所以他又不得不写出很多著作。这些都表明柏拉图对语言的认识是很深刻的，特别是他"清楚地认识到，用书面文字记录哲学观点，不是这些观点的终结，而是这些观点的起点。没有批评，哲学就无法存在，书面文字使思想能够方便地接受他人持续而严格的审查"（12页、13—14页）。尽管文字把思想固定下来但那也是正常现象，我们暂且把它看作是一种"定格"，实际上人类的思想是在这种"定格"中一格一格地前进着的。我们关心的是书面文字将思想凝固下来的这种隐喻的"缺欠"又是这种隐喻的"优点"，我们的语法学家、逻辑学家、修辞学家、历史学家和科学家等正是在这种文字的凝固中诞生的。或者说人类的知识是在这种"定格"中一格一格地增长。我们应当特别感谢的是书面文字这个媒介的隐喻，它为我们开拓的视野由人类记录思想的起点流经了历史，到如今竟是如此的广阔而望不到边际。

说到语言问题，有必要先极为简单粗糙地介绍一下柏拉图的语言观和现代的笔者认为正确的语言观。因为这涉及我们将接触的对印刷文字的解释和理解的问题，以及印刷文字的作用和影响的问题，也就是印刷文字作为媒介的隐喻作用的问题，而这些又几乎是贯穿在波兹曼著作全篇的。古希腊对语词存在两种对立看法，一种看法认为语词和它代表的事物无关。人们对事物的命名是人为约定之后给事物定的名称，正像一个人可以叫这个名字，也可以起另外一个名字，这种认识被称为约定派。与此相反的一种观点认为，语词和事物之间有一种自然相符的关系，语词正确地描摹了它所指的对象。这一派被称为相似论派。柏拉图在其《克拉底鲁篇》中专门讨论了这两种对立的观点。但他未明确承认和否认哪一种观点，他吸收了两派的长处，发展了语言学，把语言同逻各斯（简单说就是理性）联系在一起，形成了对话、话语与判断，即语言中贯穿着思想、理念，才有了对话、话语与判断。他认为"语言是工具，是对来自于原型、事物本身这一类东西的描摹、制作和判断"（见《真理与方法》中译本，伽达默尔，第520页），但他不认为语词与事物的真正统一关系，即不认为事物就存在于语词之中。这样柏拉图在语言哲学中基本算是个工具论者，他是把语言与思想分开的。他在《智慧篇》和第七封书信中也表达了他对语言的观点，他认为"理念的纯粹思维所谓的推论性，作为灵魂同自己的对话，因而是沉默的。逻各斯就是从这种思维出发，通过嘴而发出的声音之流。声音的可感性并不要求自己的真理性……"（同上引书，第519—520页），这就是在理念面前语言是无能为力的。即语言不能表现理念的纯粹思维活动，这种活动不是通过语言进行的，而是无声无息的，是灵魂的活动，逻各斯只是理念的思维通过嘴而发出的声音流，这种声音流并不具有真理性。柏拉图这么说是把语言与真理分开的，两者不具有同一性。语言的工具论是错误的，工具是可以拿来使用，或不用时放在一旁的。而我们认为语词不是这样的，语词是和事物同在的，除掉事物语词毫无意义。某事物之存在显然是可以用语词显现出来的，语词对事物的命名方式含有意指事物的意义，是具有内在精神的。当人们的认识是正确的时候，那么这种认识的话语就存在着真理，正是基于此，人们才可以有解释和理解的真理性。我们从中看到的是文字作为媒介与真理的关系（这甚至隐喻为媒介与真理的关系），明白了这些我们才能更好地理解后面第四章讲到的"阐释年代"的意义。

但是不可否认柏拉图对语言的认识达到了他那个时代的高峰，他关于书面文字的推断是十分精深的。他知道书写带来的是一次知觉革命，视觉代替听觉不但可以弄清书写文字同声音一样带来的意义，更认识到书面文字带来对语言的加工，而且这种魔力是神奇的。知觉革命是书面文字隐喻功能的体现，为柏拉图所"深知"。几何学是用图形与文字来表述空间关系的，而它们都是用来"看"的，即是视觉的，因此学习几何学是通过视觉提高人们对物体空间关系的认识，更加具有智慧性。这件事充分说明视觉革命——文字、图形等视觉符号系统的隐喻作用。关于这种媒介——隐喻关系的作用我们再借前面的那个恩斯特·卡西尔在《人论》中的一点论述。卡西尔指出："在人那里已经发展起一种分离各种关系的能力——即在其抽象意义上考虑那些关系的能力"（《人论》，恩斯特·卡西尔著，甘阳译，上海译文出版社，1985年版，第49页）这是说人具有关系思维的能力，而这种能力是用符号系统比如文字、图形之类的抽象的象征系统（媒介）获得的，它说明了媒介（符号系统）的隐喻，是这种媒介的隐喻才让人不用站到事物面前而只需用语言文字或其他符号系统就可以把事物的关系分析出来。卡西尔又指出："如柏拉图所说，就其本身来考察它。几何学就是人类理智生活中这种转折点的典型例子，即使在初等几何学中，我们也已不限于对具体的个别事物的理解了，在那里我们并不关心物理事物或知觉对象，我们是在研究普遍的空间关系，我们有一套适当的符号系统来表示这些关系。没有人类语言这一准备性的步骤，这样的成就是不可能的。"（同上引书，第49页）几何学显示了人对空间关系的分析能力。几何学是研究物体在空间位置关系的学问，它所用的一套符号有点、线、面、体、角，还有圆、多边等图形。学初等几何学的人都懂得如何运用这些符号及定理来证明事物位置的空间关系，显示了人们由具体抽象出事物关系的能力。几何学利用符号研究事物的空间关系确实是"人类理智生活中这种转折点的典型例子"，这可能是柏拉图看中几何学的原因，以至于他要求学生来校园之前先学习几何学的道理。柏拉图很有见地，大概是也看到了图形（视觉）媒介在人类智力上的作用，这也说明文字、图形之类的视觉符号系统（媒介）的隐喻是一场视觉革命。视觉革命不是简单地由听觉或者其他的感知方式转换为"看"，这种转换使人们能悟出许多东西来。几何学显示了视觉能够培养人抽象出事物的空间关系的能力，能够分析出事物间关系的"关系思维"是人智力的一大进步，视觉是否还会带来别的"关系思维"呢？所以把一些感知向视觉的这一转换称作是一场革命并不过分。

波兹曼举出柏拉图关于几何学的例子后，又引用了加拿大著名文学批评家诺思洛普·弗莱（Northrop Frye）的话，还有埃及关于把文字带给塔慕次国王透特的神话，都是为了说明媒介变化所引起的知觉革命的神奇魔力，当然这个魔力属于媒介——隐喻的关系。透特向埃及国王塔慕次奉献他所创立的文字时说，写字会让埃及人更有智慧，并能增强人们的记忆力。塔慕次国王不以为然，他提醒透特，一项发明的价值大小要让别人评判，你说你的子孙后代对写字更加关注，其效果可能与你所说的截然相反。学会写字等于把健忘注入灵魂，他们的记忆训练就此结束，他们将过于依靠记录而不靠记忆，依靠外部符号去想事情。初看起来，塔慕次国王的话有点道理，文字帮助人记忆，另一方面正因为依赖于文字记忆当然就会削弱人记忆的能力，助长了健忘（其实这也是文字的显而易见的一种隐喻）。但是这位国王还是短视，他没有看到文字的更深远的作用，也就是更深刻的隐喻。弗莱说："书面文字远不只是一种简单的提醒物：它在现实中重新创造了过去，并且给了我们震撼人心的浓缩的想象，而不是什么寻常的记忆"（13页、14页），这段话在《伟大的代码：圣经与文学》（诺思洛普·弗莱著，北京大学出版社，1998年版，第290页）中是这样表述的，不妨我们多引几句："早些时候，我们曾谈到过对神透特——根据柏拉图的《斐德罗篇》，他是文字的发明者——进行批判的人，谈到担心他的这个技艺会使社会大大削弱记忆的功能，这些批评家没有注意到书面文字远不只是一个提示符号，它的作用要大得多，它可以在现在重塑过去，提供给我们的不是那熟悉的已记住的东西，而是头脑中浮现的闪耀光芒的强烈幻象"。弗莱的这句话含义更深，不能只认为书面文字就是简单记载。我们看书面文字都是站在现实看过去，这个"看"也并非简单地看，而是以现实的眼光解读过去，所以不是简单地重复过去，这就意味"在现实中重新创造了过去"。对于一个没有文字只有语言的民族来说，这种魔力会凸显出来。因为他们面对着的不是过去，而是一堆文字符号，但是他们却把过去给带回来了，而且带回来的不仅仅是过去，而是当下的过去，即是现在理解的过去。这是多么神奇呀！对于一个没有文字只有语言的民族来说，原本只有当下，没有以后，也没有从前，有了文字便都有了。你写下一段文字，后人便知道了你的情况，但你却不知道谁会知道你的情况，也就是你向无形的读者倾诉了。他们知道你的情况会如何想，很可能100个人有100个想法，引发这些遐想也许只能算书面文字的初级魔力。

（七）媒介隐喻的意义是深远的

书面文字所引发的关于人的智力、能力的变化会让人们感到更加神奇。波兹曼下面用以解释隐喻的话，就让我们看到了这高一级的神奇。波兹曼指出："把诸如文字或钟表这样的技艺引入文化，不仅仅是人类对时间的约束力的延伸，而且是人类思维方式的转变，当然，也是文化内容的改变。这就是为什么我要把媒介称作'隐喻'的道理"（13页、15页，重点号为引者所加）。波兹曼在这里再一次解释"隐喻"。文字与钟表都是媒介，但它们不只限于记录事物和表述时间，不仅是带来信息，还意味着远远超出自身传递信息的意义。它们创造了许多新的知识理念，出现了许多新的学科，许多对世界的新认识，这种改变就是一种文化的改变，就是人的思维方式的改变，是媒介隐喻作用下的改变。隐喻是媒介（传递信息功能之外）的另一种功能，而且往往是更为重要的功能，所以我们把这方面的内容划为对本章解释的第七部分。由钟表带来的时间观念和后来的时空观念以及书写给人带来的知觉革命就会体会到"思维方式"的转变，在文字媒介中思维的理性要远强于口语媒介的思维理性。只此一点就可以领会思维方式转变的含义，更由书写文字创造了历史学、修辞学、逻辑学、文艺创作（小说、剧本、散文……）以及科学著作等。书面文字创造的文化是一片广阔无边的肥沃土地，在它上面还可以有法律、政治、宗教、经济……一大串文化（种类）诞生出来，媒介和这种强大的暗示力使人们"脑中也形成了这样一个概念，那就是要理解一个事物必须引入另一个事物"，即以媒介的隐喻来表述事物。用一棵树的繁茂来理解语言的丰富，即"语言是一棵树"，"树"就是被引入的媒介，用它的隐喻——繁茂来说语言的繁华。用"明智而可敬的人"来理解上帝，那便是"上帝是一个明智而可敬的人"，那"明智而可敬的人"便既是媒介也是隐喻（媒介即隐喻）……但是我们要记住隐喻不像明喻那样喻体与被比喻的主体是两个无关的东西，而是两件有关联的、相合的事情。在写作上隐喻可以是变化多端的，而在科学上那个媒介的隐喻是非凡的，往往是科学认识上的一种进步。比如最早说光是"波"，后来发现光是"粒子"，不再用"波"，而用"粒子"来说光，这里"波"和"粒子"都是媒介，用"波"之长短和粒子的活动这些媒介的隐喻来说明"光"，但后来又发现光既是"波"也是"粒子"，媒介这种隐喻的变化正是表明了科学的进步。然而了解媒介的隐喻并非都那么简单明了，也并非像文学那么精彩生动，有时是很复杂的。波兹曼指出："为了理解这些隐喻的功能，我们应该考虑到信息的象征方式、来源、数量、传播速度以及信息所处的语境"（14页、15页）。比如钟表是媒介，它滴答滴答的响声是信息的象征方式，来源于一定的机械构造，用指针的转动表示信息的数量，一秒一秒地匀速运动是它传播的速度，它的信息是通过几点几分几秒，把时间精确地有序地再现出来，它的隐喻在前面已经说过了。有些时候隐喻是不太好理解的，也是不太好发现的，波兹曼告诉我们："如果我们能够意识到，我们创造的每一种工具都蕴涵着超越其自身的意义，那么理解这些隐喻就容易多了"（14页、16页）。钟表的更深一层的隐喻是形成人的时空观、思维方式的改变，甚至是生存哲学等的改变，这些隐喻远远地超越了钟表用以计时的这个媒介直接的功能和让时间与人分离等隐喻，发现钟表有这么多而深层的隐喻就不那么容易了。他又举出一例：人的视力出了毛病，但是眼镜的出现弥补了视力不足，眼镜为视力的媒介。可是在没有发明眼镜时，视力有缺欠的人心理是不舒畅的，又只得怨命运不佳。而一旦戴上眼镜，有如白内障患者经手术后突现光明那样，为自己的眼睛的明亮而兴奋不已，心理状态也随之变好。人可以不"认命"，不必把天赋缺欠视为终生命运，身体与大脑都是可以完善的。眼镜是视力改善的媒介，当我们的思想超越它的作用，向更深远处看，它的意义便不只是在眼镜自身了，而是看到了人对自身缺欠的认识和心境的变化，而这正是眼镜的一种隐喻。相关研究告诉我们，有些视力缺欠是因为基因分裂出了问题，于是眼镜又与基因发生了关联。眼镜是视力的媒介，它的隐喻又可以看成是弥补基因的某些缺欠。人们发明了显微镜，它使生物学进入了微生物领域。显微镜作为媒介，直接作用是观察极细微的东西，而它的隐喻是对生物学、医学等科学学科的发展起了一个划时代的作用。波兹曼关于媒介隐喻的这样一段话会令我们深思：

　　如果事物总是不同于它的表象，如果微生物不可见地隐藏于我们的皮肤内外，如果隐形世界控制了有形世界，那么本我、自我和超我是否也可能不可见地隐藏在某个地方？精神分析除了充当大脑的显微镜之外还有什么？我们对大脑的理解除了来自某些工具所产生的隐喻之外，还有什么途径？我们说一个人有126的智商，又是怎么一回事？在人们的头脑里并不存在数字，智力也没有数量和体积，除非我们相信它有。那么为什么我们还要相信它有呢？这是因为我们拥有可以说明大脑情况的工具。确实，我们思想的工具能帮助我们理解自己的身体：有时我们称自己的身体为"生物钟"，有时我们谈论自己的"遗传密码"，有时我们像看书一样阅读别人的脸，有时我们用表情传达自己的意图。（14页、16页，重点为引者所加）

这里我们不必过多地解释其中的心理学、脑科学方面的知识，我们把理解的重点放在"我们拥有可以说明大脑情况的工具"和"我们思想的工具帮助们我们理解自己的身体"这样两句话上，我们要思考的是"思想的工具"是什么？它怎么存在于我们的大脑中。我们还是以"数"作个例子。最早的人类可能不知有数，他们摘果子，比如甲摘了5个苹果，乙摘了6个苹果，那么，哪个多呢？一比较方知乙多，多与少之比就会产生量的概念，多，多少个；少，又少多少个，就产生"数"的概念，而能观察到这种情景的就是人的眼睛，也可称作媒介。正是这个媒介提供的信息（眼见的苹果及苹果的量），使人们认识了这个情景，即事物。放下这个对事物的认识，专去想那"量"和"数"的概念是哪里来的，就是我们的"思想的工具"帮助我们产生的，"思想的工具"创造了隐形世界，如数、量、生物钟、遗传密码……包括精神分析，等等。"思想的工具"是人脑的功能，又为什么有此种功能？它怎么来的？这的确是个神秘的问题，难以究根问底，即便把它归于心灵的活动，目前看，那也是神秘的，尚未破解。但是可以肯定的是由媒介"激化"出来的，可以认为是媒介的隐喻。"思想的工具"产生的就是思想，即思想是产生于媒介的隐喻，或者说媒介隐喻的功能是它会引发思想，而思想能够做很多事情。主要的是思想帮助我们认识了事物，或言媒介具有认识事物的功能，即隐形世界控制了有形世界。关于媒介认识事物的功能将在第二章中再详细阐述，这里须要指出的是媒介是技术（眼睛之类的器官也是技术）装置，亦即技术，它的隐喻会引发思想。应当指出的是这里的思想虽然包括对事物的认识，但并不等于哲学认识论中讲的人认识事物时的意识（活动），这也将在第二章中详细阐述。对于媒介引发的思想，我们可以说认识了某一事物就是有了对这一事物的思想。思想产生于媒介的隐喻，难道这还不能说明媒介隐喻功能的强大吗？

如果我们小结一下媒介的隐喻功能：第一，定义了现实世界；第二，改变了我们的思维方式；第三，创新了文化形式，改变了文化内容；第四，引发了人们的思想。所以波兹曼称"媒介即隐喻"。这里我们第一个要解释的是麦克卢汉的"媒介即讯息"和波兹曼的"媒介即隐喻"有何异同。麦克卢汉在解释"媒介即讯息"的时候强调了媒介对人及社会的影响，这个影响是对人的组合与行动的尺度和形态的作用，我们深度解读的就是这种对人的本质和社会文化的作用，媒介带来的这种深远的影响又可以说是媒介带来了世界的巨大变化。就此而言，难道不可以说媒介带来了信息吗？所以，完全可以称"媒介即信息"。波兹曼在阐述媒介的隐喻时，不也是称其给人及社会带来深远的和巨大的影响吗？这不也是媒介带来了信息吗？所以"媒介即讯息"与"媒介即隐喻"实质是相通的。就连波兹曼自己也说："马歇尔·麦克卢汉有一句著名的警句：'媒介即信息。'如果我上面所说的有引用之嫌，我绝不否认其中的联系"（9页、

9页）。他在这里所言的"我上面所说的有引用之嫌"即是指"这种转换（即印刷媒介向电视媒介的转换。在1969年《花花公子》访谈录中，麦克卢汉非常明确地指出了在20世纪的文化中，印刷媒介向电视媒介的转换。——引者注）从根本上不可逆转地改变了公众话语的内容和意义，因为这样两种截然不同的媒介不可能传达同样的思想"（9页、9页）。波兹曼还表示"我对他的理论深信不疑"。从根本上说，"媒介即讯息"与"媒介即隐喻"都是讲媒介对人及社会的影响，而且不同的媒介会产生截然不同的公众话语的内容和意义。这是他们二人共通的基点，只不过麦克卢汉是从媒介传播的信息来说的，而波兹曼是从媒介的隐喻来说的。这里麦克卢汉是把媒介对人及社会的影响（发生的新变化）也看作是信息，他在解释"媒介即讯息"时说"任何媒介对人和社会的任何影响都是由于新的尺度产生的"，新的尺度正是媒介发挥着的对世界的"塑造和控制的作用"。这话与波兹曼所言的"这种媒介——隐喻的关系帮我们将这个世界进行分类、排序、构建、放大、缩小和着色，并且证明一切存在的理由"不是一致的吗？但是隐喻的多项（一种媒介会有多种隐喻，甚至还有现实不可测的隐喻）和媒介暗示的强力加深了"媒介即讯息"的思想，波兹曼利用媒介的隐喻说让我们看到了媒介打开的新世界、引发的新思想，所以不能否认波兹曼对麦克卢汉思想的赞同和深化。

第二个要解释的是波兹曼说"媒介即信息"还需修正，"因为这个表示方式让人们把信息和隐喻混淆起来"。他这样说有一点道理，在他看来"信息是关于这个世界的明确具体的说明，但是我们的媒介，包括那些使会话得以实现的符号，却没有这个功能。它们更像是一种隐喻，用一种隐蔽但有力的暗示来定义世界"。他这是在说媒介传递着信息，或者表达着信息，是媒介的功能。但媒介是媒介，信息是信息，这是两码事。他这是把信息只看作是媒介表达的东西，或者是媒介传递的内容，并没有把媒介对人及社会的影响看成是媒介带来的（另一种）信息。虽然由上述可知，波兹曼是赞同麦克卢汉的关于媒介会对人及社会产生影响的观点的。如果我们稍仔细地看一下麦克卢汉关于"媒介即讯息"的解释，便很清楚麦克卢汉所言的"讯息"含有的意义包括媒介对人及社会的影响。我们应注意，当波兹曼说媒介没有信息的功能时，紧接着说"它们更像是一种隐喻"，这说明他为了避开"媒介即信息"中媒介与信息两个概念的混淆，而宁可说"媒介即隐喻"，但是如上所述两种说法都是表示媒介对人及社会的影响，并没有矛盾，不过我们必须肯定波兹曼利用"媒介即隐喻"来论述媒介对人及社会的影响更鲜明地展示了媒介伟大而深远的作用，是对媒介理论的新发展。

（八）关于媒介的隐喻还有很多话要说

本章最后一段话是总结性的：

> 伽利略说过，大自然的语言是数学。他这样说只是打个比方。大自然自己不会说话，我们的身体和大脑也不会说话。我们关于大自然以及自身的对话，是用任何一种我们觉得便利的"语言"进行的。我们认识到的自然、智力、人类动机或思想，并不是它们的本来面目，而是它们在语言中的表现形式。我们的语言即媒介，我们的媒介即隐喻，我们的隐喻创造了我们的文化内容。（15页、17页）

数学化是伽利略对自然的一种观念，他认为自然可以像数学那样严谨地用规则表述出来。但这并不等于大自然就是数学，而是用数学来作比喻，说自然是能够被表述的。但是，大自然是不会说话的，人的身体及大脑也不会说话，那么它们怎样表述呢？伽利略用数学化表述自然，在当时是很有限的，特别是没有认识到其中的媒介。所以就当时来看，以数学表述自然只是一种比喻，还不能去描写更广大的自然。但是媒介可以让大自然、人的身体及大脑"说话"，媒介可以让自然现象呈现出来，更可以让事物的本质展露出来，（比如光是波、光是粒子）都是媒介（技术装置）让其"说话"的；人的身体和大脑不会说话，但是各种仪器（媒介）会让它们"说"出自己的状况。波兹曼实际是在说，媒介让它们都能"说话"，也就是"我们关于自然以及自身的对话是用任何一种我们觉得便利的'语言'进行的"。这个我们觉得便利的"语言"就是人们找到的媒介，哪种媒介便于表达事物，我们就用哪种媒介，比如我们用显微镜找到了痢疾的病因是痢疾杆菌；我们用钟表来表示事物在时间内的存在状况，等等。这段话的意思是：人与自然都不会说话，所以都不会表述自己是什么样的。是人找到了媒介（包括语言），是媒介让其"说话"，表述自然和人是什么样的。随后波兹曼讲的一句话则非常重要了，它引起我们关于"媒介即信息"的进一步沉思。"我们认识到的自然、智力、人类动机或思想，并不是它们的本来面目，而是它们在语言中的表现形式"，这分明是在说我们认识到的事物是事物通过媒介比如语言媒介呈现给我们的样子，于是我们才认为这个事物就是这个样的。这样看来，如果我们用语言来表述某一事物，这语言本身就是表述事物的信息；如果我们用电视看某一事物，就是这一事物通过电视呈现给我们的样子，那么电视表述的也是关于事物的信息；如果以电脑来看事物，那么不也是事物通过电脑的多媒体、多侧面所呈现给我们的样子吗？电脑不也是表述事物的信息吗？我们从媒介得到了事物，也可以说得到了信息。于是我们自然会得出这样的结论："媒介即信息"。于是我们对麦克卢汉的"媒介即讯息"又有了一种新的理解，不再把媒介只当作工具、桥梁等中介去理解，媒介本身就具有了表达事物信息的意义。至于我们从媒介中看到的事物是不是事物本身，后面将进行阐述。

但是媒介的意义还不止于此。我们整日地与社会与人打交道，使用的是语言媒介。现在我们再回顾一下本章讲述的洪堡及伽达默尔的语言观以及对柏拉图语言工具论的批判，就会认识到，我们是生存于语言（媒介）之中的。人用语言表达大自然、用语言阐述事物、用语言交流，人正是因为拥有语言才拥有世界。现在我们再换个说法，不仅对语言（媒介）是这样，对其他媒介也是这样。我们看电视就是生存在电视世界之中，世界正是如电视呈现给我们的世界；我们用互联网（通过手机、电脑等）观看世界，我们就是生存于互联网之中，世界正如互联网呈现给我们的世界……于是这种由媒介直接呈现出的信息即是事物。于是我们突然明白了麦克卢汉所说的这样一句话："我已经阐明，媒介（亦名为人的延伸）是一种'使事情所以然'的动因，而不是'使人知其然'的动因"（《麦克卢汉精粹》，埃里克·麦克卢汉、弗兰克·秦格龙著，何道宽译，南京大学出版社，2000年版，第266页）。"知其然不知其所以然"是中国文人常讲的一句话，意思是说，仅知道事情是这个样子，而不知道事情为什么会是这个样子。麦克卢汉的这句话就是在说，不论是从何种渠道知道事情是这个样子的，但是也只是知道事情的这个样子，而媒介（即用人的延伸的东西）却能告诉人们事情为什么会是这个样子（即"使事情所以然"的动因）。在华盛顿发生的事，快速地传到了洛杉矶，人们都知道消息传播就是这么快（知其然），但是为什么这么快呢？是因为有了电报这个媒介（使事情所以然），再追问为什么电报能这么快，电报（媒介）的回答是因为我是电（磁）波（"使事情所以然"的动因），于是麦克卢汉就这样地把媒介的性质解释清楚了。这就是说由媒介呈现出的信息不仅告诉我们事物是什么样的，而且还告诉我们这个样子是怎么来的。说麦克卢汉除了指出媒介的上述性质之外，还告诉我们媒介有某种认识事物的功能。虽然他没有明确指出这一点，但对我们却产生了较大的启示：媒介作为人的延伸与事物发生关系，让事物呈现于媒介，然后人再通过人与媒介的关系，才使人明白事物为什么是这样的。在上述例子中消息（事物）变成符码存在于电磁波中，并传播到远方，远方接到电磁波传递的符码，这是事物与媒介（电磁波）的关系。远方的人接到了电磁波（媒介）传递的符码再翻译成消息，这是人与媒介的关系。事物、媒介、人三者之间都发生关系，但人不能直接与事物发生关系（就是人直接感知事物也是通过器官这个媒介的），而是间接的。这里媒介与事物的关系最为关键，正是此种关系媒介才能使事物呈现于我们面前，而媒介与人的关系，则表现为媒介让我们怎样看或者从哪一个角度看事物，即媒介参与了人认识事物的意识活动（这将在下一章中会讲到）。

这里麦克卢汉把媒介提高到了重要位置。我们不仅是看到事物的样子和它的来源（动因），更启示我们认识到了事物就存在于媒介之中，我们之所以知道事物是这样的，是因为事物在媒介中就是这样的。媒介之所以能让事物显现自身，而成为人们认识事物的动因，就是因为媒介与事物之间是一种"缘分"的关系。不是任何媒介都可以让任何事物都能呈现事物自身的，而是特定的媒介让特定的事物呈现自身，一种媒介与某种事物有这种"缘分"（偏好），就是这种媒介最善于（适合）让某种事物呈现自身的。因此媒介与事物有种"因缘"的关系，而不是"姻缘"（中介）的关系。至于为什么媒介与事物能有这种"缘分"，是因为媒介（技术）的特性（这个问题将在十五章讨论媒介技术的性质时讲到）。所以麦克卢汉的理论给予我们的启示是很多的，我们在认识（媒介）时，把媒介只简单而又粗浅地看成是中介是不甚确切的，这就是进一步解释本章开头所讲的关于媒介概念中的一些问题。现在问题的关键是媒介呈现于人意识中的关于事物的信息（现象）是否就是事物本质性的东西。对此我们还是要求助于现象学认识论。埃德蒙德·胡塞尔（Edmund Husserl）曾举出一例，即当人看到一张吸墨纸的"红"时，他对"红"有了认识，见了红鞋子、红帽子、红桌子等都能认识其中的"红"，于是他把握了"红"的一般性，也就是将吸墨纸、鞋子、帽子、桌子等不属于"红"的东西都去掉，就只剩下"红"了，这个一般性即是那些事物共同具有的"本质"。人能从这种单一的吸墨纸的"红"认识到一般性的"红"，被现象学哲学认识论称作"本质直观"（这是现象学认论中的一种重要的现象学"方法"）。"本质直观"的重要意义是它把人的主观认识同事物的客观性连接起来，现象学认识论也因此被认为不只是意识的自我活动，而是具有客观意义的意识活动，也就是说人能够认识客观事物的本质。每一个别事物都具有本质性，即表示着它是属于这一类的事物。认识事物的本质是人类认识事物的关键。但是"本质直观"并非都如上述所言的那么简单和容易。它的突出特点是通过现象直达本质，但现象是复杂的，现象学要求的现象必须是"纯粹的现象"，只有这种现象才能够直达本质。比如公园中椅子的温度，一个人去摸说是凉的，另一个人去摸说是热的，这种凉热现象就不是"纯粹现象"。要得到"纯粹现象"就需要做"本质还原"的工作，这是现象学的一个专门话题，我们不在此介绍。而我们要说的是媒介，特别是技术媒介却有着让事物如其所是地呈现于人的意识的功能，也就是这种媒介技术让事物呈现出的现象是事物的本质性的现象，即"纯粹现象"。为什么是这样的呢？因为很多媒（技术）的目的就是揭开事物的本质。比如电视技术（媒介），其目的就是把这一处的景象如其所是的样子传送到另一处或更多处。这个目的也正是电视呈现自身的现象，而这个现象也正是电视的本质。如果我们对电视将一处的景象如实地传送到另外一些地方的这个现象进行本质直观，那么这个现象就是电视的本质。几乎所有的技术性媒介，包括各种技术装置都具有这种认识事物本质的功能，如果没有这种功能，就达不到这种技术所期望的目的，就是不成功的技术。所以若说"媒介为什么能？"因为在开始（研究）的时候"能"就蕴于其中了。当然也有例外，那些不能让事物如其所是的呈现自身的媒介（即呈现的不是现象学所要求的"纯粹现象"），就不能认为这个媒介传递的信息是对事物的本质性的认识，人工智能便是其中之一，因为它是以事物的事实关系（事实关系并不等于本质关系，就如手摸椅子温度那样的事情）来做研究的出发点，不以事物的本质关系进行的研究当然不会得到对事物的本质认识。虽然如此，但是也是对事物的某种认识，只是不表示本质关系罢了，比如人工智能给出的人脸识别，绝大部分都是正确的。当然也有像人手摸椅子那样的感知，也不能认为是对椅子本身温度的认识，各人有各人的感知，互相之间是不同的，但是手（媒介）的信息也是一种认识，只是粗糙的认识。总而言之，还是我们在本章开头所言的——媒介是让人能够对事物产生某种认识的存在。

还要指出的是，媒介给予人的认识不能代表哲学意义的认识，即使是由媒介提供的（纯粹）现象直接得到的关于事物本质的认识，也不表示媒介提供的认识是哲学意义上的认识。但是我们并不因此而否认媒介在认识事物中的重要作用，甚至我们可以直接说媒介是认识论，或者说媒介呈现的就是对事物的认识。那么又为什么说媒介的认识还不能直接说是具哲学论认识论的意义呢？因为不论是媒介认识也好，还是其他方式对事物的认识也好，都要经过人的意识的活动，例如上述的"本质直观"看似由媒介直接得到的对事物的本质认识，但人为什么能这样直接得到呢？深度地解释依然是现象学的认识论，即是人需要经过复杂的意识活动。事实上，人的各种认识都要经过相应的意识活动，哲学认识论就是研究人的这种意识活动的，只有经过哲学认识论的分析，才能确定认识达到何种程度，即或者是本质性的，或者是非本质性的，或者是深刻的，或者是浅薄的，等等，这也将在第二章中讲到。这就是通过媒介认识事物时应注意的第一点。第二点是媒介呈现给我们的东西（现象）有时是事物某一方面的情况，此时就不能认为这一方面代表了事物的整体的性质。第三，源头是错误的，当然就不能认为媒介传递的是事物的本质或真相。比如一本书的观点是错误的，这本书无疑是不能代表事物的真理的。国外有偏见的电视台在报道中国时专门拍中国一些落后的东西、尚未改造的东西，那么用这些素材编辑的电视节目所呈现的当然就不能代表中国整体的形象，更不能代表中国的本质。第四，人的知觉能力是有限的。正如那个"红"的本质开始时被认作是各种红的一般性（共性），随着科学的进步，人们发现那红是一种光波，再进一步又发现那光波又是一种"粒子"，到量子场论中红既是光波又是粒子的一种共体，而红则完全不见了。虽然如此，我们不能否认"红"是各种红的一种本质性的概念，不能说红衣服不是红色的，红鞋也不是红色的，红的或深或浅都不是红色的。媒介所呈现的现象，不论是可直观为事物的本质，还是表示事物的事实关系；不论是仔细到事物的真，还是粗糙到难以确定标准，它终归是能够让人产生某种认识的存在。那么，媒介这种能让人对事物产生某种认识的现象就是媒介的性质（当然媒介还有其他的性质，我们在书中还会有所阐述）。这里的媒介包括技术媒介（技术媒介是一种技术装置，进一步讨论媒介技术及其性质的问题，将在本书第十五章里进行）。媒介既然如此这般地把事物带到我们面前，让我们产生对事物的认识（而不只是简单的传递信息），即是产生新的信息。它不是信息又是什么？所以麦克卢汉说的"媒介即讯息"没有错。不论麦克卢汉对自己的媒介理论是否以现象学的观念来解释，而我们可以说他的理论是有现象学根据的。

媒介带给我们信息，也就是带给我们以世界。我们使用媒介就是生存于媒介之中，而且必须按照媒介的性质和要求去做。看书就必须按照印刷铅字的线性排列一字字、一行行地读下去，尤其需要运用理性思维来解读文字含义，否则就没法看懂文字；看电视，就必须运用对形象的感知才能看懂电视画面的含义；使用互联网，就必须采用多种感知方式一起去破解网络中多媒体呈现的各种现象。我们如果长久地在某一种媒介环境下生存，即长久地使用某种媒介，这种媒介就把我们约束在它的要求之中。于是，我们有可能发生某种内在的改变，并且会转化到无意识之中。比如爱读书的人就会偏于理性，善于思考；耽于电视、电脑或手机荧屏的人可能会更加感性，会偏于以外在的东西（比如形象）判断事物，而缺乏理性分析。有的人会被五光十色的形象甚至低级的声色犬马所吸引，而被娱乐化。以互联网为消遣的娱乐者，可能受到的伤害比电视带来的负面作用还要大。这就是说，我们很可能在无意中受到偏爱的那个媒介的影响，使认知发生了变化。而当某种媒介成为社会文化的主体媒介，也就是在社会文化的传播中占了主导地位，那么这种媒介的偏向，甚至由之产生的偏见将可能会影响到全社会的认知方式和交往方式，成为这个社会的文化内容。以上这些都是所谓的媒介的隐喻。于是，这就是波兹曼在本章最后所说的那句："我们的语言即媒介，我们的媒介即隐喻，我们的隐喻创造了我们的文化的内容。"波兹曼就这样把媒介的重要作用归结为隐喻。媒介的隐喻比它直接传递的信息的作用不知要强大多少倍。关于媒介的隐喻还有很多话要说，请继续往下看。

第二章 媒介即认识论

——和哲学有别又有关系的认识论

波兹曼在麦克卢汉的"媒介即讯息"理论的基础上，把对媒介的认识推向了"媒介即隐喻"。这里他又以"媒介即认识论"为第二章的题目，可见他把这一理论再一次向前推进，即认为媒介是一种认识论。我们在上一章讲过媒介具有某种认识事物的功能，而且是从哲学意义上谈论了媒介的这个功能，这里则接续着讲媒介认识事物的功能，那么"媒介即认识论"又是怎样的认识论呢？

（一）从电视"垃圾"说起的媒介认识论

他在这一章的开头便说：

> 在这本书里我想展现给大家一个发生在美国的关于媒介——隐喻的巨大变化，作为这个变化的结果，那些危险的无稽之谈成了我们公众话语的重要部分。在以后的章节中，我的任务非常明确。首先，我想证明，在印刷机统治下的美国，话语和现在有很大不同——清晰易懂，严肃而有理性；其次，我想论证，在电视的统治下，这样的话语是怎样变得无能而荒唐的。但是，为了避免我的分析被理解成是对电

视上的"垃圾"的司空见惯的抱怨，我必须先解释一下，我的焦点是放在认识论上，而不是放在美学或文学批评上。（16页、18页）

这里他所言的"美国的关于媒介—隐喻的巨大变化"就是指由印刷媒介的隐喻向电视媒介隐喻的变化。这种变化是很深刻的，内容也是很丰富的，但是却是令人担忧的，因为这个变化使"危险的无稽之谈成了我们公众话语的重要部分"。这个话语指的就是电视的话语，分析这个话语便是第三章至第十一章的主线。他将展开的是印刷媒介与电视媒介的隐喻究竟都是些什么，对这两种媒介隐喻的分析所必要的知识便是媒介认识论。在分析印刷媒介和电视媒介时要涉及电视播出（内容）的"垃圾"问题。但是波兹曼说，他主要不是针对"垃圾"，"垃圾"——在这里主要是指美国被娱乐化的各类电视节目不仅是娱乐性节目，还包括新闻、宗教、教育、法律等电视节目。分析"垃圾"的事是美学和文学批评的职责，他从"垃圾"说起，重在电视媒介的认识论上。因为麦克卢汉及波兹曼研究媒介所关注的是媒介能动性的作用，即媒介对人及社会的作用，而不是媒介传播内容（具体信息，在美国电视中就是所谓大量的"垃圾"）对社会的影响。在以后的章节中我们会看到在社会交往上"清晰易懂、严肃而有理性"的话语的关键词是印刷媒介，而"无能而荒唐"的话语的关键词是电视媒介。

虽然关键不在"垃圾"上，但是还要从"垃圾"说起。按情况，印刷媒介也产生不少"垃圾"，而且从历史的累积上看，并不在电视媒介的"垃圾"之下，但为什么电视的"垃圾"却大有不同呢？波兹曼说："电视上最好的东西正是这些'垃圾'，它们不会严重威胁到任何人和任何东西。而且，我们衡量一种文化，是要看其中自认为重要的东西，而不是看那些毫无伪装的琐碎小事。这正是我们的问题所在"（16页、19页）。是呀！电视上那些娱乐的东西（美国电视发达时期这种娱乐的东西充斥于多类节目，美国的商业电视被娱乐化了）逗你一笑了之，还有什么威胁任何人的力量呢？这些电视上最好的东西，也是电视自认为重要的东西，而我们分析电视媒介也正是从这里开始（注意，我们并不停留在这里，如果停留在这里那又是把焦点集中在媒介传播的内容上了）。这些东西（"垃圾")正是使人"娱乐至死"的东西，让我们翻回到波兹曼前言所说的一些话：

> 奥威尔害怕的是我们的文化成为受制文化，赫胥黎担心的是我们的文化成为充满感官刺激、欲望和无规则游戏的庸俗化。正如赫胥黎在《重访美丽新世界》里提到的，那些随时准备反抗独裁的自由意志论者和唯理论者"完全忽视了人们对于娱乐的无尽欲望"。在《一九八四》中，人们受制于痛苦，而在《美丽新世界》中，人们由于享乐失去了自由。简而言之，奥威尔担心我们憎恨的东西会毁掉我们，而赫胥黎担心的是，我们将毁于我们热爱的东西。（前言4页、前言2页）

奥威尔害怕的是在强权政治的统治下，文化也被限制，人们没有了自由，生活于被压迫的痛苦之中；赫胥黎担心的却是我们的文化成为充满感官刺激、欲望和无规则游戏的庸俗文化。虽然赫胥黎写作《美丽新世界》时真正的电视媒介尚未诞生，但他担心的这种娱乐文化却正好是电视媒介带来的那些"垃圾"文化，（《美丽新世界》也成了预言性的科普作品），特别是人们还完全忽视了对这种"垃圾"（娱乐）文化的无尽欲望，因为这种欲望会导致由于享乐而失去自由，结果是人们将毁于"我们所热爱的东西"。这是电视"垃圾"之害吗？如果是这样的话，不让电视播出这样的东西，不就完全避免了吗？（这个问题似乎又回到了电视媒介传播内容的问题了）事实并非如此。波兹曼对此指出：

> 这正是我们的问题所在。电视本是无足轻重的，所以，如果它强加于自己很高的使命，或者把自己表现成重要文化对话的载体，那么危险就出现了。具有讽刺意义的是，这样危险的事正是知识分子和批评家一直不断鼓励电视去做的。这些人的问题在于，他们对待电视的态度还不够严肃。因为，和印刷机一样，电视也不过是一种修辞的工具。要想严肃对待电视，我们必须谈一谈认识论，否则其他的任何评论都是没有意义的。（16—17页、19页）

这段话初看起来真有点莫名其妙。一是知识分子批评家们看到电视的"垃圾"太多深感不安，于是提出电视应担负很高的使命、应当成为重要文化（精英文化或正直的时事政治对话）的载体，让电视少些娱乐，多些严肃的、有思想内容的东西，这不是个很好的意见吗？为什么波兹曼反而说"他们对待电视的态度还不够严肃"，而且"危险就出现了"呢？他没有回答读者可能对此产生的疑惑，反而将话题转到认识论上去了。我猜想，波兹曼一是有意在此卖个"关子"，他会在以后的章节里告诉我们。二是确实要先解决媒介认识论的问题，懂得了媒介认识论，那么我们就会真正认识电视媒介，就会懂得他为什么说"这正是我们的问题所在"。又为什么说"电视本是无足轻重的"。不过，为了让读者受疑惑的悬念小一点，我试着先替波兹曼解答一个话题：电视媒介的"偏好"隐喻的正是娱乐，它自身的特点就喜欢娱乐，也最适于娱乐。它不适于长篇大套地讲大道理，如果让它去承担过于高大上（尚）的使命，它将失去大量的观众，尤其是在发达的美国电视业和市场化的环境中，是很难生存的。而它越是娱乐，它便活得越好，美国人就越喜欢。这也正像是一个孩子，他有唱歌、跳舞、说段子的天赋，然而你却不让他去表现和发挥，非让他去学那些高大上（尚）的含有深邃思想的学问，这不就毁了他的前程吗？难道对他和电视以及观众来说不是危险的吗？电视这个娱乐的天赋又是怎么回事呢？还是顺着波兹曼的媒介认识论去慢慢地了解吧！

> 认识论是一门有关知识起源和性质的复杂而晦涩的学问。和本书有关的是认识论对于真理的定义以及这些定义的来源所表现出来的兴趣。在这里，我特别想证明，真理的定义至少有一部分来自传递信息的媒体的性质。我想讨论的是，媒体在我们的认识论中充当了什么角色？（17页、19页）

从哲学看认识论是对人的认识的认识，或者说人的认识是如何进行的，认识是什么？怎样做到对客观事物的本质性认识，这是一个"复杂而晦涩的学问"，笼统讲整个哲学都在研究人的认识，这些最基本的哲学问题到现在还在争论不休。波兹曼并没有领我们从这方面谈认识论，而是从媒介这个角度谈认识论，即是"对于真理的定义以及这些定义的来源所表现出来的兴趣"，还特别指出"真理的定义至少有一部分来自传递信息的媒体的性质"。其实这里的问题已经在前一章末尾作了某些解释，即媒介带来的不仅仅是关于事物的信息，其中也告诉我们事物为什么是这样的，媒介是事物"所以然"的动因，这其中当然含有真理的因素，并且还指出媒介具有某种对事物认识的功能。对媒介认识事物的功能要作的哲学思考，我们将在本章的后部分再进行。波兹曼在讲到媒介在认识论中充当了什么角色时，并没有直接回答，而是转向了"共鸣"这一概念。这是要从"共鸣"讲到"媒介共鸣"，再进一步讲到"媒介文化"，当"媒介文化"形成"社会文化"后，才讲到媒介认识论，这才是波兹曼非常重视的认识论，才是能解决前述的那个疑问的认识论。（我们也将在本章后部分分析这个媒介认识论）让我们跟着波兹曼的思路一起思考。

（二）媒介→隐喻→共鸣→社会文化

在谈论这些之前，波兹曼借用了著名的加拿大文学批评家诺思罗普·弗莱的"共鸣"原理。"共鸣"的概念原本为物理（声）学中的共振现象。说的是一些物体的固有频率与某一物体的固有频率相应（比如和这一物体的固有频率相同或者是这一物体固有频率的倍数），那么当这一物体振动（发声）时，与之相应的那一些物体也将随之振动（发声），这就是"共鸣"。共鸣在文学艺术上是说作品中的思想情感引起了读者或观众的感同身受，两方思想及情感相通，即称"共鸣"。弗莱"共鸣"的概念是"通过共鸣，某种特定语境中的某个特定说法获得了普遍意义"（17页、19页）。

弗莱对《圣经》颇有研究，他的著作《伟大的符号：圣经和文学》是纪念碑式的著作。其中，他为了说明关于共鸣的上述概念，举了"愤怒的葡萄"为例。波兹曼说这个词组出现于《圣经》的《以赛亚书》中。《以赛亚书》为《圣经》中《旧约书》中的一卷。相传为上帝的使徒以赛亚与犹太国王约哈斯的启示和训诫形成的，是预言性的。按中译注说"愤怒的葡萄"本意是"骚动的根源，愤怒和暴力的起因"，用这个词组表示人们"庆祝即将到来的对于易得迈人的屠杀"。大概是说暴怒的人们将对易得迈人进行一场战斗，而这场战斗是值得庆祝的将屠杀易得迈人的战斗。"愤怒的葡萄"这个词组在这种特定的语境下的意义被人们认同，即获得了普遍意义，代表着众人的骚动、愤怒和暴力的起因。也就是说，人们听到"愤怒的葡萄"便奋起而斗争，这便是人们的"共鸣"。这其中当然含有盲目跟从的意思。但是对于这个词组，弗莱又继续写道"早已超越了这个语境并且进入了很多新的语境，这些新的语境赋予人类尊严，而不是仅仅反思它的盲从"（17页、20页）。这也就是说在后来的许多情境下，"愤怒的葡萄"已不再代表原来的意义了，而是发生了变化，是赋予人类尊严的意思，而这个词组在新语境下的新的意义也被人们接受了。

后来，"共鸣"的概念不仅是用在词组、句子上面还扩展到词组句子之外了，这就是说不仅一个词组、一个句子能产生共鸣，一个故事、一个角色、一出戏都可以产生某种共鸣，甚至一件东西、一个国家也能产生共鸣。威廉·莎士比亚（William Shakespeare）的名剧《哈姆雷特》中的哈姆雷特王子虽然复仇成功了，但他却是一个犹豫不决、优柔寡断的人，于是哈姆雷特这个人物就成了犹豫不决的象征。每当人们说到某人是哈姆雷特的时候，都会引起人们对这种人物性格的共鸣，当然也表示某人具有这种性格。英国童话作家刘易斯·卡罗尔（Lewis Carroll）创作的《爱丽斯漫游奇境记》，主人公是爱丽斯。当人们说某某人是爱丽斯的时候，大家就会知道这个人是和爱丽斯一样，是个"在无意义的语意世界中寻求秩序的人"。

说到国家的共鸣，弗莱举了"希腊和以色列，这两个被割裂的国家"的例子，这两个国家长期处于被割裂的状态。古希腊是城邦制，没有形成统一的国家，200多个城邦有时会结成各种同盟，同盟之间有时会合作，有时又会发生战争。他们曾被马其顿占领过，公元前2世纪又被罗马帝国占领过，曾作为罗马帝国的一个省。罗马帝国衰亡后，希腊又被强大的奥斯曼帝国侵占。希腊人争取独立的斗争从未停止过，直到1830年希腊人才从奥斯曼土耳其手中取得独立。以色列更为凄惨些。他们属犹太人，古代游牧并定居在巴勒斯坦地区，他们的宗教是犹太教，但早在公元前930年期间就分裂成南北两个以色列国，又先后被亚述帝国和巴比伦人占领，大批以色列人被当作奴隶。后来波斯人打败巴比伦，使犹太民族得到一些宽裕，并帮助犹太人返回家园。波斯帝国衰亡后，以色列又被马其顿和罗马帝国所统治，罗马帝国对犹太人非常野蛮，150多万犹太幸存者从巴勒斯坦地区被赶出或逃亡，从此犹太人失去了家园，流落世界各地。直到第二次世界大战结束后的1948年又重新集结建立了以色列国家。但是他们与巴勒斯坦人的土地之争至今未熄，几乎战火不断。所以弗莱在《伟大的符号·圣经和文学》中说"希腊和以色列，这两个被割裂的国家，它们地理上的最小细节都会让我们良心不安，除非有一天它们出现在我们想象世界中的地图上，不论我们是否见过这两个国家"（17页、20页），实质是在说这两个国家在被分裂上是能让人产生共鸣的。

重要的是"在谈到'共鸣'的来源时，弗莱总结说隐喻是它的动力，也就是说，词组、书、角色或历史都具有组织不同态度或经历的力量，并且可以赋予它们以意义"（18页、20页，重点由引者所加）。这就是词组、书、角色或历史等有种暗示的力量，这种力量即是"组织不同态度或经历的力量"，于是产生了"共鸣"。词组、书、角色或历史等是什么，难道不是媒介吗？所以媒介又是共鸣之源。媒介隐喻的力量将某种态度或某种经历的事物组织起来，于是才有了某一类的"共鸣"。说某某人是哈姆雷特就是说某某人是属于犹豫不决优柔寡断的复仇者之类的人。比如周恩来总理向外国人介绍《梁山伯与祝英台》时，称其是中国的《罗密欧与朱丽叶》。以后者爱情悲剧的隐喻，快捷地让外国人了解《梁山伯与祝英台》的悲剧故事。在这一例子中，《罗密欧与朱丽叶》无疑是媒介。媒介的这种隐喻的功能，使它有种动力，即把事物组成类，在同类的事物之间形成了"共鸣"。"共鸣"的来源是隐喻的动力，这样在波兹曼的媒介认识论中由媒介的"隐喻"推向了"共鸣"。

我们要特别理解波兹曼的这样一段话："任何一种媒介都有共鸣，因为共鸣就是扩大的隐喻。不管一种媒介原来的语境是怎样的，它都有能力越过这个语境并延伸到新的未知的语境中。由于它能够引导我们组织思想和总结生活经历，所以总是影响着我们的意识和不同的社会结构。它有时影响着我们对于真善美的看法，并且一直左右着我们理解真理和定义真理的方法。"（18页、20—21页）。要理解波兹曼的这段话，我建议从隐喻、共鸣和媒介这三者之间的关系下手，可能会更深刻一点。弗莱说到共鸣时指出"隐喻是它的动力"，这就是必须有隐喻才能产生共鸣，并且推动着共鸣在扩大。可是什么才产生隐喻的呢？它们的根便是媒介，隐喻及共鸣皆产生于媒介，所以"任何一种媒介都有共鸣，因为共鸣就是扩大的隐喻"，所以隐喻与共鸣是紧密相联的，是意义相通的，这是第一个关系。

它们虽然是相通的，但是是有区别的，即第二个关系是"一"与"多"的关系。媒介的某种隐喻是"一"，它引发的共鸣是"多"，即"扩大的隐喻"。媒介的隐喻得到了响应和共识，就产生了共鸣，所以隐喻与共鸣是"一"与"多"的关系。一种媒介可能它的隐喻是多方面的，但是不论是哪方面只要获得了响应和共识，就是获得了共鸣。

第三个关系是扩大关系，"共鸣就是扩大的隐喻"不只在量上，也在意义上，这种扩大表现在语境的变化产生新意义下的共鸣，即"不管一种媒介原来的语境是怎样的，它都有能力越过这个语境并延伸到新的未知的语境中"。比如前面弗莱举出的那个"愤怒的葡萄"的例子，原来人们被"愤怒的葡萄"所激励，愤而跟从参加某种斗争。这种隐喻含有"盲从"的意思，但后来在新的语境中被赋予了"人类尊严"的意义，"而不是仅仅反思它的盲从"，新的意义与原来的完全不同了，是在新语境下而出现的。

第四，隐喻与共鸣在功能上有相近之处，但也有不同。波兹曼所言"由于它能够引导我们组织思想和总结生活经历，所以总是影响我们的意识和不同的社会结构。它有时影响着我们对于真善美的看法，并且一直左右着我们理解真理和定义真理的方法。"其中的"它"应当指共鸣，其实共鸣的这些功能隐喻几乎也具有，因为"隐喻是它的动力""共鸣就是扩大的隐喻"。波兹曼在前面谈到语音的书写形式时就指出是"创造了一种新的知识理念，一种关于智力、听众和后代的新认识"（12页、13页），这就是指书面文字作为媒介的隐喻而言的。在谈到文字和钟表作为媒介的隐喻时波兹曼又说："不仅仅是人类对时间的约束力的延伸，而且是人类思维方式的转变，当然，也是文化内容的改变。这就是为什么我要把媒介称作'隐喻'的道理"（13页、15页，重点为引者所加）。这里"思维方式的转变"和"文化内容的改变"和上面说的媒介的"共鸣"作用几乎相差无几。还有那第一章的最后一句话"我们的隐喻创造了我们的文化的内容。"也几乎是像"共鸣"说的。而"隐喻"与"共鸣"所不同在哪里呢？"隐喻"的作用是一种暗示的力量，所以它是"一"，常常是"专项"地去引导人们认识对某项真理的看法。比如数量、体积、智商、生物钟、遗传密码等概念，是媒介的暗示力，让人们产生某种概念。而"共鸣"是通过"共识"的力量对真理的定义产生广泛的影响。某媒介的隐喻产生群体的共鸣，来凸显出对真理的作用。相比较而言，"共鸣"对真理的定义的影响更具社会性，"隐喻"对真理定义的影响更具专业性。附带说一下媒介对真理的定义作用，与隐喻和共鸣的方式是不同的。媒介有时带来的信息起着直接定义真理的作用，比如钟表、显微镜等，人类发明了钟表直接定义了时间，产生了关于时间的更精确的概念。人类发明了显微镜，直接告诉我们某种病是某种细菌引起的。这样我们将媒介、隐喻和共鸣对真理定义的不同作用区别开来。

第五，隐喻和共鸣在形成社会文化中的作用是不同的，隐喻似乎是个起因（源头是媒介），是群体的力量将隐喻扩大了才形成共鸣。共鸣的社会性使其产生社会文化、公共话语，也就是对社会的交往形式起着一种影响的作用。波兹曼引用"共鸣"是为了达到他媒介理论中"媒介即认识论"的目的。我们通过对媒介的研究，特别是对各种媒介创造的各种不同的媒介文化的研究，达到认识某些社会问题的目的。

这里提出的五点可能对理解前面引用的波兹曼原书中（18页、20—21页）的那段论述有点抛砖引玉的作用。为了更好地理解波氏的那段话，我先举个简单的例子做个参照，之后再看看他（19—21页、21—25页）举出的三个例子。"糟糠"一词本意是指谷类、稻类等粮食的糠皮或酿酒后剩余的残渣，在食不裹腹时用来充肌，在这个语境下"糟糠"（作为媒介）泛指粗劣食物，这是起初大家对这个词语（隐喻）的共鸣。《后汉书》中记载了这样一个故事。宋弘是一位人品及才学颇受朝野称赞的一位官员，也被当时的一位公主看中，想嫁给他。当光武帝与宋弘谈及此事时，宋弘已经有了妻室，于是婉言拒绝。光武帝对宋弘说："谚言，贵易交，富易妻，人情乎！"。意思是人常说当人高贵的时候交往的朋友也要是高贵的人；人要有钱了就要另选一位更好的夫人，这是人之常情啊！宋弘说："臣闻，贫贱之知不可忘，糟糠之妻不下堂。"意为，（如果富贵了）穷苦时知己的朋友不能忘记，困难时的妻子也不能抛弃。在回答皇帝提亲之事这个新语境下，"糟糠"就不是起初（共鸣）的粗劣食物了，而是用作形容患难与共的妻子。在这个新语境下，"糟糠"得到了共鸣，转意为一干文人对自己妻子的称呼。这就是"糟糠"这个词（媒介）的隐喻，延伸到了新的语境之中，并且获得共鸣。不正是这种延伸引导我们"组织了思想"（对宋弘品格的认识）和"总结了经历"吗？这又使我们对真善美有了新的注解，人们不是在借宋弘对"糟糠"的态度来衡量一个人的品德吗？因此而有对宋弘的赞扬和对陈世美（其共鸣是"忘恩负义"）的痛恨，而"糟糠"和"陈世美"的共鸣都被认为是社会文化上的共鸣，即成为社会上人们意识上的东西，这些不就是共鸣"一直左右着我们理解真理和定义真理的方法"吗？

这里我们要特别注重媒介的文化环境，即语境。有的媒介有很强的隐喻作用，它在小范围内形成，却能在大范围中产生很广泛的共鸣。当它扩大开来时，就形成了公共话语，简短的语词就营造出了一种社会意识，这种意识和公共话语在"影响着我们理解真理和定义真理的方法"，简单说就是媒介影响着社会意识，这就是本章的要义，即"媒介即认识论"的要义。波兹曼从第三章开始讲的媒介就由隐喻和共鸣营造了一种印刷术文化。我们将看到那个时代印刷术引发的人们的文化共鸣即印刷术文化是什么，而当传播媒介中心转向电视媒介时，美国发达的电视形成了新的文化共鸣，即电视文化。

"为解释媒介文化是怎样于无形之中影响文化的"波兹曼在书中（18—21页、21—26页）举了三个例子。第一个例子是西非的一个尚无文字只有口语的部落。当部落中人发生纠纷时，部落首领就从他头脑中所有的谚语或俗语中找出一句适合当时情景的话，这话能够说服发生纠纷的双方，使双方的矛盾得以解决，其中的道理也为人们所共识，于是"真理重现天日"。这就是没有文字而只有口语的社会文化，这种口语文化是对口语形式共鸣的文化，口语作为媒介成为传播真理的方法。我们要特别注重波兹曼引用沃尔特·翁格（Walter Ong）的话，他指出"在口口相传的文化中，谚语和俗语不是什么偶一为之的手法。'它们在我们的生活中绵延不断，它们构成思想自身的内容。没有它们，任何引申的思想都不可能存在，因为思想就存在于这些表达方式之中'"（18页、21页）。这就是说，在口语文化时代，一切思想、真理只存在于口语（谚语、俗语——媒介）之中。此时我们回想一下本章开头波兹曼所说的，"真理的定义至少有一部分来自传递信息的媒介的性质"和媒介与认识论的关系是多么重要，而与本章的题目"媒介即认识论"又有多么切近。我们还要思考的是部落首领用谚语、俗语来解决问题的方式不仅得到矛盾双方的认可，还得到全部落人的认可。这个现象就是口语文化的共鸣，这是一种文化的共鸣，在以后的阅读中我们要注意思考这个"文化共鸣"，特别是从媒介这个角度认识"文化共鸣"。

社会发展了，出现了书面文字，同时也出现了文化转型，即由口语文化转向文字文化。这时，几乎一切都发生了变化，虽然口语文化并没有完全退却，但它的地位大不如前了。在书面文字（媒介）起着重要作用的时代，思想、真理的存在转向了文字媒介。人们闹起纠纷时，解决矛盾的是法院，其主要依据是法律条文、案情记录、文字证明材料等，不论是原告方还是被告方都承认这些法律依据，因为文字（媒介）是他们的文化共鸣。如果法庭在判决的时候还像部落时代那样以谚语、俗语等口传的东西为依据那便是荒唐的小孩子的把戏，不会得到人们的认可。因为此时人们对口语文化的共鸣，受到了来自文字（媒介）文化共鸣的冲击。虽然口语文化时代过去了，但口语并未消失，它的媒介作用仍然存在着，人们只是对口语（媒介）认识的程度存在不同的差异。所以在法庭上常有证人作口头证词，那些陪审员们更爱听诉讼双方的辩词、证人的证词，而不喜欢看书面文字材料，因为他们认为口头表达比文字表达含有的信息更多，比如当事人的态度、表情、语气等是文字难以表达的。法庭上也确实存在着重视书面文字材料和重视口语表述的矛盾的，这种矛盾是"口语共鸣"与"文字共鸣"的矛盾冲突，被称作"共鸣的冲突"，实质上是两种文化的冲突。书面文字出现以后社会秩序、制度、法律等被文字固定下来，它以一定的文字结构、合理的逻辑来规定社会，让社会事物有章可循，这就比口口相传的口语规定要规范、明确。这就是文字媒介比口语媒介优越的地方，也可以说文字媒介的共鸣比口语媒介的共鸣更强烈些，于是书面文字产生以后，口语媒介退却了，文字媒介争得了媒介文化的中心地位，所以法庭最后也是最重要的判决依据的是法律条文。这不仅是社会利益代表者们的共识，还是文字（媒介）时代的共鸣。

在文字（媒介）文化时代，人们在阅读文字时对文字表达的真理有着共鸣，但这并不是说口头语言就完全失去了地位，它只是被排挤到了边缘地带。"一些传统是基于'口头语言是真理的重要载体'而被保留下来，但在大多数情况下，大学里对于真理的认识是同印刷文字的结构和逻辑密切相关的"（19页、23页）。这就表示人们还是对印刷文字比较钟情的，原因是真理存在于有严格结构的、有逻辑的印刷文字之中。波兹曼的第二个例子是来自大学里的博士生口试时发生的一件事。一个大学生在其论文答辩中引用了一段亲耳听到的信息，以这样的信息拿来作证，引起了一些老师的质疑。这些老师认为耳听来的（口语）信息是不能作为论据的，只有用文字材料才是合适的。学生为自己辩护，认为"表达思想的方式同思想的真实性无关"，也就是用口语方式证明和用文字材料证明都应当是可以的，证明的正确与否与表达方式无关。而他得到的回答是"在学术界里出版的文字被赋予的权威性和真实性远远超过了口头语言。人们说的话要比他们写下来的话要随意，书面文字是作者深思熟虑、反复修改的结果，甚至还经过了专家和编辑的检查。这样的文字更加便于核对或辩驳，并且具有客观的特征"。"书面文字的对象从本质来说是客观世界，而不是某个个体。书面文字可以长久存在，而口头语言却即刻消失，这就是为什么书面文字比口头语言更接近真理""我们的书面说明代表的是'事实'，而我们的口语通知却只是一个传言"（均引自20页、24页）。这里我们应思考的是，口头语言的共鸣和书面语言的共鸣是两种文化的共鸣，在互相对比中，尽管显示出了人们接近真理的程度不同，但是两种媒介都是真理存在的方式，虽然口头语言认识真理比较粗糙，但在情感上、情绪上的表达是比较强的。文字时代，表现了思维的严谨性，对真理的确切性认识进了一步，但在情感情绪上是逊色于口头语言的。在这里，也许那位博士生引用的东西是对的，但是因为是口传信息，难以证明，因此老师们不认可。所以要想了解文化，就要了解文化媒介的共鸣及各种媒介共鸣之间的差异；要了解一个社会的文化最好是从这个社会占据文化传播中心地位的媒介开始，它往往表现出人们普遍的思维方式的特点、认识真理的途径和公共话语的特色。因此，在大学里把文字看得比口语更为重要。

第三个例子是关于苏格拉底的辩护词的，从苏格拉底的案例中可看出媒介对于认识论的影响。苏格拉底和他的学生柏拉图以及柏拉图的学生亚里士多德都是古希腊的哲学大师级的人物。苏格拉底被以对国家神的不敬和败坏青年的罪名被审判，其实这在今天看来都是"莫须有"的罪名，是个大冤案。然而他的死不只是死在案件的误判上，还和他的辩护词没有得到应有的共鸣有关。波兹曼就是在辩护词这个媒介的文化共鸣上进行分析的。苏格拉底向500人的陪审团声明说"不加任何修辞和技巧地告诉他们事实"。虽然他"清楚地认识到，他的雅典兄弟从来不认为修辞原则同表达的方式是互不相干的"（21页、25页），但是他还是不用修辞原则去表达他的思想和事实。而在我们看来，修辞无非是语言表现的一种装饰品，是矫饰、肤浅，甚至多余。在这方面我们似乎是与苏格拉底当时的想法是一致的。可是在古希腊，苏格拉底（Socrates）、柏拉图（Plato）以至亚里士多德（Aristotle）的时代修辞，不仅仅是戏剧表现的一个机会（在古希腊，特别是雅典已经有很成熟的悲喜剧，作为艺术戏剧是讲究修辞的），"而且是组织证据的不可缺少的方式，因而也是交流事实的方式"（21页、25页）。这就是说修辞已经进入法律领域，进入辩论事实的话语之中。修辞学被认为比讲究深邃思想的哲学还重要。当时的大多数人把修辞看成是"揭示真理的力量最终存在于书面文字有序展开论点的力量之中"。对修辞的语言媒介的共鸣已经使古希腊人相信"修辞是'正确的观点'得以被发现和阐明的正确途径。忽视修辞原则，杂乱无章地表达自己的思想，缺乏正确的重点或得体的激情，都会被认为是有辱听众智力或者暗示说话人自己的错误"（21页、25页）。细想一下，在这样的修辞文化共鸣中，苏格拉底偏偏不去修辞地表达意见，这就失去了相当多的分数了。于是500个陪审员中有280个人投票判定他有罪。苏格拉底是明白修辞的语言在当时雅典文化中的重要作用的，然而为什么他偏偏不加修饰地发表辩护词呢？这大概还是要从案件的源起来说吧。对苏格拉底的审判是古希腊史上很有影响的事件，就是在2400多年以后的今天也仍然不时地有人议论，可以说这个审判是希腊民主历史中的一个耻辱。在苏格拉底生活的后期，雅典（这个城邦国家）的民主政体衰落，政治腐败，道德败坏。对此，苏格拉底很是忧虑，甚至不赞成把政权分散给无才无能的普通民众，也就是所谓的民主普选，而主张由有美德、有知识、有才干的人来管理国家。今日看，他针对当时雅典政治状况的意见还是有一定道理的，然而有美德、有知识、有才干的人当然是少数人，这在有民主传统的一些雅典人看来是反对民主政治，提倡寡头政治，特别是他的学生中有人参加了反对民主政权的暴力集团。这使苏格拉底背上了反对民主的罪名，有两点被指控：第一点是企图引进新神和不相信国家承认的神；第二点是腐败青年。其实苏格拉底只是从自己的理想主义哲学提出了自己的主张，并没有参加任何暴力组织，甚至远离了许多政治事件。在受到审判时如果想活命，他完全可以做有利于自己的辩护，但是他倔强地坚持自己的主张，并且也不想讨好陪审团的人，他以自己七十岁高龄不惜为真理而敢于赴死的英雄气概面对审判。他这样做的结果是让一个标榜民主的雅典政体将一个有着极大影响力、声望极高，而且很有见地的哲学家被判为死刑。这一结果可看作雅典民主政体对自己极大地讽刺，也在历史上为民主政治留下了一个无法抹去的污点。最后的胜利者到底是谁呢？有人说苏格拉底这样做是一心求死，以此来证明雅典政治的腐败。

我们这样介绍对苏格拉底的审判，不只是说明苏格拉底——这种不合时宜（故意不使用未加修辞的辩护词）的做法——正是表明他以死抗争而不愿配合陪审团的强硬的政治态度，更是想指出虽然苏格拉底的死与当时的政治腐败密切相关。但作为媒介论的研究者们，更可从中看到当时盛行的修辞（媒介）文化对社会认知有着怎样强大的力量，这也可以看成是媒介共鸣的力量。

波兹曼说他举出上面三个例子是为了说明"对于真理的认识是同表达方式密切相联的。真理不能、也从来没有，毫无修饰地存在。它必须穿着其合适的外衣出现，否则就可能得不到承认，这也正说明了'真理'是一种文化偏见"（21—22页、26页，重点为引者所加）。不要以为这是波兹曼为苏格拉底辩护，这是波兹曼的一种观点，真理总是要以某种媒介（适合的外衣）来表现自己的，它对口语、书面文字、修辞的语言、不加修辞的语言等的某一种的偏好可能会成为一种文化的"偏见"，它必须使它穿着的外衣（媒介）与当时的（媒介形成的）社会文化相吻合，也就是它的象征形式要得到社会文化的共鸣，它才能被承认。当然这种真理并不是哲学意义上的真理，也不是媒介认识事物得到的真理，而是媒介文化的"真理"，所谓真理的这种"偏见"是一种文化的偏见，不是"真理"自身的选择，而是社会文化的选择。值得注意的是，这种社会文化选择是带有人的主观性的，是人有时过分强化了某种媒介的社会作用。古希腊那位大名鼎鼎的亚里士多德为什么能闹出"女人牙齿比男人少""刮北风时怀孕的小孩更健康"的笑话呢？这些看法不是从实地调查、问卷等手段获得的，而是从逻辑推理得来的。古希腊的智者们都是喜爱逻辑推理的，这是他们的文化。这种文化偏见，让亚里士多德推出了那种有悖于事实的笑话。"推理逻辑"是可用的、有道理的。比如众所周知的几何学，它起初由几个不言自明的公理出发，得到一些定理，又运用这些定理和公理来论证几何图形上的点、线、面、角等的相互关系，这些在今日的初中几何学中都可见得到。这种"推理逻辑"的语言确实"提供了一条可靠的道路"，就是今天看来也是很严密的。"推理逻辑"成为古希腊时的一种文化，特别为亚里士多德等智者们所遵崇。但推理逻辑是有条件的，比如偶然性问题或非理性问题就不适用，超越条件、过度运用就会出毛病。怀孕后出生的孩子是否健康，其中有许多因素，也包括一些偶然因素，而绝不是刮不刮北风决定的。几何学适用于"推理逻辑"这种文化，这是真正的"推理文化"，而过度推崇推理逻辑就是超越了一定条件，这个真理的"偏见"就真的变成了偏见。

当某种文化在社会文化中的地位非常显赫的时候，就容易变成很多人的文化偏见。就如波兹曼所言"我们不必因此嘲笑亚里士多德的偏见，我们自己也不乏偏见"，比如现代人常"把真理与数量对等起来"也就是以数量来说真理。而这个起源也并非现代，古希腊的毕达哥拉斯（Pythagoras）就有这种观念，毕达哥拉斯是哲学家和数学家，他说："万物都是数"（《西方哲学史·古代哲学》，伯兰特·罗素著，何兆武译，天津人民出版社，2014年版，第38页）。如果一切真理都必须用数来探求和以数来表达，那就有点过分了。心理学家、社会学家、经济学家等用统计数字来阐明某些事实和证明某种理论或说法，当然是有说服力的。如果"否则就一无所能"（即离开数字就什么论述也做不成了）那就是对数字（媒介）的偏见了。当然，现在用俗语、谚语、诗歌、寓言等来阐述真理、规律等一般情况下也是不合适宜的，可能被视为幼稚。"但是这些语言形式确实能够说明经济关系以及其他的任何关系，而且为很多人所使用"（22页、27页），比如用"牛市"或者"熊市"来表述股票市场的行情涨落，用"在一片郁郁葱葱的绿色原野上，有几株盛开的杜鹃花"来说明在大多数股票行情下跌的情况下，有几只股票在坚挺。波兹曼说"我只希望人们注意到，决定用什么方式来揭示真理其实是有些武断的。"这就是说揭示真理的方式（我们可以理解成媒介）不一定是某一种，而可能是两种、三种或更多种。欧洲文艺复兴之后出现了一批科学家，如牛顿（Newton）、布鲁诺（Bruno）、伽利略（Galileo）等。伽利略是意大利人，对物理学、天文学等都有不小的贡献，他在表述物理及天文学等方面的理论时只是说"大自然的语言是数学"，而没有说"一切语言都是数学"，这就是说对大自然的表述是可以用数学的方式，但是不能说一切表述都得是数学的，显然与那个毕达哥拉斯的"万物都是数"的说法是不同的。人类从生产生活中开始有了"量"的概念，表示"量"的多少，又有了"数"的概念，然后是"计数"，从"计数"到以符号代表的数字的产生和数的运算产生了数学，数学真正成一门科学大概也只有两千几百年的历史，而在毕达哥拉斯之前和之后的长时间里，"大自然的语言是神话和宗教仪式的语言"（22页、27页）。虽然，在今天看来并不科学，但毕竟可以使人类找到一种与大自然和谐相处的一种慰藉。人们敬畏神，也敬畏大自然，你说用神话和宗教语言来表达大自然不是真理，可这却是当时人们找到的最好的与大自然和谐相处的生存方式，不是真理，也是真理。（媒介）文化把一些视为真理，把另一些不视为真理，这就是文化的偏见。我们要弄明白的是波兹曼前面说的那段话："对于真理的认识是同表达方式密切相联……"其中就告诉给我们不同媒介对事物的阐述是不一样的，即对真理的描述是有各自特点的，如果夸大了这种描述方式就会产生偏见。他暗示给我们的是媒介（在被社会夸大使用时）认识论极有可能成为社会的偏见。

（三）媒介认识论与哲学认识论

由以上的一些阐述必然会引起一个疑问，即媒介（作为真理来源）提供的信息和媒介形成的媒介文化所得到的认识到底有没有本质性（或真理或真）呢？在这里我想简单谈一下媒介认识论与哲学认识论的关系。波兹曼为本章列出的题目是"媒介即认识论"，即说的是由媒介而形成的认识论，而我的解读是"与哲学有别又有关系的认识论"。这是说媒介认识论不等于哲学的认识论，但它们又确有某种关系。波兹曼说："认识论是一门有关知识的起源和性质的复杂而晦涩的学问。和本书有关的是认识论对于真理的定义以及这些定义的来源所表现出来的兴趣。在这里，我特别想证明，真理的定义至少有一部分来自传递信息的媒体的性质。我想讨论的是，媒体在我们的认识论中充当了什么角色"（17页、19页）。这是说他讲的不是哲学上的认识论，而只是讲媒介对真理的定义及其来源的作用，还有媒体在认识论中充当的角色。我想只有讲清媒介在哲学的和媒介（理论方面）的认识论中的作用和角色，才能更好地理解波兹曼的这些话。我的最后的认识是媒介认识论是和哲学认识论不同的但又有某种关系的认识论。那么究竟有怎样的关系和怎样的有别呢？

哲学上的认识论是研究人的意（认）识怎样能够达到与客观事物（的真、真理、本质）相统一。哲学上出现了许多不同流派和不同思想的认识论，我们不可能在这个小册子中全面介绍哲学认识论，哪怕一个派别或者一种思想，我们只能结合一些事例来认识一下媒介在哲学认识论中起到何种作用。

在第一章中我们曾举了人们在使用斧头的实践活动中对斧头的认识，就是在哪里说的斧头之所以存在的意义,这个意义就是人（此在）对斧头的理解或称认识。理解是此在与事物(斧头)共同处于一个意义关联体中，此在（人）对这个意义全体有统观性的把握，即有总体性的理解，才得到对事物（斧头）的认识。这里人(此在)与斧头共处于一个意义关联体中,没有主（观）与客（体）的区别。这是用极简单、极粗糙的存在论哲学的观点来认识人的理解（认识事物）是怎么一回事。存在论的观念是比较源始的、深刻的，然而是较为难懂的，即便是把它较通俗地介绍出来也是难度很大且篇幅也会是很长的。我们的目的不是谈论哲学，而是谈论媒介的，所以放弃了用存在论的观念而采用通常人们较熟悉的主观、客观二元论的认识论的观念，借用了胡塞尔现象学来认识媒介在哲学认识论中所起的作用（但是，我们一定要知道存在哲学的源始性和深刻性是胡塞尔现象学所不及的，二者相较，笔者认为还是存在论哲学给我们的启示重要得多。不过为了理解媒介的方便，本书中在许多地方的阐述中还是借用了胡塞尔现象学的一些观点）。当然这也仅仅是掀开现象学（以下说的现象学皆指胡塞尔的现象学）认识论的一个小角，很粗浅地向里面窥探一下。按现象学的观点，人们以前认识事物是从外在的因果关系来分析事物，人们把认识的重心放在外物上，内在于人的思考就是寻找外物间的关系。而现象学的认识论是把人的意识活动作为重心，由意识的"意向性结构"构成意识对象，达到对事物的认识，也可以说对象（进入意识之前就是那个外在的事物）被意识活动所知觉，那么怎样被知觉呢？认识事物被称为人的意识活动，它有"性质"和"材料"两部分。"性质"是指意识活动的种类，比如判断、想象、回忆，直接认定（直观），等等；"材料"就是以什么来配合意识的性质，形成意识对象（达到对事物的认识）。比如一位病理学家把拉肚子病人的排泄物置于显微镜（媒介）下，发现了一种微生物，经过病理学家的实验（比如小白鼠实验），证明此微生物可致人出现拉肚子等症状，于是那个微生物（在显微镜下进入人的意识）作为现象，被病理学家"直接"认定是病菌，并且是此微生物的性质，也就是说病人体内出现了这种病菌，才使病人出现了拉肚子等症状的疾病。此时病理学家的意识活动种类是"本质直观"（即由现象直接认识本质），所用的材料是系动词"是"（即此"微生物是病菌"的"是"），就此种达到对微生物的本质性认识：这种微生物是使人致病的病菌。病理学家把那个拉肚子等症状的疾病叫"痢疾"，把致病的微生物（病菌）叫"痢疾杆菌"，痢疾杆菌与痢疾疾病是本质性的关系，并且成为医学知识，被写进教科书。

现在看第二个例子，一位医生给一位拉肚子的病人诊病，但是拉肚子、肚子痛等现象并不是病的本质现象，即不是"纯粹现象"，医生必须找到这个"纯粹现象"才好诊断。于是要进行验血、验便等检查，验便中显微镜（媒介）下显现的微生物是痢疾杆菌，于是医生确诊病人患了痢疾。在这个意识活动中医生的意识种类是判断，所用"材料"是上述的医学（教科书中的）知识，那显微镜下的微生物——痢疾杆菌成了痢疾病自身显示于医生意识中的"纯粹现象"，这个"纯粹现象"便是疾病的本质现象，即可诊断病人得了痢疾。

在现象学中，意识活动内容分为意识的"实在的内容"和意识的"意向性内容"。意识的"实在的内容"，按胡塞尔的要求应是事物的"纯粹现象"，也就是如我们在第一章中讲的事物如其自身所是的呈现于意识中的现象，显微镜下的微生物，显现于人的意识中，便可作"纯粹现象"。而如人摸椅子感觉到的或凉或热，就不能认作是纯粹现象，不能作为意识的"实在的"内容（在现象学中对此种现象要做"本质还原"，即去掉那些不是事物本身的那些东西）。要指出的是，上述两个例子中显微镜下的微生物是实在的自然之物，而意识的"实在的内容"，并不是指这种微生物，而是指这种微生物在意识中的存在，它可以用来作为意识构成对象的东西，被称为意识的"实在的内容"。意识的"意向性内容"的构成含有观念的、概念的等抽象的东西，它存在于意识者的头脑中，比如第二个例子中关于痢疾病与痢疾杆菌关系的知识只孤立地存在于医生的头脑中，不具有任何意义，但是当它遇到意识者意识到的痢疾杆菌（意识的实在的内容）时，它的意义就闪现出来了：此病人得的病是痢疾。这个意义是意识的实在的内容给予的。这个例子还帮助我们了解意识的"实在的内容"与意识的"意向性内容"两个概念和它们之间的关系，即意识的实在内容是在意识活动中把意识的意向性内容（意识者头脑中的理念的、概念的等抽象的东西）具体化，使意识的实在的内容，成为一个具体的事例。在上述的例子中就是显微镜呈现（于人意识活动中）的痢疾杆菌，将（意识者——医生关于）痢疾的知识（这个抽象的理论）具体化了，使这抽象的知识得到落实（在医生的诊断中，那个病人成了痢疾病的具体事例），也可以说将意义给予了医生（诊病）的意识活动。意识的意向性内容是独立存在的理论的或者概念的实体，它被意识的实在的内容具体化，使意识活动获得了意义。这样看来，意识的实在内容的重要作用，正是它的"意义给予"，使意识活动具有意义，即能够在意识中构成意识对象，也就是达到对事物的认识。而被给予意义的部分才是意向性内容的基础成分，那个"给予意义"的意识的实在内容才使意识活动产生"意向"，使人们的思考朝向那里。意识的实在内容使意识具有"意向性"的这一作用非常重要，以后我们讲到媒介在认识论中的作用时将再提到它。

由以上分析可以看到，现象学哲学认识论把关注的焦点放在纯意识活动上，研究意识的构成，而不是把关注的焦点放在客观事物上。这清楚地告诉我们现象学认识论是不能代替科学研究的，即没有相关的知识，现象学认识论也不可能认识任何具体事物。正如上面举出的两个例子，没有科学实验或没有医学知识是不可能认识微生物和疾病的，这样看来科学实验以及知识等是现象学认识事物的媒介，这就是当我们把知识（科学研究的成果也是知识）或者更广义一点的关于某类事物的思想认作是媒介时，那么现象学哲学认识论的认识活动借助媒介即可直接对具体事物进行认识，可是如果没有这个媒介时，哲学认识论就仅仅是认识论了。当然在这里媒介与现象学认识论尚无直接关系，而只是在认识具体事物中的才发生某种关系，这正如第一章中讲的人、媒介与事物三者间的关系一样，在认识事物中，媒介与事物的关系是关键，先是媒介与事物发生关系，然后才是人通过这个媒介与事物发生关系，才认识了事物。哲学认识论只是讲人的意识活动，它要认识具体事物，必须要依靠媒介与事物的关系，由此可见媒介在认识具体事物中的重要作用，这是媒介认识论与哲学认识论的第一种关系。

第二种关系是媒介提供的"纯粹现象"在现象学认识论中有着非同寻常的意义。特别是在第一章和第十五章中将讲到的属于"技术装置"性的媒介，由于研究某些技术装置的目的就是探求事物的性质，所以这种技术装置作为媒介所提供的信息（现象）就是事物以自身之所是的那样，向人的意识显示自身。所以以本质直观性质的意向性活动，可以认定这种"纯粹现象"就是事物的本质，在这个意义上媒介认识论就是哲学认识论。值得特别重视的是媒介的如下作用：现象学哲学认识论把主要精力用在了研究人的意识活动上，这大多是主观的东西，而能够使主观的认识通达到与客观事物相统一，也就是得到符合客观事物的本质性的认识却是媒介提供的"纯粹现象"及其相应的本质直观的"方法"。从这个意义上来看，媒介是现象学哲学认识论中十分重要的主观通往客观的桥梁。如果没有这个桥梁，事物将无法向（人们的）意识显示自身之所是，那么现象学认识论就无法证明其认识论的客观性，整个理论就难以成立。所以在认识论中，媒介似乎是局外的（在现象学哲学里几乎讲不到媒介），但实际上它的作用是非常重要的。

第三种关系是媒介为意识活动提供的"纯粹现象"并非只作一种意识活动的意识的实在内容，而是可以作为多种意识活动的实在内容。比如上面讲的第二个例子中显微镜下的微生物与第一个例子中的微生物是同一的，但由于在两个例子中意向性的性质不同（一个是本质直观的、一个判断的），所以所得到的对象（微生物）的意义内容也不同：第一个例子是在说"此微生物是致病的病菌"；第二个例子是在说此病人得了痢疾（病）。这也是在说，同一（纯粹）现象在不同的意向性的意识活动中会出现不同的意义内容，比如四条腿支撑一个平面的物体（人们叫它为凳子），在不同人看来会有不同的认识（意义），有人认为它是可以坐的，有人认为它是可以被踩着去拿高处东西的，这说明我们眼见的这个东面的意义是多种的，没有哪一种是错的。这就是媒介提供的（纯粹）现象，可以作为不同意向性意识活动的实在内容。

第四种关系是媒介参与了哲学认识论的意向性。由前面的关于意识的实在内容和意识的意向性内容关系的分析已知，媒介提供的信息，不仅作为意识的实在的内容，而且因为这个实在内容的"意义的给予"而使意识的意向性内容的意义呈现。那么，不同的媒介提供的信息（意识的实在内容）就会使意识产生不同的意向性。比如文字媒介，它要求意向性内容是偏于理性的、思想性的，其意向性结构也是在偏于理性的意向性内容和（媒介提供的）文字的意识的实在内容之间的意识活动形成的。而形象的媒介，则要求意向性内容是偏于感性的、形象思维的内容的，其意向性结构也是在偏于感性的意向性内容和（媒介提供的）形象的意识的实在内容之间的意识活动形成的。各种各样的媒介，像声音的、身体姿态的、触觉的等不同的媒介都会让意识产生不同的意向性活动，作为意向性存在的对象也将有不同的意义内容，但都是可以属于同一对象的，也就是同一事物具有不同的意义，每项意义都源于相应的媒介。媒介参与意识活动的意向性是媒介认识论与哲学认识论的最密切的关系，也是最重要的关系。

由以上的几种关系，不难看到媒介乃是哲学认识论的源头，一切认识论都必须在媒介提供的信息（现象）那里开始，这又进一步使我们证明了波兹曼的"真理的定义至少有一部分来自传递信息的媒体的性质"这句话。并且，我们从现象学认识论中也看到了"媒体在我们的认识论中充当了什么角色"。但是我们很有必要再分析一下媒介认识论和哲学认识论的关系，深入认识媒介在其中充当了什么角色。

我们已知现象学哲学认识论是描述人在认识事物时的意识活动，指出了其意识的意向性结构和意义。而媒介认识论并不是进行这样的工作，它实际上讲的是媒介对人和社会的影响。这种影响不仅是上述的参与了人意识的意向性，更表现在对人的思维方式、思维能力、思维效果上的作用。对此我们还是举例说明，比如某国选举总统。一个选举人在看（听）候选举人在报纸或广播上发表文章时使用的是"印刷术文化"的思维方式，即是以理性思维来判断候选人的治国理政能力，分析他在政治、经济、军事、外交等方面的主张和才能。如果以现象学认识论来看，就是选举人必须以理性的，思想的这些东西作为意识的意向性内容，具体化在（媒介提供的）文字或语言之类的意识的实在内容之中，以这种具体化作为意向性内容的基础，就能使（选举人的）意识活动较好地完成对对象（候选人）的意向性结构，即达到对候选人理政能力的认识。而同一选举人在看候选人的电视辩论会时，因为电视媒介供给的主要是候选人的外在形象，选举人就主要用电视文化的思维方式，即主要以人感知形象的方式来认识其谈吐风度、行为气质以及思想表达和反应的能力等。如果以现象学哲学认识论来看，就是选举人必须以形象思维的东西，即感性认知能力的东西作为意识的意向性内容，具体化在（媒介提供的）候选人的以外在形象为主的意识的实在内容之中，并以这种具体化作为意向性内容的基础，就能使（选举人的）意识活动较好地完成对对象（候选人）的意向性结构，即达到对候选人气质、风度等外在形象的认识。因为媒介（印刷文字和电视）不同，同一个选举人对同一对象（候选人）的认识会得到不同的认识，但是这些认识却是从不同角度、不同侧面来认识的，无所谓对错，而只是关系到从哪一方面来看对象。至于怎么从这些方面来认识对象（候选人），依然是要意识行为按着哲学认识论的思想来进行。比如，是按"判断"这一意识活动的性质进行，就要以选举人的"知识"为"材料"来得到对候选人的认识，这里的"知识"就是选举人理性的（比如政治学、经济学、军事学等方面的）知识，或感性的（比如他心目中的关于人的气质、风度、反应能力的标准）知识。由此得到的无论是理性的还是感性的认识（判断的结果）都是对于这个候选人的认识，而判断的正确性如何却依靠的是选举人的"知识"的水平。在认识事物中"知识"占有重要地位，如我们上面所讲的知识包括理论、感性感知能力、甚至是科学实验的成果等，没有知识，只有哲学认识论和媒介提供的现象，也仍然不能认识事物。这样看，人对事物本质性的认识须具有三个要素：一是媒介，二是哲学认识论，三是知识。媒介认识论首要的是在认识事物时，人们采用的思维方式，即是指以媒介偏好的方式事看事物，如前例采用文字媒介，就主要依理性的思维方式认识候选人，采用电视媒介就主要以形象思维的方式来认识候选人。由于媒介不同，则意识活动的意向性不同，所呈现于意识的是意识对象的不同方面。这样看，媒介（所偏向的思维方式）是意识活动中意向性不同的根源。应当指出的是，媒介认识论特别强调媒介对人的作用，哲学认识论是人认识事物的意识活动，都关系到了人的本性，即人的本质性的东西。三要素中的"知识"却不是人本质性的，大都是从外来习得的或实践积累的。人的意识活动是人本性的活动，对它的认识是由不断发展的哲学认识论来逐渐破译的，而媒介本身并不是人本性的东西，但它却能影响人的本性，从而也影响人的认知，即影响思维方式，思维能力和思维效果（思维能力和思维效果将在媒介认识论的相对性中进行阐述）。

值得重视的是媒介认识事物也绝非妄言。正如我们在本书第一章中讲的那样媒介确有认识事物的功能，媒介在人认识事物中最关键的是媒介与事物的关系，其关键之所在是媒介找到了一种合乎真理的方式将事物的秘密打开（即是所谓的"解蔽"），使事物如其自身所是的样子呈现自身（纯粹现象）。因为它能够让人直接从呈现出的现象认识到事物的本质，所以这就清楚地表明媒介认识事物的功能。另外，在第一章中讲到的有些媒介粗糙地，即如人的感知器官感觉（被现象学认为是"自然的经验"）到的对事物的认识，以及从人工智能等以事物非本质的、事实的关系为基础的技术装置（媒介）得到的认识，虽然不具本质性，但是也是媒介对事物的一种有实用价值的认识。再广义一点，媒介传递出的信息都是一种对事物的认识，比如在电视上看到的直播奥运会不也是让人产生对奥运会的一种认识吗？读一本书，不是也从中了解了事件和人物吗？从媒介这样快捷地直接地得到对事物的认识这一点看，媒介是够伟大的。但是当要追问人如何能够把媒介传递的信息转变为对事物的认识的时候，就需要由人的意识活动来说明了。而这正是哲学认识论的领域，比如人们从媒介呈现的是事物如其所是的样子显现自身的现象中得到对事物本质的认识，必须是由人的"本质直观"的意识活动产生的。不论是媒介让人得到的认识是本质的还是非本质的，都应由哲学认识论来解释，也就是最终必须是人的意识活动的结果。我们前面举的关于显微镜发现病源和诊断疾病的例子、选举人对候选人认识的例子都在说明哲学认识论才是人认识事物时意识活动的基本规律，从任何媒介那里得到的认识都是在哲学认识论指出的意识活动中形成的。在这个意义上，媒介认识论的根基依然是哲学认识论，它并没有创造出独立于哲学认识论之外的另一种认识论。也就是说，从媒介那里获得的任何认识必须要在哲学认识论那里获得最终解释。但是没有媒介认识论也就没有哲学认识论，媒介认识论是哲学认识论之源，哲学认识论是媒介认识论之本。我们不能否认媒介认识事物的功能，哲学认识论如果没有媒介提供的信息，那么它就是一片空白，媒介的这个功能不是源于哲学，而是源于"技术"的性质，这是哲学认识论无法替代的。显然，媒介认识论也无法替代哲学认识论，这里的哲学是意识的，而媒介是技术的。说白了，哲学是哲学，技术是技术，在认识论上它们有着上述的那些密切关系，但又绝不是一回事。从这种不是"一回事"（即媒介是技术）中，我们还得承认媒介具有认识事物的功能和它为认识事物提供本源的作用。在这里，我们应当赞颂媒介技术的伟大，而较少地称赞哲学认识论的成就。

　　既然哲学认识论已经是在研究人的意识活动了，又为何提出媒介认识论呢？我们的看法是除了上述的媒介认识论与哲学认识论的关系之外是它强调了媒介在认识事物中的作用。在过去的历史中，人们只是把媒介当作中介来理解，而科技发展至今日的现实（例如人工智能）使我们更清楚地看到媒介作为对事物认识的作用有着十分重要的意义，人工智能的立足点就是它能让人认识到事物之间的事实关系，从而解决了许多实际问题，而且它的发展前途几乎难以限量。如果我们将某一（科技）事物（包括思想）当作能让人产生某种认识的媒介，那么媒介认识论就会让我们的眼界开阔，认识更多的事物。人类发明了电灯，作为电光源，它所照亮的一切，都给我们以（对这些事物的）新的认识，比如把它安在医用的内窥镜上，就可以看到某些活体器官的内部状况。更为重要的是，当把事物认作是媒介时，它的隐喻会让人认识到更多的关于社会的变化。比如汽车的诞生，虽然它的媒介作用初看起来是传递和送达，但它的隐喻就包括有当时人们关于速度观念的变化，人类交往的变化、城市发展及结构的变化等。当把某种思想看作是媒介时，那么人的认识就被扩展到更广阔的领域。比如把符号哲学看成是媒介，那么关于符号的一整套哲学，比如恩斯特·卡西尔的符号哲学理论直接就可以被看成是媒介认识论。但是强调媒介认识论绝非是对抗哲学认识论，而是强调媒介在认识事物中的作用，特别是强调人应当树立媒介意识，正确认识（媒介）科技的发展，正确认识这种发展之中的社会文化，正确认识人在科技中的变化，以求得人的生存之道。

（四）媒介认识论的相对性

从哲学认识论和媒介认识论的关系中我们进一步认识了媒介认识论，但是它的另外一种性质更应关注，这就是媒介认识论的相对性。波兹曼在媒介认识论中重点分析了所谓的媒介认识论的相对性。《娱乐至死》相当多的论述是建立在媒介认识论相对性理论基础上的，这个问题源于媒介的性质和对人及社会的影响。媒介有一种偏好，也称偏向，就是它最喜欢与它本性相适应的内容，比如印刷文字最善于传播理性内容的东西，电视最善于传播形象的东西，它的这种偏好却影响了人与社会。印刷文字（媒介）就激发了人的理性思维、逻辑思维、有序思维……而抑制了人的感性能力。电视形象（媒介）激发了人的感性能力，让人从外在形象上推断事物，而抑制了人的理性能力。如果某人长期使用某种媒介，就无意识地形成以媒介的方式来认识事物的偏好，就像亚里士多德推崇理性，凡事皆以逻辑推理的方式来认识，也如现代人使用手机、电脑、电视的视频多了，就容易从表面上、形象上看事物。如果进行对比的话，就如前例以候选人在报刊上发表的文字（媒介）来认识候选人和从电视辩论会（媒介）来认识候选人，得到的认识是不同的。这不仅一个是表现候选人治国理政的理性能力与一个表现的是候选人气质风度的外在形象的不同，更表示对候选人认识的深度不同。一般情况下以文字媒介来认识要比以电视形象媒介的认识更深刻些，因为作为总统或参议员的选举毕竟不同于对舞蹈演员的选择。当然，这些都源于媒介的偏好。如果以现象学哲学认识论来看，印刷文字媒介与电视（形象为主的）媒介向意识主体提供的意识的实在内容是不同的，这个不同会使意识活动的意向性内容所显现的"意义"也不同，前者更能表现候选人内在的思想的品质，而后者更表现出的是外在的气质风度的感染力，它们都是从不同方面来表现同一对象的，没有哪个对，哪个错的区别。所谓的偏向，只是媒介让事物以媒介偏向（善于）的那一方面呈现自身，就如文字媒介善于以理性，电视媒介善于以形象来表示候选人那样，这其中并不因为媒介偏向地让事物呈现其自身的某一方面而失去客观性，所以媒介的偏向并不产生偏见。

但是偏向却被人为地变成了偏见。波兹曼在媒介认识论相对性中指出偏见就是把某种媒介的认识方式推向了极端，使"偏向"（偏好）变成了"偏见"。"偏向"是媒介的特性，而"偏见"是人主观对"偏向"的强化。媒介认识的相对性是说人们惯常使用某种媒介时，这种媒介的偏向就会增强人的思维特性，如爱读书看报的人惯用理性思维来分析事物，爱看手机、电脑及电视荧屏的人则易对事物进行简单地、外在地推断，久而久之就容易形成一种思维方式和交往方式，这种情形扩大到社会文化中，其影响便成了社会性的。当某一种媒介成为社会文化的主导媒介时，由于人们主要地和大量地使用这种媒介，那么这一种媒介的偏向就极可能成为这个社会的交往方式、思维方式，于是把媒介的偏向主观强化为全社会的偏见，媒介认识事物的方式的这种偏见无论对个人或者社会都会出现非常值得人们重视的问题。前面举的苏格拉底的例子，就是因为当时主导雅典的社会文化崇尚修辞文化，如果在论述中、在法庭辩论中等情况下，不加修辞，便极可能被认为论说的观点是不正确的。苏格拉底冤案的一部分原因是苏格拉底阐述自己的观点时不加修辞。由此可见，当人们把媒介的偏向主观地强化为社会文化偏见的时候对社会的影响有多么大。波兹曼在对媒介认识相对性的分析中阐述得最多的是印刷术文化和电视文化的对比。美国17—19世纪末是印刷术文化为主导的社会文化，报纸、书籍、印刷小册子是文化传播的主体，印刷术文化富于理性的思维方式成为人们推崇的思维方式和交往方式。印刷文字媒介大大地提高了美国人的理性和智慧，从而奠定了美国从19世纪末以后快速发展的基础，并在20世纪中叶成为世界头号强国。而电视文化自20世纪中叶在美国极速兴盛，成为大众文化生活的主要部分。电视媒介重感性轻理性，特别是它的娱乐化作用，使美国民众的智力与理性下降。后来接续的网络视频更加速了美国大众的这种蜕化，这成为美国社会的一个严重的问题。于是波兹曼指出："有些讲述事实的方法优于其他方法，所以这会对采用这些方法的文化产生健康的影响。我这样说不是想要宣扬认识论的相对论。我希望能让你们相信，印刷文化的认识论在日益衰退，电视文化的认识论在同步壮大，这些都会在大众生活中产生严重的后果，其中一个后果就是我们将变得越来越可笑。这就是为什么我要极力强调，任何讲述事实的形式之所以重要，是因为其产生的影响会发挥巨大的作用"（23页、27页）。这里清楚表明，由于有些媒介的性质不同，对事物的表达方式不同，就形成了有些讲述事实的方法（媒介）优于其他媒介，这种差别就是媒介认识论的相对性。这不是波兹曼想要宣扬媒介的相对性，而是媒介间就存在着相对性。从印刷文字（媒介）在表现事物的理性关系上看它的确优于电视（媒介），它使人对事物的认识更加深刻，并且在这种认识中提高了人的智力，但是从另外的角度看电视（媒介）的动感表现力又优于印刷文字（媒介）的表现力，所以媒介间的相对性其实就是一种差异，可是从人类以及人类社会发展来看印刷文字媒介的确是"产生了健康的影响"。媒介间的这种相对性源于媒介的"偏向"，这种相对性是媒介让人们从哪一方面——即媒介所偏向的思维形式——来认识事物，这是媒介的本意。而当某种媒介形成社会文化的主导和人们主观强化了这种媒介特性时，即形成了有偏见的媒介，但是这可不是媒介本身所（有）要的，而是社会（共鸣）所要的，因为它的作用是巨大的。苏格拉底时雅典的修辞学、让人"变得越来越可笑"的电视等都是源自媒介的相对性，但都形成了社会性的偏见。它们在大众生活中都产生了"严重的后果"，所以媒介之所以重要就是因为"产生的影响会发挥巨大的作用"。

　　按媒介的本性看，它只有"偏向"（善于从某一侧面表现事物），而没有"偏见"。所以从根本上讲，媒介认识论不应包括媒介的这种认识的相对性。但是当媒介被人们"过分"地使用时，确实在社会上形成了一种认识论。因此，我们不得不以"媒介认识论的相对性"来分析它。应当指出的是，不能认为媒介认识论的这种相对性及显示出来的不够客观就把媒介文化看得不重要了。这里媒介认识论的相对性给予人们的启示是树立媒介意识，就是人们该如何对待媒介。对于个人来说就是认识社会文化中主要传播媒介对人的影响，让能使人"产生健康"的媒介充分发挥作用，而对能让人"变得越来越可笑"的媒介的使用要受到限制，比如多看书籍、杂志，有限度地看手机、电脑和电视。从媒介对社会的影响看，媒介意识就是要认识各种媒介在社会文化中的地位和作用，特别是对主导社会文化的媒介的研究，对有利于社会发展和人类进步的媒介要大力推广，对人类及社会发展可能产生某种危害的媒介（的负面作用）就要限制。不同媒介有不同的社会文化作用，各种媒介都有呈现事物的特点，媒介各自的特点在社会文化中起着各自不同的作用，这种不同是从不同角度或者说用不同方式看待事物。"眼见为实"（比如电视媒介）、"说话为实"（比如口语媒介）、"阅读为实"（比如印刷媒介）、"计算为实"（比如计算机）、"推理为实"（比如逻辑媒介——逻辑规则、定理等）和"感觉为实"（比如感官媒介）等，都是用媒介认识事物，不能说哪个对，哪个错，只能说在某种语境下哪个更好一些、更容易些、更清楚一些……哪个比较差一些。一个社会常常存在有多种媒介，每一种媒介都会形成各具特性的媒介文化，社会文化也就由多种媒介文化所构成。当某一种媒介形成强势，占据社会文化的主导地位时，这种媒介文化就成为社会文化的中心，那么它往往会形成为人们的思维方式和交往方式。印刷术（媒介）文化和电视（媒介）文化都曾经是美国社会的文化中心，也分别影响了美国民众先后成为理性的人和娱乐的人，这就是讲述事实的形式（媒介）"因为其产生的影响会发挥巨大作用"。我们认识媒介主要就是要认识每一种媒介的认识论及与其他媒介的相对性。波兹曼就抓住了媒介的这个话题展开了他的故事，在书的第三章、第四章中会看到印刷术媒介的巨大作用，在第五章至第十一章中会看到电视媒介的巨大作用。那么再向前瞻，如果数字信息媒介（包括网络、电脑、手机、人工智能等）成为社会文化中心的话，它的巨大作用又该是什么样的呢？

媒介认识论有一个发展变化的历程，这与哲学的历程很相似，著名的德国哲学家尼采（Nietzsche）说，任何哲学都是某个阶段生活的哲学。这意思是说社会发展变化，人们的观念也在变化，哲学是人们生活在具体社会中的观念的产物，当然哲学也必须随着人们观念的变化而变化。波兹曼仿此加了一句："任何认识论都是某个媒介发展阶段的认识论，真理，和时间一样，是人通过他自己发明的交流技术同自己进行对话的产物"（23页、28页）。由前述已知，哲学认识论是与媒介相关的，由于是媒介把事物呈现到人们意识中的，所以媒介发展的不同阶段使事物呈现出的现象也不同，人们的认识也就随之而变化。因此，不论哲学认识论还是媒介认识论都依赖于媒介，都与媒介相契合，所以任何哲学都应是媒介发展某个阶段的哲学；任何媒介认识论也都应是媒介发展某个阶段的媒介认识论。哲学随着时代不断发展着自己的认识论，虽然各哲学派别的认识论有所不同，但就哲学意义而言他们都是为了朝向真理的，他们是一种真理观同另一种真理观的对话。媒介认识论告诉我们，通过媒介认识事物，有些是朝向真理的，有些不是朝向真理，而是朝向事实关系的，也就是人用它来处理具体事物的，人们不断地发明新的媒介（技术），不断地带来对事物的新的认识，不断地改变交流方式。无论媒介认识论还是哲学认识论最终都是人通过他自己发明的交流技术（媒介）同自己进行对话的产物。我也有感再加上一句（也许是狗尾续貂）："人类研究媒介（技术）就是在研究自己"。"自己发明的交流技术"当然是指媒介。现在很多人还不明白技术与人的关系，只是片面地把技术当作被研究的对象，以求得某种利益，并没有看到它的反作用。其实技术的作用是双向的，正是那些看到技术反作用的人，才看到人是"通过他自己发明的交流技术同自己进行对话"的，自己同自己对话就是通过媒介看到了自己。麦克卢汉、波兹曼等正是从媒介（技术）对人对社会的影响这种反作用看到了人通过技术（媒介）同自己的对话，这种对话的产物就是媒介理论和指点给人的生存之道，同时人也认识了自己，所以说"人研究媒介（技术）就是在研究自己"。人不能凭空认识自己，正像认识其他事物要通过媒介来认识一样，人也是要通过媒介（技术）认识自己，技术在其中充当了媒介，正如我们在第一章开头所言的那样"媒介是能够让人产生某种认识的存在"，其中包括人对自己的认识。

（五）印刷文字（媒介）和智力

媒介（技术）的反作用，即对人对社会的影响体现在媒介的"偏向"上。波兹曼在谈到媒介的"偏向"时进行了对"偏向"的比较。在某一方面一种媒介的能力可能比另外的一种媒介更强些。在这种比较中他更倾向于对智力有利的媒介。他说："既然智力主要被定义成人掌握事物真理的一种能力，那么一种文化的智力就决定于其重要交流方式的性质"（23页、25页）。所谓"交流方式的性质"就是指媒介的性质。媒介的性质决定着媒介文化的智力，他首先谈的是口语媒介，他说，在一个没有文字只有口语的媒介交流条件下，智力能力偏重于创造警句、精辟的俗语、流畅的谚语的能力。人们对此类语言的敏感、对此类语言的创造力也在不断增强。据说所罗门（公元前10世纪左右，古以色列一位很有作为的国王）能知道3000条谚语，可见他智力能力有多么超群。在没有文字只有口语的社会里人们的交往就要依靠很好的记忆，就要有很好的对常规常理的口语表现力和创造力。我想，他们在这方面大概不会比现代人差，甚至更强，因为这是他们整日的交往中不断锤炼着的能力，这也是口语媒介文化的一大特点。前此讲的月神透特将文字带给埃及塔慕次国王，为什么会被国王警告说这可能会破坏人的记忆力，是否有道理呢？还有荷马史诗，它是没有文字时代口传的诗歌，其中特别讲究声音的节奏韵律，是诗的美的创作，因而流传下来。究竟那个时代的人的记忆力、口语创作力比现代人强还是弱却没人来考证。但是口语——这种媒介文化时代的特征是鲜明的，即它能使我们了解到口语媒介文化的所谓"偏向"，了解口语文化的智力点在哪里。

波兹曼最重视的是印刷铅字媒介，也就是印刷术文化，因为直到目前这种文化交流方式是使智力提高、得到锤炼的最好媒介。他在这里用了较多的文字谈读书，而且用第三章、第四章两章来谈印刷术媒介对人及社会的作用。印刷术一直至现在对人类智力大幅提高和科学理性的建立起了十分重要作用。就是在今天数字时代，它对抗互联网媒介负面作用的能力似乎更加突出。因此笔者就这样一种思路对波兹曼的观点不妨做了些引申，就读书（印刷术媒介）多谈一点认识。在这一部分里，除了谈读纸质书籍以外还谈到了其他的读书方式，如电子书、影像作品等，其实这也是在讲不同的（读书的）媒介，对人的不同作用。

波兹曼告诉我们读书必须怎么做，而这样做之后，你的身体特别是大脑处在怎样的状态，将得到怎样的锻炼。他说："印刷文字对于我们身体和大脑都提出了相当苛刻的要求"（24页、29页），这句话初看起来是极为普通的，但是却有着深刻含义。"相当苛刻的要求"就是十分严格，如果做不到，就不能进入到真正的阅读。怎样进入阅读所要求的状态呢？大致有三点：第一是坐得住，第二是安静，第三是专注。这三点在过去的时代里相对地容易做到，至多是把这种要求归于心理和意志，别被耳目所及之物分散注意力就可以了，而现今做到这三点就相对困难一些了。目前相当多的人，特别是青年人，面对市场竞争、人才竞争、工作及生活压力等，如果让他们长时间坐下来面对一本与眼前生活无关的书，那可是需要相当强的毅力的。心不静，人便不静，外物似乎也不静，一点声音、一丝动静都会让人分神。除了心静之外就是环境安静。美国诗人华莱士·斯蒂文斯（Wallace Stevens）于1923年写了一首名为《居室寂静而世事安宁》的诗，说明安静的环境对阅读的重要。其中有这样的诗句："居室寂静而世事安宁，读者变成了书本……夏日的夜晚就像是书本的灵性……词句仿佛脱口而出，仿佛根本没有书，有的是书页上方斜靠着的读者……夏夜就像是完美的思想……寂静是书中含义的一部分，寂静是读者思想的一部分，这正是通向书页的完美路径"。在读者的心中，安静把周围的一切都变得美好起来，并随着读者一并进入书中，一起享受书中的美言、书中的灵性、书中的思想。周围寂静了，读者安静了，思想起飞了。最为苛刻的要求是关注。读书如果不专注等于没读书。关注，简单说是聚精会神，可是做到这一点并非易事，因为专注不是生就的，而是需要训练的。人从动物进化来时本能中就带着不专注，因为他要防范野兽的袭击，安全是他生存的第一需要，他必须对外保持着一种警觉。他的第二需要是食物，他要随时关注外界情况，以发现可以饱食的东西。保持对外界变化的敏感和反应是他正常的生存状态，而专注于某事物却是反常的。霍华德·休斯医学研究所的玛雅·派因斯说："我们的感觉对变化最敏感，固定不变的目标成了场景的一部分，基本上让我们视而不见"。但是只要"环境一有改变，我们就会注意，因为这可能意味着危险——或机会"（《浅薄：你是互联网的奴隶还是主宰者》，尼古拉斯·卡尔著，刘纯毅译，中信出版社，2015年版，第79页）。尼古拉斯·卡尔（Nicholas Carr）也说："读书活动是一个非自然的思维过程，这个过程要求对单一、静止目标的关注持续不变，并且不能被打断。……读者必须训练自己的大脑，对周围的其他事情视而不见、听而不闻，抵抗把关注焦点从一个感官信号跳转到另一个感官信号上的强烈欲望。他们必须对自己的注意力施加'自上而下的强力控制'，形成或强化反制本能的精力分散所需的神经连接"（同上引书，第79页），这里把人对关注力集中的训练作了很清楚地说明。培养专注力在生理上是要在人脑中建立一种神经连接，以管住本能的精力分散。关注力与脑神经生理活动的问题，将在本书第七章中进一步阐述，那里要谈论的是关注力与记忆、思考、思想等的相互关系。一般生活中人的精神是不集中的，只有在从事某件需要精神集中的工作时，才能保持住专注力，比如制作某一精密的部件，驾驶汽车等。长时间地保持专注力是需要训练的，比如气功的入静、佛家的坐禅等。阅读的专注力也是需要训练的，比如毛泽东年轻时就特意去闹市读书。脑科学研究指出，人有一种注意力脑网络，或称"中央执行网络"，专司让人全神贯注地进行某种工作，这种专司注意力的脑网络也是要人在不断训练中增强的，因为人还有与之对立的、让人停止专注的脑网络——"休息网络"，它不时地让人休息下来，分神于其他方面的工作，在"休息"和"注意力"两种脑网络之间还有一个"突显网络"，它可视情况适当切换"休息"和"注意力"网络，保持某种平衡。原始人大概会让休息网络强些，因为精神要分散些，以防野兽袭击和为了寻求食物；现代人则因为工作，需要注意力强些，当今数字媒介，如手机、电脑、电视等却在削弱人的注意力脑网络，所以专注于读书也需要训练出脑网络的新的功能。现在训练这种专注力的人不但减少了，反而是专注力遭到了破坏。破坏人们专注力的社会因素起源于19世纪中叶电报新闻出现以后，无价值、碎片式新闻充斥于报纸版面，经过新闻图片媒介再到20世纪中叶之后的发达的电视，真正显示了电子媒介对人专注力的破坏作用。波兹曼对这段历史演变进行了比较详细的阐述，在以后的章节里我们会见到。我们如此地关注专注力，就是因为它与媒介有着密切关系。有些媒介需要而且能够培养人的专注力，比如读（印刷）文字，比如用仪器或某种技术装置（这些都可视为媒介）做实验，而另一些媒介则是在分散（破坏）专注力，比如手机、电脑、电视上的碎片信息等。有的读者可能会说，我看手机、电脑难道不是在专注着的吗？何以说是破坏专注力的呢？关于这一问题，后面会有解释。更值得重视的是无论培养专注力还是分散专注力都涉及人的本质属性问题。为了人类的进步应当怎样利用媒介，让专注力利于人的正向发展。

阅读对专注力的要求是为了思考，没有专注力就没有思考，波兹曼为阅读中的思考进行了较详细地描述。读书的思考从一接触文字就开始了，"你必须看穿它们，这样你才能直接了解这些形状所代表的意思"（24页、29页）。阅读不只是读一下，有很多人读书就像读故事那样读一遍，了解的是文字表面的信息，这样读下去效果极差——他们仅仅了解的是情节、故事、事件过程，而不能看到文字后面的含义。波兹曼对这种读者给予消极评价。只就读故事书而言，你也要问一下，那里的人物为什么那样说，为什么那样做，这是起码的思考。波兹曼还要求读者"不受外观的干扰去理解意义，应当采取一种超然而客观的态度"。所谓超然而客观的态度，应是一种审视的态度，无论作者多么有名气或者是无名鼠辈，都不能存在成见，而是同样严肃认真地、字斟句酌地去阅读。波兹曼说："要能够区分文字的感观愉悦、魅力或奉承语气（如果有的话）和文字所表达的观点之间的逻辑"。这说的是不要被文字表面的形式美所迷惑，要弄清书的内容与（文字表达的）形式的关系，二者是否配合完美。"根据语言的语气去判断作者对于所写内容和读者的态度"，这说的是作者和读者的交流，读者在这种交流中读书和体验作者的思想和感情，弄清哪些才是作者的真正的观点。读书首先注意是观点、逻辑，然后才是文字表达的技巧。这就要读者进行判断，了解作者是以怎样的逻辑阐述观点的。判断是思考的重心，思考是判断的动力。判断需要一定的程序，每个程序进行中都要思考。波兹曼说："在判断观点性质时候，你要同时做几件事、包括把判断推迟到整个观点完成时做出"。判断之前要做的几件事就是判断所需要的程序，这其中包括分析、综合、推理、证明等。在复杂的事件中要分门别类、条分缕析、得出关系之中的性质；有时要综合，从类似的事物中得到规律性的东西；有时要逻辑推理，查得因果与关联，预示事物的走向；有时用逻辑关系去证明，甚至以自己的经历去证明和反证。这是一种读书中的自我，将自己融于书中，去体验作者的思想情感。读书中有我，不仅是方法，还是一种境界，与作者一样感同身受。当各个观点被确证之后，才能下最后的判断，无疑这些都是艰苦的理性的思维活动，也只有在专心思考之下才能完成。冯友兰先生在谈到读书时说了四点：精其选、解其言、知其意、明其理。除了第一点外，其余三点都是关于阅读中的事。解其言就是波兹曼的"看穿文字"；知其意就是分析与判断等理性思维的结果（论）；明其理就是弄明白逻辑关系，事理规律，当然包括超越原著的"理"，而能举一反三，推得出自己的新思想。

　　文字的语言是抽象的，阅读要求读者在这个抽象世界里游刃有余。在文字中，除了虚词、连词等不具实质意义的词以外，几乎都是抽象的概念。比如说"红"，就有许多种红。在描写春天的桃红柳绿的时候，你应该知道是那一种红；在叙述英雄搏杀流淌鲜血的时候，你会知道是另外一种红。在论述性文字中，抽象性更强，困难在于必须在阅读中建立各理性概念之间的逻辑关系。波兹曼说："在铅字的文化里，我们可以说某个人不够聪明，需要给他画张图才能帮助他理解。而现在，聪明则意味着我们可以不借助图画就可以从容应对一个充满概念和归纳的领域"（24页、29页），因为他在脑中已经构成了这张图。抽象的意识活动也需要有逻辑关系的想象力与联想力，所以聪明人根本不用画图，他只从文字的论述中就弄明白了理性关系。这样看，聪明与不聪明就显露出来了。波兹曼这句话的含义又可以被我们这样理解：文字媒介重新定义了聪明这一概念。如此看来读书是在抽象领域中的一种高智力活动，所以波兹曼对读书总结道："在一个用铅字表达真理的文化里，能够做到这一切甚至更多的话，就构成了智力的基本定义"（24页、29—30页）。他所说的"一切"就是指我们上面从专注力到理性思考、逻辑推理和判断的各个步骤。

在互联网时代，线上读书流行起来。当前在网上的书大量是网络小说，轻松愉快的、缠绵多情的、悬念丛生的、惊险恐怖的……大都只是为了娱乐。这类书多用短句形式写世俗故事，又好读又不费脑，特别方便手机阅读，当然为冯友兰们"精其选"所舍弃，原因是浮浅，与提高智力无大关系，年轻人如果读点网络上的通俗作品来消遣一下也并非不可。网上也有有深度的著作包括经典著作，甚至绝版著作。国家图书馆和许多地方的图书馆都开放了整本书的线上阅读，读者在线阅读与纸质书一样的电子版图书当然和波兹曼讲的读书要求也基本是一致的，效果也基本相同。但是情况不完全是这样，许多网站为提供更多信息和为了各种搜索需要，而把原书肢解成许多部分和片段，特别是加上了很多链接。如果读者知识储备不够，从相关链接中了解有关词语、典故、事件、历史、人物等当然是有利于阅读的，对一些研究人员查阅资料、查阅对某一问题的相关论述等是方便快捷的，这也是互联网的有利一面。但是它还有另外一面，对于页面上相关链接的东西过多是要特别警惕的，因为读者极易被这些东西"带离"，使读书的思考中断，长时间便会损害人的专注力，反而有伤智力。有人说我们是为了读书学习，可以不去搭理（链接的）那些东西，可是"互联网可不是由追求学习效果最优化的教育家们建设起来的。互联网提供信息的方式不是小心翼翼地寻求平衡，网上信息是以高浓度的碎片化大杂烩的形式出现的"（《浅薄：你是互联网的奴隶还是主宰者》，尼古拉斯·卡尔，第164页），很少人能抵挡住这些强力碎片的袭击。这方面的实例很多，美国曾流行一种内置可以联网的电子阅读器（Kindle），拿着它像拿着一本书一样的方便，而它的内存书籍相当多。美国的一位研究人员用它阅读狄更斯（Dickens）的小说《尼古拉斯·尼克贝》（*Nicholas Nickleby*）。她说："当我试图在电脑上长时间阅读的时候，我的眼睛难得片刻休息，视线总是跳来跳去，让你分散精力的东西太多了。找到维基百科上查看狄更斯的相关介绍，然后沿着互联网链接，直接跳转到狄更斯的短篇小说《马格比岔口》。直到20分钟以后，我都没有回去继续读Kindle上的《尼古拉斯·尼克贝》"（同上引书，第128页）。读者的专注力被切断了，读书的线性思维也中止了，思绪游走到了难以预料的地方，即使再回来接续，文字上是接上了，但是恐怕找到的不会是原来的那种情绪和原来的那种心灵的活动。互联网的这种读书方式对人的关注力和智力的损伤并不亚于人们在网上阅读其他碎片信息（后面谈到电视新闻时将会对这种碎片信息进行分析）时的损伤作用。连研究人员都难以逃脱互联网上链接的"带离"魔力，那么如果想在网上读好一本书就需要有很强大的自控能力。而这是一般读者很难做到的，相较之下波兹曼对纸质图书阅读方式的提倡仍是值得重视的。

电子书为人们提供了一种新的阅读方式，为人们带来了很多方便，但是还要注意这样的现象，比如使用电子阅读器读某一本书，我们可以在上面写批注，还可以划出自己认为的重点，而这些却作为服务平台的数据被储存起来，待大量读者的数据整合后，被发布在平台上。这将带来另一种方便，读者可以不用读原著，只需花上几十分钟，甚至十几分钟便可把平台上的经过整合后的文字读完，于是便可以知道这部书的内容了。这有点像这样一种情况：为了了解一本书去登录大型图书馆的网站或网络公司的门户网站，经搜索后再点击这本书名，即可了解这本书的大概情况，甚至可以看到相关的书评。这种过分方便的读书方法让我们在短时间里"读"很多的书。但问题是，我们仅仅知道这些书写的是"什么"，但不知道怎样写出来的这些"什么"。没有思考，没有沿着作者的思路去探求书中的道理、神韵、情感……我们仅仅是知道了"什么"。这种读书方法大概只是对图书管理员有用，对我们的思想、智慧、能力、情感、精神陶冶几乎没什么用。

互联网上还流行一种语音读书，不需看书，只需听书。这些书大都适于通俗小说之类。声音的连续性不能给人留下思考的空间，所以这种读书只能算是浅阅读，适于消遣娱乐，而不适于有思想、有深度的著作。但是有些关于人文和科普之类的讲座式的作品，对普及人文文化和科学知识是有利的，比如周国平讲哲学、蒋勋讲列奥纳多·达·芬奇（Leonardo da Vinci）、米开朗基罗·博那罗蒂（Michelangelo Buonarroti）、文森特·威廉·梵高（Vincent Willem van Gogh）等人的艺术都是具有可听性的，即便如此这也不是读书的最好方式，最好的读书应是利于思考、启发思考，从而有利于发现、有利于智力提高的。

也许互联网读书下一步的发展会令人更加关注。天津《今晚报》（2019年10月8日）上刊登了一篇《50年后我们怎样读书》的文章，进行了这样的预测：把图书变成智能版本，"那故事顺序就可以由读者自行选择，主要人物也是可以改变的"，比如读《西游记》，"你完全可以根据自己的阅读偏好让猪八戒、沙和尚或者女儿国里的婆婆当主角，或者将自己代入他（她）们的角色，用他（她）的视角把整个故事重新体验一遍"。"你甚至可以跟书里的人物互动，可以在'读'这本书的同时跟唐僧交谈，向嫦娥表白，帮孙悟空一起打怪"。文章还介绍了一种实际上是超文本与多媒体技术相融合的"超媒体"阅读："你通过VR设备和AR设备来观看这本书，你眼前的山山水水都是那么逼真，你甚至能闻到孙大圣皮毛下面散发出的汗味儿"。这不禁让人问道，拆解和拼装《西游记》对理解原著《西游记》有何意义？这种七巧板式的游戏能代替原著吗？当把《西游记》变成VR或AR的版本时，读书真的变得像游戏一样好玩起来，这篇文章说："错，它比游戏更复杂深刻"，智能版的创作者们"正努力将小说里的感情体验和人生思考立体化"，你要与唐僧或嫦娥等人互动，当然要用人工智能，把他（她）们都变成机器人式的人物。这些机器人的会话应依《西游记》中的语言逻辑（用算法）编辑。当读者就书中某一行动提出为什么这样做时，他（她）能表达他（她）的想法，但是当问他（她）这样做的结果不是原著中的那个结果，而是另外一种结果时，这个人物将如何作答呢？如果他（她）不回答，那岂不是一个"死人物"吗？如果回答了，那么这本书就绝不是原来的《西游记》了。其实在把《西游记》变成智能版本的同时就已经不再是原本的《西游记》了，读者读的是一本与《西游记》无大关系的书了。再说什么是"感情体验和人生思考立体化"？难道让人物站起来，活跃在酷似真的山山水水的情景中，就能让人的"感情体验和人生思考"立体化了吗？还要问的是小说里的这种"感情体验和人生思考"是哪里来的？小说只是一堆印刷文字，它只能展现或者表现书中的内容。所谓"感情体验和人生思考"是由读者解读文字后得出的。接受美学告诉我们一百个读者有一百种与作者交流的内容，或者有一百种感情体验和人生思考。谁也不敢说自己解读的就是完全忠于原著的，那智能版本的创作难道不是创作者自己解读后的产物吗？解读者怎么保证自己的版本就是完全忠于原著的呢？如果未来的读书是以这样的方式阅读的话，那就把读书变成了娱乐。

总体而言，在互联网上读书或是在有联网功能的电子书上读书，就有不利于专注力，不利于思考、不利于智力提高的可能。最好是读纸质书或者不联网的电子书。但是也不能完全否认线上读书的作用，如果有媒介意识，能把握自己的专注力，也可以在线阅读，还可以利用在线浏览一下图书，大致了解某些图书的内容，一方面可作深度读书的选择，另外这种广泛了解图书也有利于我们开阔眼界，丰富我们的知识。尽管是"仅仅知道了（某件事情）"，尽管是"浅薄"地知道了，但也并没有什么不好。相反，人也是需要有"浅薄"的，人不可能做到什么事都"深厚"。参与革命的人几百万乃至几千万人，不是每个人都熟读了相关著作。很多人都是读过一两本书，或者听了有关的报告，或者受到某种形式的粗浅教育受到了启发。重要的是，他们是有了觉悟才参加革命的。人应当有"深厚"，但不能拒绝"浅薄"。在"浅薄"这方面我们应当感谢互联网，它让我们知道得更多。我们提倡深度阅读，这是根本性的要求，但也要有适当的浅阅读，做到深则求是，浅则能悟。

读书有利于思考，有利于智慧。读书必须要思考，思考是读书的关键，有思考才会有知识和情感的收获。有人会说现在电脑、计算机、机器人（人工智能）已经发展起来了，将来的发展不可限量，那么人能不能不读书，把读书和思考能得到的知识和随之而来的情感托付给电脑（人工智能），让它们再传递给我们，从而免去那些令人痛苦的思索和情感纠结的麻烦。但是关于思考和情感的问题至今也未能彻底解决，这是个生物学活动，无论是精神科学和脑生理科学到目前都未能研究明白。在哲学中思考仅作为认识论的内容倒是有些人做了些努力，比如康德、胡塞尔等，但是对意识源泉的研究也未有令人满意的成果。人自己尚未弄清思考与情感的机理，又怎能让电脑替代呢？的确现今关于电脑能"思考"的问题被某些人所热衷，而且成绩惊人。无论是韩国的李世石和中国的柯洁与电脑对弈，都是屡战屡败。据说谷歌的"阿尔法狗"家族中的"最强版阿尔法围棋"（AlphaGo Zero）起初并不懂围棋，可是它在游戏中却可以自己学会规则，并且很快就能打败曾经战胜过李世石的那个人工智能"大哥"——阿尔法围棋（AlphaGo）。可见，AlphaGo Zero具有超强的学习能力和创造能力，甚至有自主进化能力。在脸书的人工智能实验室里人们还发现较高级的一种人工智能有自己的非人类的语言，在AI之间进行人类不懂的交流，人工智能的日后发展不但令人惊讶甚至令人恐惧，但是有两点值得注意，其一是没有情感，冷冰冰的。其二是没有思考，而恰恰是思考和情感是人类独有的生物学和精神学活动，并且是使人成为人的进化活动，而读书正是一种有利于提高人类智慧、丰富人类情感的活动，人类的进步应当是智慧的提高和情感的高尚，这才是人间正道。也恰恰是人的思考和情感是人工智能尚未能从根本上侵入的领地。虽然现在人工智能（如AlphaGo Zero）在某些方面的"思考"超越了人类，但那是一种在有规则的（比如围棋的规则）可计算的范围内的"思考"，与其说是"思考"不如说是计算（算法）。目前人的思考和情感还难以用算法来表述。我想，只有当我们将思考和情感的机理弄清楚，并且用算法破解了思考和情感的密码之后，人工智能才可以取代人的思考和情感。但是从目前到可以预测的未来时间内，是难以做到的。可预测的未来时间之外，如果某一天真的被人工智能实现了，那将是现在人难以想象的。人工智能会像人一样思考了，将无所不知、无所不晓，所知奇快，解决的办法也随之产生。那时的人用起人工智能也就人人能知、人人能办，想干什么旋即办到，这样的世界将是何种景象？还有一种可能是，如果人工智能有了情感和思维，那就将形成一个独立于人类的"非人类"。它爱谁，谁将逃不出它的手心；它恨谁，谁就别想过舒心的日子，这着实令人害怕。它们有超过人类的智慧、有超过人类的情感，人类若是成为它们的宠物，这又是多么恐怖的事……所以我说这些是在可预测的未来时间以外的事。世界著名的科学家史蒂芬·霍金（Stephen Hawking）就十分担心人工智能的高度发达可能带给人类的不是幸福而是灾难。一些人想让人工智能来替代读书的想法看来不一定是个好想法。当然，现在有人在寻找一种接口，把芯片植入人脑内，让人有一种超人的技能。让机器替我们读书，但这个机器与人的脑神经的接口大概是最难的。这里让我们想起了美国著名的麻省理工学院计算机专家约瑟夫·魏泽鲍姆（Joseph Weizenbaum），他在20世纪60年代为计算机编了一个程序，结果计算机便能与人对答如流。他设计的软件程序甚至可以当作心理医生对病人进行某种测试。他的计算机魔力激发了那些"人脑就是电脑"想法的人的狂热呼应。尼古拉斯·卡尔在书中说"魏泽鲍姆最终相信人之所以为人的最大特点恰恰就是人最不可能计算机化的部分——我们思想和身体之间的联系，塑造我们记忆和思维的经验，我们具有丰富情感的能力。在我们跟计算机变得越来越密不可分的过程中，我们越来越多的人生体验通过电脑屏幕上闪烁摇曳、虚无缥缈的符号完成，最大的危险就是我们即将开始丧失我们的人性，丧失人之所以区别于机器的本质属性。魏泽鲍姆写道，避免这种命运的唯一途径就是我们要有足够的自我意识和无畏胆识，拒绝把我们精神活动的智力追求中最'人性化'的工作，尤其是'需要智慧'的任务委派给计算机"（《浅薄：你是互联网的奴隶还是主宰者》，尼古拉斯·卡尔，第259页）。魏泽鲍姆的话含义十分深刻，作为人工智能研究而首创人机对话的他深知计算机未来的发展，虽然他在创立人机对话之后，面对一些计算机狂热的人说，那只不过是一些计算机程序的集合，没有什么魔力的东西，但是他仍然表示了对计算机今后发展的担忧。在这一点上他特别指出，不能将我们的思想和情感这两大根本的人性标志性的工作委派给计算机，如果人不再做属于人性（思维与情感）的工作，而是让计算机（人工智能）来做，那么最大的危险将是我们会丧失人性。现在人工智能已经用算法取代了人的一些思维能力，甚至在某些方面的智（的思考能）力也远胜于人，而且算法有可能算出人的某些心灵上的东西，这很值得人们警惕。但是无论如何真正的人生体验也不是在计算机上进行，而应是在我们的生活实践中进行，在学习（包括读书——这种最快捷的获知形式）中成长。魏泽鲍姆认为避免人性丧失的唯一途径是有足够的自我意识和无畏的胆识，这一点更为重要。自我意识就是自主意识，就是自我存在感和主动精神，在计算机与人之间要勇敢地、无畏地做计算机的主人，而绝不让计算机褫夺人的思想和人的情感，要永葆人性的存在。增强自我意识、增强自主精神，目前把握好自身存在的关键在于学习，在于认真读上几本好书。

波兹曼阐述了读书对提高人类智力的作用，现代科学进一步证明了这种作用的机制，尼古拉·卡尔在书中谈到了有关的证明。卡尔指出现代脑生理学、脑神经学和心理学等对人脑的研究已证明读书使人脑的结构及活动发生新变化。大脑中大约有1000亿个神经元细胞，一般的神经元又大约有1000个突触。这样，人脑内大约有千万亿个突触连接着神经元，并构成线路网络。在外界的影响下，比如读书，会使神经元细胞通过突触建立相应的联系和神经回路，"思想、记忆、情感，所有这些全都来自神经元之间发生的电化学性质的交互作用，居中调节的正是突触"（《浅薄：你是互联网的奴隶还是主宰者》，尼古拉斯·卡尔，第24页）。"数千万亿个突触把神经元连接在一起，以我们迄今尚未探明的方式，形成一个密集的线路网，由此决定我们的思考内容，感觉方式和身份特征"（同上引书，第24页）。科学家们通过研究指出："即便是成人的大脑也是可以延展的，或者说也具有'可塑性'。他们认为，在人的一生当中，新的神经回路可以不断形成，旧的回路则可能强化，也可能会弱化，甚至彻底萎缩……人脑实际上可能处于一种持续的流动状态，可以自动适应所要执行的任何任务……有证据表明，我们的大脑细胞确实是用进废退"（同上引书，第25页）。如果将这些道理用在读书上，那就是我们读书时，脑中的神经回路会增多，并且持续读书会出现更多的神经回路，巩固或强化已有的神经回路。这些神经回路就是我们建立起来的思想、记忆、情感等，所以人就会聪明起来。我们读书时会把印刷品承载的内容的词意连接起来，成为我们明白意思的句子，这是我们脑神经元细胞网络通道告诉我们的；读书时我们能做出分析、综合、推理、判断……也是因为我们脑中在过去读书学习或实践中建立起来了神经元细胞网络通道才能完成的。我们从读书中获得新的认识、新的思想和观念也是在神经元细胞中建立起了新的网络通道，它可能在以后学习中获得应用而巩固加强，但是长期不用、长期不读书或不再回忆，那么这些神经回路会弱化，甚至彻底萎缩，也就是我们常说的：忘掉了。

卡尔还引用了科研人员对深度阅读的神经学效应所做的实验报告，指出："'叙述过程中每出现一个新情境，读者都会在头脑中加以模拟。行为和感觉的细节从文字中获得，然后会与来自以往经历的个人知识结合起来'。阅读过程中的大脑活跃区通常'出现在他们实施、想象或观察现实生活中类似活动时所涉及的部位'……深度阅读'绝不是被动地接受'。读者变成了书本"（同上引书，第90—91页）。这就是说，在读书中我们的思考、分析、研究的东西以及我们树立形象，对照的现实生活都与我们曾经在脑中活动过的相关区域关联着，也就是与大脑中的有关的神经回路在运作着；也可以说用我们读书前的知识来解读眼前书本中的印刷文字，形成我们自己的新的认识；也就是读完一本书不是原书的翻版，而是在我们心目中形成了一本解读过的新的书；也可以说大脑的有关区域建立了新的更多的神经回路。对于这种阅读，卡尔对我们解释说："书的读者和作者之间的联系是一种紧密的共生关系，也是智力和艺术互相融合的一种手段。作者的文字充当着读者头脑中的催化剂，激发读者产生新的洞见、新的联想、新的领悟，有时候甚至会迸发顿悟的灵感"（同上引书，第91页）。读到这里可以回想我们前一章讲的：不能认为书面文字就是简单记载过去；我们看书面文字都是站在现实看过去；读书时是在现实中重新创造了过去；还有本章前面讲的，将自己融入书中；读书中有我，不仅是方法，还是一种境界……都与卡尔介绍的脑神经回路说相吻合。对比追根寻源，还是印刷文字这个媒介起了重大作用。

更令人惊讶的是，人脑的功能可以使人们在一个领域中的新思想、新观念、新的思维方式引发另一个领域出现新认识，可见人们的深度阅读使人聪明到何种程度。卡尔说："我们为了某一目的开发出来的智力能力，也就是神经回路，也可以用于别的用途，这是我们通过研究神经可塑性学到的最重要的一课。由于我们的先人日益醉心于书中前后连贯的长篇论证和娓娓叙述，他们变得善于沉思冥想，更容易浮想联翩。玛丽安·沃尔夫说：'大脑为了阅读，已经学会了怎样进行神经回路的重新排序，而新思想更容易出现在这样的大脑中，读书写作则促进了日趋精密的智力技能的长足发展'"（同上引书，第92页）。卡尔指出，"书籍带来的智能伦理变成了我们文化的根基"。这是说读关于某一个领域的书会激起他对另外一个领域的思考，即用那一个领域的道理解释了另外一个领域的现象，即是启发了关于后一个领域的某些问题的思考，如此读书形成文化的根基。

他指出文学伦理规范启发了历史学家的伦理规范，启发了哲学家的伦理规范，还促进了科学家的伦理规范，并举出了历史学家吉米，哲学家笛卡尔（Descartes）、洛克（Locke）、康德（Kant）、尼采，科学家达尔文（Darwin）、爱因斯坦（Einstein），经济学家凯恩斯（Keynes）等人的例子。他指出："印刷在书页上的长篇大论实现了高效率的繁衍增殖，从而激发了读书写作以及认知思考方式的改变，如果没有这种改变，任何一项重大智力成就都不可能取得"（同上引书，第93页）。从这里可以想见，印刷文字（媒介）对人的本质的提升又是多么重要。

如果以现象学的认识论来看读书，读者是作为意识主体对对象（书）的意识活动，此时读者首先要将自己还原为纯粹的意识者，即以无成见的、客观审视的态度来看待一本书，书便是意向性对象。然后是跟随着阅读，读者以头脑中相关的理性、概念之类相互关系的东西，或者形象思维（即感性之间关系形成的观念之类）的东西。作为意识的意向性内容的构成部分奠基于（书中文字显示于）意识的"实在的"内容之中，构成意识的意向性内容的主要的、基础的部分，使意识（读书）活动有了意义。在这种奠基中，形成对对象的意向性结构，即得到对书的认识，实际是获得了对作者的思想、情感和精神的认识。书籍让我进入了别人的精神世界，如果我获知的是一位有学养的大家的独到见解，那么他多年来探索和积累的精神硕果很快就变成我头脑中的宝贵财富。这样便捷地将别人的精华丰富自己的内心世界，是世界上最奇美的事，也是最便宜的事（当然读书不是做买卖）。我这样说一方面是要认识阅读的价值，一方面是要认识文字媒介对人有多么重要，这大概也是波兹曼在《娱乐至死》中极力强调读书的原因吧。

读书对人的智力开发起了极其重要的作用，但是20世纪中叶以后，印刷术文化被电子传媒带来的一系列文化品种所冲击，广播、电影、电视、电脑、手机使阅读印刷品不断地受到排挤，特别是开始的电视和以后的网络，将印刷术文化排挤到了边缘地带，但是正像尼古拉斯·卡尔指出的那样："这些技术一直都有局限，它们无法传输书面文字。它们可以把书挤走，但不能取而代之"（同上引书，第94页）。波兹曼在本章结尾，对新文化形势下，印刷术文化铸就的公众话语的严肃性、明确性和价值受到冲击出现危险的退步而感到忧虑，这的确值得我们深思，因为这是人类智力的衰退。纸质书籍也会如其他事物一样，不可能万世永存，有朝一日可能将不复存在。现在的电子书及网上阅读就是替代品的一种苗头，问题的关键不在于我们读什么质料的书，而在于我们应该怎样读，合理地运用你与作品之间的媒介。无论如何对长篇文字的深度阅读是不可以替代的，无论如何我们要保持住这种几百年来为人类智力开发作出巨大贡献所证明的好方式。只要这种阅读方式存在着，人类就不可能娱乐至死，人类的生存就是有希望的。

（六）媒介造就的人

如果将波兹曼的印刷术（铅字）文化构成的关于智力的基本定义同前述的口语文化的智力集中体现在记忆力、口头语言创造力的定义相比较一下，就会看到媒介之间关于智力的定义有很大不同，而这种不同的根源在于媒介性质的不同。媒介性质不同引发了媒介共鸣的不同，而共鸣的不同便是媒介认识论的不同。在没有文字只有口语交流的部落中，人们敏感的是口头语言，他们的认识论表现在口语之中，表现在对声音辨识的共鸣之中，他们对某种声音的理解是相通的。而在印刷文字媒介中，人们对阅读文字的视觉辨识十分敏感。其中，进行着逻辑、证明、分析、归纳、判断等理性活动，并有共鸣，即对印刷文字引发的理性活动是相通的，人们的认识论也表现在这种相通（共鸣）之中。于是社会整体的智力水平也获得提高，带来精神和素质的深刻变化。

这些让我们想到这样一个问题：不同媒介造就了不同（文化）的人，前述中波兹曼对阅读印刷文字的人提出的"对身体和大脑都提出了相当苛刻的要求"，似乎是外在的表面的要求，而实质上的内在的要求却在印刷文字媒介的共鸣之中。人们之所以对印刷媒介产生共鸣，是因为人们在身心内处发生有关智力的理性的类型变化，比如对逻辑推理的变化（共鸣）、对分析判断的变化（共鸣）等。表现于外在的也有，比如18—19世纪的美国选民们可以几个小时几个小时地去听竞选者们的演说和辩论，选民的兴趣也在竞选者们的推理和判断等方面的能力上，而这些现象在电视文化时代几乎是不可能发生的。现在的美国人可以参加竞选集会、听竞选演说，甚至看电视机前的辩论，那也不过是短时间的，不可能像过去用几个小时去听取候选人的陈述，候选人自己也不可能作那么长时间的讲演。这不是因为时间宝贵了，而是背后的文化发生了变化。它让我们清楚地看到了印刷术文化的特征，讲究逻辑、讲究理性、讲究推理，成了普通民众的一种文化习惯。我们可以说，印刷术文化的共鸣造就了具有印刷术文化特色的人。同样我们也可以说电视文化的共鸣造就了具有电视文化特色的人。所以波兹曼想在以后的章节里证明："在20世纪我们对于真理的看法和对智力的定义随着新旧媒介的更替发生了很大变化"（24页、30页）。当然最大变化就是人的变化，人随着媒介认识论的变化而变化。波兹曼非常看重这些变化，《娱乐至死》从第三章开始将详细阐述这些变化，在这之前他先谈了三点，作为第一、第二章的一个总结。

第一点："我从来没有说过，媒介的变化带来了人们思想结构或认知能力的变化。确实有人提出过这样的观点，或类似的观点（例如杰罗姆·布鲁纳、杰克·古迪、沃尔特·翁格、马歇尔·麦克卢汉、朱利安·杰恩斯和艾瑞克·哈乌洛克）。我很愿意认为他们是对的，但我的观点不需要我这样做"（24—25页、30页）。无疑，波兹曼是赞成此类观点的，他甚至引用了有类似观点的一些人的理论和论述，比如麦克卢汉的"媒介即讯息"的理论，作为他的论述基点，引出了"媒介即隐喻""媒介即认识论"的论述。当然也引用过沃尔特·翁格（Walter Ong）的观点，但是波兹曼不想跟着这些人去证明那些观点，比如他不想跟着皮亚杰（Piaget）这位著名的瑞士心理学家去证明"只有口头语言的人在智力上不及有书面文字的人，而'电视文化'里的人比前两者都表现得智力低下"（25页、30页）。但是皮亚杰的发生认识论，论述了人从出生到青年的智力发展过程，他的关于认识结构的研究可能会对波兹曼有某种启示，特别是波兹曼把文字（包括印刷铅字）媒介对人智力提高的作用和与电视对人智力伤害的作用进行了详细地论述，大概能说明这种启示作用，同样其他人的一些观点对波兹曼也有些启示。

波兹曼在书中第一章、第二章的观点仅仅是说："一种重要的新媒介会改变话语的结构。实现这种变化的途径包括：鼓励某些利用理解的方法，偏重某些有关智力和智慧的定义以及创造一种讲述事实的形式，从而使某个词语具有新的内容"（25页、30页）。这就是他在第一点想说的关键话语："一种重要的新媒介会改变话语结构"，这是我们跟随波兹曼要掌握的一个重要信条，表面上看重要的新媒介会创造出一种新的话语结构，其实说的就是一种新的思维方式、新的认知方式。比如18—20世纪初的美国人在印刷术文化长期熏陶下，就强调理性、有序的语言，所以（后面的一章我们会看到托克维尔对此说的话）美国人不会交谈，但他会讨论，他们说的话往往会变成论文。而深层次分析一下，所谓"话语结构"改变的实质就是"思想结构"或者"认知能力"的改变。话语结构的改变不仅是言语的方式，深层次的变化在于重要媒介（通过第一章、第二章讲述）的变化会导致社会文化的变化（所以波兹曼是赞成那些文化大家们的观点的）。波兹曼所言的"实现这种变化途径"就是要寻求重要的新媒介，它类似于文字媒介那样地鼓励用理性和智慧来讲述事实。还有就是"创造一种讲述事实的形式"，比如诗歌是一种艺术形式，但也可以把它看成是一种鼓励运用智慧讲述事实的媒介，再比如数学也是鼓励用智慧讲述事实的媒介。这些"运用理解力的方法"必然会带动语词产生新的含义和新的语词，以更好地阐述新的知识。文字的出现使语言规范、优雅，加之许多学科知识的不断丰富，使人们的思想和情感也趋于理性，从而在表达形式上也逐渐形成了有序（线性）的、逻辑的、理性的风格。波兹曼说他从来没有说过"媒介的变化带来了人们思想结构或认知能力的变化"，但他为分析媒介做的事情可都是与此有关的。当然我们不能说人的思想结构和认知能力的变化都是来自媒介的变化。人的这些变化的重要来源仍然是人的社会实践，在实践中探索和思考才会有新的思想、新的认识，才会有认知能力的提高。但是这里要分清的是，实践对人认知的改变是属于哲学的和其他科学学科的，或者说是属于人的精神的，而媒介对人认知的改变是属于技术的，是源于媒介的技术性质。媒介造就的人是媒介（技术）对人的影响，这又是我们此前说过的媒介认识论，它与哲学认识论是两码事。就此而言，媒介认识论有它独特的认识论意义。所以作为媒介研究的著名专家波兹曼告诉人们，媒介的作用是不可忽视的，弄得好，人类会走向发展、进步；弄不好人类就会走向"危险和荒诞"。比如在这里他就说："我相信电视创造出来的认识论不仅劣于以铅字为基础的认识论，而且是危险和荒诞的"（25页、31页）。他之所以这样说，是因为与文字媒介相对的电视（媒介）就不是偏重智力，而是偏重外在形象的，较少理性的和偏重娱乐的。它的话语结构是无序的、随着画面跳动的、直白的、幽默的或者滑稽的，所以不是"鼓励某些运用理解力的方法"的。电视文化要求运用视觉和听觉的辨识力，电视的音响与画面相结合让人很容易、甚至是很愉快地接受，而电视的娱乐性带给人的负面作用非但不益智，反而会"伤人""伤心"，所以波兹曼才说是"危险和荒诞"的。至于如何是"危险的荒诞"的详细论述正是《娱乐至死》的主要内容，从第五章开始将会逐步展开。在这里要提醒大家的是以电视作为"元媒介"的电脑、手机、网络，集多媒体于一身，又联络广泛，其威力较电视有过之而无不及。希望在阅读波兹曼此后的几章时也能时时对照今日的网络媒介来理解他三十多年前的论述。他在书中虽然说的是电视，其实很多论述用在互联网上也是正确的。这是我们在三十多年之后再读《娱乐至死》的重要意义之一。

第二点说的是电视媒介对符号环境污染的问题，其实也是在讲媒介与社会文化的关系。首先讲的是媒介的社会作用是渐变的，并且由量变发展到质变。在社会文化中存在着多种媒介，也就是多种符号，文字是符号，语言（口语）也是符号，同样电视、电脑发出的信息形式（如形象的、图形的等）都是符号……它们共存于社会构成符号环境。随着时间流逝，有的符号（媒介）消亡了，有的作用下降了、有的作用上升了。例如历史上两河流域苏美尔人使用的楔形文字是一种压刻于软泥版上符号。公元前500多年，大流士统治波斯的时候，他把阿拉米人的语言文字拿来，作为官方用语，并推向了庞大的波斯帝国，古波斯楔形文字也随之消失了。但是有些媒介虽然古老却仍然存在着，如口语、书面文字等。新旧媒介相互交错并存构成了符号环境，其中某一种媒介占据着中心位置，表现为这种媒介的强势，它的"好""坏"，或者缺点与优点，往往决定着符号环境的或优或劣。在波兹曼的眼中如果把符号环境看成是一条河，那么美国发达的电视媒介（文化）已给这条河造成了污染。看似这条河依然存在，但它的价值却大大降低了。其中许多有生命的生物已濒于灭绝，这种污染的程度"已经到了一种临界点。在这种情况下，电子媒介决定性地、不可逆转地改变了符号环境的性质"（25—26页、31页）。这就是电子媒介成了社会文化的中心，而社会文化也随之发生了质变。其原因在于"在我们的文化里，信息、思想和认识论是由电视而不是铅字决定的"（26页、31页）有人可能会心生疑问：书籍，特别是在学校里，还有报纸、杂志等不还存在着印刷文字吗？印刷文字不是和电视平等地存在吗？波兹曼回答说，平等共存是一种自欺欺人的说法。"根本没有什么平等，铅字只是一种残余的认识论"（26页、32页）。不可否认，印刷文字的确还存在着，在某些情况下人们还依靠着它，但是真正热衷于印刷文字的人有多少呢？统计数字一再向我们表明，阅读书籍的人不断减少。20世纪中期以后，美国看电视的人不断增加；21世纪以来，他们又大量地转向了看电脑和看手机，电子媒介强势登顶占领了社会文化的主导地位。再说如果稍微细心一点打开报纸，大多数版面花里胡哨，杂志的编排也如电视屏幕，运用了大量图像和美人照片……它们追求的是视觉冲击，是给人娱乐，这其实已经是受了电视的"毒害"了。波兹曼用受污染但仍然存在着的河来比喻电视统治下的美国20世纪80年代的社会文化，他向人们发出了警告。而今更加证实了波兹曼的警告，电脑、手机屏幕上，源源不断的杂多信息、令人目不暇接的娱乐节目远远地超过了电视，只从这类电子媒介不断涌现的流行语言不难发现社会文化在迅速地发生着变化，人们的认识论也在悄悄地发生改变，人们已不喜欢鞭辟入里的分析、不喜欢成本大套的文章，对什么事情都喜欢简单直白。在电脑和手机这类媒介面前，理性在退却。

第三点，是让人们正确对待媒介的作用，或者公正地对待媒介的作用。媒介认识论指出：任何媒介都是双刃剑，有利也有弊，有得也有失，我们要权衡利弊，掌控得失。波兹曼所谓的电视认识论的污染，主要是指在美国的政治、宗教、教育、信息和商业等领域充斥着大量电视认识论，或者说得更大一点"只是以电视为中心的认识论污染了大众交流和相关活动，而不是说它污染了一切"（26页、32页）。波兹曼也让人注意到电视的有利一面，比如给那些老弱病残以及饱尝孤独与寂寞的人带来无尽的安慰与快乐"虽然电视削弱了人们的理性话语，但它们的情感力量是不容忽视的"，比如"它会让人反对越南战争或种族歧视"（均见26页、32页）。波兹曼害怕人们会误解他在攻击电视，他的基本观念是"每一种思想的新工具的诞生都会达到某种平衡，有得必有失，虽然这种平衡并不是绝对的。有时是得大于失，有时是失大于得。我们在或毁或誉时要十分小心，因为未来的结果往往是出人意料的"（26页、32页）。这里"思想的新工具"主要是指新媒介，如当时的电视、电脑，等等。波兹曼的这个思想，表现了他对媒介作用的科学精神和公平态度，表现了他对新媒介足够的尊重和谨慎的评价。他这话说得好："因为未来的结果往往是出人意料的"，我们不能为一时的激奋而莽撞行事。比如与口语媒介相比，书面文字给人带来的好处很多。它把事件、思想记录下来，非常有利于后人的发展和成长。它为人类创造了文学艺术的多种形式，它也为科学研究作出了贡献。但是与口语相比它不带有语气，不能充分表达情感和情绪。书面文字还会产生歧义，往往使后人注疏甚多，争论不休，莫衷一是，有的甚至语言学家也无法解决。波兹曼又举了印刷术的例子，有了印刷术，人们可以独立地面对文字，也独立地面对世界，当然也增强了人的个体的现代意识，但人是从群居中走来的（就是现代人也还未能脱离集体，起码也要求得到社会的承认和社会的供养），一旦个体意识增强了，就要减低甚至毁灭直到中世纪还存在的集体感和统一感，这对个人的生存是不利的。印刷术使科学思想被大量传播开来，一则更促进了科学的发展，二则在民众中得到了普及，征服了越来越多的人的头脑。宗教对世界的解说逐步让位于科学，人们对于宗教的情感因此被变成了迷信，但是宗教中很有价值的人类文化是否也被摒弃了呢？印刷文字让读懂某种语言文字的人聚拢起来，增强了国家与民族意识，产生爱国主义。然而特别强烈的爱国主义会排斥他国和异族，产生了狭隘的爱国主义和狭隘的民族主义……这些都是印刷术（媒介）的利与弊，而这些又往往不是在短时间内就看得清楚的，所以他要人们评价一种媒介（文化）时要十分小心，特别谨慎。

这三点总结更像是对第一章、第二章的总结。这两章是波兹曼的理论基础和来源，他就是从这里出发来研究18—20世纪以来的媒介文化。他在麦克卢汉、翁格、弗莱等人理论研究的基础上得出自己的关于媒介—隐喻—共鸣—公共话语（媒介文化）和社会文化关系的理论以及关于媒介认识论的理论。波兹曼用这些理论考察各种媒介，特别是考察媒介对人智力的作用，指出印刷文字媒介对人的智力的大幅提高与电视媒介对智力的大幅降低以及电视的泛娱乐化对人类文化造成的污染。所以波兹曼在本章的最后说了如下的这一段话："很显然，我的观点是，400年来占据绝对统治地位的印刷术利大于弊。我们现代人对于智力的理解大多来自印刷文字，我们对于教育、知识、真理和信息的看法也一样。随着印刷术退至我们文化的边缘以及电视占据了文化的中心，公众话语的严肃性、明确性和价值都出现了危险的退步，这就是我希望说清楚的。但是，对于同种情形下可能出现的好处，我们也应保持坦诚的态度"（27页、33页）。这个总结贯穿着全书，指导着我们阅读的方向，是清楚和明白的，特别是我们较为艰苦地渡过了第一章、第二章在理论上的一些障碍后，将遇到的是较为坦荡的平川阔野，让我们一片一片地看看印刷术媒介和电视媒介都是怎样在上面耕作的吧！但是，不要以为以后在一马平川的原野上就可以轻松地阅读，要了解波兹曼的思想深意，也正如我们阅读其他理性文字一样，不能浮光掠影，而仍然要动脑筋深度阅读、深入思考。

第三章　印刷机统治下的美国

——有种力量帮助了美国

（一）一个故事说明了一个很重要的问题

乍看，这个标题甚为惊人，印刷机竟然统治了美国？印刷机怎么会有那么巨大的作用？这里波兹曼先举了一个例子。本杰明·富兰克林（Benjamin Franklin）的好友迈克尔·威尔法尔是德美浸礼会教派的创始人之一，但他为其他教派的一些狂热分子散布的谣言所苦恼。那些谣言说他们宣扬了令人发指的教义，其实这一切都是无中生有的。富兰克林就建议威尔法尔发表文章阐明自己的信仰和原则，但是威尔法尔说你建议的方法，我们讨论过，最终还是被否决了，其理由是：

在人类社会存在之初，上帝以启蒙人智为乐，他让我们意识到，有些我们尊为真理的其实是谬误，有些我们斥为谬误的却是真正的真理。他不时地为我们拨去迷雾，使我们不断完善自己的原则，改正自己的错误，在这个过程中，他得到了无限的满足。现在我们不知道我们是否达到了发展的终极，是否达到了精神知识或神学知识的完满，我们担心，如果我们裹足不前，不愿接受他人的意见，那我们的后人会效仿我们，认为我们——他们的前辈和创立者，所做的一切都是神

圣的，是不可丝毫背离的。（28—29页，34—35页）

　　这段文字的不同译文在中文版的《富兰克林自传》（《富兰克林自传》，本杰明·富兰克林著，宋思岚译，汕头大学出版社，2010年版，第 142—143页）可以找到。从这段文字中我们当然看到了德美浸礼会教派教徒们忠诚与谦逊的品格，他们不以自己的信条为最终的准则，显示了他们对知识和科学努力探求的精神。但波兹曼更指出："这段话的意义远胜于此。它对于书面文字的认识论的批评可以同柏拉图的观点相媲美"（29页、35页）。在前面的第一章中我们已经见识到了柏拉图的语言观，依此种观点认为不应用书面文字将思想固定下来，用文字记录下来的哲学不应是哲学观点的终结，而应是哲学观点的开始。德美浸礼会教派的观点的确与柏拉图的观点相一致。但这个教派的人更担心的是后人会以文字固定下来的教义为最终准则而故步自封不再探求，所以波兹曼说："德美浸礼会教派的观点近乎制定了一条关于宗教话语的诫令：'不可记录汝等之教义，更不可将其印刷成文，否则汝等将永受其束缚'"（29页，35页）。这个诫令又有点近似于摩西对于偶像的诫令，摩西禁止犹太教徒向偶像的神膜拜。在犹太教那里，神是抽象的，让人用心去琢磨的要多么崇高就有多么崇高的神。波兹曼又多么想让德美浸礼会教派讨论结果记录下来留于后世，那样将会证明他的重要观点："表达思想的方式将影响所要表达的思想"。如果将这句话再解释一下就是：文字（这种媒介）对表达的思想是有限定的作用的，一经文字表达，那么这个思想就被固定下来，而对思想的再度发展，文字是无能为力的。即文字限定你只能表达你现在的思想，而不能表达你未来的思想，这就是文字（媒介）对要表达的思想内容的影响。而对于思想再度发展时则需要重新用一段文字来表述它。

　　可是波兹曼引用这个例子的目的远非如此，更重要的是："他们的讨论结果是殖民地时代的美利坚人质疑铅字的一个独一无二的例子"。我之加以重点号是说在美利坚人的那个时代里，人们热衷于印刷文字，而从不曾怀疑它有什么缺欠，德美浸礼会教派中指出了文字的缺欠：它记录了思想，同时也固定了思想。新英格兰人或美利坚人（此时美国尚未成立，还不能称美国人）极其热爱印刷品，所以他们不会顾及甚至也意识不到文字（媒介）的这个缺欠。就像一段炽烈而纯真的爱情，当他（她）热衷于他（她）所爱的人的时候，是痴迷的，见不到或者顾及不到所爱的人的缺点。新英格兰人对印刷文字的痴迷也达到了如此境界，只有德美浸礼教派的人在这里算是唯一一个对文字有负面认识的例子，暗合了柏拉图的思想，指出了文字的不足。在美利坚，除了这一例以外再也找不出第二个例子了。波兹曼用这唯一的一个例子实际是在说印刷文字在美利坚人的位置是无可替代的，是非常依赖的。"他们以及他们的子孙都是热诚而优秀的读者，他们的宗教情感、政治思想和社会生活都深深根植于印刷品的这个媒介"（29页、36页）。从另一个角度来说，印刷品也深深地造就了新英格兰人。

（二）印刷品掀起了美利坚人的头脑风暴

要说印刷与美利坚人的关系，还是得从北美这块土地上的历史说起。1620年一艘由渔船改装的小船"五月花号"载着清教徒们从英国出发，驶向北美洲大陆，开启了从英国向北美移民的历史。此后，向美洲的移民不断。从"五月花号"进入北美洲大陆的时候开始就带来了书籍，起码有《圣经》和《新英格兰记》。此后书籍便源源不断地从英国本土运到北美这块殖民地来。波兹曼用了一些数字来说明新英格兰地区因印刷品的受崇使文化水平提高的情况。比如在1640年到1700年，马萨诸塞和康涅狄格两个地方的文化普及率达到了89%~95%。在1681年到1691年，殖民地妇女的文化普及率大约为62%。在米德尔塞克斯县，60%的家庭有藏书，新移民家庭几乎每家必备有《圣经》。家庭藏书中，很多都是除了《圣经》以外还有其他的书。波士顿的书商进口3421册书，其中大多数是非宗教书籍，供给北部75000个居民，如果按人口比例换算一下，就等于现代在这个地区进口了上千万册的图书。波兹曼在解释这个原因的时候说："除了加尔文清教徒的宗教要求他们能识文断字这个原因之外，还有另外三个因素也能解释这些来到新英格兰的殖民者们对于铅字的痴迷"（30页、37页）。加尔文清教徒为什么有个读书的要求呢？这里稍加一点解释。16世纪初，罗马教廷神权独霸，聚敛钱财，腐化堕落，遭到很多人的反对。德意志出现了马丁·路德（Martin Luther）的宗教改革，后来又有瑞士的约翰·加尔文（Jean Calvin）的宗教改革，出现了脱离天主教的新教，并在欧洲蔓延开来，取得了某些成功。这个时期英国也发生了宗教改革运动，要求以《圣经》为本净化教会，这些改革者们就成了清教徒。在加尔文宗教改革的影响下，清教发展很快。但是他们遭到了当时政教合一的王权的反对，清教徒屡遭迫害。但清教徒中不乏有识之士，他们品行端正、学识渊博、开拓进取。清教在被迫害中不断发展壮大，英王朝对清教徒的迫害直至已是清教徒的奥利弗·克伦威尔（Oliver Cromwell）取得政权后才停止，此时已是17世纪中叶。"五月花号"驶向北美新大陆时正是清教徒被迫害之时，船上的人都是清教徒。此后渡向北美大陆的清教徒接连不断，他们就是来开创宗教自由新天地，建立民主幸福新生活的。他们都富有开拓创新精神，勤勉奋斗、努力学习、竭力进取，这种精神一直延续下来。其中，读书可以说成为他们的习惯。痴迷于书籍预示着他们未来可期待的前途。

对于新英格兰殖民者们痴迷印刷文字，波兹曼又补充了三点，第一是在英国本土男性的文化普及率不及40%，而移民至北美大陆的英格兰人是来自英国文化程度较高地区或较高阶层的人，当然其文化普及率要高于40%，读书的人也就会更多。

第二是1650年之后几乎所有的新英格兰城镇都规定，建立"读写学校"，其法令"都提到了撒旦，认为他的邪恶力量将被教育摧毁"。这里1650年还是英格兰移民的早期，距第一艘到达北美的"五月花号"不才是30年嘛，可见新英格兰人对教育的重视。撒旦是《圣经》中的魔鬼，专事蛊惑人心，破坏上帝的威望，他代表着邪恶力量。法令中提到撒旦是告诉人们教育可以战胜邪恶，让人们走向正道。然而波兹曼却说了这样一句话："真正统治这些人思想的并不是撒旦。早在16世纪，人们的认识论就发生了巨大变化，任何一种知识都要通过铅字来表达和传播"（31页、38页）。波兹曼已经回答了统治人们思想的为什么不是撒旦，而是书籍，但他还是引用了路易斯·芒福德的话："印刷书籍比任何其他方式都更有效地把人们从现时现地的统治中解放出来……铅字比实际发生的事实更有威力……存在就是存在于铅字之中：其他的一切都将渐渐地成为虚无。所谓学习就是书本的学习"（31页、38页）。这里芒福德几乎把铅字夸上了天，不过他的话确实印证了17世纪至19世纪统治美国的是印刷机。16世纪印刷机现身于世界之后在欧洲及北美迅速发展起来，按照波兹曼的第一章和第二章讲的媒介—隐喻—共鸣的道理，就会明白铅字产生了印刷术文化，这当然就明白了他说的"早在16世纪，人们的认识论就发生了巨大变化"是什么意思了。就因为新英格兰人（后来称作美利坚人和再后来称作美国人）形成了印刷术文化，促使认识论发生了巨大变化，才有美国精神的形成和发展，为美利坚的独立和未来的强大奠定了基础。按照美国当时的文化普及率可想而知，印刷术文化对人们的认识论将起到怎样的作用。按照芒福德的夸奖，铅字可以述说一切、铅字可以储存一切、铅字更能让真理永存。"存在就是存在于铅字之中"，言辞简练，寓意深刻，完全可以说印刷机统治着（当时的）"美国"。

第三是新殖民者们不需要印刷自己的书，甚至也不需要培养自己的作家，把自己故国的书籍运过来就可以直接阅读了，不需要太长的时间去做那些麻烦的事。要知道一个国家要培育出自己国家的文化的时候得需怎样的努力、怎样地准备各方条件，只就培养自己的一群作家这一点来说也不是那么容易。而前美国人却是那么容易地"拿来主义"，英国出版的各类书籍几乎全都会运到新殖民地那里，使那里很快出现了阅读蔚然成风的景象。"四处都是阅读中心，因为压根就没有中心"，就是"特拉华河畔最穷苦的劳工也认为自己有权像绅士或学者一样发表对宗教或政治的看法……这就是当时人们对于各类书籍所表现出来的兴趣，几乎每个人都在阅读"（32页、40页）。那时的英国是世界上最强盛的国家，有最发达的文化，把这些文化拿来武装起前美国人的头脑，使他们提高了文化素质、增强了自信心，就是普通人也敢于与绅士、学者、专家一样平起平坐地发表意见。可以想见，他日的美国发达不是没有这个文化缘由的。随之，波兹曼举了托马斯·潘恩（Thomas Paine）的例子，他可称为是美国阅读成风的优秀代表。在美国独立战争时期他写了《常识》，鼓吹"美国"应进行独立革命，建立一个脱离大英帝国君主专制的平等的共和国。他明确表示反对君主专制，认为"美国"独立具有本土及世界意义。他指出"美国"的目标从广义来说就是人类的目标。这本书在独立战争的关键时期有力地鼓舞了殖民地的人民，在发行的前三个月就销售了10万册，如果按人口比例换算一下就相当于1985年时的800万册。据保守的数字统计，到1776年按300万人口发行40万册换算，就相当于20世纪80年代销售2400万册。但是有这么大影响力的人却是个出身低微的没有受过多少教育的人。他来美洲之前生活于英国的社会底层，但他的造诣颇高，他的著作还有很多，比如他的《理性时代》观点鲜明，语言犀利，很有见地。以后我们还会提到他。在《娱乐至死》中，波兹曼指出：他的关于政治哲学和辩证法的著作观点明确，生命力经久不衰，丝毫不输（数量上也许不如）伏尔泰、卢梭和包括洛克在内的同时代英国哲学家。他的学问从何而来，就是读书，就是印刷品。印刷术文化的思想深度、理性魅力及对智力的开发造就了潘恩，也造就了美国文化。这段引文中的伏尔泰（Voltaire）是法国著名思想家、哲学家、启蒙运动的领军人物之一。他主张自由与平等，他认为宗教是理性的大敌，在哲学上他认为一切观念来自感觉。卢梭（Rousseau）也是法国启蒙运动思想家之一，他的名著《爱弥儿》和《社会契约论》对后世也产生了巨大影响。洛克是英国著名哲学家、政治家、教育家，他的《人类理解论》是当时世界性的哲学名著，影响很大。以后我们还会介绍到他。这三人除洛克稍早于潘恩外，其他二人几乎与潘恩是同时代人，潘恩的影响力是可以与他们三人相媲美的。

（三）印刷机创立了发达的美国文化

此后，波兹曼介绍了美国在独立战争之前和以后印刷事业的发达情况。印刷机被认作是媒介的革命，有了它文学、历史、政治、科学，也包括宗教得到了更广泛地推行。世界的文明向前跨越了一大步。美洲的第一台印刷机于1638年诞生在哈佛大学，随之在波士顿和宾夕法尼亚也有了印刷机，虽然这距约翰内斯·谷登堡（Johannes Gensfleisch zur Laden zum Gutenberg）发明印刷已有几十年，但是那时在英国本土像利物浦、伯明翰这样的数一数二的大城市里都没有印刷机。印刷机最早在美洲的应用是印刷时事通讯，17世纪末已有报纸出现。1690年9月5日，波士顿出版了《国内外要闻》，可称为是美国人的第一份报纸。虽然因为涉及一起发生在英国本土的宗教案件而被禁止再刊发第二期，但是它却开启了争取信息自由的斗争，这个意义与报纸的创刊同样重要。1704年《波士顿新闻信札》出版，1719年出版《波士顿报》，1721年出版了《新英格兰报》。在1730年之前，有7种报纸在4个殖民地出版。1800年前，报纸的数目上升到180种；到18世纪末，美国已经有相当于英国的三分之二的报纸，而美国人口却只有英国的二分之一。印刷术在美国南方起步较晚，直到1736年弗吉尼亚州才有了第一份报纸《弗吉尼亚报》，但是到了18世纪末印刷铅字的传播已达到了全国范围。"美国人"也热衷于报纸和小册子。本杰明·富兰克林评论这种情况竟说这种"醉心于报纸和小册子，以至于没有时间来看书"。这里的小册子是说在美国各党派的观点之争是通过散发小册子进行的，小册子在一天之内就传播开来。波兹曼用阿历克西斯·德·托克维尔（Alexis de Tocqueville）的话来评述这种印刷品："枪炮的发明使奴隶和贵族得以在战场上平等对峙；印刷术为各阶层的人们打开了同样的信息之门，邮差把知识一视同仁地送到茅屋和宫殿前"（35页、45页）。这位托克维尔大概就是法国的那位政治家、历史学家，著有《论美国的民主》一书，看来他比较称赞美国的民主。他看到这种民主在印刷品中的表现，它为各阶层的人们带来了信息的民主，而在我们也可以将其看成是印刷术的隐喻，印刷术为当时的美国民主起了某种推动的作用。

说到本杰明·富兰克林对小册子的评论，还需介绍一下富兰克林和"美国"当时的一些政治情况。这个富兰克林就是本章开头与威尔法尔讨论德美浸礼会教派的那个人。富兰克林在美国是个家喻户晓的人物，他的声誉和影响经久不衰，他是百科全书式的人物，他是科学家、政治家、文学家，还当过美洲哲学学会主席。他发表过《电学实验报告》研究放电现象，他做过大使、州长、州议会代理人，被任命为《独立宣言》起草委员会成员。然而这么一位大名鼎鼎的人物却没有受过多少学校教育。他12岁便到了他哥哥——就是那份《新英格兰报》的创始人詹姆士·富兰克林（James Franklin）——那里当印刷学徒工，然而他聪明好学。他的老师便是印刷品，在当排字工时就如饥似渴地读书。读文学的、语言学的、科学的……一直读到有深邃思想的书，比如洛克的《人类理解论》等。在报社当印刷工时，他还是个15岁的孩子，然而他匿名写稿投向他哥哥的报社，见报后听到了人们的赞许，他却躲到一边偷着乐。他一生成就斐然，享有美国、英国、法国、俄国等国最高学位的荣誉，然而他最后为自己的墓碑写下的碑记简单得无法再简单："富兰克林·印刷工人"，可以窥见印刷品在美国居何种重要地位，它竟成为启智美洲人的居功至伟的老师。

　　波兹曼在举例说明印刷术文化对美国的作用时，大都是用美国政治上的重大事件，前面已提到过的"独立战争"时期潘恩的《常识》的号召和鼓舞的作用，这里又提到各党派的小册子，还有亚历山大·汉密尔顿（Alexander Hamilton）、詹姆士·麦迪逊（James Madison）和约翰·杰伊（John Jay）三人的85篇支持美国宪法的文章。美国独立战争以后，各州的独立性还很强，虽然成立了邦联政府，但权力十分有限。怎样把美国各州联合在一起成立一个联邦政府，是一件很艰巨的工作，而其先行的是要制定一部各州都承认的联邦宪法，在此之前则需要先有制宪议会，将《邦联宪法》修改为《联邦宪法》。在这些工作中，各党派、各州都有许许多多的主张和意见，各种政见争论不休，小册子和各类文章满天飞，其中上面提到的那85篇文章影响最大。作者中的汉密尔顿是政治活动家，后任美国政府的第一任财政部部长；杰伊后来任美国的大法官；麦迪逊更是美国的第四位总统。他们在联邦政府成立前的85篇文章最后集成了《联邦党人文集》，被认为是政治学的经典之作。

　　印刷机对美国的影响和作用已是十分明显和突出的。波兹曼说了这样一句话："进入19世纪的美国，在它所有的地区都开始形成了一种以铅字为基础的文化"。这里一是说印刷铅字的普及已遍布美国，二是说这种普及形成了印刷术文化，这两点恐怕在当时的世界也是非常突出的。那里有为劳动阶层开设的图书馆、为学徒工开设的图书馆；由于邮费的降低人们很容易得到报纸杂志和简装书籍；发放到各学校的《麦加菲读本》达到1.07亿册，想想当时美国人有多少，更别说孩子会有多少了。美国人如饥似渴地读小说，以至于作家成为明星式的人物。英国著名作家狄更斯访问美国到处都受到热烈欢迎，不亚于现代摇滚乐巨星迈克尔·杰克逊（Michael Jackson）受崇拜的情景。美国本土作家虽然不会像狄更斯这样的大文豪受尊崇，但是其影响力也不小。被叫作斯托夫人的哈丽雅特·比彻·斯托（Harriet Beecher Stowe）在1852年发表了反对奴隶制的小说《汤姆叔叔的小屋》。小说出版的第一年就发行了30.5万册，它深切地描

写了黑人奴隶的悲惨生活，感染了美国广大读者。1861年美国发生了关于
蓄存和废除奴隶制的南北战争（也成为统一或分裂的南北战争）。亚伯拉
罕·林肯（Abraham Lincoln）作为总统领导了北方地区，经过艰苦的斗
争最终取得了胜利，南北得以真正的统一，奴隶制被废除。林肯高度评价
《汤姆叔叔的小屋》为"酿成了伟大的胜利"的小说。不要把印刷品的普
及只看成是表面现象，应当看到的是它正在铸造着美国的印刷术文化，这
种文化也不只是人们文化水平和智力能力的提高，更造就了美国的政治特
性、人们的心理特性和人们交流的特性，其作用是深远的。

19世纪的美国竟然普及了演讲厅。1835年，15个州有3000多个演讲
厅，到后来几乎每个村庄都有了演讲厅，"在辛苦劳作了一天之后，年轻
的工人、疲劳的工匠、倦怠的女工都不约而同地涌进拥挤的演讲厅"（37
页、48页）。"在这些演讲厅里，程式化的演讲为铅字传统提供了持续巩
固的手段"（37页、47页）。在演讲厅里主讲人大多都是一流的知识分
子，像马克·吐温（Mark Twain）这类大作家自不必说了，特别是还有像
拉尔夫·瓦尔多·爱默生（Ralph Waldo Emerson）等思想家和哲学家。
爱默生是先验论俱乐部的领导人，先验论派是由唯一神教派发展而来。爱
默生认为人们要以"内心的上帝"为基础，"用更私人、更直觉的精神生
活替代具体的、有组织的宗教"。爱默生是19世纪最有影响的哲学家，一
大批作家都尊崇他的观点。

（四）印刷术文化给美国带来了什么

对于美国的这种文化现象，波兹曼说："从一开始到19世纪，美国
比任何一个社会都痴迷于铅字以及建立在铅字基础上的演讲术"（38页、
49页）他更引用美国历史学家理查德·霍夫斯塔特（Richard Hofstadter）
的说法，"美国是一个由知识分子建立的国家"。"这些开国元勋都是智
者、科学家、学养高深之人，他们中的很多人都精于古典学问，善于借助
熟知的历史、政治和法律来解决当时紧迫的问题"。"我们用了两个世纪
和一次传播革命来改变这种状况"（38页、49页）。这里波兹曼说的"从
一开始"，那就是说从1620年"五月花号"驶向北美新大陆时起（当时

就带有印刷品）一直从英国本土带来书籍和美国本土大力开发印刷事业。所言的"铅字基础上的演讲术"即可认为是印刷媒介的隐喻和共鸣而造就的印刷术文化，它已经根植于19世纪美国人的生活之中。霍夫斯塔特所言的"两个世纪"大约就是从17世纪中叶到19世纪中叶吧，这是印刷品在美国的威力不断增长的时期，到了19世纪末印刷品形成的印刷术文化已遍及美国，那个演讲术和演讲场面已完全可以说明印刷术文化对于美国的作用。所谓的"一次传播革命"不就是指的印刷媒介的革命吗？它占领了美国社会文化的中心地位。也正是如此，波兹曼才说"铅字在公众话语的各种舞台中产生的影响是持久而强大的，这不仅是因为印刷品的数量，更重要的是因为它的**垄断地位**"（38页、49页，黑体为原著所加）。这种垄断地位，一种意义是说媒介环境，可以说印刷品是独霸，当时没有电影、广播、电视……"公众事务是通过印刷品来组织和表达的，并且这种形式日益成为所有话语的模式、象征和衡量标准"（39页、50页）。后一句话是说这种垄断所产生的重要后果是"话语模式"具有了印刷文字的特点，而且影响甚广，这便是"垄断地位"的第二种意义。印刷文字的线性的、分析性的结构影响到了人的口语，人们说话方式发生了变化。还是那个托克维尔比较敏感，他在1835年出版的《论美国的民主》中写道："美国人不会交谈，但他会讨论，而且他说的话往往会变成论文。他像在会议上发言一样和你讲话……"（39页、50页）他说的"美国人"并没有专指什么专家、学者，而是泛指一般的美国人。说"不会说话，会讨论"实质在说讲话的习惯不是像一般口头交谈那样，而是印刷文字式的、讨论式的、会议发言式的语言形式，所以如果把美国人讲话记录下来就可能成为"论文"。托克维尔并没有明确指出这种话语形式的实质，但是却深深感到与普通的口语形式大不相同。说明印刷文字对口语的强力影响和作用。波兹曼又举出了布道者使用的语言。"布道者用一种庄重的语气读出书面准备好的讲稿……"这话的另一面是说听众们用耳朵是完全可以听懂布道者的宣讲的，听众们已经习惯了印刷文字的语言形式。而布道者在向（不信耶稣、上帝的）自然神论者提出挑战时，"充满激情的布道者仍然还是使用一种能轻易转换成书面语言的演讲术"，这就是说书面语言或者印刷铅字的语言形式已深入人心，在听与说中并无多大障碍，它深刻地说明了人们对印刷术文化的共鸣。

　　波兹曼又进一步指出"我并不是说印刷术只是影响了公众话语的形式。只有意识到形式决定内容的实质这一点，我的观点才会显示出其重要性"（39—40页、51页）。如果我们重温一下，作者在第一章中讲的麦克卢汉的"媒介即信息"及波兹曼由此而受到的一系列启发，就会明白这里所言的"形式决定内容"是何意了。印刷文字这种媒介形式，它选择的话语（内容）必然是线性的、论说式的、有序的、有似书面文字转换成口语式的那种语言。具有印刷文字结构的那种语言模式（形式）已深深地印刷在了美国人和布道者们的脑海里，所以他们的谈吐才会变成论说式的内容，这里印刷文字的形式规定了说话的内容。媒介（形式）的确是在选择适于它的内容，只有内容适于这种（媒介的）形式，它（内容）才会发出奇异的光彩。对此波兹曼举出了《伊利亚特》的例子。"马克思在《德意志意识形态》中的一段话：'如果印刷机存在，这世上是否还可能有《伊利亚特》？'他反问道：'有了印刷机，那些吟唱、传说和思考难道还能继续吗？'这些史诗存在的必备条件难道不会消失吗"（40页、51页）。《伊利亚特》是荷马史诗的一部分。内容是叙述希腊人征战特洛伊的10年战争中最后51天的故事，赞扬古代英雄勇猛善战，机智刚武的精神，歌颂古代英雄主义及集体主义精神。荷马史诗产生于公元前十一世纪至公元前六世纪，是多人创作的积累。正因为没有印刷机，而只有口头吟诵，才有那样讲究的生动的语言、和谐的音律、节奏的协调，这其中当然有吟唱者荷马的某种创作。口语的话语结构（形式）和印刷文字的结构（形式）是不同的，《伊利亚特》便是产生在口语的话语结构中的高超的文学作品。如果有了印刷机（马克思的《德意志意识形态》产生于19世纪的印刷机盛行时代），形成了印刷铅字的话语结构就不会产生那种美妙的口语结构的作品了，也就是《伊利亚特》式的"吟唱、传说和思考"就没有了。因为《伊利亚特》只能是口语文化（没有文字）时代才能产生出的作品。这就是两种（口语和印刷铅字）媒介各有不同（对内容）选择的体现。所以波兹曼总结说："马克思完全明白印刷机不仅是一种机器，更是话语的一种结构，它排除或选择某些类型的内容，然后不可避免地选择某一类型的受众"。但是马克思没有继续深入研究这个问题，意味着如果深入这个话题，就可能得出与麦克卢汉和我（波兹曼）一样的结论。"我要探索印刷机作为一种象征和认识论，是怎样使公众对话变得严肃而理性的，而今日的美国又是怎样远远背离这一切的"（40页、52页）。这后面一句话表明了波兹曼写《娱乐至死》的宗旨，也表示了他对20世纪中叶以后的美国（电视）文化的喟叹。背离了印刷术文化是人类理性的重大损失，缺乏理性的社会人们将深受其害。

读一读美国历史便知道美国17—20世纪初的发展，从"到处是铁路、牛群、钢铁厂"到后来的遍地奔跑的汽车、拔地而起的高楼大厦，在这一经济成功的同时还有那政治、法律、宗教、教育等人文方面的成就，而这一切均来自经济与文化的相互作用。当然也不能否认美国在发展中的另一面，即对内的剥削和欺压，对外的杀戮和掠夺，比如对土著印第安人大量的屠杀和对北美大片土地的侵占……这些资本主义上升期的手段几乎都具备。美国的文化不仅诞生了美国的精英们，还促使了差不多是全民性的文化素质的提高。美国文化这样丰足的源泉不能不说来自印刷（媒介），不能不说印刷机恰逢时机地、好似一种神奇的力量帮助了美国，奠定了日后美国辉煌的基础。波兹曼以"印刷机统治下的美国"来说明印刷媒介对美国发展的贡献是恰当的。在说这个话题的时候，我们也不能忘记，印刷机其实也是一种生产力。

在这章里应引起大家关注的一个问题已经显露出来，即媒介与美国民主的关系。快速发展的报纸、美国人醉心于表达各党派政见的印刷小册子，还有热心去演讲厅及辩论会聆听名家教诲和政治家意见等，这些在印刷术媒介兴盛时期表现了美国人普遍关心社会、关心政治的情景和参与的欲望；托克维尔说的"枪炮的发明使奴隶和贵族得以在战场上平等对峙，印刷术为各阶层的人们打开了同样的信息之门，邮差把知识一视同仁地送到茅屋和宫殿前"……这些都给予我们以启示：虽然18—19世纪美国奴隶制问题、女权问题、贫富差异问题等不平等问题仍然存在，但是印刷品却让美国的政治、让知识得到了普遍分享。印刷术媒介为美国的民主与自由开启了一扇大门，它对成长中的美国起了某种促进作用，也初步让我们察觉到了媒介形式与政治似乎有某种关联。在本书第九章和第十四章我们将进一步讨论这个似乎有点怪异的（媒介形式与政治的）关系。

第四章　印刷机统治下的思想

——阐释年代的赞歌

上一章仅仅说了美国印刷文字（媒介）怎样影响了美国历史，从它的起源到两次（独立、废奴）战争为美国的发展和强大奠基所作的贡献。本章将谈论的是它促使人的内在变化，也就是思想意识和思维方式的变化。当然，这个变化必然会成为美国社会变化的强大动力，从标题上看"印刷机统治下的思想"显然是要论述印刷媒介更深一层的作用。

（一）从两个人的辩论会谈起

波兹曼从美国的辩论会谈起，他举了一个例子，就是亚伯拉罕·林肯和斯蒂芬·道格拉斯（Stephen Douglas）之间的辩论会。这个林肯就是后来当了美国总统并发表《解放黑奴宣言》的人。但是在《解放黑奴宣言》之前，作为总统，他对废除奴隶制考虑得很多。主要是南北方对于奴隶制的不同态度，北方大都主张废除奴隶制，而南方，特别是那些大农场主们是反对废奴的。这使联邦政府感到难以处理，弄不好会形成南北分裂甚至发生战争，但是最终还是发生了南北战争。林肯从挽救联邦政府的角度出发发表了《解放黑奴宣言》，使北方军队获得了众多的支持，取得了南北战争的胜利，维护了国家的统一。斯蒂芬·道格拉斯也是反对奴隶制的，但在许多问题上与林肯的看法并不相同，二人在伊利诺伊州竞选参议员时是互为对手的。波兹曼举出的他们的7场辩论会是在1858年8月开始的，此时二人连美国国会参议员的候选人都不是，他们辩论会的政治级别并不高，但就是这样的辩论会强烈地吸引着大量的听众。对波兹曼举出的辩论会的例子，包括林肯—道格拉斯辩论会，我们应注意这样三点。

第一，人们关注思想、关注理性。辩论会往往很长，但是人们依然爱听。7小时的辩论会，中间人们散去吃饭，然后精神饱满地继续聆听，这不是人们的耐力，而是人们在关注（有思想的）政治，"他们认为这是社会生活的组成部分"，听众们并非是沉默的听者，而是时不时大叫或鼓掌支持某一方，鼓励辩论者把精彩延续下去。听众们的这种耐力与热情应当引人思考。以20世纪80年代的标准来衡量"有哪一个美国听众能容忍7个小时的讲演？或者5个小时？甚至3个小时"（42—43页、55页）。为什么会在那么长的时间里把听众吸引住，我想就是理性。台上在辩论，台下在思考，辩论会历练着大家的理性，听听道格拉斯的这一段话："在讨论这些问题的时候，沉默比掌声更得体，我希望你们能够用自己的评判力、理解力和良知来听我的演讲，而不是你们的激情和热情"。对此，波兹曼说："对于听众的良知，甚至他们的判断力，我们无法过多评判，但谈到他们的理解力却是有话可说了"（42页、55页）。

有什么话可说呢？理性、理解力成为维系辩论会的一条彩链，这和印刷机又有何关联呢？这就是人们关注辩论会的第二点，人们掌握了印刷术控制下的话语的能力，这是人内在的、本质性的变化。讲演或辩论使用的是书面语言，有时辩论使用事先写好的书面稿，句子结构复杂微妙，引用一些决议和法律条文，措辞比较严谨。这就要求听众必须有较强的理解长句的能力，而这个能力是在长时间地与书面语言（印刷铅字）接触中形成的。波兹曼说："很难想象，白宫的现任主人能够在类似的情况下组织起这样的句子。如果他能够，恐怕也要让他的听众百思不得其解或精神高度紧张了。电视文化中的人们需要一种对于视觉和听觉都没有过高要求的'平白语言'，有些时候甚至要通过法律规定这样的语言"（43页、56页，"现任主人"指里根总统——引者注）。波兹曼指出的就是印刷术文化和电视文化的区别，有较强的理解书面语言的能力，就将会走向理性。

关于这一点将在后面的解释"阐释年代"中进一步说明。波兹曼指出"我选择林肯和道格拉斯的辩论作为本章的开头，不仅因为他们是19世纪中叶政治话语的杰出典范，同时也是因为他们充分证明了印刷术控制话语性质的力量。那时的演讲者和听众都习惯于充满书卷气的演讲"（45页、59页）。林肯与道格拉斯辩论的"最后……他们仍然不忘利用复杂的修辞手段——讽刺、似是而非的隽语、复杂的隐喻、细微的区别以及寻找对手的自相矛盾，所有这些都只有在听众完全理解的前提下才能起到各自的作用"（44页、57页）。应当说听众是理解的，否则不会几个小时几个小时地去听他们的辩论，人们是掌握了印刷术控制下的话语的。人们对印刷术文化的话语是有共鸣的。

第三是"林肯和道格拉斯的听众们对于辩论内容显然有着充分的理解，包括历史事件和复杂政治问题的知识"。它反映了人们从印刷品中获得丰富的知识和逐日增长的理性能力。在辩论中道格拉斯一下子抛出了7个问题给林肯，比如其中提到的斯科特案判决，指1846年黑人奴隶德雷德·斯科特（Dred Scott）向法院提出请愿书，称他的主人带他在伊利诺伊州居住过一段时间，根据有关规定在自由的——即没有奴隶制——的土地上居住过的奴隶自动获得自由。由此，他要求获得自由人身份。但在美国废除奴隶制是复杂而曲折的政治斗争的时候，南北两个地域对废奴有不同看法，斯科特的案子拖了好几年也没有判下来。直至1857年联邦高等法院才裁定斯科特败诉，而这引起了不小的风波。审判长罗杰·B. 塔尼（Roger B. Taney）因此背上了耻辱的污点。7个问题中还有道格拉斯与詹姆斯·布坎南（James Buchanan）总统的争吵，也是关于奴隶制问题的，道格拉斯是反对奴隶制的，而布坎南和他的内阁几乎都是支持奴隶制的。此外，这些问题中还有林肯的《分裂的房子》演说，这是指1858年林肯接受了参议员提名并发表的演讲。林肯在演讲中提道："分裂之家不能持久。我相信我们的政府不能永远忍受一半奴役一半自由的状况"。林肯以"分裂的房子"比喻国家的危机。为什么听辩论的人有这样多的历史和政治的知识呢？在那个时代，信息的传播方式大概只有印刷品及演讲厅。波兹曼指出："要了解那些聆听林肯和道格拉斯的听众，我们应当记住，这些人都是启蒙运动者的孙子和孙女。他们是富兰克林、杰弗（斐）逊、麦迪逊和汤姆·潘恩的后裔，是被亨利·斯蒂尔·康马杰称为'理性王国'的18世纪美国的继承者"（44页、58页）。当然这里讲的并不是遗传学，而是指对17世纪开始的由印刷机制造出的美国智慧和理性的继承。可以说19世纪的美国被称为"理性王国"是有一定道理的。智慧的力量是在印刷机械的节奏声中增强的，思想的脚步是按照印刷机铺就的道路前进的。在林肯和道格拉斯辩论的时代，美国涌现出了自己的一批作家、诗人、文艺评论家。波兹曼说"到1858年，照片和电报的发明结束了理性王国的时代，但这样的结果却是一直到20世纪才明显表现出来的"（45页、58页）。电报的出现使美国的报纸出现了"今日新闻"，即把遥远的和本地的新闻报道出去；照相技术被应用到报纸上出现了图片报道。这些按波兹曼的媒介理论认为是娱乐化的开始，理性也开始受到冲击，所以他说"照片和电报的发明结束了理性王国时代"至于为什么是这样，波兹曼会在以后讲给我们。传播媒介中心的转变不是朝夕之事，往往有着一个较长的转换时间。19世纪中叶至20世纪初，印刷术的控制并未丧失，或者可以说这种控制力还是较强的。

（二）悄悄形成的印刷术文化

讲两个人的辩论，使我们不知不觉地讲到了印刷（文字）机上来，它的大面积使用提高了人们的思想能力和智慧水平。印刷机（媒介）的隐喻就是这样悄悄地形成了印刷术文化。让我们还是继续探讨印刷术的这种控制力吧。对林肯与道格拉斯的辩论，波兹曼说："印刷术的影响无处不在，到处是论证和反论证、要求和反要求、相关文本的批评和对对手措辞的百般挑剔"（46页、60页）。这使我们不得不考虑这样的问题："书面形式的公共话语代表了什么含义？其内容的特征是什么？它对公众的要求是什么？它偏爱什么样的思维"（46页、60页）。波兹曼首先说的是"印刷文字，或建立在印刷文字之上的口头语言，**具有某种内容**：一种有语义的、可释义的、有逻辑命题的内容"（46页、60—61页，黑体字由原著所加）。这不就是前两章讲的媒介（这里是印刷文字式的口语）对它所要表达的内容的要求吗？即形式在决定着内容吗？这个要求反映在人的身上

（即是媒介的隐喻）便使人成了印刷术文化的人，即能够释义语义和逻辑命题的人，那当然就应是理性的人、智慧的人。印刷机就是这样统治着人的思想。这也是在说口语此时已变成印刷文字式的口语。这样的口语也好，书面语言也好，一旦上了印刷机成了印刷文字的东西，那么它就一定会遵守印刷文字的规则，即不可避免地成为一个想法、一个事实或一个观点。这种文字首先作为意义的载体在传播着或作为口语进行演讲、辩论，或作为著作流传于世，没有哪一种印刷文字或印刷式的口语是不说明任何意义的。而"流行于18世纪和19世纪的美国的话语以语言为中心，意义丰富，内容严肃"这就是美国这个时期的话语，是贯穿着思想的、内涵丰富的和严肃有序的，这不是指某些人而是就整体的公共话语而言的。

然后波兹曼又指出，无论是作者还是读者都面临着智力和理性的挑战："当作者和读者为句子的语义绞尽脑汁的时候，他们面对的其实是对智力最大的挑战"，对读者更是一种锤炼，"那就是阅读过程能促进理性思维，铅字那种有序排列的、具有逻辑命题的特点，能够培养如沃尔特·翁格所说的'对于知识的分析管理能力'。阅读文字意味着要跟随一条思路，这需要读者具有相当强的分类、推理和判断能力。读者要能够发现谎言，明察作者笔头流露的迷惑，分清过于笼统的概括，找出滥用逻辑和常识的地方。同时，读者还要具有评判能力，要对不同的观点进行对比，并且能举一反三。……"（47页、62页）。这里波兹曼把作者特别是读者在印刷铅字中对智力与理性的开发说得非常详尽。作为一个读书人，如果坚定信心、持之以恒，按照波兹曼提出的那些步骤去读书，定会有智力和理解力的显著提高。在切记印刷文字对人的成长的重要作用时，我更要提醒一点就是这一切都是印刷文字这个媒介隐喻威力（或者称"暗示力"）的显现，我们可以回忆一下关于"媒介即隐喻"的论述。

再后波兹曼讲的这些话也很重要"……我在这里所指的不是个人的潜力，而是一种文化气质的倾向。在印刷术统治下的文化中，公共话语往往是事实和观点明确而有序的组合，大众通常都有能力进行这样的话语活动。在这样的文化中，如果作者撒谎、自相矛盾、无法证明自己的观点或滥用逻辑，他就会犯错误。在这样的文化中，如果读者没有判断力，他也会犯错误，如果他对一切漠不关心，情况则更糟"（48页、63页，重点为引者所加）。这里波兹曼不仅指出了印刷术文化的性质，更重要的是印刷术文化处于社会文化传播的中心，或者说统治了整个社会文化。作者和读者、传播者和受众完全浸润在这种文化中，是对书面文字出现以前或者印刷文字出现以前各种社会文化的一种提升，而且这样的文化进步是空前的。我们又可再想一想，这种作者和读者、说者和听众相互促进的文化，形成了具有印刷文字特色的公共的文化，难道不是印刷媒介引发的共鸣吗？一种媒介必须能引发广泛的共鸣，它才可以成为媒介文化；强大的媒介引起全社会性的共鸣，它才能成为社会文化的中心，才能具有统治的力量。印刷文字做到了。

波兹曼对印刷术文化的赞誉并非过分，他又让我们看看印刷文化带来的具有世界意义的变化。他指出18世纪和19世纪"先后出现在欧洲和美国的理性时代和印刷文化并存，并不是什么巧合。印刷术传播点燃了人们的希望，至少人们可以理解、预测和控制这个世界以及存在于这个世界上的种种奥秘。到了18世纪，科学——对知识进行分析管理的典范，开始了对这个世界的改造。也是在18世纪，资本主义被证明是一种理性而开明的经济生活制度，宗教迷信遭到猛烈攻击，主权的神圣受到挑战，人们认识到社会需要不断的进步，普及教育势在必行"（48页、63页）。人们理解力的提高、科学的发展、经济的变革、宗教的危机、皇权的衰落……这些都是社会的根本性变化，这种变化当然不能全归功于印刷术，但是它至少起了一个强烈的推动作用、起了一个催化的作用、起了一个启发民智的作用和显著造就了新的社会文化的作用。

关于社会文化的作用波兹曼又引用了英国哲学家、经济学家约翰·斯图尔特·穆勒（John Stuart Mill，他是英国经济学家、历史学家和哲学家詹姆斯·穆勒的儿子。严复曾经翻译了他的《逻辑体系》即《穆勒名学》，还有其他著作）的话：

我父亲完全信任人自身的影响力，他认为，如果所有的人都能够读书识字，如果人们能够通过口头或书面自由地了解各种观点，如果通过投票人们可以指定一个立法机关来执行他们所接受的观点，那么世界上的一切事情都是可以做到的。（48页、63—64页）

　　"通过口头或书面自由地了解各种观点"不就说的是印刷机或者是印刷术文化下的观点的流通吗？观点又是什么？不就是思想吗？思想又是什么？不就是由理性贯穿着的思维活动的成果吗？按照老穆勒所言，如果人们的理性由印刷制品得到彻底地贯彻下去的话，世界的一切问题都好解决了。对此，波兹曼说："这是一个从来就没有实现过的愿望。不论是在英国，还是在美国，印刷术从来没有让理性如此彻底地出现在历史上的任何一个时期"。因为认识从来就没有统一过，人们对印刷术文化有共鸣，但对社会中的理性认识（各种意见）并不一定有共鸣。不但印刷术不能，其他媒介更加不能。比较而言，印刷媒介在提高人们理性上是做得最好的最有成效的，是此前任何媒介难以比拟的。它把众人集聚在理性的规范下进行探讨，那些不合逻辑的、自相矛盾的、荒诞不经的言论遭到人们的摒除，所以他才说，"我们也不难证明，18和19世纪的美国公众话语，由于深深扎根于铅字的传统，因而是严肃的，其论点和表现形式是倾向理性的，具有意味深长的实质内容"（49页、64页）。这还不就是在说印刷文化和它的表现形式、公共话语是有思想的话语吗？印刷术文化中有思想，所以才谈论"印刷机统治下的思想"。但是，印刷机（媒介）让人们增强理性和思想能力，与统一人们的认识是两码事。可是，增强理性和思想能力终究是必要的，终究是件好事。

（三）从宗教话语看印刷术文化的理性

　　理性和思想（论点）的增强有多大的威力呢？波兹曼举出了关于宗教的例子。过去无论在欧洲或者美国，宗教思想有着强大的力量，信仰宗教几乎是全民性的。但是，18世纪以后，由于理性主义的发展，"新的世界让人们享受充分的宗教自由，这意味着，除了理性，没有人能使用任何其他力量为不信教者指点迷津"（49页、64页）。这就是说，你想让人信教吗？只有用理性，"只有温和而有力的论点和事实"，别无他法。由于理性和思想，不信教的人也越来越多。科学是极富理性的学问，18世纪、19世纪，科学借助印刷术文化在生产力发展的基础上得到了更快发展。理性是科学的灵魂，理性的提高促使人们形成更科学的观念，而科学与宗教的对立越来越鲜明了。科学使美国出现了大量的无神论者，他们只相信科学不相信上帝，还有更多的自然神论者（认为神就在大自然中，是和世界合一的，在世界之外没有上帝主宰）也是不信奉耶稣的。波兹曼说，"美国的前四任总统可能都是自然神论者"。其代表者就是第三位总统托马斯·杰弗逊（Thomas Jefferson），他写了不同版本的四本福音书，只保留了耶稣教义的伦理内容，而不提那些奇妙的故事，可想而知那《圣经》里面的神还能做些什么呢？更可以说的是那位在美国独立战争期间写过《常识》的小册子，从而鼓舞了美利坚人斗志的托马斯·潘恩，他的政治哲学和辩证法的造诣也很高，若不是因为他写了《理性时代》这本书，他几乎可以当美国的首任总统。"在《理性时代》一书中，潘恩大力抨击《圣经》和后来的所有基督教神学"。他写道："所有的教堂，不论是犹太教、基督教或土耳其教，在我看来都只不过是人的发明，是为了吓唬和奴役人类、垄断权利和利益而建立的。"这话写于18世纪，今日读来也是响当当的，令我们想起了彻底的唯物主义者。另外也必须看到美国人大都是从英国移民而来，他们的祖祖辈辈都以基督教作为精神支柱，虽然他们多数是清教徒，也是以《圣经》和耶稣作为最高信仰的，潘恩的《理性时代》就有点不合时宜，他很大程度上也因此而走向了背运。

自然神论者在美洲的影响很大，"他们攻击教堂是社会进步的敌人，批评宗教迷信是理性的敌人"（50页、65页）。这些人不能不说是被印刷术文化及其对理性的兴发所激活，成为反宗教的一股力量，但是也应看到基督教作为移民民众的基本信仰还是有相当基础的。美洲的第一代移民原是英国统治下的经过16世纪宗教改革后的清教徒，他们不满英国国教——所谓正统的基督教的压迫而移民北美洲，但他们的宗教信仰还是比较坚定的。到了移民的第二代，即在北美洲土生土长的一代在信仰上有所失落，他们难以证明自己经历过上帝的救赎，感到旧的信仰已过时，特别是在经济上的成功以及受到自然神论者们的理性影响，使人们对清教教会的信仰日益式微。在这种情况下一些有见识的宗教人士发起了一股宗教热潮，其代表是马萨诸塞的牧师乔纳森·爱德华兹（Jonathan Edwards）和英国的福音传道士约翰·怀特菲尔德，后世称"大觉醒运动"。这个运动起始于18世纪30年代，到18世纪40年代达到高峰。其影响很大，许多黑人和穷人参加进来，他们希望得到新的宗教体验。我们要注意的是这个时期还没有发生美国的独立战争，美洲大陆还是在英国政府的管辖之下。美国发生的第二次大觉醒是在美国建国之后，从18世纪90年代开始到19世纪30年代，也是在宗教沉寂了很长一段时间之后兴起的，也可以看成是对自然神论者们的反击。美国的宗教基础是比较坚固的，因为它总是和政治斗争、社会改革紧密相连的。美国社会的民主运动、废奴运动、女权运动等都是以宗教为原动力的，得到了《圣经》的解释。《圣经》被美国人奉为社会道德的准则，以《圣经》证明社会改革的合理性。在美国的独立战争和南北战争期间，人们则更加重视宗教，所以美国的兴奋运动（也称大觉醒运动）是可以开展起来的。第二次大觉醒中，牧师们的布道极富感染力，人们放下旧教派的成见，信仰全新的宗教信条。查尔斯·格兰迪森·芬尼（Charles Grandison Finney）是其中的代表，他强调以善行获得救赎，主张废除奴隶制度，提出上帝不能控制人类，人们也不会天生就进入圣人行列，人必须靠自己的善行获得救赎。他还指出上帝是温和的、慈爱的，并没有"地狱之火"和"上帝惩罚"，这些都深刻地改变了清教徒的基本观念。

波兹曼所讲的这些关于宗教的事，核心仍然是讲印刷文化对人的智慧和理性的作用。波兹曼指出："18世纪和19世纪奋兴运动倡导者和传统教堂为不同教义的争论是通过行文理智、逻辑严密的小册子和书进行的"（50页、66页，重点为引者所加）。奋兴运动的倡导者都是学养很高的人，爱德华兹是美国历史上最聪明、最富创造力的人之一，除了对神学的研究以外还对美学理论学术方面有突出贡献。第二次大觉醒中的芬尼曾做过律师，他的神学理论同他的反对奴隶制的政治理论密切相关，他的布道最受欢迎，"后来还成为奥伯林大学的教授和校长"。美国的清教也分为很多派别，各派之间的争论是严谨的理性行为，"到了19世纪则是利用建立大学作为解决矛盾的应急手段。有时候我们会忘记，美国的教堂为我们的高等教育制度奠定了良好的基础"（51页、67页）。哈佛大学是为给基督教公理会培养教士而于1636年创办的，而这距"五月花号"第一艘移民北美的渔船驶航才仅仅16年。以后出现的是耶鲁大学（1701年）、田纳西大学（1784年）、威廉姆斯大学（1793年）、米都伯利大学（1800年）、华盛顿和杰弗逊大学（1802年）等，从19世纪初开始办大学的脚步越来越快，大学越来越多。

波兹曼的目的就是告诉我们，18—19世纪美国的宗教思想是质朴的、严谨的、理性的、博学的，非今日的神学宗教可比。18—19世纪美国宗教活动中的公众话语也远非今日电视新清教徒们可比。可见印刷术文化对美国宗教智慧及理性启发之深，归结起来又可以说印刷机统治了美国18—19世纪的宗教思想。无论是讲科学的理性主义者不信教和反对宗教，还是宗教大觉醒运动的倡导者们，都具有印刷术文化的理性和智慧，虽然他们中有的可能是正确的，有的可能是错误的，但是都是严谨的、求真的，因为我们说过理性和思想的能力与统一人们的认识是两码事。

（四）印刷术文化中的法制与法律

说过了美国的政治与宗教，波兹曼又说到了法律。法制在美国是有传统的，新殖民者们从英国把法制带到了美洲大陆。美国独立战争以前，各州基本是独立的，各州都有自己的政府机构，也都有各自不同的法律，英国本土派出总督负责管理各州事务。独立战争还未完全结束，北美人就通过了《邦联条约》，把北美13个邦联合起来组成联合政府。独立战争结束后，这个邦联继续扩大，美国南北有成立联邦政府意愿，于是经过了无数次的讨论、纷争、让步、妥协，美国宪法才正式通过，美国新生的联邦（注意不是"邦联"了）国家才正式诞生。同时，美国各州也都有自己的宪法和其他一些法律。美国从它的新殖民开始到统一的联邦国家成立，各项法律法规以及围绕这些的争论都是在法理这个基点上进行的，即在各自的所谓的理性原则下进行争辩，而这就是以印刷品为基础的文化所形成的话语特征的表现。我们要特别注意法律是要求严肃的理性和完美的逻辑相结合，而这正是印刷术文化的偏好，它要求公众话语富于理性、逻辑性和严肃性，是与法律法制合拍的。应当说，美国当时的法律与法制以及众多的杰出的律师们是受益于印刷术文化的。所以波兹曼说："在以印刷品为基础的文化中，律师们往往受过良好教育，相信理性、擅长论证"（52页、69页）。他们大都有渊博的学识和开明公正的品格，他们的杰出代表有的被奉为民间英雄。众所周知的亚伯拉罕·林肯总统，他曾做过州议会议员、国家议会议员，他真正的职业就是律师。但他出身贫苦，还是个孩子的时候便辍学工作，当过工人、店员、雇工等，他如富兰克林一样，也是一位由阅读印刷铅字开启智慧闸门的自学者。他博览群书，在法律方面获得成就，曾在伊利诺伊州法院就职，并且还成功地开办了一家律师事务所，他才智颇高。波兹曼说："当今电视里出庭律师的表演根本无法同林肯操纵陪审团的机智表现相比"（52页、69页）。林肯参加了许多政治活动和社会活动，被人们广泛拥戴。他坚决反对奴隶制，在因废除奴隶制和坚持奴隶制引发的南北战争中他是总统，南北战争之前，他为维护国家的统一，对黑奴的解放保持过一段沉静，而当南北战争转入激烈的战争时，他颁布了《解放黑人奴隶宣言》，扭转了整个战局，最终取得了南北统一和废除奴隶制的胜利，所以他被奉为"民间英雄"是当之无愧的。

在18—19世纪成为美国的法律界人士确实是很不容易的，美国及其各州都有一部明文的宪法，其他的法律条文也很多且很严格。在似乎很讲民主的美国又形成了一种助长不受约束的个人主义的危险，这又要求建立理性的法律来拯救文明，还要求执业者公正开明，而不仅仅是知识渊博和熟知法律条文。良好的理性思维能力、超人的读写能力、较强地分析判断能力是律师们必备的。在波兹曼举出的一系列法律界大牌人物都属于这一类，更典范的是约翰·马歇尔（John Marshall）。马歇尔还在年轻的时候就参加了美国独立战争，并与其崇拜的偶像华盛顿将军共处在军队中，这场战争不仅是为了脱离英国统治取得独立，更是为了要创建一个各州权力服从国家利益的，一个新的有统一意志的民族主权国家。马歇尔经历了5位总统，领导国家高等法院34年之久，一系列大案裁决都是里程碑式的，他的法制才能被人称道为完美无缺。他实现了初始的信条，确立了联邦政府的意志高于各州权力，所以又被称道："如果说华盛顿奠定了美国，那么马歇尔就是定义了美国"。他在任前法院只是联邦政府的外围机构，他在任后，法院与议会、总统具有同等地位。他在美国以法治国的实践中具有任何人难以比拟的决定性作用。所以波兹曼说他是："理性思维的杰出典范，……他是印刷术时代的优秀代表——冷静、理智、崇尚逻辑、憎恶自相矛盾。……一旦你承认了他的前提，你也只好接受他的结论了"（53页、70页）。波兹曼对约翰·马歇尔等一些法律大牌人物的称道可认为是对他们"希望在美国通过'建立理性的法律'来拯救文明"的称赞，还可以解读为印刷铅字文化对理性提升所作的贡献。

（五）印刷文字提升了人的素质

　　印刷术文化在提升理性的同时，印刷文字对语言的提升和对人们智慧的增强所作的贡献也是巨大的。波兹曼说："今天的人们很难想象，早期的美国人不仅熟知他们那个时代的重大法律事件，甚至还熟悉著名律师出庭辩护时的语言"（53页、70页）。这告诉人们那时美国人对法律的重视，不仅是理性和文明的表现，还告诉人们美国人对语言的重视和敏感。这种语言是理性的、辩论式的、逻辑有序的、严谨庄重的印刷铅字式的语言。很多是需要人们集中精神，运用理智冷静地辨识长句。那些著名律师的语言不仅有精彩的词语，还要有机智的分析、超强的地判断、激情的论述。人们对这种辩护词的熟知说明他们对印刷文化的倾注，对印刷铅字给予他们智力能力的欣喜，当然也渗透着他们文化素质的升腾。波兹曼举出了斯蒂芬·文森特·贝尼特（Stephen Vincent Benet）在著名小说中丹尼尔·韦伯斯特（Daniel Webster）和魔鬼辩论的例子。虽然是小说，但是丹尼尔·韦伯斯特是确有其人的。1850年，美国议会因为从与墨西哥的战争中获得大片领土的治理问题发生争执，南北方意见不统一，特别是在是否实行奴隶制问题上吵闹不休。作为伟大的协调者的亨利·克莱（Henry Clay）提出了《八项妥协决议》。作为南方奴隶制极端分子的代表者约翰·考德威尔·卡尔霍恩（John C. Calhoun）强烈反对，使南北妥协气氛遭到破坏。此时作为北方马萨诸塞州的参议员丹尼尔·韦伯斯特怒怼卡尔霍恩的挑衅言论，发表了著名的3月7日演说。虽然他的演说也是立足于南北协调的立场，但是他严厉地批评卡尔霍恩，认为南北分裂不可能和平进行，指出"分裂！和平分裂！你我的眼睛都不可能看到这个奇迹"，"分裂会引发一场难以形容的可怕战争"（事实证明韦伯斯特的话是正确的，1861年4月终于爆发了美国内战——南北战争）。韦伯斯特的讲演精彩热烈，充满理性和激情。他的讲稿迅速被印成12万份。波兹曼引用了最高法院法官约瑟夫·斯托瑞（Joseph Story）对韦伯斯特语言特点的描述：

　　……他措辞简洁明确、涉猎广泛，善于从实际生活中旁征博引；
他分析透彻，敢于解决难题；对于错综复杂的情况，他善于化繁为
简，并用绝大多数人都能理解的方式加以解决；他擅长归纳，常常利
用对手的论述证明自己的观点；他理智慎重，从不因为忘形而在辩论
中处于被动之地，或是为了无用的观点而浪费口舌。（53页、71页）

　　波兹曼说"我全文引用了这段话，是因为它对19世纪深受铅字影响
的人所形成的话语特征作了最好的描写"（54页、71页）。波兹曼引
用的关于韦伯斯特语特色的一段话，看似没什么令人惊奇的地方，只不
过是对韦伯斯的一种赞扬。其实细细品读便会有对印刷铅字（媒介）的
更深的认识。在没有文字的时代里，人们的思想和认识的最好表达是俗
语及谚语，它们对语言的创作是精而短，讲究声音协调和韵律，便于人
们记忆。而文字，特别是印刷文字出现以后，在广大的群众之中普及，
文字带来了对语言形式的新创造。人们要一句跟着一句地进行复杂推
理，因此可以让人的思维走得很远。虽然句子也会变得很长，有时可能
丢掉了口语的音韵之美，但一定会看到理性与智慧之光和思辨之绚丽，
当然还有辞藻的丰富和语言的新结构。当这样的文字语言变成韦伯斯特
的口语并能对广大听众有所启发的时候，应该想到印刷术文化有着怎样
的魅力。难道不是这样吗？请看："措辞简洁明确"，这不就是对文字
语言的锤炼吗；"涉猎广泛""旁征博引"不是在说包括韦伯斯特在内
的广大听众在文字的记忆功能中识多见广吗；"分析透彻""化繁为
简""擅长归纳"这不就是在说理性判断力、逻辑推演力和对事物核心
的把握与整理能力的强大吗；"理智慎重"这不就是在说文字让韦伯斯
特在进行口语表达时也能够深思熟虑、思维缜密吗……尊崇韦伯斯特为
典范，那就是让人们的口语达到这样的听说能力，那么人的文化素质将
会得到怎样的提升呢？韦伯斯特的语言特征是最能代表印刷铅字时代的
语言特征的，韦伯斯特是个典范，首先是成功律师们追求的典范，然后
也是全社会语言的典范，或者说是公共话语的典范。难道说这不也是印
刷铅字作为媒介隐喻的功劳吗？

（六）商业界中的印刷术文化

韦伯斯特语言典范的影响力远超过了法律界和宗教牧师业，甚至影响到商业界。"即使在我们日常的商业社会里，印刷术产生的共鸣也随处可以感觉得到"。18和19世纪的商人们把顾客都当成了具有丹尼尔·韦伯斯特语言典范的人。看广告的人（潜在顾客）有较高的理性分析能力，从广告中看到自己所需要的东西，不过紧接着波兹曼却说："美国的报纸广告在某种程度上是印刷术统治下的思想日渐衰落的象征：以理性开始，以娱乐结束"（54页、71—72页）。要理解这些话，就要看18世纪至19世纪末乃至20世纪初这一段时间广告的变化了。美国的广告开始于1704年，当时《波士顿新闻信札》第一次刊登付费广告。《波士顿新闻信札》是继1690年波士顿的《国内外要闻》之后的美国的第二份报纸，但《国内外要闻》只出了一期便停刊了。《波士顿新闻信札》应当是美国连续出版报纸的第一家报纸。这样的报纸第一次出现便有了广告。《广告的历史和发展》的作者弗兰克·普瑞斯布利（Frank Presbrey）说的由1704年开始至19世纪60年代末70年代初，这150年多年是排印技术的"黑暗年代"，而且他把印刷术衰落的开始定在19世纪60年代末70年代初。关于印刷术的衰落我们在后面将要讨论，这里先说"黑暗年代"，要注意普瑞斯布利所说的是"排印技术"的"黑暗年代"，而不是印刷术的"黑暗年代"，从1704年起的150多年里广告的形式变化不大，就像1704年那种广告的样子：

在纽约长岛的牡蛎湾，有一个很好的漂洗作坊，可供出租或出售。此处亦可作为农场，有一新造的砖石房屋，旁边有另一房子可作厨房和作坊，有粮仓、马厩、果园和20亩空地。作坊可以单独出让或和农场一起出让。有意者可向纽约的威廉姆·布赖德福特·普林特询问详情。（54页、72页）

这个广告真是实打实地做宣传，语言简短，按逻辑有序地平铺直叙，从开头说到让人能够了解得差不多了便结束，告诉你的是一条信息或一件事情，这种样子也叫它线性排列。这种排印是源于印刷铅字本身，铅字文化就是理性的、逻辑的、有序的（线性的）。广告也同样遵守这个原则，以这种方式传播信息、发表主张，借用斯蒂芬·道格拉斯的话就是"广告需要的是理解，而不是激情"。上述的纽约长岛的广告之后的64年在《波士顿报》上刊登的补牙的广告基本也是印刷文字式的话语。从纽约长岛的这类广告中，我们看到它的排印和报纸上其他文章几乎没什么不同，所以就被称作是广告排印的"黑暗时代"。直到19世纪90年代这种印刷文字式的话语广告才改变，乃至后来"遭到彻底的摧毁"。这种改变表现在有插图、照片和无主题语言（比如"你按下按钮，剩下的我们来做"和"看见那头骆驼了吗？"就是无主题语言，这完全不是印刷术语言的风格）。再往后便有诗歌式的语言、口号式的语言，更往后加入了声、光、电。这样一来，越来离印刷文字的语言越远，早已不是文字的线性排列、理性的有逻辑的述说，它不需要多少理解，甚至不需要介绍产品的品质，而特别需要的是调动人的激情和感受。虽然19世纪末广告开始"明亮"了，不再是以前的那么"黑暗"了，但是"广告成为一种半是心理学、半是美学的学问，理性思维只好移师其他领域了"（56页、74页）。"广告商不再期待顾客的理性选择"，顾客也多被广告的翻新花样及热烈的情绪表达所吸引，几乎忘却了以理性来衡量，以产品的质量来考察。广告样式前进了，人们的思维后退了，这就是印刷排版"黑暗时代"过去之后的"光亮"年代的效果。不过我们的理解最好是不要停留在美国报纸广告从19世纪60年代末开始到20世纪初的这个变化上，而更应看到这是"印刷术统治下的思想日渐衰落的象征"，更应注意这话后面的"以理性开始，以娱乐结束"。"以理性开始"，我们在前面（第三章或第四章前大半部分）已经有所认识。关键在于"以娱乐结束"，这个娱乐的开始也表现在报纸上，其中广告变化到"半是心理学，半是美学"的时候已是娱乐的象征。走到这个地步，便是所言的"以理性开始，以娱乐结束"，即它不仅仅是报纸的娱乐开始，也是印刷文化日渐衰落的开始。这是社会性的，不是某个领域的，对娱乐化影响的深远，波兹曼会带领我们慢慢地进行分析。

在分析娱乐性之前，波兹曼又进一步分析美国的印刷铅字文化对人的智力、真理和话语性质的作用。关于这个问题，波兹曼在书的第二章里已讲过了一部分。这里特别注重在文化上，即在个人的文化素质提高的基础上形成的社会文化的特点和作用。

第一，波兹曼首先说的是"18世纪和19世纪的阅读同今天的阅读有着截然不同的特征……铅字垄断着人们的注意力和智力，除了铅字以及口头表达的传统，人们没有其他了解公共信息的途径"（56页、74页）。这样的情景造成的社会文化特征就是以文字为中心的文化特征，就是我们前述过的理性的、有序的、线性的、逻辑的、严谨的等，其公共话语也是带有这种特征的，甚至影响到平时的交谈的口头语言。在这种社会文化下，人们了解一切都是通过印刷铅字（或印刷铅字式的）媒介进行的，所以美国人通过阅读铅字了解美国总统的工作、政策、思想乃至他的作风和为人，但却不认识总统长得什么样。所以在成像技术发明之前，大概有15位美国总统是一般公众难以从外表上辨认出来的。而在成像技术被发明之后，图像出现在报纸、杂志、书籍、电视上，铅字失去了垄断地位。特别是在形成了以图像为中心的文化后，大概人们首先接触的总统或名人的是他们的外表，是形象。你了解的爱因斯坦大概是头发膨松零乱的、有点翘胡子模样的人，你了解的马克思首先大概是表情严肃而满下巴都是大胡子模样的人。你要了解相对论吗？你要了解对资本主义做的深刻批判吗？恐怕只有去读他们的著作——印刷铅字的书籍。图像是表面的、外在的、肤浅的而印刷铅字是本质的、内在的、深刻的。"这就是思维方式在以文字为中心的文化和以图像为中心的文化中的不同体现"（56页、75页）。阅读铅字（或文字）与观看图像两种媒介的差异是多么大。

第二，波兹曼说，"这也是一个几乎没有娱乐的文化和一个充满娱乐的文化所体现出来的不同"，"铅字垄断"下的美国人对阅读极为重视。"农家小孩一手执书一手扶犁""母亲在周日的下午向家人大声朗读""阅读的目的肯定是严肃、专注而明确的""阅读对于他们有一种神圣的因素，即使说不上神圣，至少也是一种被赋予特殊意义的每日一次或每周一次的仪式""上学就意味着学习阅读，因为如果不能阅读，你就不能加入到文化的对话中去""阅读为他们和外部世界的联系提供了纽带，同时也帮助他们形成了对于世界的认识""在书本里，这个世界是严肃的，人们依据理性生活，通过富有逻辑的批评和其他方式不断地完善自己"（56—57页、75—76页）。在18和19世纪的美国，对于一个人的人生来说难道还有什么比阅读（文字）更重要的事吗？读者从这些情景中可以想象，当年美国人热爱读书如同今日人们"热爱"手机、电脑一样，但是所不同的是读书成为凝聚美国民众形成类似于民族的那样一种力量，一种奋进的力量，成为铸就有光明前途的国家的一种力量。不应忘记的是这种力量的源泉是印刷术媒介，而"热爱"手机、电脑的现代人却难以成为凝聚一个民族或一个国家的精神力量。

第三，波兹曼把阅读的意义转向了社会。"回顾18世纪和19世纪的美国，我们随处可以感觉到铅字的共鸣，尤其是它和各种公众表达方式之间的那种无法理清的关系"（57页、76页）。接着他举出了美国著名的历史学家查尔斯·比尔德（Charles Beard）的话"保护自身的经济利益是美国宪法制定者的首要动机"。宪法是国家大法，是基本法，让这种法律具有全社会的广泛意义，其必要条件则是人们"参加公众生活必须具备驾驭铅字的能力"。"驾驭铅字的能力"不仅仅是读和写，而是指对铅字文化的共鸣，就是说当人们面对宪法的时候都会产生出相同或类似的一些感受，比如敬畏感、尊崇感。还会产生共同的理解方向，也就是对印刷文化的思维方式的共鸣。如果人们没有这些共鸣，那么宪法对于公民将没有意义。这种共鸣也是一个成熟的公民的体现。为了这种共鸣，所以强调普及教育，并要求具备一定文化水平和达到某个成年年龄时方可参加某些公共活动，比如参加选举等等。从宪法、从选举活动我们可以窥测到印刷媒介的共鸣，或者说印刷术文化对美国社会的重大作用。

第四，当然波兹曼更没忘记从美国的社会精神方面看印刷术文化的作用。从更深的层面看印刷铅字对美国生存与发展的作用大概就属于精神了。有人说"激励美国人的是一种永无休止的开拓精神"，有人说"美国人的宗教热情为他们注入了能量"，还有人说"美国诞生于一种应运而生的理想"……这些说法也许是对的，但是是不够的，比如波兹曼说的妇女实现平等选举权问题，光靠开拓精神是不够的。前面书说美国"大多数人都能够阅读并且也参加了文化对话"（57页、75页），当然就包括妇女。但是在19世纪末以前，只有少数的妇女受教育。美国内战后（19世纪中叶），妇女教育才逐渐扩展起来。随着女权运动的开展，19世纪末妇女受教育机会才真正多起来。妇女权力也是经过多少次女权运动的争取，到1869年怀俄明州才给妇女予投票权。以后逐渐扩大到许多州，直到1920年妇女才在全美国获得了选举总统中的投票权。我们应看到，妇女受教育及妇女阅读是女权的基础。面对美国精神来源的多种说法，波兹曼表示"我无心质疑。我只想指出一点，他们笔下的美国曾通行一种公众话语，这种话语的形式是印刷机的产物。两个世纪以来，美国人用白纸黑字来表明态度、表达思想、制定法律、销售商品、创造文学和宣扬宗教。这一切都是通过印刷术实现的，也正是通过这样的方式，美国才得以跻身于世界优秀文明之林"（58页、77页）。波兹曼也就是差点儿没有说，对美国的生存与发展作出巨大贡献的是印刷术。但是，应当指出美国精神的形成与印刷术有着密切关系。

　　波兹曼用18—19世纪的宗教、政治、法律、商业、广告等方面来说明印刷机对美国人思想的统治，并且把那个年代称为"阐释年代"。说到"阐释"，我想在这里借用一点解释学的知识来加深理解。世界著名的德国哲学家汉斯–格奥尔格·伽达默尔在其《真理与方法：哲学诠释学的基本特征》中告诉我们，阐（解）释是怎么一回事，为什么阐释能让我们（和书籍作者一同）去探索事物的真理。首先"解释""阐释""诠释"在中文里基本意思是相同的，详细地考证对我们意义不大。就印刷铅字的语言性而言，所谓解释首先是对由印刷铅字构成的文本的字、词、短语、句子、段落等进行综合分析、推理、判断等理性活动弄清部分意义，综合形成文本的整体意义，并且由整体再向部分对照，反复进行理性推断，由此种循环构成对文本的全部意义的把握。在这个过程中，我们阅读前的知识是参与其中的，我们阅读后所得到的是对我们已有知识的丰富。而贯穿着这个解释的过程始终是以解释者自己的语言进行的，所以伽达默尔说："其实，语言就是理解本身得以进行的普遍媒介。理解的进行方式就是解释"（《真理与方法：哲学诠释学的基本特征》，汉斯–格奥尔格·伽达默尔著，第496页，重点号为原著所加）他又说"一切理解都是解释，而一切解释都是通过语言的媒介而进行的。这种语言媒介既要把对象表述出来，同时又是解释者自己的语言"。（同上引书，同页）这话是告诉我们理解的过程就是解释的过程，解释的进行和理解的结果都是借助语言的。

伽达默尔说："使一切事物能自身阐明、自身可理解地出现的光，正是语词之光"（同上引书，第616页）。这意思大概是说事物（存在）是以语言阐述自身的。的确如此，我们在形容某一事物（存在）时都是用语言表述的，而这语言并非只是表述者的，它也应被看成是事物在语言中的表现，或是以语言阐述自身，或是在语言中存在（我们曾在第一章中讲过，事物不会自己说话，是媒介让事物说话，而这个媒介可以是语言）语言是人们共享的，所以是可以理解的。当事物通过语言被理解时，人们心里豁然开朗，如黑暗中见到光明，于是事物被理解之光正是语言之光或语词之光。洪汉鼎先生在解释伽达默尔关于理解的真理的时候说："我们在传承物里所理解的东西是存在的一种观点或方面或现象，然而它是一种真的现象和真理现象，因为表现自身和显现是存在的本性"（《理解的真理：解读伽达默尔〈真理与方法〉》，洪汉鼎著，山东人民出版社，2001年版，第359页），用这话来对照，我们把印刷文字看作是传承物，那就是对印刷文字的理解，就是对事物的一种观点或一个方面的把握，或是对事物的现象的把握，而这些从理解中得到的东西却是一种真的现象和真理的现象。因为事物（通过媒介）表现自身和显现自身是事物存在的本性，任何事物只要是存在着，它总要以某种方式表现自身和显现自身的。这样，通过对印刷文字的理解（解释）我们得到的是关于事物的真东西，使我们获得了意义。就阅读而言，假如原著的观点是正确的，我们便会从解释中得到属于真理的东西；假如原著的观点是错误的，我们在解释的当时或者在以后阅读其他著作或通过自己的实践会明白其错误在哪里。总之，我们通过解释得到了原著的"真东西"。

伽达默尔还说："阅读的理解并不是重复某些以往的东西，而是参与一种当前的意义"（《真理与方法：哲学诠释学的基本特征》，汉斯－格奥尔格·伽达默尔著，第501页）。他又说："用以解释的语词是解释者的语词——它并不是被解释本文的语言和词汇。这一事实表明，占有或领会并不是对流传下来的本文的纯粹的摹仿或者单纯重复，而是理解的一种新创造"（同上引书，第604页）。这就是说解释者用自己的语言词汇表达着自己的理解，这个理解就是解释者的作品，也必然是用已有的知识解释面前的文字（本），从而获得新知识，然后再用来阅读另一新的文（字）本。阅读者就是在这种循环推动下不断进步的。对于一个热爱读书的人来说，他始终是站在这个新与旧的循环线上的存在，他的理性和智慧也在这个循环线上不断地提高。德国哲学大家马丁·海德格尔更把解释看成是人与外部世界的关系的问题，就是人的生存状态的问题，解释不仅是方法的问题，是人在解释中进一步理解世界，达到与外部世界的新关系。人在这种新关系中筹划自己、调整自己，所以解释是与人的存在方式密切相关的。伽达默尔秉承了这种思想，把解释发展成了哲学诠释学，把解释看成是探求人的世界经验和生活实践的问题，以哲学诠释学来看真善美。人们在阅读文字文本时通过解释得到了理解，获得了关于事物的真的东西，并且还有自己的创造，获得了新的意义。每个阅读者都有各自不同的理解，有不同的创造，有不同的意义发现，那么"阐释年代"便是意义生发的年代，是人类更加成熟的速长年代。只要你是在阅读印刷铅字的时间里，那么不论现今的电视多么发达、多么精彩热烈、多么五彩缤纷，无论网络如何先进，你如果还是处在那个"阐释年代"里，那么你仍能迅速成长。

波兹曼用"阐释年代"来定义18—19世纪的美国人的阅读是非常恰当的，它向人们展示了当时的美国人的生存状态，阅读者实际是在探求人的世界经验和生活实践问题。阅读印刷铅字是当时美国人的一种生存方式。所以波兹曼指出："阐释是一种思想的模式，一种学习的方法，一种表达的途径。所有成熟话语所拥有的特征，都被偏爱阐释的印刷术发扬光大：富有逻辑的复杂思维，高度的理性和秩序，对于自相矛盾的憎恶，超常的冷静和客观以及等待受众反应的耐心"（58页、78页）。印刷铅字是偏爱阐释的，而这种阐释促使话语得以提高。其实这种提高是对公共交往的提高，对公共话语的提高，更可以说是对美国人文化素质的提高，使人们在交往中或阅读中富于逻辑思维、富于理性分析，要求前后一致，不矛盾、不冲突，能冷静地对待"眼前的一切"，因为理性在支撑着。偏爱阐释的印刷媒介造就了偏爱阐释的人，那个时代的美国人遇到事情总爱去阐释：事情为什么是这样的，怎么会成为这样的，该怎么认识事物的下一步是什么样的，我们该怎么对待这样的事物……这些已成为人们的一种思想模式——阐释的模式。其特点是理性的、有序的、逻辑的，在复杂思考中不矛盾的。从这方面看"阐释年代"应当是让人愉快的年代，是让人及社会进步的年代。然而这样好的年代在19世纪末开始逝去，另一个年代开始逐渐显现，这个新的年代就是"娱乐业时代"。

在结束这一章的时候，我希望读者再回顾一下我在第二章结束时引用卡尔在《浅薄：你是互联网的奴隶还是主宰者》一书中说过的一些话，这会让我们对阐释有更深一层的认识。我们的深度阅读使我们在作者的引领下得到一部由我们自己阐释过的属于我们自己的新书，这部书有着这样的特点："书的读者和作者之间的联系是一种紧密的共生关系，也是智力和艺术相互融合的一种手段。作者的文字充当着读者头脑的催化剂，激发读者产生新的洞见、新的联想、新的领悟，有时候甚至会迸发出顿悟的灵感。"（《浅薄：你是互联网的奴隶还是主宰者》，尼古拉斯·卡尔，第91页）如果再以脑的生理学、解剖学来解释的话，那就是在我们的脑神经网络中建立起了一些新的神经回路，它将参与未来的阅读和实践，使我们能获得更新的知识、更强的认知能力和更好的业绩。

在上一章和本章中波兹曼论述印刷术文化时，非常明显地让人看到美国的历史与印刷术媒介的密切关系。印刷术被称为得大于失的媒介，正是因为印刷术的神奇作用，美国的发展才离不开美国的印刷术文化，印刷术文化是美国发展史的重要组成部分。在抒写17—20世纪初的美国史时，我们看到了印刷术历练了美国的政治、法律、教育、宗教以及美国人的文化素质，直至美国人的精神。这段历史是一个值得美国人自豪的年代，也是一个非常值得人怀念的阐释（阅读）的年代。讲美国历史时从来没有人讲美国的印刷术（媒介），但是印刷术理性却是在美国混沌的历史背景中闪烁着光芒。波兹曼告诉人们怎样从媒介看历史，更告诉人们媒介的力量有多么强大。我们说媒介造就了文化，读一读美国这一段的媒介史，就会了解美国人文的历史和美国文明的起源，也会让我们从中汲取有益的营养。

第五章　　躲躲猫的世界

——从一隐一现开始的娱乐

（一）娱乐业的起点

波兹曼为本章取了个怪怪的题目，我们暂且不去管它，读下去自会明白。我们要注意的是波兹曼从此章开始分析逐渐衰落的"阐释年代"和逐渐兴起的"娱乐业时代"。本章的一开头便说"到19世纪中期，两种观念的融合为20世纪的美国提供了一种全新的公众话语理念。它们的结合大大冲击了'阐释时代'，为'娱乐业时代'奠定了基础"（59页、79页）。对其中一个观念他只说"是和古老的洞穴壁画一样有年头了"，而始终没有明确指明是什么观念。在后来的文中我们只见到了对人类早期洞穴壁画的一点认识。对此我认为他说的这个古老观念大概就是"形象"观念，对这个观念的表达就是"图像"，而"为娱乐业奠定基础"的就是图像和快速（脱离了交通的信息）传播的结合，也可以简称为"图像"观念与"快速"观念的结合，"脱离了交通的信息"即是电（报）所传播的信息，其观念当然是"快速"的。这种变化应当是从科学及生产力的发展开始的，科学为应用技术的发明与创造开辟了道路，生产力的发展为人们的享乐创造了条件。19世纪30年代，美国人塞缪尔·莫尔斯（Samuel Finley Breese Morse）发明了电报，这之前美国的通信是依赖交通的，有了电报之后信息与交通的分离不仅是一种传递方式的变化，而且还引发了社会多方面的变革。首先，信息传递几乎没有距离感，瞬间信息就传到了几百上千千米以外的地方；第二，这么快速的连接使美国集聚起来，由一盘散沙聚拢成一个"社区"，形成了"全美洲的统一对话"；第三是"电报摧毁了关于信息的原有定义，并赋予公众话语一种崭新的含义"（60页、80页）。这种含义被亨利·大卫·梭罗（Henry David Thoreau）认识到了，这个人就是在林肯与道格拉斯辩论的那个年代崛起的一批作家之一。他在被称为经典名著的《瓦尔登湖》一书中说："我们匆忙地建起了从缅因州通往得克萨斯州的磁性电报，但是缅因州和得克萨斯州可能并没有什么重要的东西需要交流……我们满腔热情地在大西洋下开通隧道，把新旧两个世界拉近几个星期，但是到达美国人耳朵里的第一条新闻可能却是阿德雷德公主得了百日咳"（60页、80页）。这么大的工程得到的却是那一丁点儿的信息说明什么呢？表面看确实价值太低了，可是拿我们前面已得到的媒介的隐喻的观点来看，那会是让人吃惊的。电报的隐喻告诉我们，电报"创造了一种新的话语定义"，电报让话语变了质，"对话的内容与以往印刷术统治下的内容不同。诸如阿德雷德公主得了百日咳的话语"内容无聊，表现无力，形式散乱，但是却由此而产生了信息价值的新变化："信息的价值不再取决于其在社会和政治对策和行动中所起的作用，而是取决于它是否新奇有趣"（60页、81页），电报将为人们的无聊与娱乐服务，这就是梭罗告诉给我们的。电报传播的信息变成了商品，这里价值、新奇有趣和商品三个元素合在一起正是现代的娱乐业。用这样的话语与前面讲的那位作为印刷话语的典型代表丹尼尔·韦伯斯特的话语相对照就会清楚地看到，理性的、逻辑的、有序的、严肃的话语形式已完全消失了。它的可怕之处更在于电报的信息是供给报纸的，不仅凸显出这种信息的商品价值和暗含的娱乐，更使这种话语形式流行起来，贻害社会。

电报进入报纸之前的报纸，新闻栏目只刊登本地的人和事，是当地的人们熟悉的，也是当地人乐于知道的。就是外地的新闻也大多是关于犯罪及性的内容，没有时间限定。报纸的其他内容也多是发表关于政治及社会的理性内容，还有商业信息。报纸的功能主要是有助于读者解决面临的问题，面对当前形势选择各种对策，帮助读者处理个人和公共事务。莫尔斯发明电报以后，电报很快就进入报社，成为最快最多的新闻来源。莫尔斯公开演示电报功效的一天之后，《巴尔的摩爱国者》报就刊登了截至当日两点的来自华盛顿的新闻。当然那时由于电报线路少，很紧张，还未能使电报新闻广泛刊登在报纸上，短时间里报纸基本上还是老模样。但是电报对报纸新闻的作用很快就被具有远见的出版商们看中了，他们大力投资兴建电报线路，开设电报公司，很快报纸就大量地采用电报新闻。《纽约先驱报》的詹姆斯·贝内特（James Bennett）说，在1848年的第一个星期里，他的报纸中包括了7.9万字的电报内容。1848年，美联社的前身成立，这是专门为报纸提供新闻的通讯社，它传递新闻的方式主要是电报，特别是它发出的新闻开始改变报纸的新闻面貌，"从此，来路不明、读者对象不定的新闻开始横扫整个国家。战争、犯罪、交通事故、火灾和水灾——大多是阿德雷德公主得百日咳新闻的社会版本和政治版本——开始成为所谓'今日新闻'的主要内容"（62页、83页）。这样的改变使"报纸的财富不再取决于新闻的质量或用途，而是取决于这些新闻来源地的遥远程度和获取的速度"，这种改变是报纸话语的根本性改变之源，它为报纸的娱乐化埋下了伏笔。以前的报纸事关民众的生活和行动，引导人们采取有益的措施，而改变之后的报纸新闻大多与读者无关，改变以前的报纸读者有公共的话语，有共同的语境，读者之间有可交流的话题，因为新闻发生在他们身边，新闻关系到他们的生活和行动选择。"在电报时代之前，'信息—行动比'基本是平衡的，所以大多数人都有一种能够控制他们生活中突发事件的感觉。人们了解的信息具有影响行动的价值"（63—64页、85页）。电报出现之前，虽然报纸的新闻数量不是很大，但是关切着人们的生活，传达的信息有着较高的新闻价值。改变之后的报纸失去了读者共同的语境，电报似乎拉近了人与人的距离，让大家生活在一个"社区"里，但是没有了共同话语的交往，阻断了人与人的内心的联系，人与人成了陌生的路人；改变前的报纸是功能性的，对人是有用的，改变后的报纸新闻大多对人是无用的；改变前报纸的信息与行动之比是正常的、平衡的，大多数人都有一种能够控制他们生活中突发事件的感觉，而改变之后的报纸信息与行动之比失去平衡，大量无关和无用的信息对人的行动的作用大大降低。人们沉浸在电报信息的海洋之中，却找不到对自己有用的信息，正像失联的船只漂浮在无边的大海里，到处是水，但却没有一滴是可以喝的。

海量的信息对你是无用的，而你对于它又是无能的。波兹曼举出了一大堆看似分量很重的信息，如中东冲突、通货膨胀、核战危机、教派冲突、犯罪与失业……而你面对这些几乎无能为力，作不出什么贡献，至多充当一名民意调查中被询问的一员，给报纸新闻凑上一点内容，对扭转局势几乎没有任何作用。信息对你的无用和你对它的无能让你发生了一种这样的值得十分重视的变化："在人类历史上，人们第一次面对信息过剩的问题，这意味着与此同时人们将面对丧失社会和政治活动能力的问题"（63页、84页）。这似乎有点耸人听闻，但是当我们在后面更多地了解电报新闻时会明白，波兹曼说的也还是有一定道理的。电报作为媒介使新闻信息大量增加，这不仅仅是个信息过剩的问题，更应当看到这种媒介改变了舆情，表现了它对人的社会意识的作用。

如果上面说的报纸上的电报新闻"无用"及读者对此的"无能"是它的一个社会作用，另外一个作用就是对公共话语产生影响，"电报使公共话语变得散乱无序"。"它带给我们的是支离破碎的时间和被割裂的注意力"。"电报的主要力量来自它传播信息的能力，而不是收集信息、解释信息或分析信息。在这方面，电报和印刷术截然相反"（64页、86页）。电报新闻出于它传递的快捷，使新闻消息如大海中的浪潮，一层一层地向你涌来，你来不及去思考。同时由于它没有语境，只告诉你发生了什么，很少会分析事件的前因后果，几乎大都是碎片式的、散乱的、无联系的，你的注意力刚刚被一条耸人听闻的标题和导语吸引了，紧接着又进入另外的一条新闻中，你的意识流被它牵动着，你不必思考，你也没必要思考。你得到的就是暂时的"知道"，不久就会忘掉的"知道"。"久而久之，经电报描绘过的世界开始变得无法控制，甚至无法解释了。报纸上一行行有序而连贯的文字渐渐失去了帮助我们获得知识和了解这个世界的能力"（64页、86页）。电报传递给了人们许许多多的信息，让你知道了许许多多的事，但是你却不能理解它们，它们是一堆碎片，乱堆在那里，无法整理、不成气候，"对于电报来说，智力就是**知道**很多事情，而不是**理解**它们"（64页、87页，黑体为原著所加）。但是书籍就与之大不一样了，

"书籍就是收集、细察和组织分析信息的绝好容器"（64页、86页）。"写书是作者试图使思想永恒并以此为人类对话做出贡献的一种努力"（64页、86页），书籍是作者按着他的思想收集素材，然后分门别类分析整理，并有序地、逻辑地把它们用思想贯穿起来，最后建成一套完美的理性大厦。读者走进这个大厦里看到了作者思想的构建，在那优美的造型中徜徉观赏，获得了新的启迪——这就是印刷术与电报新闻之最大的不同。如果用书籍的永恒、持续、连贯和理性来衡量，电报新闻大概没有多大价值。此前我们说过文字媒介对提高理性和智慧的作用，但这并不是无条件的，电报新闻在这里表现的文字的作用却恰恰是反向的。这也告诉我们一切媒介的作用都是有条件的。应当说电报新闻令人最痛心的是开始改变了印刷术几百年来塑造的公共话语，这种改变当然包括理性的缺失。在这方面波兹曼的评论比我说的还严重："无论什么地方的文明人都会视焚书为反文化的罪恶行为。**但电报却要我们烧毁它**"（64页、86页，黑体为原著所加。它，指书籍）。难道发明电报的莫尔斯那么罪大恶极吗？不是的。波兹曼是就电报被报纸广泛大量使用，使报纸新闻变了味道，并隐喻一种对印刷术文化的负面作用而言的。其实在前面第二章的结尾处，波兹曼表达了他对媒介的双刃剑的看法。他很清楚每一种媒介都是有得必有失的，我们要清楚地认识到媒介的得大还是失大，而这也要具体情况具体分析，是需要辩证法的。大家明白电报在过去的那个年代里作为信息的速递传播，确实为人类出了不小的力，加速了社会的运转，为社会生产力发展和人们生活作出了巨大贡献，这个功绩不可埋没。它被应用在新闻报纸上也并非全是负面的，它传递的大量信息也让我们开阔了眼界，了解了世界，拓展了胸怀，甚至启发了我们的事业和人生。这里应当注意到波兹曼研究媒介主要不是研究媒介对社会生产力、社会经济等方面的作用，而是研究媒介在社会文化中的作用，也就是研究媒介对人的作用，所以他把媒介从社会总体环境中抽离出来，放置于社会文化领域进行考察。同样这里波兹曼重在谈社会文化的转向，即由印刷术文化转向娱乐文化，而且起始点就在报纸的电报新闻上。所以，讲电报的副作用要多些，甚至说它要焚毁书籍，其实是说电报新闻在损毁印刷术文化。我们阅读时只需看到这些就可以了，不必去追问波兹曼先生为什么把电报说的那么严重，似乎要全盘否定了电报。

另一方面还要注意，电报重新定义信息的意义真的一下子就像上面讲的那样创造了"一个住满陌生人的拥挤的社区；一个破碎而断裂的世界"吗？像泰山压顶一样地一下子让印刷术文化崩溃了吗？并不是的，我们应当看到电报和报纸的联姻的确带来了对印刷术文化的冲击，但不是那么快。波兹曼在谈到印刷术文化时说，在18—19世纪前后这二百年是占有统治地位的，"是守住自己这个阵地的"。波兹曼在本章里对电报的分析和他对下一个媒介——摄影术的分析都是见微知著的分析。我们在读波兹曼的书时一定要注意当时的社会状况、当时的媒介状况，特别是占社会文化中心位置的是那一种媒介文化的状况，然后静观某一个媒介的作用和它将来的地位。波兹曼的分析还启示我们认识媒介要注重媒介引发的细微的、缓慢的变化。现在有了手机、电脑，电报早已退出了信息交流的舞台，可是就在电报盛行的时代里，有谁会注意到电报（特别是与报纸新闻结缘之后）会对文化产生这样惊人的作用呢？事情就是这样奇怪，已经发生了惊人变化，而人们却是不敏感的、迟钝的。这种变化已经进入了人的无意识之中了，可是还不见人们有多大反映。是的，媒介改变文化时大都是悄悄进行的，当人们觉得事情有点不大对劲时，常常是有点晚了。人们在嘀嗒嘀嗒的电报声中为其传递信息之快而高兴的时候，有谁会像亨利·大卫·梭罗那样"深知电报会创造一种新的话语定义……并且还要求对话内容与以往印刷术统治下的内容不同"（60页、80页）。谁会见到电报会影响人们的文化素质、思维方式和理解能力呢？波兹曼找到了印刷术文化向娱乐文化转变的起始点，直到美国电视发达的20世纪中叶以后，这种娱乐化得以凸显，有谁认识到其根早在19世纪中叶就已经埋下了。现在人们在手机、电脑和互联网给大众带来网上狂欢的时候，谁会想到"它们带来的问题至少和它们能解决的问题一样多"（137页、192页）。波兹曼启示我们认识媒介，于细微之处观浪潮。

（二）由摄影术开始的"图像革命"

莫尔斯发明了电报，改变了人们对世界的看法，似乎提出了一个问题，上帝创造了什么（似乎把人与人拉近了，把距离缩短了）？聪明人得到了"一个令人不安的答案：一个住满陌生人的拥挤的社区；一个破碎而断裂的世界"这当然不是上帝创造的，而是电报创造的。那么下一个媒介的发明——摄影术的出现将对这样一个"社区"和这样一个"世界"有什么"贡献"呢？

几乎是在电报发明的同时，法国人路易斯·达盖尔（Louis Daguerre）发明了照相摄影法，后经威廉·亨利·福克斯·陶尔伯特（William Henry Fox Talbot）的完善而成了摄影术。对于摄影术波兹曼给了它一个很恰当的评价："重新定义了自然的意义，或者我们可以说，重新定义了现实的意义"（65页、87页）。从摄影术把自然留下来的意义说，"意味着自然是可以被改造的，通过改造，它可以变得容易理解和控制"（65页、87页）。波兹曼的这个说法源于他对"早期洞穴壁画"的认识，说这"可能是对尚未发生的捕猎的视觉表现"，也就是说，壁画表现了人们期待征服自然的一种愿望。摄影术把自然留下来，当然也可以是表现改造自然的一种期望的视觉表现。可惜摄影术的发明人达盖尔没有改造自然的概念，达盖尔把自己的发明说成"能够使每个人都拥有随时尽情复制自然的能力"。波兹曼还说达盖尔想说的"他发明了世界第一种'克隆'技术以及摄影术和视觉经验的关系就像印刷机和书面文字的关系一样"就有点不靠谱了。达盖尔的时代尚无克隆技术，波兹曼是拿它比喻达盖尔吹嘘自己的照相术的。"克隆"是非性繁殖的复杂的生物技术。克隆羊是与原本羊完全一样的一只活羊，而摄影术是将现实的情景转化为照片而不是与之相应的实体情景，摄影术是不能与克隆术相比的。同样，摄影术把实景转换为虚景，照片上的情景不等于实际的情景，而印刷机则没有转换，它只是把铅字翻了个个儿，印刷品和印刷机上的东西是同一的。值得达盖尔"欢呼"的地方他自己反而没有看到。摄影术的最大作用应当是波兹曼所说的"重新定义了自然的意义"的影响力，它同电报新闻一样，在改变着人及人的话语，在改变着社会文化，当我们注重分析摄影术这种媒介的隐喻的时候，就会较清楚地看到这种改变。波兹曼在以后的关于图像的论述中会更让人深刻地认识这种改变。

第一，如果把摄影术看作照片，把印刷术看成书面文字，那么照片和文字就有相当大的区别，即是两种媒介的区别。照片是特例的、具体的，是某一个。照片是一片大海，那么它就表现的是那一片大海，而不是别处的大海；照片上的一棵树表现的就是那一棵树，而不是别的一棵树。对于照片，我们是用辨认来把握它（例如哪一片海、哪一棵树），照片不能表现一般的海和一般的树，即不能表现概念中的海、概念中的树。它无法表现和使用概念，所以"摄影本身无法再现无形的、遥远的、内在的和抽象的一切"，而语言恰恰与之相反，语词都是概念的、都是抽象的，即使用它来表现具体的东西时，比如某一个大海、某一棵树也都是用概念性的语词进行的。把许多概念性的语词凑在一起，一个具体的某物的形象便显示出来了。比如说一个人是瓜子形的脸蛋、顺直而小巧的鼻子、大大的眼睛、长长的睫毛、粉红的面颊……一个美丽的姑娘的形象便会展示在眼前。她就是某一个具体的人，而不是别人，更不是一般的（抽象的、概念的）人，这一个人是需要你将文字加以理解后形成的。语言更能表达抽象的事物，比如真理、原因、关系等。抽象的复杂的关系更需要人们的理性思维加以理解。书面文字既可以表达抽象、概念及其相互关系，又可以表现具体的某一个，而照片只能表现具体的某一个，却不能表达抽象、概念及其相互关系。所以"看照片只需要能辨认，看文字却需要能理解"（66页、89页）。

第二，照片只能证明存在，却不能讨论存在。而只要有有力的材料，文字即可证明存在，又可讨论存在。因为照片没有概念，没有概念的联系，所以没有句子、句法。因此，"它无法同这个世界理论"，但它却十分有力地证明这个事物的存在，这种证明是无法辩驳的。除此之外，它几乎是个"哑巴"，它没法讨论它拿出的这个事实的存在，无法说出这个事实为什么是这样的和怎么才能是这样的。面对照片，人们唯一的理解是对照片上所表现的这个具体事物推断世界的某种特性，如苏珊·桑塔格所言："照片是'我们通过照相机表现出来的东西对世界的理解'"，但她又说"一切真正的理解起源于我们**不**接受这个世界表面所表现出来的东西"（67页、90页，"不"字黑体为原著所加），这就是从照片上得到的东西是表面的，它不一定能表现事物的真象（本质），是不太可靠的，终究还得依靠语言（文字）来阐释或探求事物的真象。

第三，照片可以脱离语境单独存在，而语言是在某种语境下说出的，语言脱离语境就让人难以理解。如果从语言中单独拿出一句话或一个词，就不能说明什么，甚至能够扭曲原意。而一张照片可以单独存在，即脱离照相时的情景，在照片独立于语境之外时，它只具有存在的意义，即表现照片上的事物是当时的状况，而不能阐释事物。比如一张某人被杀害的照片，只能说明这个人被杀了，至于为什么被杀，是有针对性地被杀，还是误杀，抑或是一种犯罪行为，都说不明白。因为照片仅有当下，而没有以前和以后。也就是说单独一张照片缺少语境，就难以让人理解真相。新闻学就要求新闻必须具备五大要素，即何人、何时、何地、何事、何故，即指新闻事件是什么事、什么时间，在什么地方，都是什么人参与了，是因为什么发生的。这其中的一些元素就构成了新闻事件的语境，这件新闻才能被人理解、才有意义。单独的一张照片的这种脱离语境的特点使它像电报一样成为散落的碎片式的东西，它把世界割裂开来。人们观看这种不连贯的、没有语境的照片其实就是一种娱乐，这一点又与电报新闻相似。电报新闻每一条看似都在表达着什么，但是这些新闻在上述五要素中总有某些语境上的缺欠，各条新闻之间又无联系、不连贯，互相独立，也是一大堆碎片。所以波兹曼写道："像电报一样，照片把世界再现为一系列支离破碎的事件。在照片的世界里，没有开始，没有中间，也没有结束，就像电报一样。世界被割裂了，存在的只是现在，而不是任何一个故事的一部分"（67页、91页）。语境最重要的作用是它与意义紧密相关，话语脱离了语境就没有意义，而照片脱离了语境还能存在，那么它就有能力"把很多没有逻辑、彼此无关的事件和东西堆积在一起"，这种存在就是割裂世界的存在，就是无语境的存在。它的这种存在方式的后果，我们会在以后看到。

从以上来看，印刷术和摄影术形成了两种截然相反的文化，"图像和文字功能不同，抽象程度不同，反映模式也不同"（67页、91页）。而两种文化的社会影响的走向更是不同。波兹曼会带领我们逐渐分析图像（照相术）的文化走向。这里我们把照片、印刷画、海报、图片、机械制作的图片统称为"图像"，那么19世纪中叶图像大量地侵入了符号环境，这就是图像被大量地使用。图像单独也可以看作是符号，图像和其他媒介结合也可以看成是一种符号性的结合。丹尼尔·布尔斯廷还把美国传媒的这种状况称为"图像革命"，图像对语言进行"猛烈攻击"。从这种用词中我们可以感受到两种文化的严重对立。图像的这种革命和攻击并非是图像本身要主动出击的，而是一种形势的需要，是新闻报纸、新闻杂志，是广告商的一种谋划，是他们要"以照片为中心的这些图像不仅仅满足于对语言起到一个补充的作用，而且试图要替代语言诠释、理解和验证现实的功能"（68页、91页）。如果在传媒中以图像为中心，那么"图像的中心地位削弱了对于信息、新闻，甚至在一定程度上对于现实的传统定义"（68页、91页）。信息的最初是语言，当图像与之结合后无疑是强化了信息的传播力度，它能帮助证明语言信息的真实与确切，同时在某种程度上诠释语言信息，此时语言信息为主，图像为辅，我们将此种状况认为是正常状态。但"图像革命"是反转了这个状态，是以"图像为中心"，语言为之服务，这便会改变了"对于现实的传统定义"，人们从图像上看事物和从语言文字上看事物是有很大不同的。我们已经说过了，图像仅仅能够证明或者更强调一下能"确切地证实"（当时的情景），但是无论如何它是表面的现象，它的诠释作用是很有限的，它不能深刻地反映事物的内在的东西，所以它"削弱了"信息、新闻。

就反映事物的内在性来看，即从表达事物重要性的程度上看，让图像占据传播中心的地位，就是图像对语言的一种"攻击"，但是出版商们、广告商们为什么还是非常致力于这样的"革命"呢？原因在于"一张照片不仅胜过了1000个字，而且，如果从销售情况来看，好处更多。对于无数美国人来说，'看'取代了'读'而成为他们进行判断的基础"（68页、91—92页）。这就是"市场"作怪和"人心"作怪。把图像放在显要位置，把文字（语言）放到边缘，"甚至干脆把它驱逐出境"不仅面貌好看了，还能畅销，因为"看"图像比"读"文字更省时省力，快捷地得了新闻信息，真是编者与读者两利的事，编辑与读者的心理都发生了变化。但是有谁会想到"看"与"读"是两种不同的判断方式呢？更有谁会想到省却"读"多用"看"会使传播文化乃至社会文化发生逆转呢？"图像革命"带领人们走向了今天所谓的"读图时代"。看画册、看图片、看简单说明的配图新闻、图片新闻，直到看电视都是在读图。读图是一种最快捷，最省力、最省时、最省脑的知识方式，与读书相比它更具有娱乐性，是容易被人接受和喜爱的认知方式。但是很少人会认识到这是一种走向"娱乐至死"的方式。比如流行的连环画的书，把世界名著《包法利夫人》《茶花女》《巴黎圣母院》等变成连环画，每幅画下有简短的文字介绍，通过十几幅或几十幅连环画面，就可以了解这些名著的内容，读后好像读过了原著一样地满足了读者求知的欲望。但仔细思考一下，连环画面和少量的文字介绍，真的让你读懂了原著吗？名著中那些细致入微的描写，深入骨髓的人物刻画，栩栩如生的人物形象，鞭辟入里地精妙分析，形象生动的语言文字，各种手法创造出的优美意境……是连环画无法表现的。经典原著对当时社会的深刻批判，引领读者进入深层思考的理性作用，以及强烈的对读者的感召力量更是连环画所无法比拟的。但是，这需要读者做一番艰苦阅读，在脑筋不停地开动中才会获得，而一旦获得便豁然开朗、精神振奋，走向崇高。读经典名著对人们的理性和智慧的提高，对人品格的培养更是连环画所远远不及的。连环画只不过是一种文化快餐，吃了它似乎知道了些什么，好像解了文化上的饥渴，但实际上是营养的偏差，让人收获不大，却娱乐了一番。长此娱乐，便大脑缺氧，思想迟钝，还不是走向"娱乐至死"吗？（当然连环画在表现艺术上也有学问，不过那是另外的话题了）

波兹曼更是引用了丹尼尔·布尔斯廷（Daniel Boorstin）在《图像》一书中关于语境的分析，让我们更进一步了解读图是什么，是进入了怎样的语境。美国早期（电报发明以前）的报纸，新闻的语境是人们所熟悉的，新闻是发生在人们身边的、益于人们采取行动、益于人们认识周围事物的。而在电报发明之后，报纸的电报新闻与语境脱离了，与读者的生活无关了，新闻变得无用了，人们阅读这样的来自远方的新闻只能是一种娱乐方式。但就是这种新闻又得益于照片的奇特的补充方式，在电报新闻"雷人"的导语中配上了具体的活灵活现的图片，就更能吸人眼球，让"读者淹没在一大堆不知来自何处、事关何人的事实中"。而更糟糕的是它让你产生一种错觉："'新闻'和我们的感官体验之间存在着某种关系"，把两个（电报新闻、图片）脱离了语境的信息"变"成了有语境的信息，"这些照片为'今日新闻'创造了一个表面的语境，而'今日新闻'反过来又为照片提供了语境"。这种互为语境的状况其实就是一种"人为语境"。这种语境根本就不是读者真正需要文字新闻或者图片报道的那种语境，被称为"伪语境"。"伪语境"造成读者的阅读需要，实际是读者错觉的需要。

哈哈！你上当了。波兹曼随后举出了一个生长在爱尔多农杰斯岛上的植物伊利克斯的例子。一个人向你描述这种植物的状态和生长过程，你可能会想这跟我有什么关系？然后他递给你一张这种植物的照片，此时你可能感到我学到了知识，而这种学习是在你听到那个人口语介绍伊利克斯的话和那张图片互为语境下才学到的。事过境迁，多少时日之后你会把这些全忘掉，至多会成为鸡尾酒会上的谈资或填字谜游戏时，你多储备了一个词（"伊利克斯"也许用得上，也许用不上）。实际想来，你真是什么也没有学到，因为你极少机会会遇到需要伊利克斯的那样语境。因为没有用处，所以也就等于无意义无价值。这个伊利克斯孤零零地存在你的脑海里，如果在鸡尾酒会上闲聊，你谈到了植物或者你说你想去爱尔多农杰斯岛，那么你可以将伊利克斯派上用场，此时的语境是你自己给伊利克斯造的，你本来可不去造这样的语境，即这种语境不是必要的，你完全可以去谈更重要一点的别的什么事。这种无聊中引发"有聊"的语境其实就是"伪语境"。

美国流行的填纵横字谜的游戏，这也是个无聊中让人消遣的游戏。无聊时大脑中储备的词语没有派上用场，因为没有语境需要它们，发明了填横纵字谜的游戏，实际就是创造了一种语境，让那些语词活动起来，有一些就被派上了用场，那么这种语境也是"人为的"伪语境。"过去人们是为了解决生活中的问题而搜寻信息，现在是为了让无用的信息派上用场而制造问题"（69页、93页），这种人们蓄意而为的语境就是"伪语境"。

说到让无用的信息派上用场而制造的伪语境，让我再举一个例子，以来剖析一下这个"伪语境"。报纸刊登了一件凶杀案的新闻，描写了凶杀后的场面及嫌疑人的长相特征。只读这干巴巴的文字你也许感到凶险和恐怖，但有模糊感，那场面、那嫌犯的形象是不清晰的。此时附有几张照片，其中有犯罪嫌疑人的面孔、有凶案的现场等。这一下子你的感觉就不一样了，似乎一切都活灵活现地展现在了你的眼前。我的妈呀！原来凶手是如此的残忍，凶杀是如此的触目惊心。文字新闻与图片同时登在报纸上。你看了文字之后极想看看照片，以满足你想要的更清晰的愿望；而如果先看了图片之后，你就极想了解一下凶案的过程和细节，以把照片连接成故事。果不其然，你就落入了文字新闻和图片新闻二者互造语境的陷阱。落入这种陷阱以后对于与事件（比如被害人、凶手）无关系的人的作用也只有是"震惊"了一下，或作为为时甚短的几天里的谈资，过后一切都归于平静和遗忘。但是别小看了这个"震惊"的作用，它深刻地诠释了被称为"图像革命"的意义，它让人获得了一时的快感（也可以称作娱乐），同时让那些报纸的出版商赚得盆满钵满。而在局外人看来，读者要看清晰，读细节的愿望纯粹是那个伪语境让人产生的错觉，读者在这个错觉中受到的震惊，不久就会变得毫无意义，无论是文字新闻还是图片报道对他一点儿用途都没有，这就是"图像革命"中的伪语境造下的伪价值。所以波兹曼告诉我们："伪语境的作用是为了让脱离生活、毫无关联的信息获得一种表面的用处。但伪语境所能提供的不是行动，或解决问题的方法，或变化。这种信息剩下的唯一用处和我们的生活也没有真正的联系。当然，这种唯一的用处就是它的娱乐功能。伪语境是丧失活力之后的文化的最后的避难所"（69页、93—94页）。

（三）关于语境

这里要注意一个很重要的概念，即语境。我们在这之前只简单地说"语境"是说话的环境，其实"语境"远非这么简单。语境对于语言和其他媒介都是非常重要的。我们与人交往、与人说话必须是在同一语境下进行，即述说着互相默认的同一话题。如果两个人的交流是你说东，我说西互不相干的，那就没有共同语境，那就没意义，甚至也不能交流。所以语境是同意义紧密相连的，而意义产生思想。就某一相同话题相互交流是有意义的，从而推动了思想认识。我们读一本书，就是深入书本里的语境中，我们虽然是那个语境的旁观者，但我们的思想是在书中的语境下进行着有意义的活动的。而印刷术文化不论是相互交往还是阅读文字，正是依靠着语境 —→ 意义 —→ 思想的路线，起着提高人们智慧的作用。以前在说印刷术文化提高人们智慧和理性能力时只是讲了从印刷文字的线性排列中一行行、一字字地解读中来进行的，现在又明白了这种解读是在语境 —> 意义 —> 思想这一环节中进行的。语境是我们认识事物的重要条件，是人们交往交流的重要条件。语境是思想、意义存在的条件，没有语境任何话语都是无意义的。广义而言，语境是媒介的必要条件，任何媒介都必须在一定条件（语境）下才能发挥作用。我们知道人们是通过寻求媒介来追求信息的，并应用信息的意义来解决问题。信息来源于媒介，信息的存在可以与语境无关，但信息的意义却与语境密切相关，即没有语境信息毫无意义。因此，媒介正是通过信息的语境—意义才显示出它的作用来，这就是媒介与语境的基本关系。所以通过语境更可以认识某种媒介的性质及其作用。这里波兹曼用无语境和伪语境的概念使我们认识到电报、电报新闻、图片新闻、新闻图片、电报新闻加图片新闻等这些媒介形式的性质，当它们处于无语境或伪境时，它们对人们无大用，而只能作娱乐。当我们了解了"语境"这个概念之后，就会更好地理解所谓"图像革命"的含义，特别是这将为认识电视新闻及电视媒介打下基础，更为我们今日认识手机、电脑及网络中大量信息对人的作用打下基础。那些大量的无语境或伪语境的信息，仍然还吸引着不少人收看，这些只能说明一个问题，无语境信息本性是娱乐受众。所以这一章不只是波兹曼引导我们认识电报、电报新闻、图片、图片新闻以及各种图像媒介，重要的是我们要抓住语境这个概念，从无语境及伪语境来认识某些媒介的娱乐性作用，这是波兹曼媒介思想的重要组成部分。波兹曼讲"娱乐至死"不是随便说说的，也不是看到人们因娱乐忘乎所以才向人们发出警告的。他说这话是有根据的、有分析的、有思想的。

这里借助语境这一概念，我们再进一步认识媒介。有一个"语境重置"的概念，说的是事物变化到了一定程度，人的思维方式也应变化，而不应固守原来的思维方式，这就是"语境重置"，"重置"的是与新的语境相应合的思维方式。比如20世纪末，世界上美苏两大阵营因苏联的解体而告终结，世界历史已翻开了新的一页，也就是语境发生了变化，过去的两大阵营对立的冷战思维已不适用于新的时代。但是在21世纪的新语境下，某些西方政客仍然持守着冷战思维，仍然在搞军事同盟来对抗某些设

想的"敌国"，于是他们出现了对世界的许多误判，给别国和本国的发展造成了许多障碍。现今世界生态环境恶化，污染严重、气候多变，世界总人口增加而资源日渐枯竭……更显示了人类命运休戚与共、息息相关的新语境，更需要和谐发展，合作共建，而不应是国家集团间的对抗。那些秉持冷战思维方式的政客面对今日之世界，不能语境重置，和世界的基本要求背道而驰，他们因其所作所为极可能成为历史的罪人。这里我们需要指出的是"思想"也是一种媒介，即由某一思想（比如定理）就可以得到某一结论（这些以后还会讲到）。冷战思维是一种思想，人类命运共同体也是一种思想，它们都可以拿来（作媒介）分析人类生存的境遇，但是如果错用了媒介，就会产生错误的后果。

我们还应看到思维方式源于媒介，世界盛行何种媒介，就产生何种思维方式。原始社会，主要是口语媒介，其思维方式就是口语的（如前此介绍的谚语、俗语在维系着社会生活）；文明社会是文字为主导的社会，思维的方式是理性的；工业社会是印刷术文化为主导的更加理性的、有序的、逻辑的、机械的、力的思维方式；现代社会电子的（电力的）媒介出现，其思维方式在理性的基础上更转向了相对的、无序的、加速度的思维方式；当今的社会，媒介由电子的转向了数字的、人工智能的，人们的思维方式开始转向为数据处理的方式即算法的方式。尤瓦尔·赫拉利写的《人类简史》《今日简史》《未来简史》合称"三史"，虽然他的历史观点不一定都是正确的，但是却鲜明地表现了数字时代的思维方式。我们要发展必须树立适应于现今语境的数字的思维方式。我这样说并非是媒介（科技）决定论，相反媒介（科技）的发展正是属于社会生产力（范畴）发展之内的，所以我们应当强调建立数字经济更注重发展诸如（电脑）计算机、互联网、人工智能等数字媒介，促进工业、农业、服务业等国民经济的发展；建立数字政府，管理好社会，为方便人民生活服务；还可以有数字教育、数字军事等。我们用数字思维方式，发展数字信息媒介，创造新的生活方式，我们更要在某些情况下以数据（算法）的思维方式来认识事物。赫拉利用算法的思维方式观察人类历史，设想未来世界的某些可能的变化。那些可能产生的危及人类的变化还是值得我们警惕的，也使我们想到人们该用怎样的"算法"思维来发展，又要用怎样的"算法"来避

143

开数字信息媒介的负面作用。然而这一切都是在一定的语境下进行的。值得注意的是，在语境重置中不可泛用新的思维方式，要认识到任何一种思维方式都有它适用的范围，如果运用得不够则落后于形势发展，就会思想保守、不能前进。中国的大小企业都知道利用"云"服务进行购销活动，这使产品流通十分畅达，不但减少中间环节还加快了经济发展。但是过分使用数字思维方式又适得其反，比如过分地依赖人工智能代替人工工作，可能会影响人的智力和能力的提高；过分地依赖数字屏幕，就会让人变得思维简单，行为幼稚，感情用事，失去判断力，甚至变迁、变笨。我们将在第十二章见到美国影星朱莉的故事，就是不讲语境盲目相信"算法"新思维的例子。从以上语境重置和思维方式的关系中认识到语境与媒介的关系。语境重置是由于客观条件的变化，而向思维方式提出的新要求。但任何思维方式都有着媒介的背景，当语境重置时，媒介也必须改变方式，使媒介传递的信息有利于事物的发展，而媒介的改变隐喻着思想文化的改变，如此看来语境含有一种要求文化改变的力量。因此语境是一个不应被忽视的概念。我们的媒介造就了我们的文化，我们的文化造就了我们的思维方式，我们的思维方式适用于我们的语境，我们在语境重置中发展我们的事业。语境重置又使我们进一步认识了媒介的重要作用。

（四）它们在冲击着印刷术文化

虽然19世纪末20世纪初美国创出的辉煌的印刷术文化遭受到了"图像革命"的风雨袭击，但是并未使印刷术文化遭到重大损失。阐释印刷文字的习惯已深入美国人心。20世纪前几十年，反而出现了语言文学的辉煌，出现了福克纳（William Faulkner）、菲茨杰拉德（Francis Scatt Key Fitzgerald）、海明威（Emest Hemingway）、斯坦贝克（John Ernest Steirbeek）等一批得过诺贝尔文学奖的作家。在《纽约时报》《国际先驱论坛报》等报纸上出现了许多很有魅力的专栏作家、评论家，许多文章很有力度也很有文采。出版社也出版了相当多的人文科学名著，更是思想深邃、见解独到……但波兹曼认为这是"阐释年代"的绝唱。"阐释年代"达到印刷术文化的顶峰时，一个新时代的音符已经响起，"确定曲调的正是摄影术和电报"（70页、94页）。确定什么样的曲调？娱乐，为什么是摄影术和电报？因为从两种传媒的隐喻中我们看到了它们的娱乐功能，从前面的分析中我们已经看到"在它们的语言中，没有关联、没有语境、没有历史、没有任何意义，它们拥有的是用趣味代替复杂而连贯的思想"（70页、94页）。但是还有一个很重要的原因是它们代表了两种观念的结合带来的冲击波。还记得波兹曼在本章开头说过的那句话吗？"到19世纪中期，两种观念的融合为20世纪的美国提供了一种全新的公众话语理念.它们的结合大大冲击了'阐释时代'，为'娱乐业时代'奠定了基础"。我们随即初步解释了这句话。现在看科技的发展为人们的形象思维——即那个古老的（以洞穴壁画为代表的）观念——提供了越来越多的产品（媒介），比如摄影术的照片，采用机械连续快速更迭照片的电影、塑造声音形象的广播以及后来的电视，这些技术（媒介）把"图像革命"推向了高峰，（以至再后来的手机、电脑、人工智能还在这座高峰上竖起了迎风招展的大旗，这标志着"图像"观念达到了新高度）。那另一个快速传播信息的观念（即空间不再是限制信息传播障碍的"快速"的观念）让人产生了什么东西都可以快速得到的欲望，甚至包括（以形象思维观念的）快读得到对事物的认识和判断，快速传递的信息似乎让世界变得丰富多彩了。这两个观念的结合恰恰正是后来的电视的观念——动感的画面（与应和的声音）快速地送到了每个家庭，这样的声、光、电的完美结合，向阐释阅读发起了空前强大的冲击。在美国不出二三十年便冲垮了二三百年来为人们阐释阅读筑就的使人们阔步前进的大道。更值得我们继续深思的是两种观念相融合提供的"一种全新的公众话语理念"，这个全新的公众话语理念已由电视延伸至数字时代的信息媒介——我们的网络、手机、电脑，还有人工智能上面。我们将在后面的章节里，不仅会看到电视文化的公众话语，甚至也会大概看到智能网络文化的公众话语，这两种文化关涉了个人和人类的前途与命运。电报新闻和图像作为起点的两个要害元素仅仅是气势恢宏的娱乐乐章的短小前奏。20世纪中期以后，这部乐曲将全面冲击印刷术文化。冲击人们的生活方式和思维方式。

　　从19世纪中叶，电报和摄影术发明以后新的媒介也陆续登场，特别是19世纪末20世纪初电及电子技术被采用，电影、广播等登上传播的舞台。每一种新的媒介都是一种新的认识论，让人变换着方式来认识世界。值得注意的是，这些新媒介的认识论逐渐趋向电报和摄影术。这其中的广播本来以文字为基础的口语发声，应当是倾向于理性的，可是由于其生存的压力而屈从了以电报、摄影术为领头的新认识论，即倾向于娱乐化。结果是电报、摄影、广播、电影等等合力迎来了一个崭新的世界——躲躲猫的世界。波兹曼介绍这个世界时说："一会儿这个、一会儿那个突然进入你的视线，然后又很快消失。这是一个没有连续性、没有意义的世界，一个不要求我们、也不允许我们做任何事的世界，一个像孩子玩的躲躲猫游戏那样完全独立闭塞的世界"（70页、95页）。这里一会儿这个，一会儿那个向你露脸的是什么？就是新媒介，即新闻、图片新闻、广告画、电影等以形象为主的媒介，它带来的信息无由而来，又无由而去（因为其无语境），没有意义，而又不要求什么，唯一的是如游戏一样的快乐把戏，即娱乐。想一想，那配有图片的无来头的电报新闻不都是这样的吗？而后继者的媒介不也是按着这样的调子行事的吗？随着时间的推移，媒介形式的娱乐化也在不断地增强。人们娱乐的形式增多了，但是没人整天陷在那种娱乐之中，也就是说，电报和摄影术为中心的交流媒介虽然创造了躲躲猫那样的具有乐趣的游戏，可是没有人总愿意去玩。

前文所述的时期的印刷术文化虽然受到玩躲躲猫游戏的各种新媒介的冲击，但并未退出阵地，这个时期是个文化转折的预备期。而到了电视的出现，则开始大变了。电视传播能力和表现能力的确是空前的，它把图像、声音还有文字结合在一起，而且还是动感画面，几乎让人身临其境。正如波兹曼所言："电视为电报和摄影术提供了最有力的表现形式，把图像和瞬息时刻的结合发挥到了危险的完美境界，而且进入了千家万户"（70—71页、95页）。美国从20世纪40年代开始普及电视，到波兹曼写《娱乐至死》时的20世纪80年代，电视已极为发达，电视的第二代观众已经产生。原来是躲躲猫游戏虽好，但无人愿陷入其中，现在却是无数人愿与电视为伴。"任何一个公众感兴趣的话题——政治、新闻、教育、宗教、科学和体育——都能在电视中找到自己的位置"，"电视是新认识论的指挥中心"（71页、95页）。新认识论就是指电和电子技术的媒介所产生的认识世界的方式，每种新媒介都形成自己的认识论，而它们的中心是电视认识论，电视的这种地位使"电视的倾向影响着公众对于所有话题的理解"（71页、96页）。它的理念基础就是本章开头说的那个两种观念融合提供的"全新的公众话语理念"。这种话语在电视时代就是电视文化的话语，就是"公众对于所有话题的理解"方式。非常值得我们关切的是人们在享受这种声、光、电完美结合的电视画面时，却极少有人会思考它对人又有什么作用，它的危险在哪里。

在电视发达的年代里，电脑技术也诞生了，并且也开始在美国民众之中普及。如何来看电脑呢？波兹曼说了一句很重要的话："关于电脑的一个很重要的事实就是，我们对于它的任何了解都来自电视。电视已经赢得了'元媒介'的地位——一种不仅决定我们对世界的认识，而且决定我们怎样认识世界的工具"（71页、96页）。"元媒介"是什么样的媒介？可以理解为它是电脑的源头，即电脑在某些方面具有电视媒介的性质。我们要特别注意这一句："一种不仅决定我们对世界的认识，而且决定我们怎样认识世界的工具"。电视的逼真的画面和声音的圆满结合，使它以无比真实的场景让观众和电视中的人和事处在一个空间里。以这种空前的传播能力来看，除了强烈地吸引力之外，还让人们的认识论发生了根本的改变。以场面的逼真削弱了人们的思考，以视听让人们走入电视规定的情景之中，它让人们大幅度地省略了文字阐释中的几道重要的工序。电脑与电视虽然工作原理不同，但是普通（家用）电脑在表现力上有很多是与电视相似的。面对荧屏如果以电视的"看"和普通电脑的"看"来了解世界的话，那么在媒介认识论上二者是差之不多的，都是同样决定着我们对世界的认识和怎样决定我们对世界的认识。当然，电脑还有更广阔的用途，比如经过特殊的软件设计而成为具有计算、设计、社交、储存（资料、数据）、分类、分析、管理等功能，以至于发展成人工智能。关于人工智能的认识论将在第十三章中简述。

电视成为新认识论的指挥中心，这是它在社会存在中的地位，而电视在一般人的心理和感觉的地位是"神话"，即人们以神话的态度看待电视，其意思是人们对电视上的东西不会有任何质疑，电视既神奇又活灵活现地展现了这个世界，就让人感到电视上的东西是自然而然的，它表现的东西就是真实的。由于人们对电视的这种心理和态度，法国结构主义思想家、符号学哲学家罗兰·巴特（Roland Barthes）才说电视赢得了"神话"地位。"神话是一种深深扎根于我们无形意识中的思维方式，这也就是电视的方式"（71页、96页）。这里"无形意识"大概说的是心理学所言的"无意识"，无意识来源于传统和人的文化熏陶，使人对某些事物产生一种情结，它潜伏于人的意识之中，在某些时候会参与我们的意识。电视方式取得神话的地位，也是说明电视已深深扎根于我们的无意识之中，人们把电视上的东西看作是自然而然的，没有任何质疑，这正是"神话"在人们心中的地位。更重要的是人们并不感到电视提供给我们的是一种特殊的视角，一种特殊的认知方式，因而影响着我们的思考、我们的认识。"电视逐渐**成为**我们的文化"（72页、97页，黑体为原著所加）。关于电视自身的一些问题特别是电视与人的关系等电视生态学的问题都被人们遗忘了，人们只管去看那个诱人的画面和它表现的故事了。电视化在人们的无意识之中，连同电视的认识论也化在了人们的无意识之中。所以波兹曼说："电视的认识论已经悄无声息地进入了我们的生活，它建立起来的躲躲猫世界在我们眼里已经不再显得陌生"（72页、97页）。是的，我们是那样地熟悉电视，它已经是我们生活的一员了，每天陪伴着我们，我们适应它比我们适应印刷文字要快捷得多、省力得多。而人们并不去想这种适应意味着什么，这种适应肯定不是电视的改变，而是人的改变，那么人改变了什么呢？波兹曼又指出："我们的文化对于电视认识论的适应非常彻底，我们已经完全接受了电视对于真理、知识和现实的定义，无聊的东西在我们眼里充满了意义，语无伦次变得合情合理"（72页、97—98页）。这就是说电视文化已经占据了社会文化的中心地位，它开启的电视时代向人类（起码是美国）的文化史展现了新的一页。在这个时代里人们逐渐地向"阐释年代"告别了。波兹曼非常遗憾地说，"如果我们中的某些人不能适应这个时代的模式，那么在我们看来，是这些人不合时宜、行为乖张，而绝不是这个时代有什么问题"（72页、98页）。从此以后美国文化进入了一个新时代，这就是由电视为主导带来的娱乐业时代。

至于电视怎样对于真理、知识和现实进行定义，无聊的东西怎样被电视变成了充满意义的东西，语无伦次如何被电视变得合情合理等，波兹曼将在以后的章节里向我们具体分析。值得注意的是，我们在他的分析中要把目光聚集在两个方面，一是"电视的思维方式和印刷术的思维方式格格不入"或称二者严重对立；二是"电视只有一种不变的声音——娱乐的声音"，这两点对人理性和智力的影响是最大的。人们因为电视而开始远离书籍，在人性中增强了娱乐的欲望，在行动上提速了对娱乐的追求，这正应了《娱乐至死》前言中奥尔德斯·赫胥黎"50年前担心过的，现在终于发生了"（72页、98页）。由下一章起也将对这个前言逐步地展开解释。

为了更好地认识电视媒介，希望大家再回忆一下本书第二章后部分讲的媒介认识论与哲学认识论的关系，看看电视媒介中的真理是什么，它怎样来定义现实世界，怎样改变着人，这对于理解本书第六章至第十章是非常有益的。

第六章　娱乐业时代

——被解剖开来的电视

（一）电视（媒介）的偏向——娱乐

在本章的开头波兹曼举了三个例子：第一个是拿电视机当光源，代替损坏了的台灯来读书；第二个例子是把电视屏幕上滚动播出的当日新闻的字幕当作电子布告牌，以作为最省时、最省力的快捷便当的信息源；第三个例子是把老式的落地电视机当作书架。然后他说"我是想嘲笑那些妄想利用电视机来提高文化修养的人"（73页、102页）这是怎么"嘲笑"的呢？原来媒介和传播学家马歇尔·麦克卢汉提出了一种"后视镜"思维的说法，认为"新媒介只是旧媒介的延伸和扩展"，那么新媒介就会有比旧媒介更强大的作用，比如"汽车只是速度更快的马"，汽车是新媒介，而马则是旧媒介；"电灯是功率更大的蜡烛"，电灯是新媒介，而蜡烛是旧媒介。按照这种逻辑，一些人把电视看成是比电报和摄影术更新的媒介、比印刷术更加新的媒介。电视集图像、声音、语言（包括口语和文字）于一身，比之前的语言（口语、文字）、电报、图像等媒介更有力、更强劲，在提高人的文化修养上的作用一定会优于印刷文字。正是这种"后视镜"思维让美国人、美国文化受害不浅。其实，这些人是错用了"后视镜"思维，马与汽车在速度上是有可比性的，电灯与蜡烛在照度上是有可比性的。如果再以马、汽车和飞机放在一起作媒介比较，因为都是在速度上的比较，是可以用"后视镜"思维的。可是以印刷文字同图像作媒介的比较，因无可比性，所以泛用"后视镜"思维是难免不出毛病的。

波兹曼利用开头的三个例子是嘲笑那种迷恋电视的人，以为电视是新媒介，应当是旧媒介比如印刷铅字、广播等的延伸与扩展，因此用它来提高文化修养应当强于旧媒介。波兹曼评判说，这些人"完全误解了电视如何重新定义公众话语的意义。电视无法延伸或扩展文字文化，相反，电视只能攻击文字文化"（74页、102页）。电视如何重新定义公众话语，将在以后会讲到。

电视无法延伸或扩展文字文化是显而易见的，它无法比书面文字或印刷铅字让人的思考更有深度，相反电视以形象逼真的动感画面吸引了人的眼球，人们不用思考，更来不及分析和判断，一切都以形象展现在人的眼前，并且又很快被闪现出的另外的形象所替代。以后我们会明白，如果电视有的形象被留下，那将是人的右脑形成的感性记忆（若是长时间用不上，也将消失）。电视也会有较少的理性的东西（主要是在电视专题片、纪录片、电视剧中的正剧、电视专访等节目中），但电视大部分内容是娱乐性的、形象的。所以能够引发我们左脑理性思维的东西是不多的。形象的东西，特别是娱乐性形象是电视的主要内容，在屏幕上这样的形象转换即是所谓的以"看"取代了"读"，长此下去虽然可能使感性感知力增强，但会伤害其理性思维，所以电视是攻击了文字文化的。这也就是说媒介转换了，由文字转向了动感形象，所产生的对人的作用也不同了，后继媒介并不能代替先前的媒介，甚至某些效果无法比拟先前的媒介。这里我们顺便说一句，在解读波兹曼的时候，不仅是阐述其话语的表面含义，而更要了解深层次的东西，特别是故事背景中的媒介意味着什么。"如果说电视是某种东西的延续，那么这种东西只能是19世纪中叶源于电报和摄影术的传统，而不是15世纪的印刷术"（74页、102页）。电报与摄影术的传统是什么，如我们在前一章所阐述的作为文化传播来看，电报与摄影术两个媒介的隐喻都是娱乐。电报与摄影术只是"序曲"，在这个"序曲"之后电视正式出场，此时的电视正是在文化上延续了娱乐，为什么是这样？波兹曼要解答的问题正是："什么是电视？它允许怎样的对话存在？

它鼓励怎样的智力倾向？它会产生怎样的文化？"（74页、102页）

波兹曼首先要我们弄明白两个概念及两个概念的关系，这就是技术概念与媒介概念，他说：

> 我这里先要区分一下技术和媒介的概念。我们也许会说，技术和媒介的关系就像大脑和思维一样。大脑和技术都是物质装置，思想和媒介都是使物质装置派上用场的东西。一旦技术使用了某种特殊的象征符号，在某种特殊的社会环境中找到了自己的位置，或融入到了经济和政治领域中，它就会变成媒介。换句话说，一种技术只是一台机器，媒介是这台机器创造的社会和文化环境。（74页、102页）

这里我们把大脑也看成是技术装置时，"它们在使用某种特殊的象征符号"后都成为一种对社会政治、经济等领域起作用的媒介。再比如电视装置使用负载讯息的微波这种特殊的象征符号，经过发射机和接收机（电视机）还原为信息就成了对社会和文化环境起作用的媒介。人脑在找到了语言及非语言（对形象的、声音的、气味的……感知）这种特殊的象征符号也成了思维，即语言思维与非语言（比如感性）思维，形成了思想，也就是媒介，人的思想对社会环境当然会起到很重要的作用。两种（电视、人脑）技术装置各不同，也是两种媒介的不同，对社会的作用也不同。电视（媒介）传递的信息主要是动感画面，思想（媒介）传递的是决策与行动〔比如打乒乓球就是人脑的非语言（感性）思维产生的行动〕。电视技术（媒介）的隐喻是娱乐，人脑（媒介）的隐喻是智慧。如果以图表显示：

技术装置	象征符号	媒介	直接传递的信息	隐喻（偏向）
电视	负载信息的微波	发射机与接收机（电视机）	动感画面	娱乐
人脑	负载信息的语言及非语言	思想	决策与行动	智慧

注1：这里的隐喻，仅仅标示的是最鲜明的、易被认识的隐喻，其实一种媒介的隐

喻往往会有很多。

注2：还要说明的是，我们首先要明确媒介与技术是两个不同的概念，是不能混淆的，比如思想、定理等可以是媒介，即由某种认识可以推导出某一结论，但它们不是技术（装置）；其次是在某些场合下，媒介与技术又可以互换，比如人脑从生理上看是技术装置，但是从其思维能力看，它又是媒介，即如波兹曼所言"一种技术只是一台机器，媒介是这台机器创造的社会和文化环境"。这也是在说当把技术当作技术装置来看，它是一台机器，也叫"技术"；当把它看成会影响社会及文化环境的时候，那么这台机器就是"媒介"。麦克卢汉也是把汽车、火车等看作媒介的。所以我们在后面的章节里，当把技术装置看作是影响社会和文化环境的时候，也称其为"媒介"。我们的这种"混用"一定是在技术与媒介两个概念清晰基础上的"活用"，而不是混淆。

由以上看出"每种技术也有自己内在的偏向。在它的物质外壳下，它常常表现出要派何种用场的倾向。只有那些对技术的历史一无所知的人，才会相信技术是完全中立的"（74页、102页）。如果把技术用错了，就会产生笑话。如同人们编排的爱迪生的笑话：他把自己发明的电灯泡，当作扩音器的话筒来用，放在嘴边喊"喂！喂！"所以波兹曼说，"每种技术都有自己的议程"。这个议程在告诉我们它等待着适于它的那个"象征符号"，这个议程也包括它的隐喻作用。电视技术的发射与接收设备等待着的是那个载有节目的微波信号，一旦这个信号输入了设备，就形成了人们可看的电视（信息），然后就是电视媒介的隐喻作用，即"创造的社会和文化环境"，其实技术才是媒介隐喻的根源。同样的道理印刷机这种技术设备的倾向是文字，文字语言便是它要求的"象征符号"。当文字输入印刷机的时候便生产出印刷品，即是文化传播的一种媒介。同时，人们在阅读这些文字时便开展了它的隐喻，印刷机的这个议程实现了，那么也是作为媒介的隐喻开始显现了，就是我们前面（特别是）第三章和第四章所讲的社会文化特色，即"阐释年代"的文化特色。当然我们也可以把技术（设备）的议程隐喻理解得更长远一点，比如把印刷术文化——阐释年代看作是它的议程隐喻。电视技术装置与印刷技术装置不同，其偏好也不同，它们产生的媒介隐喻也不同。这就是波兹曼指出的技术不是中立的，是有倾（偏）向的。为了说明印刷机的这种倾向，波兹曼举了宗教改革的例子。他说如果把印刷术专用于照片复制、新教的宗教改革可能就不会发生了。因为马丁·路德（欧洲宗教改革运动发起者）说过，如果每个家庭的餐桌上都有上帝的文字《圣经》，基督徒就不需要教皇来为他们解释了。现在（当然是假如，当年的印刷机还不能印照片）印刷机专去印照片而不去印文字，（就违背了印刷机技术的议程，也就不会发生"阐释年代"的文化）家庭中无《圣经》，人们就无法自己阐释《圣经》，基督教教义的解释仍归罗马教皇，任何教徒也不能反抗这个权威，哪里还有什么宗教改革？而真实的情况是15世纪50年代印刷机出现之后，首先就是大量印刷《圣经》，在宗教改革时，《圣经》已经在欧洲较为普遍了，可以如马丁·路德所言的人们自己去释义《圣经》了，这就为宗教改革运动创造了条件。从社会历史发展的角度看，宗教改革是一定要发生的，这与印刷机大量印刷《圣经》正好相应合，而且印刷机是起了作用的，但根本原因却不是印刷机的使用。

宗教改革是欧洲乃至世界的重大事件，始于1517年。当时基督教教义的最终解释权为罗马教皇，《圣经》的权威性也集中体现在罗马教廷之中。这种神权独霸形成了奢侈与腐败，招致农民、市民甚至一些教会内部人士的强烈不满。德意志宗教改革家马丁·路德为首，倡导宗教改革，提出"因信称义"，中心思想是只要人们尊崇信仰就能得到上帝的拯救，无须遵守教会教规，以反对罗马教皇的神权独霸，这就是"如果每个家庭的餐桌上都有上帝的文字，基督徒就不需要教皇来为他们释义了"（74—75页、103页）。马丁·路德为首的宗教改革形成了基督教的另一派——新教。在本书前部分关于美国的历史的解释中可以看到新教在英国甚为流行，被称为清教，清教徒在英国受到老教派的压制，所以大量的美国人（当时被称作新英格兰人）是英国清教徒的移民。而据1977年《英国年鉴》不完全统计，世界新教徒有两亿两千万人。马丁·路德带有平等自由思想的宗教改革运动引起了被恩格斯称赞的德意志农民战争，这是一次反对封建统治的斗争。宗教改革运动在瑞士引发了加尔文的宗教改革，他延续了马丁·路德的思想并使新教更适应资产阶级的要求，其影响达到荷兰、英国、德意志和西班牙等欧洲国家。宗教改革运动所以能兴起，其根本原因在于社会历史的发展。欧洲的文艺复兴重振了人文精神，带来了自由平等的思想，随后资本主义兴起，出现了新兴的资产阶级，资本主义市场经济需要自由交换，需要众多的自由、自主的劳动力。农民要求脱离封建主的束缚，成为自由劳动者。基督教信徒占欧洲人的绝大多数，此时资产阶级利益诉诸宗教改革是必然的，宗教改革运动实质上是代表新兴资产阶级利益的新思想同代表封建专制统治的旧宗教思想的矛盾斗争。这个斗争借助于反对教皇的腐败奢侈而被引爆了。欧洲印刷术大约成型于1450年，到1500年印刷厂遍布欧洲，促进了经济繁荣和科学以及教育事业发展，使文化和宗教的传播有了得力的手段。若说印刷术与宗教改革的关系也只能是印刷术为文艺复兴的自由、平等思想和宗教改革的宣传作出了不小的贡献。波兹曼用"如果……可能……"来说印刷机与宗教改革的关系，无非是说印刷文字媒介和图像媒介各有不同的倾向罢了，而绝不是真正地分析宗教改革的原因。宗教改革时期尚无摄影术、印刷机也不能印制图片，即使让印刷机专用于照片印刷，也阻止不了宗教改革的发生。但是，我们应从宗教改革运动这一历史的背景中看到媒介可能起到的这样或那样的作用。

作为人类创造的技术装置确实都有着自己的倾向，电视技术也同样有自己的倾向。"倾向"是波兹曼给技术装置起媒介作用时创造的一个概念（这里"倾向""偏向"和前面在第一章讲到媒介隐喻时说的"偏好"在汉语中的词义是相近的，所以在后面的章节里，有时是混用的），电视技术的倾向是以动感画面为主的电视媒介，并隐喻着娱乐。我想在这里将电视的"倾向"和它的"娱乐性"两个概念厘清一下。电视（媒介）的倾向是动感画面（形象），这是它最适宜的传播内容，而这种内容的一大特点是"娱乐性"，这样看来娱乐性应是电视媒介的隐喻，没有动感形象电视不会直接去娱乐人。实际上电视的动感形象也不都是娱乐人的，比如阅兵式、对来访的国家元首的欢迎仪式、国王加冕典礼、重要会议的直播等，还有诸如医疗保健、生活常识、科普知识等专题性节目也都不是娱乐人的。但是在美国由于电视的商业化竞争，出现了泛娱乐化现象，许多本不该是娱乐性的节目也被娱乐化了，因此种现象相当严重，使电视的这种隐喻几近成了电视的"本性"。所以波兹曼就经常把娱乐称为电视的

"本性""倾（偏）向"，而我们的心里应当明白电视的"本性""倾向""偏向"应当是动感画面。阅读时我们理解他的这种用语就可以了，不必细究。我们也常常说"电视的娱乐性……""电视的娱乐倾向"等。在美国不论什么节目，如果你使观众娱乐起来了，你便是适应了它的倾向，你的节目在起点上便是成功的。如果不是这样，就犹如拿灯泡当话筒一样违背了电视技术的倾向。在电视不发达的国家，让电视上只出现一个人头，在那里播报新闻，那台电视机实质上变成了收音机，也违背了电视技术的倾向。在让电视机充分发挥它的特性的时候，你便会发现提供娱乐，对它是多么相称。美国在当时是电视最发达的国家，美国使电视发挥到了极致，而娱乐化也凸显出来。波兹曼的书写于20世纪80年代，那时他说美国电视节目的出口量达到10万到20万小时，那么美国电视节目的制作能力由此可见一斑了。他还列举了一些电视节目名称，大都是电视剧之类的娱乐性很强的节目，其娱乐性强到什么程度，他又举例说游牧的"拉普人为了看《达拉斯》中到底是谁杀了J.R，竟然推迟了他们每年一次的大迁移"。人们如此地欢迎美国的电视节目，"并不是人们热爱美国，而是因为人们热爱美国的电视"。他以英国著名剧作家萧伯纳（George Bernard Shaw）第一次见到纽约百老汇和四十二大街霓虹灯闪烁的惊讶来比喻人们对美国电视节目的惊叹。美国的电视节目的确是美丽奇观，它色彩缤纷、画面频闪，平均3.5秒就变换一个镜头，令人目不暇接，特别是编排精心，节目精彩，主题多样，人们不需动脑，一看便知，真是赏心悦目，愉悦非常。可以说"美国电视全心全意致力于为观众提供娱乐"（76页、105页）。

但是，问题远不是电视给人带来娱乐那么简单，"而是电视把娱乐本身变成了表现一切经历的形式……我们的问题不在于电视为我们展示具有娱乐性的内容，而在于所有的内容都以娱乐的方式表现出来，这就完全是另一回事了"（76页、106页，重点为引者所加）。他又以另外一种说法解释说："娱乐是电视上所有话语的超意识形态，不管什么内容，也不管采取什么视角，电视上的一切都是为了给我们提供娱乐"（77页、106页）。这些话告诉我们电视的核心就是娱乐，它生性带来的娱乐是它的中心，它要求所有的节目都要适应它的娱乐大众的要求。它的这个要求不是因为它有目的性，而是它的技术——动感形象的特点——形成的一种突出的功能，几近于电视的本性，美国电视绚丽的动感画面，完美的配音，可以让一切都活灵活现，使它赢得了观众的喜爱。它娱乐了观众，观众又喜爱它，这种互动，令它在娱乐化上越走越远。美国电视的市场化竞争使娱乐已经不是电视节目（所谓的电视话语）的一般要求，而是绝对要求，即所谓的"超意识形态"。在这种超意识形态的主导下，就连那本是"教育、反思或净化灵魂"的新闻节目也娱乐化了。姣好的面容、亲切的态度、令人愉快的玩笑、美妙的音乐，甚至还配有生动活泼的广告……这一切都主要是为一个目的——娱乐。即使是报道悲剧和残暴行径的新闻，骨子里也是娱乐，这些节目在结束时会亲切地邀请你"明天同一时间再见"。意味着"明天还有新闻呐""说不定还有暴力的新闻呐"，那隐语是："你就等着看吧！"，令人想起看电影恐怖大片时的心情。电影再恐怖其宗旨也是娱乐，没有一个观众是因为要吓唬一下自己去买票看恐怖片的，除非他心理有病。归根结底，电视不是让人读的，也不是让人听的，而是让人"看"的，"这是电视自身所指引的方向"，"'好电视'同用于陈述的语言或其他口头交流形式无关，重要的是图像要吸引人"（77页、106页）。发达的美国电视，完满地适应电视的这种偏向。美国是最会运用电视偏向的国家，同时也是发挥电视娱乐作用最好的国家。当然也是受电视"毒害"最重的国家。

　　为了说明电视的"看"，波兹曼又举了一个例子，这是一个比新闻节目更难娱乐的讨论（议论）性节目，就是美国广播公司1983年11月20日，在电影《从今以后》（又译作《浩劫后》）播放之后的一次讨论式节目。讨论的话题是核灾难的可能性。对此我们会想到通过这样的节目，可以看到电视会怎样"充当一个非常'严肃'而'负责任'的角色"。这个电视节目为"如何表现出电视作为传播信息的媒介所具有的价值和严肃意图"，不再像其他节目那样，而是取消了背景音乐，也去掉了电视广告。特别是该节目请了赫赫有名的大人物作为嘉宾参加讨论，比如那个亨利·基辛格（Henry Kissinger）曾任美国安全事务顾问，曾被尼克松（Richard Milhous Nixon）总统秘密派访中国，为两国建立外交关系打下了基础，后来又任尼克松和福特（Gerald Rudolph Ford）两位总统的国务卿；罗伯特·麦克纳马拉（Robert McNamara）曾任美国国防部部长；那个埃利·威塞尔（Elie Wiesel）是美国著名作家，曾获得过诺贝尔和平奖。其他的那些嘉宾也都是军事界、政治界响当当的大人物。泰德·科佩尔（Ted Koppel）是一位非常老练的节目主持人，可想而知这样的节目会是多么严肃、多么具有公共教育意义。然而节目的面貌却远非想象的那样。开头每人有5分钟发言，但是各说各的话，不与别人相干，别人也不作反应。然后在分给自己的时间里发言，但是发言内容似乎与核灾难关涉并不大。比如基辛格"非常急切地想让观众因为他不再是他们的国务卿而感到难过"；威塞尔"引用一系列类似寓言和隽语的东西，强调指出人类生存的悲剧"；只有麦克纳马拉和卡尔·萨根（Carl Sagan）谈到核问题，可是麦克纳马拉只讲了自己15个削减核武器提案中的三个提案，有人却对他中午在德国吃的午餐更感兴趣；萨根的发言似乎最为出色，对核冻结的理由进行了4分钟的说明，其中至少有两点还值得商榷。所以整个节目"根本没有讨论，没有论点，没有反论点，没有依据的假设，没有解释，没有阐述，没有定义"。节目不连贯，"支离破碎""断断续续"。讨论性的节目是离不开思考的，但是电视是拒绝思考的，电视一进入思考，观众就没有东西看。不能思考的电视就难以表现思想，不能思考的电视就应该是表演的电视。电视是需要表演的艺术，出镜者必须学会表演，哪怕是具有高超语言驾驭能力和政治见解很深刻的人都必须屈服电视的这个要求。80分钟的讨论性节目成了思想性很差而娱乐性很强的节目，"主题是严肃的，而意义是无法题解的"。

当然，波兹曼也说："我不是绝对地说电视不能用来表现清晰的语言和思考过程"。在美国也有像《火线》《记者访谈》《自由心灵》之类的节目，"它们显然在努力保留文人的高雅和印刷术传统，但这些节目从不和那些具有更多视觉快感的节目抢时间，因为如果那样，它们就没人看了"（80页、111页）。这就是说我们偏偏让电视去表现它不喜欢的东西，比如印刷文化的那种传统的东西——长篇大套论说的东西。结果怎样呢？那只有待在"角落"里，也就是不要占用收视的黄金时间段，这种时间段是留给那些让人娱乐得好的节目的。你非要抢占，一方面是电视台决策者不同意，另一方面观众（或大多数观众）不会去看。你真的还不如放在非黄金时段，让那些少数的喜欢你的节目的人能看到。这种安排不是谁人的安排，是电视的安排，也就是波兹曼说的："归根结底，我们从来没有听说过，一种媒介的表现形式可以和这种媒介本身的倾向相对抗"（80页、111页，重点为引者所加）。"电视之所以是电视最关键的一点是要能**看**，这就是为什么它的名字叫'**电视**'的原因所在。人们看的以及想要看的是有动感的画面——成千上万的图片，稍纵即逝然而斑斓夺目。正是电视本身的这种性质决定了它必须舍弃思想，来迎合人们对视觉快感的需求，来适应娱乐业的发展"（80页、111页，"看""视"黑体为原著所加）。媒介的倾向源于媒介的技术性质，这种倾向又会有多种隐喻，就电视而言它的倾向（或偏好、偏向）是动感形象，动感形象的一种强势的隐喻就是娱乐。电视因为"最关键的一点是要能看"，"看"什么，主要是动感形象，所以电视最能娱乐、最擅长娱乐，也最喜欢娱乐。电视是最能欢动、最能喧闹的媒介，这几乎成了电视的"本性"。如果让电视表现的是不动的形象，那电视机就变成了幻灯机。我们还可以与电视媒介"相对立"的印刷文字媒介来理解电视的娱乐性。印刷文字的"倾向"或曰"本性"是清新有序的语言，深刻蕴含的道理，或者说这是印刷文字媒介形式最适宜的内容，但是传播的还只是信息，正如电视传播的是动感形象也是信息一样。印刷文字的这种信息诉诸人的理性，即需要人的理解，所以它的隐喻是提高人的理性，其强势力量也使这种隐喻几近于印刷文字媒介的"本性"，但印刷文字媒介的本性还是传播文字信息，不同的人对同一文字信息的理解是不同的，所以印刷文字媒介不能直接传播（大家都认同的某种）"理解"，但是它应被视作理性的媒介，是最能让人思考、最深沉而安静的媒介。在电视媒介与印刷文字媒介的这种对比中，我们更清楚地看到谁会适应电视的娱乐性，谁能让电视达到它的这个最佳状态，把娱乐性充分地发挥出来，让节目达到娱乐的最大化，谁就将是电视节目的最佳编导、最佳主持人、最佳嘉宾。

（二）由电视文化看媒介与社会文化的关系

但是，电视的娱乐并不到此为止，它的这种娱乐产生了对文化的强烈冲击。一种媒介的隐喻如果蕴含着对社会文化的强烈冲击力，那么它就有可能占据社会文化的中心地位，从而对人们的社会意识产生巨大影响。产生于15世纪中叶的印刷术，对宣扬文艺复兴以后的平等、自由思想和随之而来的欧洲思想启蒙运动以及科学学术的发展、对推动工业革命和资产阶级革命都作出了巨大贡献，那个时期是印刷术文化占了社会文化的中心地位。20世纪电视的发明，特别是美国在20世纪中期以后发达的电视业将印刷术文化排挤到边缘地带，电视文化占据了社会文化的中心地位。"就像印刷术曾经控制政治、宗教、商业、教育、法律和其他重要社会事务的运行方式一样，现在电视决定一切"（81页、112页）。电视技术使它几乎包容了话语的所有形式，它集声、光、电于一身，有着极强的表现力，尤其在"看"的方面，几乎无可比拟，它将社会所有的文化形式全部包裹进来，不论是政府政策的、政治的、军事的、科技的、艺术的、体育比赛的、电影或电视剧的……全能在电视上如实地表现出来。人们有了一台电视机似乎可以看到整个世界。"电视是我们文化中存在的、了解文化最主要的方式。于是——这是关键之处——电视中表现的世界便成了这个世界应该如何存在的模型。娱乐不仅仅在电视上成为所有话语的象征，在电视下这种象征仍然统治着一切"（81页、112页）。波兹曼的这句话极为重要，极中要害，这分明是说电视这个我们非常熟悉的亲密伙伴已经影响到了我们对世界的认识，我们不由自主地按着电视的思维模式来看待世界，而它的核心却是娱乐。"现在电视决定着一切"。人们不再彼此交谈，而在娱乐；人们不再交流思想，而是交流图像；人们争论问题不靠观点，而靠外表、名人效应和电视广告。"电视传递出来的信息不仅仅是'世界是个大舞台'，而且是'这个舞台就在内华达州的拉斯维加斯'"（81页、112页），——一个五光十色的、灿烂辉煌的娱乐之城——让人娱乐无穷。电视是个娱乐大全。

波兹曼用"倾向"及其隐喻的概念表明他对电视认识的深刻性，这种深刻性使人们认识到电视的娱乐是怎么一回事，而且指出美国真正的娱乐业是从电视开始的。先前的电报、图像媒介只不过是娱乐化的序曲或前奏，整体入戏的是电视，从此美国文化史走向了娱乐时代。在这个时代里人们不仅从电视上看到接连不断的节目中的娱乐，而且更让人们按照电视的思维方式去看待世界。电视的共鸣又让人们形成一种电视话语，即对理性的疏远、对思想的淡漠、对图像和外表的偏爱、对娱乐的享受。我们必须深入解读"倾向"及其隐喻的含义，以便深刻认识这个现代社会的娱乐之源。

电视的这种隐喻真的让人按照电视的原则去办事了。波兹曼举了好几个例子来说明这种状况。格雷格·萨科威茨是一位天主教神父，同时又是一位电台音乐节目主持人，于是他在布道中播放排行榜前十名的歌曲，他的特点是把传教和摇滚乐结合起来。"他说他传教不是用'教堂方式'"，那是什么方式呢？很明鲜在他的《心灵旅途》节目中是用娱乐的方式，只不过他没有这样说。另一位约翰·J.奥康纳神父在就任纽约大主教的仪式上戴上了美国著名的棒球队扬基队的球帽，而且讨得了电视观众的欢心。萨科威茨神父说"你不必为了虔诚而忍受乏味的东西"，而奥康纳神父则认为"你根本就不必虔诚"。教徒如果不虔诚那意味着什么？在医学界，五十多家电视台现场直播一位医生为病人做的心脏三路分流手术，直播的结果是医生和病人都出了名。但波兹曼说："我不明白为什么要直播这次手术"。其实波兹曼很明白，既然医生和病人都出名，那当然是观众很多，为什么会很多？大概，普通人观看心脏手术就是为了满足好奇心。好奇是属于娱乐的。在宾夕法尼亚州的公立学校，试行把所有要学的科目都唱给学生。电视里播出学生上课的情景是戴着耳机，听摇滚乐，而歌词是老师的讲稿。这个创意的发明人是电视节目《芝麻街》的主创者儿童电视工作室，他们试图证明教育和娱乐是不可分割的，学习阅读的过程可以成为一种轻松的娱乐，而宾夕法尼亚州的学校则是要把教室变成摇滚音乐会。

印刷术文化与电视文化是严重对立的，学习与阅读最根本的是要进行理性的思考、是阐释、是深层的理解。而娱乐是表面的、外在的，是在动中寻求乐趣的，本质上是做不到理解的。把讲课稿变成歌曲，也仅仅是能让人记住某些条文，而不能代替理解，需要理解的东西无论怎么变换最后必须是要用大脑的思考来进行。印刷术与电视机是两种截然不同的媒介，引发的是截然不同的认识论，产生完全不同的结果，可以预测宾夕法尼亚州某些学校的娱乐式教学其效果一定是学生对课文的理解是浅显的、表面的，对学生的理解力的提高是有害的。

按照电视的思维方式办事的还有法律，电视的法制节目播放一些杀人、强奸等案件的审判情况，"这些节目在人们眼里比电视剧里虚构的法庭戏更吸引人"。在美国联合航空公司的飞机上，空姐领着乘客们做游戏，大家欢乐非常，连机组因天气恶劣而发出的"请系安全带"的红灯警示都不被大家注意了，到达终点时大家感到这种旅途实在是太愉快了。制造娱乐的人和接受娱乐的人都感到愉快的例子还有很多。查尔斯·派因教授获得了议会命名的"年度杰出教授"的称号，在解释他如何对学生产生如此大的影响时，派因教授道出了诀窍，大概可以叫作"娱乐教学法"吧。他的黑板板书跨越黑板的边缘，继续写到墙上，引来学生哄堂大笑；在展示玻璃分子怎样运动时，他会跑向一面墙，然后从墙上弹回来又跑向另一面墙。他用表演表帮助讲课真是一种创意。这样的表演除了在电影和戏剧中有过，他可算是第二个。第一个在教室中做这种表演的是那位大哲学家黑格尔（Hegel），波兹曼说他"用这种方法来论证过辩证法"。我想这可能是用以说明辩证法中"否定之否定"的原理吧，一种事物在它发展到极端时就会走向它的反面。中国人叫"物极必反"。小心呀！娱乐有没有"物极必反"的那一天呢？中国人还有句俗语叫"乐极生悲"，娱乐过分是否会毁掉自己呢？娱乐是人本性的东西，人天生就喜欢娱乐，在电视文化的作用下娱乐得到了全方位的发挥，几乎无孔不入，连宾夕法尼亚州门诺教派中的严紧派（注：中译本原文为"严紧派"，不过笔者怀疑"紧"为"谨"之误，以下同。）也不能将娱乐"严紧"掉。这一派可以说是生活在美国电视最发达的20世纪80年代主流文化之外的教派，他们的宗教反对膜拜图像，是不允许看电影或拍照片的。1984年，派拉蒙电影公司的人员在他们镇上拍摄电影《目击者》，讲的是一个侦探爱上严紧派女孩的故事。拍电影时，严紧派有些人却在干完活跑到片场去看热闹，虔诚的教徒则躲到草丛里用望远镜偷着看拍戏……娱乐是禁止不了的，宗教对此也无能为力。1984年冬天，有人提出了想把《圣经》拍成一系列电影的打算，定名为《新媒介圣经》。把《圣经》拍成电影是不是《圣经》的娱乐化呢？几百年来，《圣经》都是以书面文字传世的，看来这个传统要被动感的图像打破了。

在美国电视的熏陶下，人们对娱乐的共鸣似乎已变成了无意识行为。1983年耶鲁大学在学位授予典礼上，几个人道主义者及学者接受学位时，观众给予的掌声虽然热情但很有节制，好像省着点力气，准备给一位他们更为期盼的人出场，这个人就是美国女演员，奥斯卡金像获得者梅丽尔·斯特里普（Meryl Streep）。这个人出场时观众的欢呼声、掌声大得惊人，很多人起身涌向台前，其热烈程度远远超过了刚才献给印度的慈善工作者、诺贝尔和平奖等许多大奖的获得者特丽莎嬷嬷（Mother Teresa）的掌声。不用再问为什么了，人们对电视式娱乐的共鸣是无可置疑的。娱乐的最高点竟至达到了总统选举那里。候选人在电视上的辩论与其说是辩论毋宁说是表演。竞选者早已不是林肯和道格拉斯那样的辩论人，观众也早已不是那个时代的听众，早已的"听"辩论变成了现代的"看"辩论，论点、论据、逻辑、措辞都不重要，人们关心的是留给观众的印象，而不是留给什么样的观点。1980年的美国总统大选罗纳德·里根之所以获胜很大程度上得益于他的演员出身。在电视镜头前，他潇洒自如，从容幽默，不时地俏皮话使他更加可人。

这一章波兹曼举了那么多的例子，其用意都是在说电视的本性、电视的倾向、电视的隐喻、电视的共鸣，他告诉人们电视作为媒介的隐喻和共鸣有着巨大的威力，它促使社会方方面面和各种各样的人发生了变化，这种变化标志着"我们的文化已经开始采用一种新的方式处理事务，尤其是重要事务。随着娱乐业和非娱乐业的分界线变得越来越难划分，文化话语的性质也改变了"（85页、118页）。

这种文化的变迁简单说来就是社会文化进入了"电视文化"和电视文化开启的"娱乐业时代"。如果说在这个时代里"大家都不再关心如何担起各自领域内的职责"似乎有点过分，但是"把更多注意力转向了如何让自己变得更上镜"对于那些名人来说并不夸张，不论是神父和总统、医生和律师、教育家和新闻播音员……都在关心自己在电视镜头下的形象。娱乐时代重视形象是第一位的，然后才是学识与本领。如果为这个时代浪漫地娱乐地唱一首歌，其中的歌词唱出"除了娱乐业没有其他行业"也无不可。

这一章各种各样的例子都是为了说明电视对社会的普遍作用，而下一章将要剖析电视本身的一些东西和它对人的影响。

（三）技术（媒介）对思维方式的影响

在结束这章的时候，我还是想引用尼古拉斯·卡尔在《浅薄：你是互联网的奴隶还是主宰者》中的有关论述。当把卡尔的思想用于波兹曼对电视的分析上，就会让我们更清楚地认识到，印刷文字对人智力的贡献和电视娱乐对人智力伤害的脑生理学原理。卡尔提出了一个概念，叫"智力技术"。他解释说"这类技术包括用来扩展或支持我们脑力的所有工具——发现信息并对信息进行分类，用公式阐明思想，分享诀窍和知识，测量和计算，以及增强记忆"（《浅薄：你是互联网的奴隶还是主宰者》，尼古拉斯·卡尔，第55页）。他举例说，打字机、算盘、计算尺、六分仪、地球仪、图书和报纸、学校和图书馆、计算机和互联网都是，我们还可以再加上电视机、电脑和手机。他指出："虽然使用任何一种工具都会对我们的思维和观点带来影响……但对我们的思考内容和思考方式影响最大、持续时间最长的，还是智力技术。这些都是我们联系最密切的工具，我们用它们来表现自我，形成个体身份和公共身份，培育人际关系"（同上引书，第55页）。对于印刷文字这种智力技术的使用自不必细说，某个人的自述和著作或往来书信等都可以是用文字来表现自我，形成个人身份。如果是某一时代的代表作，有很强的共鸣作用，那么它就能表现这个时代的公共身份。这个时代的媒介中心文化（比如印刷术文化）将会体现这个时代的人际关系。当然还有印刷术对人类智力的提高和认知能力的增强作用。印刷术文化成为人们的一种理性地阐释世界事务的思维方式等。对电视而言——这种智力技术——对我们的思考内容和思考方式的影响也很大。为什么人们给予奥斯卡金像奖得主梅丽尔·斯特里普的掌声要比给其他那些人道主义者的掌声热烈得多？为什么在宗教仪式上原本应是庄重严肃的神父一下子变成了戏耍式的人物？注意个人的形象也不仅仅是那些惯常在电视上出镜的人，连普通的年轻人也比以前更加注意自己的外表了……这些不都是我们常遇到的电视思维方式吗？波兹曼列举的一切"都证明了一点，那就是我们的文化已经开始采用一种新的方式处理事物，尤其是重要事务"（85页、118页）。这里的"我们的文化"显然是指电视文化。电视文化的思维方式是形象的、外在的、感性的、娱乐化的，这种思维方式已经影响到人们对事务的认知和对事物的处理方式。

印刷术文化和电视文化是两种智力技术。对于智力技术，卡尔指出："技术和思想之间相互作用的谜团今天终于解开了。有关神经可塑性的新发现使智力的本质变得更加明显，也使它的脚步和边界更容易标记。这些发现告诉我们，人们用以支持或扩展自己神经系统的工具塑造了人脑的物理结构和工作方式，比如我们怎样发现信息、存储信息、解释信息，我们怎样引导自己的注意力，怎样调动自己的感觉，我们怎样记忆、怎样忘记，这些都受到技术的影响。技术的使用让一些神经回路得到强化，而让另一些回路逐步弱化，让特定的心智特点越发显著，而让别的特点趋于消失。信息传媒以及其他智力技术如何对人类文明的发展施加影响，如何在生物学意义上引导人类意识发展的方向，神经可塑性为我们对这些问题的理解提供了原本缺失的一环"（《浅薄：你是互联网的奴隶还是主宰者》，尼古拉斯·卡尔，第59页）。这里告诉我们什么样的智力技术让我们产生什么样的思维方式。在特定的社会条件下，这种思维方式会增强，并使另外的某种思维方式削弱。波兹曼对电视作用的剖析，指出它的娱乐功能的强势，而卡尔在这里又从人脑的结构和人脑的可塑性告诉我们书籍和电视两种智力技术强化于我们的是什么、弱化于我们的又是什么，更让我们从生物学意义上了解这两种截然相反的传媒会使我们的意识在两条不同的路线上发展。当然，大家都会喜欢书籍，因为它从思维方式和思想深度上引导人们智慧能力不断提高，而不愿再贪图电视的娱乐和它弱化印刷文字建立起来的神经回路。这当然是好事，这可以避免赫胥黎担心的娱乐会毁掉人类未来的现象发生。但也别忘记，电视是娱乐功能非常强势的智力技术，它让你在愉悦中被引诱，很容易走上它的道路。而读书对大多数人来说是件艰巨的、寂寞的，是自己派遣给自己的苦差事、是要求人有一点毅力的。另一方面，人也需要一点娱乐，适当娱乐有利于人的身心健康。

总之人类发明的智力技术还要人类自己去掌握它的尺度，让人类自己去选择适于健康成长和不断进步的生存方式。如果某人不会选择，那么将意味着生存的困境，甚或成为一种灾难。

第七章　　"好……现在"

——分割没商量

（一）连词怎么就成了分割词

上　一章说的是电视外在的事，也就是电视对人对社会的作用，这一章说的是电视自身的事，也就是电视本身是什么样的，它的这个样子对人又有哪些作用。

　　波兹曼用"好……现在"作本章的题目意味着这个在广播电视新闻节目常见的连词，却有着不同寻常的作用。医生看着你的X光片，紧锁眉头说一声"呃，噢！"你大概会感到好可怕呀！身体大概要出大毛病了。可是在广播电视上你听到"好……现在"，你会十分平静，也许你会露出一点笑容，等待下一条可能会让你更加兴奋的新闻。听众或观众对这再平常不过的新闻连词早已习惯了。可是波兹曼指出："一种无法连续任何东西的连词，相反，它把一切分割开来。它已经成为当今美国公众话语支离破碎的一种象征"（86页、119页）。"好……现在"按语法意义来说当然是连词，它应当连接上下文。但是在广播电视中，因为上、下两条新闻之间无任何关系，虽然语法意义上是连接了，可是实际意义上并不连接，反而成了把上、下新闻割开的"连词"。连词在这里成了反义词——分割。哪也不能用的连词，只能用于"隔开"的、好听的、常听的话语，它是否

166

会像医生的"呃，噢！"那样可怕呢？你的笑意是不是立马就变成忧虑了呢？在印刷术文化中，美国的公众话语是连续的、逻辑的，反映了美国人的理性和严谨，如今却被简单地"好……现在"给破坏掉了，这是如何发生的呢？

用"好……现在"的目的是（电视）"指出我们刚刚看到或听到的东西同我们将要看到或听到的东西毫无关系。这个表达方式让我们承认一个事实，那就是在这个由电子媒介勾画出来的世界里不存在秩序和意义，我们不必把它当回事"（86页、119—120页）。"好……现在"的分割作用是电视在电报新闻与图像新闻结合，使报纸新闻开始碎片化、娱乐化而后的继承和发扬，它对世界的割裂是空前的。在电视上每档节目大约30分钟，差不多8分钟就换一个单元。新闻节目中每一条大约1分钟，长的一般也就是两三分钟，短的大约十几秒钟。美国的新闻还是要求越短越好，以便在有限的时间内播出更多的内容，一方面为广告留下更多时间，一方面信息量大小又是新闻节目质量的一项标准。节目主持人在播完一条新闻之后说"好……现在"就意味着这条新闻就是这样了，到此为止了，别再想下面的事了，咱们看下一条吧！再残忍的杀人案、再强烈的地震、再惊人的政治事件也就别去想它了。主持人用此语中止了你的思考，你的情绪。随着他（她）的这个话语转向了下一条，让下一条新闻把你的注意力转向了新的事件。主持人就这样把整个新闻节目的内容割裂开来，成为碎片。"我们看见的不仅是零散不全的新闻，而且是没有背景、没有结果、没有价值、没有任何严肃性的新闻，也就是说，新闻成了纯粹的娱乐"（87页、120页）。想一想19世纪中叶以后美国电报新闻的那个时代，大量的来自远方的、与人们生活无关的、不能指导人们行动的新闻，不也是一堆无用的碎片吗？也只能用于鸡尾酒会上的谈资和纵横填字的娱乐游戏吗？

"好……现在"这个连词为什么在广播电视中成了"割词"，关键之处并不在词上，而在于用这种词连接新闻的方法上，是让这些新闻无语境。无语境的新闻对观众来说就是无意义，这一点我们在第五章已讲过了。"无语境"是我们衡量（不仅是广播电视也包括网络等的）信息是否是娱乐性的基本概念。

（二）美国电视新闻娱乐化的表现

如果把新闻碎片化及其影响看作为是美国新闻娱乐化的第一个表现，那么新闻娱乐化的第二个表现是新闻的可信度的定义被改写了。如果说电视的真实性是"讲述者的可信度决定了事件的真实性"，那么都会说这是荒唐的，讲述者的可信与否和新闻事件的真实与否是两码事。但是美国电视新闻的表现恰恰是在说两者是有关系的。

设立一档电视新闻节目，最重要的是选择新闻播音员或主持人，因为他们要上镜，所以被选人必须有一张可爱又可靠的脸，为的是要让观众爱看，爱"看"便觉得他的话"可信"。波兹曼举出了这方面的一个案例。克里斯廷·克拉夫特长着符合电视要求的脸，于是被堪萨斯市一家电视台选中，充任联合主持人的职位。但是8个月后由于调查显示她的相貌"妨碍了观众接受程度"而被解聘。"妨碍了观众接受程度"意味着观众不喜欢看这个人，还有是不信任这个人，缺少可信度，于是令人"想到报道的真实性取决于新闻播音员的被接受程度"。脸——不被人喜欢看的脸进而其拥有者变成了不值得信任的播音员，再到他（她）播报的新闻真实性至少是值得怀疑的，甚至是不真实的，这不是奇怪的逻辑吗？这种逻辑只有在戏剧表演中存在。当观众觉得某个演员的表演不像他扮演的那个角色时，这个演员便不被认可，认为这个演员的表演是不真实的。如今这个逻辑被用在了电视新闻上，在某种程度上说明新闻竟如戏剧舞台，播音员是演员，观众看新闻是如同看戏剧一般娱乐。逻辑的误用其责任在新闻节目的编导吗？抑或是在观众？答案不在人身上，而在电视，是电视这个媒介的误导，因为它是"看"的，如果观众"看"得不好就说播音员不好，如果"让"观众看得不好，就是编导和播音员都不好。

电视"培育"了电视台的编、导、播，电视也"培育"了观众，大家一齐往"好看"上努力，于是娱乐就更得势了。这就是电视文化的危险之处。波兹曼更指出，这是"电视为真实性提供了一种新的定义：讲述者的可信度决定了事件的真实性"（88页、122页），电视新闻（定义）就这样被扭曲了。"这是一个非常重要的问题，因为它不仅仅限于真理如何在电视新闻节目中得到体现"（88页、122页）。是的，如果把电视上的这个印象带到社会的各领域之中，那便是个十分糟糕的事情，比如波兹曼举例说"政治领导人就不必关心事实真相，而只要努力让自己的表演达到最佳的逼真感就可以了"。按照这个逻辑，尼克松总统被迫辞职（这是美国第一个在任期未满时就宣布辞职的总统）不是因为水门事件和他在电视上撒谎，而是他在电视上表现得像个撒谎者。如果可以这样认定的话，那么尼克松如果表现得逼真一些，就会获得众人的承认，水门事件就不存在了。于是就可以这样说：有的人看上去像在说实话，其实却是在说谎，这也意味着有的人看上去像在撒谎，事实上说的却是实话。当然最后的认定是要靠调查或进入法律程序，不过电视的"看"的确干扰了对事件真实性的认识，无论怎样，在电视主持人的可信度上，电视是贯彻了娱乐原则的，主持人表演的可信度被电视业广泛认可。

新闻被娱乐化的第三个表现是新闻的严肃性被破坏了，这种破坏程度甚至影响到新闻的真实性。新闻节目的编制者们"把注意力放在如何最大限度地实现节目的娱乐价值上"，例如给新闻节目配上音乐，而很少有美国人感到这样做有些奇怪，"这足以证明严肃的公众话语和娱乐之间存在的分界线已经荡然无存"（89页、123页）。新闻一经这样的包装真有点电影和戏剧的味道，音乐为观众制造一种情绪、渲染了一种气氛、为新闻定了调子，在这样的情绪和氛围中观看电视真是一娱乐。如果新闻没了音乐，观众反而感到不正常，大概有什么不祥的事情发生了。新闻事件发生的现场本来就没人给配乐，除非事件发生在音乐会上。新闻与音乐本来没有关系，是新闻节目的制作人硬给扯上了关系，目的只有一个——让新闻娱乐起来。配乐新闻就让人想到这样一个问题，这样报道新闻的方式和事实有何关系？从新闻报道角度看，真实的新闻事件（"事实"）与新闻"报道的事件"不是无关系的，前者应是后者的根据，新闻"报道的事件"是对"事实"的表述，这个表述可能是基本符合事实的，也可能与事实完全不符，还可能是程度不同的相符或不相符。如果从新闻"报道的事件"和真实事件本身各自独立存在这个角度看，即一个是属于电视台的事，另一个是发生的事实事件，二者又是两码事。新闻应当是将报道与事实同一起来。美国的电视台将新闻配上音乐实质上是割裂了新闻报道和真实事件的关系，把没有关系的（音乐与新闻）扯在一起，把有关系的（真

实的事件与报道的事件）淡化了。新闻报道被编导者这样地包装和编排的
确增强了娱乐性，但损伤了严肃性，特别是它损害了公众话语的严肃性。
因为媒介的表现影响着公众话语，人们极容易被媒介带着走，这就成了一
个社会问题。

新闻被娱乐化的第四个表现是去理性，新闻让人只看热闹而不须思
考。美国的电视新闻大都很短，平均每条45秒钟，它不想用长的时间告诉
你这条新闻的重要性在哪里，因为那样你就要思考。它只让你知道发生了
什么。短新闻遮去了严肃的内涵，在你刚刚知道发生的一件事之后，马上
去接受下一条新闻，让闪烁不停的画面源源不断地播送着相互无关的一条
条新闻，它把文字与语言（口语）排挤到边缘地带，让图像主宰一切，尽
量不加解释或少加解释。在短而又多动少言的电视机前，观众无暇思考，
也用不着思考，那样短的时间里它没有新闻背景、没有事件发生的原因、
没有……总之没有思考需要的东西和条件，观众看电视新闻如同看了一场
"热闹"，娱乐了一番，至于新闻中哪些是令人深思的却不那么明确。这
一点也正好与印刷术文化相反，印刷文字就是让人们思考，读者利用思考
解读一段文字，这些文字的语言排序、逻辑关系、表现怎样的思想和情
绪，给我们怎样的理性启示和情感体验，特别是那些文章高手文字隽永、
哲理清晰、行文有序、字句含珠，往往让读者沉思不断，有时有些读者深
度解读甚至超越了作者的思想……这些和电视的让人短视、短见、少思或
不思有天壤之别。电视的去理性，去思想与印刷术文化严重对立。

新闻被娱乐化的第五个表现是要求播音员会表演。这种表演的要求是
"保持一种固定不变的、得体的热情""说得过去的严肃"。就是遇大灾
不急，遇大难不悲，让新闻不温不火。播报者不需要进入角色、不需要理
解角色的含义，其目的就是别让观众把新闻中的事当回事儿，让观众有某
种不真实感，或者像看戏一样，轻松地看新闻，最终还是为了娱乐。正直
的电视新闻播音员应当深入新闻的内容，以正确的态度和认识为基点，通
过语言、语调、语气、表情等合情理地报道新闻，要内在地表现出立场和
情绪。但是这样的电视新闻在美国是极少能行得通的。

新闻被娱乐化的第六个表现是插播广告。波兹曼说："不管有的新
闻看上去有多么严重……它后面紧跟着播放的一系列广告就会在瞬间消解

它的重要性，甚至让它显得稀松平常"（90页、125页）。对此，他紧接着做了如下的批评："这是新闻节目结构的一个关键，它有力地反驳了电视新闻是一种严肃的公众话语形式的言论"。他指出新闻插播广告不仅是新闻结构的事，而且还是个关键，意思是电视新闻不是严肃的公众话语，插播广告用以减轻上一条新闻给观众带来的心理负担是必要的，它使本来可能严肃的话语变成不严肃的话语，这不仅是美国电视新闻的本性，而且还是整个美国电视的"本性"——我们已讲过不少次的——娱乐性（实际上如我们在上一章所述，电视的本性是动感画面，娱乐是这种本性的隐喻，但人们往往把这个隐喻变成几近于电视的本性）。新闻插播广告除了赚钱以外就是把前后两条新闻"隔开"、隔开后前后不连贯了，意义消解了，不再令人思考了，前后新闻毫不相关，变成一叶叶碎片落下来，多大的事，都会让观众感到没那么严重。新闻是"夸大其词"，久而久之新闻这本该是严肃的公众话语节目变得无所谓了。但是更严重的是波兹曼先生说："我们几乎无法想象这样的情况会对我们的世界观产生怎样的危害，尤其是对那些过于依赖电视了解这个世界的年轻观众"（90页、125页）。如果一些观众通过这种电视新闻的熏陶，把世界上发生的暴行、死亡、灾难等等惊人事件都不当回事儿，那么他们的价值观还正常吗？

　　说到此，波兹曼对美国电视新闻面貌作了一个总体勾画："我必须指出，掩藏在电视新闻节目超现实外壳下的是反交流的理论，这种理论以一种抛弃逻辑、理性和秩序的话语为特点。在美学中，这种理论被称为'达达主义'；在哲学中，它被称为'虚无主义'；在精神病学中，它被称为'精神分裂症'。如果用舞台术语来说，可以被称为'杂耍'"（91页、125—126页）。

　　波兹曼在这里用了"超现实"这个词。"超现实主义"并非是超越现实达到新高度，实际是贬低现实。超现实主义认为作品之源存在于超现实、潜意识和梦幻之中，这样的东西才会是"真"。美学中超现实主义的基础是自觉主义和潜意识，把梦幻中和半醒状态下的东西看作是创作之源，是比现实更深刻的东西。其实超现实主义是否定现实、否定理性、否定逻辑的。波兹曼用"超现实"大概是想说美国的电视新闻是似是而非的，它好像报道了事实，实际上它抛弃了理性和秩序的话语，美其名曰超越现实，实际上不是更高了，而是更低了。

波兹曼又把美国的这种电视新闻制作思想称为"达达主义"。有人说超现实主义和达达主义曾有过关系。法国文艺界有一个达达主义流派，它后来演变为超现实主义。达达主义也是一个反理性的派别。"达达"是法语儿童玩具"马"的意思。达达主义认为婴儿那种对外部世界的纯生理反应最本真、最纯洁，应当为作家创作之源。创作只管表达直接感受，不必含有什么思想，其实这也是一种虚无主义。在否认真理、不承认规律等原则性方面与哲学的虚无主义是相一致的。哲学的虚无主义主张世界是不可知的，一切都是虚妄的。

波兹曼更把美国的电视新闻看成是精神分裂症及舞台上的杂耍，就更显示了它的严重的不像样子和它的低价值。这里需要说明一点的是波兹曼指责电视新闻和达达主义抛弃理性，是指责他们的无理性，而不是指非理性。非理性与理性是相对的，是一对儿概念，非理性不是无理性。无理性是横不讲理，而非理性与理性都是正常人都有的两种思维方式。"非理性形式是理性形式的辅佐，是进取性、创造性认识活动不可或缺的手段，任何认识成果都或多或少借助直觉、灵感、顿悟一类的功能，不论思维者本身是否意识到这一点。可以说没有非理性认识的进步，就不会有认识史"（《非理性世界》，夏军著，上海三联书店，1993年版，第4—5页）。非理性在文艺创作、心理学研究乃至科学创见都有独到作用。我们不能否定非理性，但是，也要防止对它的偏颇的甚至是极端化的认识。波兹曼在这里是利用一些错误地使用无理性与非理性的派别来类比美国电视新闻的。在后面的第十四章中我们将会看到，美国一些民众在荧屏媒介下形成的反理性的反智主义，实质就是无理性。

也许有人认为波兹曼这样批评美国的电视新闻是夸大其词。那么到底是不是夸大其词呢？他举出了这样的一个例子：作为《麦克尼尔—莱勒新闻时间》的主持人总结了美国"好"的电视新闻应该是这样的："一切以简短为宜，不要让观众有精神紧张之感，反之，要以富于变化和新奇的动作不断刺激观众的感官。你不必注意概念和角色，不要在同一个问题上多停留几秒"，新闻节目要"越短越好；避免复杂；无需精妙含义；以视觉刺激代替思想；准确的文字已经过时落伍"（91页、126页）。这和前面波兹曼所说的电视新闻娱乐化的几种表现几乎是一模一样，只不过是简述了一下。但是别以为罗伯特·麦克尼尔（Robert MacNell）是赞同这种"好新闻"标准的，相反他是从别人的新闻与自己制作新闻的经历中总结出来的。前面我们曾经说过那种严肃正直话语的电视新闻，那种讲究理性、逻辑、有序、有背景的连贯的新闻在美国是行不通的。麦克尼尔就曾办过这样的新闻：《麦克尼尔—莱勒新闻时间》，试图把印刷术的话语因素带入电视，他舍弃了视觉刺激，由对事件的详细报道和深度访谈构成，每次节目只报道少数几件事，强调背景资料和完整性。按理说这才叫真正的新闻，然而这种新闻为拒绝娱乐业的模式而付出了惨重的代价。"他的观众少得可怜，节目只能在几个公立电视台播放，麦克尼尔和莱勒两人的工资总和估计也不过是丹·拉瑟或汤姆·布罗考的五分之一"（91页、126页）。笔者猜想，拉瑟和布罗考可能是别的电视台的节目主持人。

（三）美国电视"好新闻"的危害

是谁让美国的电视新闻成为所谓的那种"好新闻"的样子的？是美国电视的娱乐和商业价值。作为商业电视台"你根本无法忽视电视提出的要求。它要求你为最大的观众群奋斗……"，"简单地说，你会像娱乐业中的任何一个制片人一样包装整个节目"（92页、127页）。在这里我们不仅仅看到新闻制片人为制作"好新闻"使用的各种手段，还要看到观众。观众已经不喜欢那种印刷术话语形式的新闻，而喜欢看按电视娱乐所要求那样的新闻了，足见电视媒介的隐喻及共鸣的强大威力，它形成了新的社会文化——电视文化；它造就了新人——娱乐的人。这种与印刷术文化严重对立的文化损害了美国人自身，非常明显的一点是波兹曼指出的："这样的电视节目使得美国人成为西方世界得到最多娱乐却得到最少信息的人"（92页、127页）。也许美国会有人这样吹嘘：我们的电视最受看，是世界的窗口，那里面的信息又快又多，我们是世界上消息最灵通的人。但是，波兹曼告诉我们，就是这些消息最灵通的人却有70%的人不知道美国国务卿或者最高法院首席大法官是谁。

波兹曼以"伊朗人质危机"为例来说明美国人消息多知识少的状

况。20世纪70年代末期，伊朗出现了政治危机，当时的统治者为穆罕默德·雷扎·巴列维（Mohammad Reza Pahlavi），他实行了一些比较开放的政策，进行社会改革，比如重新分配土地，发展重工业，鼓励民众到西方学习，废除伊斯兰教的某些限制妇女的法律等。巴列维的改革应当说是比较西方式的，但是他遭到了正统穆斯林的反对，巴列维对反对改革的人进行残酷镇压，结果造成政局动荡。1979年1月，他的统治被彻底推翻。同年4月，流亡巴黎的阿亚图拉·鲁霍拉·霍梅尼（Ruhollah Musavi Khomeini）取得政权，建立伊朗伊斯兰共和国。流亡国外的巴列维患癌症，伊朗的激进分子以巴列维到美国治病为借口，闯入美国驻德黑兰大使馆，并扣押了52名人质，在444天里经过多次外交谈判都未能解决。无疑这是牵动美国人心的大事，美国人尽人皆知，但是也仅此而已，大多数美国人对有关伊朗的事知之甚少。400多天里，美国人还没有多少人知道伊朗人说什么语言、信奉什么宗教、伊朗国王叫什么……更不知道伊朗政治历史的概要。美国人没有从电视新闻中获得知识。这可能是美国电视新闻长期娱乐化的结果。美国电视新闻只报消息，不报背景，使美国观众消息灵通，却原因不明，甚至也不想知道原因。时间一长，作为与"播音员的合作伴侣"——观众也就变得知识匮乏了。

波兹曼并没有停止在这种有消息无知识的叹息上，而是更深一层地探讨电视新闻的糟糕影响。美国人对"伊朗人质"事件都有自己的看法，但是这是怎样的看法呢？波兹曼说"也许称它们为'情绪'可能更合适一些"，"情绪"不同于"看法"，情绪是感情上的东西，而看法是理性上的东西。所以波兹曼指出"这些看法和18或19世纪的看法完全不同"，这种不同就是电视文化和印刷术文化的不同，是感性与理性的不同，甚至可以说是本质上的不同。波兹曼用"假信息"这一概念来分析美国人的这种情绪。"假信息并不意味着错误的信息，而是意味着使人产生误解的信息——没有依据、毫无关联、支离破碎或流于表面的信息——这些信息让人产生错觉，以为自己知道了很多事实，其实却离真相越来越远"（92—93页、128页）。波兹曼指出"为什么每个星期这些看法都会改变"，就是因为在电视新闻中报道的信息是假信息，是事件的表面现象，公众没有把握事件的实质性东西，所以发生一种新情况（表面现象的新变化）就容易让人产生一种新情绪。如果人们能够从电视新闻报道中获得"真信息",亦即能够说明事件真相的背景、原因的信息并以理性从中进行分析判断的话,那么产生的是真正的实质性的认识(看法),情绪也将是相对稳定的某一种情绪,不会是随着表面现象而不断变化的情绪。在印刷术文化中人们是以理性原则来思考问题的,人们分析、判断的根基是比较稳固的,很少有这种情绪(看法)多变的浮躁现象。波兹曼指出:"被包装成一种娱乐形式时,它就不可避免地起到了蒙蔽作用"(93页、128页,重点为引者所加)。是的,美国的电视新闻并不想故意蒙蔽美国人,但它被电视"倾向"所左右,被商业利益所驱使,只能提供"假信息",也就是曾经讲过的"电视新闻节目提供给观众的是娱乐而不是信息"。

然而令人担忧的并不只在于真假信息的事儿,也不仅在于娱乐的事儿,而是"我们正在逐渐失去判断什么是信息的能力。无知是可以补救的,但如果我们把无知当成知识,我们该怎么做呢"(93页、128页)。人们的生活总是需要对外来的信息进行判断,在判断之后才会决定采取何种对策来应对。如果对什么是信息,或者什么是真信息,什么是假信息都不能判断的话,那可是十分严重的问题。没有知识可以去寻求知识得以补救,但是本来没有知识却说自己懂得很多,这的确是难以补救的。那些被假信息充塞头脑的人就以为自己知道的很多,其实他们知道得再多也仅仅是"知道",而"知道"并不等于"思想",只有有思想才算有知识,才能判断。所以对待那些把无知当作知识的人,只有敲敲他们的脑壳,让其清醒过来,到印刷术文化那里好好补补课。

前面是波兹曼利用伊朗人质事件的事例和"假信息"的概念,来批评电视文化造成人们判断力的丧失。下面是他利用里根总统经常说错话的例子和"语境"的概念,来批评电视文化造成人们对矛盾事物认识能力的丧失。1980年,罗纳德·里根在大选中获胜,任总统后经常发表有关政策和时事的述评,但又经常出现错误甚至误导,他的助手们为此而十分惊恐,美国的报纸也时常抓住他的错误而大做文章。可是后来发现报纸有关这方面的报道减少了,而里根总统的错误并没有少出。"据白宫官员分析,报纸减少报道反映了**公众兴趣的减退**"(93页、129页,后七个字黑体为原著所加)。这种情况被《纽约时报》以《里根误述 无人关注》为题进行了报道。波兹曼说这篇新闻报道其实是"关于新闻的报道"，也可以说是对新闻本身的报道。里根总统说话出了毛病本该就是件新闻，但是现在却减少了这方面的报道，"它告诉了我们新闻是怎样被定义的"，即是说本该是新闻的东西，却不被看成是新闻了，这确实是令人震惊的事。

美国向来是以自由社会标榜自己的，美国新闻界的权威人士沃尔特·李普曼（Walter Lippmann）曾经说："无法察觉谎言的社会是没有自由的"（93页、129页）。他很想恢复18世纪和19世纪那样的公众话语，也就是印刷术文化的话语。因为那样的话语讲究理性、逻辑和严谨，因为那样话语"求真"，所以容不得谎言和错话，也就是"他和在他之前的托马斯·杰弗（斐）逊都同意这样一个假设：如果报界训练有素并可以充当测谎仪，那么公众对于总统的误述一定会表现出极大的兴趣。他认为，如果有了测谎的方法，公众就不可能对谎言的结果无动于衷"（93页、129页）。这里托马斯·杰弗（斐）逊是指19世纪初美国的第三位总统。李普曼和杰弗（斐）逊都认为总统说了错话，社会舆论及时"曝光"，公众就不可能对此不感兴趣。然而他们两个都认为必然的事儿，却都没有发生。报纸记者不是没有能力发现总统的错误，也不是不想去报道，而是公众不感兴趣。公众对总统的错误言论"不觉得好笑"，而"不好笑的东西不值得他们关注"。在公众的眼里没有戏剧性的东西，"里根总统**只是**说了不完全属实的东西，这里面没什么特别有趣的"（94页、130页，"只是"黑体为原著所加）。看看，这不就是新闻被重新定义了吗？那么有趣的东西应当如戏剧那样的东西，大概关于尼克松的"水门事件"尚可吧。1972年6月，有人偷偷地在水门大楼民主党总部办公室内安装了窃听器，后来发现这是共和党总统尼克松竞选委员会的人为获得尼克松竞选对手的情报而指使人干的。这件事起初是由两位记者鲍勃·伍德沃德（Bob Woodward）和卡尔·伯恩斯坦（Carl Bernstein）在报纸上报道的。记者是从一位匿名人士（也被称为"深喉"）那里获得情报的。尼克松班底的人先是转移视线，说是三流盗窃案，后来又用贿赂、谎言、矢口否认等手段不承认此事与总统有关。随着两位记者接连发出的报道一件一件地被证实和议会的听证会、法院的审理，尼克松最后不得不放弃本来想连任总统的打算，更为避免尴尬的弹劾，而宣布辞职。这其中水门事件当事者们的欲盖弥彰，手段多样，而又被一一揭穿，很有戏剧性。所以这不仅仅事关总统，更是由于故事性强、悬念多而受电视观众的关注。有时几个小时的听证会现场直播会吸引几百万电视观众观看。

里根总统说错话没有什么故事，当然是无法与水门事件的新闻效应相比，人们表现冷淡似乎也不足为奇。可是为什么人们会是这样的状况，简单而言是总统说错话没有娱乐性，电视观众早已被电视（文化）培养出了识别娱乐性的能力。但是波兹曼没有停留在这里，而是进一步探讨"其中的微妙之处"。

波兹曼指出："总统的很多'误述'都是自相矛盾的——在同一语境中，两种不同的解释不可能都是正确的。'同一语境'是个关键词，因为只有通过语境我们才能判断出一个表述是否自相矛盾"（94页、130页）。波兹曼举了一个很简单的例子来说"语境"：人家问你橘子和苹果，你喜欢哪一个？此时你回答说：苹果。但是你刚说完，又改口说：橘子。这就是自相矛盾了，因为此时语境没有变，是"同一语境"，而你却改变了答案。如果换了时间、地点，比如说是在制作甜品的时候，你说喜欢橘子这就不矛盾了，因为此时语境不同了，两种语境下答案不一致并不矛盾。"自相矛盾的存在需要具备一些条件，只有在一个前后连贯的语境中，观点和事件彼此相关，自相矛盾才能成立。如果语境消失了，或者被割裂了，那么自相矛盾也会随之消失"（94页、131页）。

说到这里，波兹曼又举出了一个例子，他的一位学生回答说"我知道，但一个是在**那里**，一个是在**这里**"（94页、131页，黑体为原著所加）。师生的分歧就在"这里"和"那里"，"此时"与"彼时"，一个段落和另一个段落。老师的意思是这些语境是同一的，彼此是连续的"都属于同一思想世界的一部分"。而他的学生却认为"这里"与"那里"是不同一的，是割裂的，为什么会产生这种认识呢？因为他的学生本来就没有"语境同一"的概念，因为他来自电视话语的世界，电视中的"好……现在"把一切话语都割裂了，它让年轻人形成了一个"无语境"的世界，话语都是不连贯的。这与波兹曼老师来自印刷术文化的世界是不同的，也就是与印刷术话语的世界是不同的。虽然印刷术话语不是把所有的话语都连贯起来，但是是讲究话语的语境的，在同一语境中是不允许有矛盾的，电视将语境割裂开了，当然矛盾也就不存在了，这影响到了青年人，他们失去了识别自相矛盾的能力。波兹曼的这位学生就缺乏了这种能力。他生活在一个没有语境的世界里，他感觉不到老师指出的自相矛盾的问题。所以波兹曼指出："我们已经彻底地适应了电视中'好……现在'的世界——所有的事件都是独立存在的，被剥夺了与过去、未来或其他任何事件的关联——连贯性消失了，自相矛盾存在的条件也随之消失了。在**没有语境**的语境中，它只能消失"（95页、131页，黑体为原著所加）。没有语境了，总统一会儿这样说，一会儿又那样说，公众就不觉得有矛盾了，也就没了兴趣了，更没什么好笑的啦。

美国电视的无语境也令美国人也无语境了，这的确让人有点悲哀，而记者们是会发现总统的误述的，面对观众的漠然表现当然有些迷惑，他们想把被信息分裂的人再拼合回来已是不太可能了。想当年就是他们这样的新闻人发的无背景、无连贯、彼此孤立的新闻信息，才把公众割裂成无语境的人。割裂是电视溢出的一种强大的功能，电视已是美国传媒的强势，我强势、我任性，割裂没商量。现在居然又想恢复语境，拼回当初的人，谈何容易，因为这是两种文化——电视文化和印刷术文化的巨大差异，现在看来是难以弥合的。

这里我们可以小析一下原著前言中奥威尔和赫胥黎两人的预言。美国人变成无有语境不识自相矛盾的现象是奥威尔所预料不到的，对此他肯定是茫然不知所措的。美国的《纽约时报》《华盛顿邮报》和美联社等报纸通讯社并没有变成当时苏联的塔斯社、《真理报》那样的受制于某些权威。美国新闻界有批评总统的自由，但对于这种批评，公众表现出的是冷漠，关键在于"公众已经适应了没有连贯性的世界，并且已被娱乐得麻木不仁了"（95页、132页）。"公众沉醉于现代科技带来的种种娱乐消遣中，对于自相矛盾这种东西早已失去了感知能力"。这些话是否正好注解了波兹曼描述的赫胥黎担忧的三句话："我们的文化成为充满感官刺激、欲望和无规则游戏的庸俗文化""那些随时准备反抗独裁的自由意志论者和唯理智论者'完全忽视了人们对娱乐的无尽欲望'""人们会渐渐爱上压迫，崇拜那些使他们丧失思考能力的工业技术"（以上三句引语皆出自《娱乐至死》的《前言》）。赫胥黎预言性的科幻小说《美丽新世界》发表于1932年，而此时电视才刚刚发明出来，还没有进入普通家庭，更没有产生什么社会影响，甚至他不会以电视来发表观点。然而，他当时的预言却在40年以后的美国灵验了。电视充当了小说中的"解忧丸"，控制人类的不是奥威尔预言小说中的那位专治独裁的"老大哥"，而是电视播出的那些受人喜欢的节目。

电视开启的娱乐时代，让人陷入了愚钝的泥淖而不能自拔，一步步地走向可怕的深渊。

（四）影响了传媒一大片

说"可怕"似乎有点严重，但是确实令人担忧。波兹曼接着讲的关于公众信息的问题，值得重视，他说："我并不是说公众信息失去重要性**都是**电视之过。我的意思是，电视是我们了解公众信息的样板"（96页、133页，黑体为原著所加）。这个样板式的公共信息是没有语境的、娱乐式的新闻。要知道电视的强势"获得了定义新闻存在形式的力量"，那么电视也就"引诱其他媒介这样做，于是整个信息环境都变成了电视的一面镜子"（96页、133页）。难道这不令人担忧吗？何况还有电视新闻"决定我们如何对新闻做出反应"，也就是这种公众信息对人的作用。美国电视的发达开创了美国特色的电视文化，在传播媒介中排挤了印刷术文化，占了主导地位，它以它的存在方式重新定义新闻，并让人失去了判断能力和辨识事物矛盾的能力，成为热爱娱乐的人。它的强势的隐喻和共鸣的力量影响了报纸、杂志、广播等，按着电视的模式出版的报纸《今日美国》，刊登的故事出奇的短，它的版面设计大量使用照片、图、表和其他图像，连天气预报图都是一种视觉的享受……这俨然就是电视的报纸版。让人称奇的是，这样的一份当时开创只有两年的报纸发行量竟跻身于美国三大报纸之列。从这里我们不仅看到报纸学习电视的成功样本，还看到美国公众受电视的影响又多么深重。美国新出现的成功杂志《人物》《美国周刊》等也都是电视型的印刷媒介典范。电视教导杂志说："新闻是一种娱乐"，而杂志听从了电视的教导，终于打开了销路，于是杂志反回来告诉电视：别听从前（印刷文化时代）那一套，"只有娱乐才是新闻"（没有娱乐的新闻我是不用的）。杂志从改变中获得了夜明珠：给人带来娱乐的就是新闻。

传媒界的另一大户是广播，按广播的本性它是适合传播理性内容的，就如18世纪和19世纪那样的辩论一样，以说理的能力吸引大量的听辩论会的人。但是在电视"定义新闻存在形式"的情况下，广播也被娱乐化了。首先是"被音乐俘虏"了，"无所不在的摇滚乐代替了语言而成为广播的主要收入来源"；第二是"语言日渐原始凌乱"，也就是断断续续的、不连贯的、无背景的语句，人们不能有效地了解这个世界。广播的听众似乎也受到了影响，他们在来电点播节目时说的话"不过是一种人类的咕哝声"，有似于远古的尼安德特人。尼安德特人大约生存于五万年至二万五千年以前，他们和我们人类同属，但不是我们人类的祖先，只是与我们接近，他们已经消亡。波兹曼在形容受电视文化影响广播听众的语言变得原始凌乱时，他们说的话是一种咕哝声，大概是还没有形成语言时的尼安德特人一种相互联系的声音，其意义是不太清楚的、模糊的。波兹曼并非是说这些听众连发音都不会，而是说他们的语言支离破碎不能很好地表达自己的意愿和思想。广播语言的没有语境，信息被割断，竟致"给我22分钟，我们将给你整个世界"。可以想象，在那么短的时间里得给你多少信息，才能让你知道全世界的事，每条信息该又是短到何种程度，这些信息也只能是割裂的、无语境的、也还是娱乐的。

到此我们明白了"并不是说公共信息失去重要性都是电视之过"，其帮手们还有报纸、杂志、广播……在电视的带领下一起将人们引入了"欢乐问答"的宫殿，人们在这里娱乐了，只有少数印刷术文化"孽根未除"之人才会沉思：这样的娱乐会长久下去吗？波兹曼回答说："历史已经证明，一个文化不会因为假信息和错误观点而灭亡"（97页、135页）。当然，这里的"假信息"是指那些无用的信息，或者是电视文化中的信息，这样的信息不会使电视文化灭亡。"但历史从来没有证明过，一个自认为可以在22分钟内评述整个世界的文化还有生存的能力"（97页、135页），这里分明是在说历史也从来没有证明电视文化就一定有长期生存下去的能力。但他话锋一转："除非，新闻的价值取决于它能带来多少笑声"（97页、135页），这又是说如果电视利用"好……现在"之类的方式割裂新闻，使新闻按着电视文化定义着，那么新闻的价值取向将变成娱乐的多少，那可就很难说电视文化不能在较长久的时间里存在下去了。

　　看来波兹曼的结论有点悲观，所以他要引用赫胥黎的预言警告大家。从历史的角度看，没有哪一种文化会永久盘踞于社会文化的中心地位，迟早是要让位于新兴的文化的。今天电视文化似乎已让位于网络文化了，也许有人会说我们现在已进入电脑与手机的时代了，人们对手机、电脑的青睐似乎已超过了对电视的喜爱。但是，我还是提醒大家，让我们翻回到波兹曼在第五章中讲的一段话："关于电脑的一个最重要的事实就是：我们对它的任何了解都来自电视。电视已赢得了'元媒介'的地位——一种不仅决定我们对世界认识，而且决定我们怎样认识世界的工具"（71页、96页）。波兹曼先生于2003年去世，在他生活的后期，电脑网络已是很发达了，但是他并不修改他的这本《娱乐至死》，他如此地坚信他对电视的严厉批评，对于当今是不是也有指责电脑、手机的意思呢？这是否值得我们深思呢？

（五）分割，贻害无穷

　　本章波兹曼从简单的"好……现在"的分析开始达到了他对电视剖析的最高点——让人失去判断力，失去对矛盾事物分析的能力，从而让人失去思想。分割了新闻的连贯性，也分割了人的意识的连续性，思维分散了，思考中止了。这个分析是深刻的，也是令人震惊的。

　　"好……现在"的电视手法真是像波兹曼所言的那么严重吗？让我们深入解读一下波兹曼的这个分割没商量的"好……现在"，看看它的深层次作用在哪里，它是如何破坏人的专注力、记忆力和思考问题能力的，我们又应当如何应对这种"恶劣的"分割。

　　我们不妨用《浅薄：你是互联网的奴隶还是主宰者》中的有关论述再分析一下这个问题。新闻不连续、无背景、无语境，进而没有理性，没有逻辑、没有秩序，成了一堆碎片，这种割裂之灾更能破坏人的专注力或者注意力，同时也让人失去记忆，没有记忆也就没有思考。社会文化的形成也是依靠记忆的。18—19世纪乃至20世纪上半叶，美国文化的辉煌是与印刷术文化长期培养分不开的；是与这种文化倡导的尊崇理性、逻辑和秩序的观念分不开的；是与这种优良素质的记忆与传承分不开的。记忆的关键是专注，专注成为当时美国人思维方式的内容，即使是对具体事物的谈论也都是十分专注的。卡尔在《浅薄：你是互联网的奴隶还是主宰者》中指出："是什么决定我们记住什么而忘记什么呢？巩固记忆的关键就是专注，存储外显记忆，以及在记忆内容之间建立联系，二者同等重要，都需要高度集中注意力。不断重复记忆过程，或者有强烈的智力参与或者情感参与，记忆效果会随之增强，关注度越高，记忆效果越好。坎德尔写道：'对需要长期保持的记忆而言，输入的信息必须经过彻底而深入的处理。要完成这样的处理过程，就得留意这些信息，并把这些信息跟记忆中已有的知识有意义地、系统化地联系起来。'如果我们不能在工作记忆中对信息予以关注，那些信息能维持的时间最多只有几秒钟。然后，信息就会消失，不会在大脑中留下任何痕迹"（《浅薄：你是互联网的奴隶还是主宰者》，尼古拉斯·卡尔，第241页）。这是告诉我们，一旦被"好……现在"之类的手段中止了信息，你还没有时间处理刚刚被中止过的信息，下一条信息便接踵而至，那么专注也就彻底短路了，记忆发生的过程及步骤都不可能进行。所以人们在看完美国的电视新闻之后不久，几乎说不出多少刚刚播出的内容。别以为注意力是简单的大脑神经活动现象，这其中是有生物物质结构的变化的。卡尔引述了专家们的研究成果："注意力看似虚无缥缈，按照发展心理学家布鲁斯·麦克康德利斯的说法，那是一个'大脑中的幽灵'，但它是一种真正的物理状态，它可以产生贯穿整个大脑的物质效应……有意识的关注活动以大脑皮层颞叶区域发生的对关注焦点彻底而全面的强行控制为开端。专注状态建立以后，会引导大脑皮层上的神经元向中脑区负责产生强有力的神经递质多巴胺的神经元发送信号。这些神经元的轴突一直延伸至海马状突起，为神经递质提供分配渠道。多巴胺一旦注入海马状突起上的神经连接，就会启动外显记忆的巩固过程。多巴胺对记忆巩固过程的启动可能是通过激活负责刺激合成新的蛋白质的基因实现的"（同上引书，第241页）。这里把专注状态的建立和记忆的关系作了有力地说明。

笔者在第二章中阐述了一个比较重要的问题，就是关注力与媒介的关系，即不同媒介可能隐喻着不同的关注力，或者说可能对关注力有不同的作用。现在我们可以看看互联网媒介对关注力（注意力）隐喻是什么。卡尔用网络信息的状况来说明网络对人注意力的破坏作用："不管什么时候，只要我们一上网，信息流就会奔涌而来，这不仅会给我们的工作记忆带来过重的负荷，而且还会导致大脑颞叶难以聚精会神地关注任何一件事。巩固记忆的过程也因此而难以启动。而且，因为神经通路具有可塑性，我们上网越多，对大脑适应精力分散状态的训练就越多——非常迅速、高效地处理信息，可是注意力不会持续太久。之所以有那么多人觉得即便远离计算机，我们也难以全神贯注，原因就在于此。我们的大脑变得善于遗忘而不善于记忆了"（同上引书，第241—242页）。这里把看手机、电脑的短信息越多，破坏人的记忆力越严重说得很明白了，手机、电脑上的短信息在训练你的注意力分散，而不是聚精会神。注意力分散，你的记忆力当然会变差，精力分散会影响思考的专注，不能深入思考，人的思想能力也随之变差。在《浅薄：你是互联网的奴隶还是主宰者》中还有很多专家们对网络短信与注意力关系的论述，下面只举出几例他们研究后得出的一些结论。"对互联网的使用涉及许多似是而非的悖论。其中，必将对我们的思维方式产生长远影响的一个最大的悖论是：互联网吸引我们的注意力，只是为了分散我们的注意力。我们全神贯注于传媒本身，专心致志地盯着忽明忽暗的屏幕，可是通过屏幕快速传来的各种信息和刺激让我们眼花缭乱、心神不宁，无论何时，无论何地，只要我们一上网，互联网就会对我们产生一种令人难以置信的诱惑。"（同上引书，第149页）；"就在互联网向我们呈上信息盛宴的同时，它也把我们带回了彻头彻尾的精力分散的天然态"（同上引书，第149页）；"互联网发出的各种刺激性杂音，既造成了有意识思维的短路，也造成了潜意识思维的短路，因而既阻碍我们进行深入思考，也阻碍我们进行创造性思考"（同上引书，第150页）；"由于浏览网页挤占了我们用来读书的时间，由于收发短信挤占了我们用来遣词造句的时间，由于在网络链接中不断跳转挤占了我们用来沉思冥想的时间，原本用来支持旧有智力功能和精神追求的神经回路逐渐弱化，并且开始分崩离析。大脑会回收那些闲置不用的神经细胞和神经突触，将其用于其他更迫切的工作"（同上引书，第151页）。

目前互联网、手机更加发达，那里的信息如汪洋大海，人们在那里游泳似乎觉得自己有了更丰富的知识和极为惬意的娱乐。其实这种过分沉溺于网络信息的万花筒，更会损害人的精神，使人脑变成计算机式的信息处理器。这种处理功能对于工作和研究也许是有用的，但是对于消遣娱乐甚至对增加自己的知识都是弊大于利的。且莫说碎片信息的无思想、无理性，就其加速分散人的专注力，分解人的思考能力，破坏脑神经而言也是够惊人的。看看这位专门从事通信专业研究的美国康奈尔大学博士研究生菲利普·戴维斯（Philip Davis）是怎么说的："我看了很多东西，至少可以说我应该正在看很多东西，只是我没有看进去。我一目十行，一扫而过。对于那些旁征博引、细致入微的长篇大论，我非常没有耐心，虽然我常常指责别人把这个世界描绘得太简单"（同上引书，第6页）。杜克大学的英语文学教授凯瑟琳·海勒丝（Katherine Hayles）说："我再也无法让学生通读整本书了"（同上引书，第8页）。更让人惊讶的是，病理学家布鲁斯·弗里德曼对卡尔说："自己的思考具有'断断续续'的特征"，其表现形式就是他总是在许多网上资源中匆匆浏览短文。他承认："我再也读不了《战争与和平》了，我已经丧失了通读长篇文章的能力。甚至就连三四段以上的博文，我都觉得太多，很难聚精会神地读下来，只能走马观花地一瞥而过"（同上引书，第6页）。中国的一些大学生们不也说连《红楼梦》这样的名著都不能卒读了吗？网上的猎人正在把书籍变成多余的东西。但是"恰恰是读书'不产生感官刺激'这一事实使得这项活动在智力方面具有极大的好处。深度阅读让我们得以过滤那些分散精力的刺激，保证大脑颞叶平静安宁地发挥解决问题的功能，从而使深度阅读变成了一种深思的形式。博览群书的读者拥有一个平和而非喧闹的头脑"（同上引书，第154页）。一个平和的头脑、一个有专注力的头脑才是一个可以深思的头脑，这是智慧头脑的起码要求。

面对脑神经科学家们的警告，谁不愿意自己有一个优良的大脑结构呢？谁不愿意自己有很好的专注力呢？谁不愿意自己有能深思熟虑从而能解决复杂问题的能力呢？唯一能使我们聚精会神的只有我们自己，我的专注我做主，我的大脑我做主。深度阅读是培养我们专注力和提高智力的最好手段。卡尔向我们指出："我们大脑中的各种变化是自动发生的，根本不在我们意识范围内，但是这一点并不能免除我们对自己做出的选择应该承担的责任。人之所以区别于其他动物的一点就是我早已被赋予了控制自己注意力的能力"。长篇小说家大卫·福斯特·华莱士（David Foster Wallace）在美国肯尼恩学院2005年的毕业典礼上发表演说时说："'学会如何思考'的真正含义就是要学会训练对思考方式和思考内容加以控制的能力。这就意味着，对于你选择关注的对象以及你如何从经验当中构建意义，你要有足够的意识和了解"，"放弃这种控制，就会陷入'无穷无尽的得而复失造成的永恒痛苦'之中"。卡尔说华莱士了解到："在全神贯注地集中注意力这个问题上，我们怎样选择，抑或未能选择，实在是利害攸关。我们主动放弃对自己注意力的控制，会让我们面临极大的危险"（同上引书，第242页）这里实际讲的就是专注力的自控能力问题。聚精会神或者说把专注力集中在思考的问题上，也就是集中在思考的对象上和思考的路径上，如果你选择的思考路径（思考方法）是对的，那么你将从你已有的知识或经验中得出你的结论。这个过程当然要求你一直在控制着自己的专注力，使它不能分散。而这样做的结果将会出现我们前述的布鲁斯·麦克康德利斯所言的"专注状态的建立"过程。这样训练的越多我们的专注力就越强，它好像与网络上汪洋大海般的信息刺激——分散专注力——的作用正好相反。读书中的思考不仅是陶冶性情和增长知识，同时也是训练我们自控力的好方法。

互联网的信息潮比电视上的信息流要汹涌得多，其对人的专注力的损害也大得多。这证明了波兹曼所说的电视应为电脑的元媒介的论述，互联网发展到今日也凸显出波兹曼关于信息碎片观点的正确性，他让人们警惕的东西正在强势增长。据2019年美国非营利机构——"常识媒体"的一项调查显示，56%的8—12岁儿童和69%的13—18岁少年每天都在浏览网络上的视频。不包括使用电子设备做功课、读书和听音乐的时间，他们停留在屏幕上的时间分别为4小时44分和7小时22分，主要是看视频和玩游戏，而且迅速地由传统电视转向网络媒体。面对这种情况人们不禁要问，下一代难道是专注力受损的、思考能力萎缩的和智商降低的一代吗？互联网让美国在赫胥黎预言的道路上加快步伐，这是我们应引以为戒的。

同我们在第二章谈到网上浏览图书时所说的一样，浏览网上信息也不都是错误的，网上的各种信息也同样能增加我们的知识，扩大我们的视野，甚至会启发我们对某些问题的思考。互联网关于信息传播的这种功劳也是不可抹杀的。只是我们应有意识、有方向、有控制地去浏览，特别是一定要把握住这个方向，不被一些与理解无关的链接"带离"。如若是为了一时的消遣与娱乐，则更要掌握尺度，不可过度贪恋，以避免对人注意力乃至思考能力形成伤害。使用网络如同使用其他媒介一样，必须了解它的习性，以趋利避害，让它的副作用减至最低，让它为人类造福的作用增至最大。

第八章　走向伯利恒

——上帝会欢迎你吗？

伯利恒是位于中东地区的一座城市，传说为耶稣的诞生地。"走向伯利恒"当然说的是基督教的事了。在前面第六章我们已经看到了电视与宗教结缘的一些情况，不过那主要说的是电视的功能和影响力，对象主要是电视。而这里，"走向伯利恒"说的是电视下的美国基督教。

（一）由四个例子说起

波兹曼为了说明宗教与电视的关系，先举了四个例子。第一个例子是在电视上经常出现的特丽传教士（Reverend Terry）。她传教时，不拘礼节，精力旺盛。观众们看她时一直在笑，而且观众们笑得跟在拉斯维加斯娱乐城看演出的笑是一样的。可想而知她的传教风格该是什么样的。特别是她在传教时还提供了一套"致富行动资料"，这使信徒们坚信：致富是宗教的真正目的。特丽传教士的例子告诉我们在电视里，宗教似乎不再严肃了，在大家的愉快的笑容中聆听上帝的教导，似乎还有发财美梦跟随着。

波兹曼的第二个例子是热门节目《700俱乐部》，这既是一档电视节目也是一个宗教组织。主持人是帕特·罗伯逊（Pat Robertson）教士。这个节目效仿《今夜娱乐》的模式，节目内容包括采访、歌手访谈和表现成为再生基督徒的演艺人员。一个宗教性质的节目首先应是以传教为主，要讲基督教的信条，而不是让别人更不是让演艺人员占主要地位。这种仿效《今夜娱乐》节目的手法，却把《700俱乐部》变成了正儿八经的娱乐节目。再看一看那个自己扮演自己的节目：一个由于焦虑过度，精神几近崩溃的妇女偶尔发现了《700俱乐部》，并开始接纳耶稣进入她的心灵，于是她被拯救了，成了再生基督徒的艺人，在她自己表演自己的节目的最后，"她平静而快乐地生活着，眼睛里洋溢着平和的光芒。所以，我们可以说，《700俱乐部》两次把她带入超凡的境界：第一次是把她带到了耶稣的面前，第二次是使她成为一个电视明星"（99页、137—138页）。波兹曼问得好：到底哪一个是更高的境界？对于那些涉世不深的人来说还真是难以回答，因为电视明星——娱乐的作用太强了，它的能力堪比耶稣，若说是电视明星的力量拯救了这位妇女，也未尝不可，所以不能不说它侵犯到了上帝那里。

波兹曼举出的第三个例子是吉米·斯瓦加特传教士的传教。本来激情澎湃是他的传教风格，可是由于要在电视上传教就要稳重慈祥，于是就"常常用普世教会的理论来缓和态度"。这普世教会推崇普世神学，主张不仅基督教内各教派，还要包括基督教以外的宗教进行对话协商，把各教的神学联合在一起，作为普世神学，贡献给全人类。对话、协商、联合、协作当然就需要一种宽容大度的态度，斯瓦加特很好地扮演了这样一个角色。在讨论"犹太人是否亵渎神灵时"他显出一副悲天悯人的样子，强调了"基督徒亏欠犹太人太多，并由此得出结论，犹太人没有亵渎神灵"，"犹太人失去了自己的神殿而迷失了方向"所以"犹太人是可悲的而不是可鄙的"（100页、138页）。历史上，犹太人在中东的一块地方建立了自己的家园，他们信奉犹太教，并于耶路撒冷修建了宏伟的圣殿，使那里成为信仰的中心。可是公元前586年巴比伦侵占犹太国，圣殿被毁。犹太人开始流亡。70年之后巴比伦被奥斯曼打败，圣殿得以恢复重建。但是在公元70年罗马帝国占领了耶路撒冷，这一次圣殿被彻底摧毁，犹太人曾经起义反抗但终归失败，犹太人第二次大流亡，彻底失去家园的犹太人散落世界各地。吉米·斯瓦加特在电视上表现的宽慰态度是电视所喜欢的，电视不适合传递赤裸裸的仇恨。在这方面传播媒介大师麦克卢汉早就发现了，他说"没有人会接受电视上的战争，因为电视战争太近了"（《麦克卢汉精粹》，埃里克·麦克卢汉、弗兰克·秦格龙著，第442页）。是的，电视把残酷的杀戮展现在人们面前真是太恐怖了。"电视喜欢一团和气，有时候沉默是最好的"（100页、139页）。吉米·斯瓦加特在电视面前不得不改变激情澎湃的传教风格，让自己温情和悦起来，让电视传教精彩、动情。看来他是懂得电视的要求的。

波兹曼指出的另一个人，就是第四个例子，美国的共和党参议员、那个臭名昭著的约瑟夫·麦卡锡（Joseph Mc Carthy）却一点也不懂电视。这要从"钱伯斯—希斯"案说起。阿尔杰·希斯（Alger Hiss）1946年12月以前在美国国务院工作过10年，担任国务院特殊政治事务办公室主任，因为他与前共产党人钱伯斯有联系，被怀疑有苏共间谍行为，而受到调查与审判。在有某些争议的情况下，被认定为有罪，并被判监狱刑罚5年。在这次审判后的某一天，麦卡锡手拿205人的所谓共产党员名单，说这些人还在政府中制定和执行政策。这一言论一下子掀起了美国疯狂的新的反共恐怖运动，致使650万人被调查，490名政府工作人员被解雇，还有数千人受到不明不白的指控，许多共产党员遭到逮捕。共产党组织和党员受到了很大限制。麦卡锡主义猖獗一时。1954年一次调查会上，因军队中一起所谓颠覆案，他与军队发生争执。同年4月22日举行了电视辩论会，麦卡锡含沙射影恶意中伤，表现得像个无赖。他的张牙舞爪令人讨厌，有人说他"残忍而不择手段"、表现出"无羞耻之心"。他甚至也遭到同僚的反对，说他不够参议员资格。麦卡锡的倒台虽然源于他的本性，更是错用了电视，电视凸现出他凶悍张扬的丑相让很多人对他大为不满。麦卡锡和传教士斯瓦加特形成了鲜明对照，他真不如斯瓦加特那样在电视上"精彩、动情"。斯瓦加特可不是本性就是沉寂之人。在谈到魔鬼和现世人文主义这样的话题时，却表现出攻击性来。因为魔鬼是上帝的敌人，人文主义也是反对上帝的。人文主义源于欧洲文艺复兴，以人权反神权，用个性解放反对禁欲主义，用理性反对蒙昧主义，以人道反对神道，这当然为上帝所不容。对此斯瓦加特当然不会保持沉默。不过我们注意的是电视喜欢一团和气，反对剑拔弩张，更是不适合播送战争，这是否应当看作是电视某种

"选择"呢？这种"选择"是否就是电视的娱乐性呢？

（二）波兹曼对电视传教的批判

波兹曼从35家宗教组织的电视台选取了42小时的宗教节目进行研究，这些节目大多是有名的电视传教士主持的。波兹曼得到的第一个结论是："在电视上，宗教和其他任何东西一样，被明白无误地表现为一种娱乐形式。在这里，宗教不再是具有历史感的深刻而神圣的人类活动，没有仪式，没有教义，没有传统，没有神学，更重要的是没有精神的超脱。在这些节目中，传教士是头号人物，上帝只能充当配角"（100页、139页）；第二个结论是："宗教之所以成为娱乐是由电视本身的倾向决定的，而不是因为这些所谓的电视传教士存在缺陷"（100页、139页）。当然，波兹曼并不否认电视传教士们在文化上的差距。印刷术时代的传教士们都有较高的文化修养。那些有名的传教士都有过人的学识和高超的表达能力，像乔纳森·爱德华兹、乔治·怀特菲尔德和查尔斯·格兰迪森·芬尼都是宗教大觉醒时的领军人物，在第四章已对他们作了简要的介绍。电视时代的电视传教士和在教堂传教的神甫基本无大差别，但是他们与他们的前辈们，那些早期福音传教士相比可就差得太远了。波兹曼这样点明两个时代的传教士的差距其实也在暗指电视文化和印刷术文化的差距，印刷术文化时代的传教士和当时的其他文化人士都专心致志于读书与研究，而现代人则被声色（图像）干扰而分心，不事专致，学问平庸。但是波兹曼没有过分强调传教士们的学养，而更把问题归于电视："使这些电视传教士成为宗教体验的敌人的不是**他们**的弱点，而是他们赖以工作的媒介"（101页、140页，黑体为原著所加）。

然后波兹曼对这两点结论作了更详细地分析。第一，他指出有些人的糊涂（或者说天真）："如果能稍加思考，就会发现并不是所有的话语形式都能够从一种媒介转换成另一种媒介的。如果你以为用某种形式表达出来的东西可以丝毫不损害意义地用另一种形式表达出来，那你就过于天真了"（101页、140页）。

波兹曼举了翻译的例子。散文比较直白，不像诗歌那样含蓄和有韵律，所以把散文由一种文字翻译成另外一种文字时"可以成功"，但是翻译诗歌就难以做到。为什么会是这样呢？从根本上说，把一种语言翻译成另外的一种语言已是一种媒介转换成另外一种媒介了，虽然都是语言，但也是两种媒介。所谓的翻译散文"可以成功"，那也只是相对而言，即把原文的意思基本翻译出来。而翻译诗歌则不一样了，原诗中的音韵、美感、律动、含蓄等都是与原诗的语言（媒介）密切相关的，是难以在另外一种语言（媒介）中完美地体现出来的。即使有人说翻译是两大天才的合作，但是可以说诗歌在翻译后会丢掉很多原文的意境。人们只能是从翻译后的语言中大致（而不是"基本"）了解原诗的内容和情感。同是语言媒介因语种不同（其实也是媒介的不同）尚且如此，如果是在跨种类的媒介中转换，出现的差异就更大了。比如语言媒介换为图像媒介，即从读文章变成读图画就会更多地改变原来的东西。

波兹曼讲的这段关于媒介间转换的话可以被认作是媒介转换的一种规律。学校若将线下教学改为线上教学，虽然教学内容一样，可是学生及老师都感觉与在教室里授课不一样。线下的课堂，老师与学生直接面对，交流的东西很丰富，许多是线上教学做不到的。在今日的数字互联网时代，线上教学与线下教学已十分接近了，但是仍然存在着媒介转换的差异。波兹曼就两种语言媒介的转换必有丢失的道理来说明电视传教和教堂（即便是在帐篷里）传教是不完全一样的。波兹曼特别举了一个教学的例子："如果我们相信老师传授的知识可以用微型计算机更有效地复制出来，那么我们也是在欺骗自己。也许有的东西是可以复制的，但我们始终要问一个问题：复制过程会丢失什么？答案可能是：一切赋予教育重要性的东西"（101页、140页）。特别是波兹曼的这段话被线上教学证明了。这个例子中的差别与电视传教和教堂内传教士与信徒们面对面传教的差别也很相似。比利·格雷厄姆与帕特·罗伯逊都认为借助电视是最好的传教方式，不利用电视是"非常愚蠢的"，他们被电视传教范围之大、人数之众所迷惑。波兹曼说："不是一切都是可以**用电视表达**的，或者更准确地说，电视把某种事物转换成了另一种东西，原来的本质可能丢失，也可能被保留下来"（101页、140页，黑体为原著所加）。

第二，他指出了关于语境的问题。波兹曼指出，"如果信息传递的语境和耶稣所处的时代完全不同，那么我们就不能指望信息的社会意义和心理意义还能保持不变"。语境在这里直接关涉了"仪式"，语境的不同人们的仪式感将发生很大变化，而宗教又是特别强调仪式感的。波兹曼首先以仪式来说明两种传教的巨大差别。他指出，"我们无法神化电视节目播出的空间，任何传统的宗教仪式都要求举行仪式的地方要具有某种程度的神圣性"而教堂就是个"被设计成一个举行仪式的地方"。仪式是个体验的空间，仪式的环境和气氛是个净化的空间，它不仅让环境充满"神气"（即"神化空间"），还引导人们进行心灵的净化。净化使人们从世俗超脱出来。宗教是一种信仰，信仰并不止于读几本经卷，还要去体验，任何宗教都要求信徒们去体验那个神，用心灵去体验神灵。这种体验的形式一种是静心修炼，还有一种是参与众人集合的仪式，仪式感是宗教传教的重要组成部分，教堂的建筑、有关神的器物，关于神的绘画、雕塑……都会让人进入超凡脱俗身心向神的境界。可是一经电视传教则荡然无存。人们在收看电视宗教节目时先别说电视上的内容，就是简单地遵守教堂的纪律、规则几乎都没有了，人们用各种姿态看电视，甚至同时还进行着其他活动，电视观众与教堂信徒完全是在不同的语境下听经的。本来现代的传教就逊色于18世纪和19世纪高学养教士们的传教，这又加之电视的无语境，怎能指望原教旨的"社会意义和心理意义还能保持不变"呢？

如果勉强打个比方说"仪式"的话，就犹如现场看球类比赛或戏剧表演绝非电视直播可比。尽管用多个摄像机位、多角度捕捉现场场面，尽管电视导演全神贯注地选取远景、近景、中景甚至特写镜头送出极佳的信息给观众，尽管观众在家里舒适地面对甚至比现场观看还清楚的电视画面，但是许多人还是花钱买票去现场观看，就因为那里是真实的现场，有真实的美学、更有气氛感染、有激情回荡、有情绪交流……总之，现场有仪式感、有真正的语境。人们在现场享受到了在家看电视享受不到的快感和乐趣。这就是电视信息和现场信息在"社会意义和心理意义"上的差别。仪式感也是一种语境，语境的概念是有些学问的，语境背后藏着文化，文化常常成为传播的过滤器。不同文化人和不同语境下，面对同样的语言（信息）所接受到的东西是不一样的。传递宗教信息的语境在耶稣时代、印刷术文化时代和电视时代是各有不同的，接受宗教信息的人不同，传递的社会效果和人们的心理效果也是不同的。电视传播宗教是无语境的或者说是世俗语境的，而不是庄重严肃一心向神的。所以，即便是传教士们诵读着同样的《圣经》、用同样的语言解释《圣经》，都难以传达出耶稣基督的神灵，特别是难以达到耶稣时代和印刷术文化时代传教的社会效果和人们的心灵效果，甚至也难与教堂传教和神父在布置得清净严肃的帐篷中的传教相比。所以对电视传教波兹曼说："在这里，宗教不再是具有历史感的深刻而神圣的人类活动，没有仪式，没有教义，没有传统、没有神学，更重要的是没有精神的超脱"。

第三，电视宗教节目不能"好好"传教的另一个不可忽视的因素是"电视屏幕本身也有着很明显的现世主义倾向。屏幕上充满了世俗的记忆，电视广告和娱乐节目已经在这里深深扎根，要想把它改造成一个神圣的地方显然是很困难的"（103页、142页）。这是电视本性的问题或者还是说电视的"倾向"问题。无论从电视播出的卡通片、广告片、体育比赛、歌舞表演及电视剧等都是娱乐节目，在人们的心里，那块屏幕是充满现世的、世俗的娱乐角落，几乎没有人把它看成是神圣的宗教领地。"不论是历史还是电视的现实情况，都证明反省或精神超脱是不适合电视屏幕的"（103页、143页）。人们可以对着十字架忏悔，也可以面对神像或神父忏悔，但没听说过对着电视机忏悔。那里不是让人肃然起敬的地方，而是喧闹快乐的小剧场，电视机希望你记住"它的图像是你娱乐的源泉"。

第四，传教士们把电视传教融在娱乐与经济的统一体中，必然要有相当多的娱乐成分。对于电视的娱乐"倾向"传教士们是非常明白的，对商业电视台的经济利益也是非常清楚的。波兹曼说："他们知道他们的节目不能代表商业广播之外的另一片天空，而只能充当这个统一体里的一部分"（103页、143页）。所以他们要利用电视传教就必须融在娱乐与经济的统一体中。传教士们有巨额的赞助费，完全可以应付高档制作电视节目的费用，他们可到景色奇异的地方、可挑选美艳明星，把宗教节目的画面打扮得更具美感、更富青春靓丽。其中，俊男靓女频繁出入宗教节目，人们看宗教节目如同看电视剧一样得到惬意地享受。这样的节目"完全是一些著名商业节目的再现"，其目的好像不在于传教，倒是为了吸引观众，提高收视率，为此有时还要送给观众免费的小册子、《圣经》和礼物。全国宗教节目主持人协会的执行主席就说："只有给观众他们想要的东西，你才可以得到市场占有率"（104页、144页）。对此波兹曼作了精彩的批驳："从来没哪个伟大的宗教领袖会给人们他们想要的东西，他们给的是人们应该具备的东西"（104页、144页）。传教就是传达神祇要求于人的应当具备的品格。而电视却是只想给人们想要的东西，传教士要上电视吗？你只有顺从电视的这个潜规则，要改变自己，同时也要改变宗教。"电视上的传教完全不同于马太福音中的登山布道"在那里是庄严肃穆的。

相传耶稣从耶路撒冷回到迦百农，他为继续传道上了山，并整夜祈祷上帝，他从众多门徒中选出了十二人作为他的信徒，其中就有一人是马太，后来写了《马太福音书》。在山上这块圣洁之地，众多的人围拢耶稣坐下来，静听耶稣传教。其中就有"贫穷的人将有福，因为天国是他们的"等祝人八福和劝人为善的教训。整个传教质朴、高雅和清静，充满了圣洁的气氛。完全不是电视传教那样满是人造美景、俊男靓女，喧嚣喝彩。波兹曼说："如果我说基督教是一种苛刻而严肃的宗教，我相信我没有说错。但是，当它被表现得轻松愉快时，它就变成了一种完全不同的宗教"（104页、145页）。

第五，电视传教以电视的娱乐形象代替了神圣的宗教形象，其结果是"亵渎了神灵"。波兹曼说："宗教和图像从来都是紧密相联的"，"很多宗教都努力通过艺术、音乐、神像和令人敬畏的仪式来表现自己的吸引力。宗教的美感是它吸引人们的重要原因"（104页、145页）。此外，还有教堂的建筑、装饰、教职人员的衣着等都有一种宗教的美感，而这些都是宗教历史和教义的组成部分，特别是宗教的绘画等形象是施展宗教魔力的法器，人们通过图像领会神的存在，获得超然的神性，它与电视的图像是极其不同的。电视的图像是娱乐的，宗教的图像是神奇的。电视上的宗教节目大多是"原教旨主义"倡导者，主张读《圣经》和与上帝直接交流，鄙视宗教仪式和神学，看来似乎与宗教图像之类是疏远的，然而他们却没有轻视自己的形象。在电视上，他们有血有肉、活灵活现，不时还有彩色的特写镜头来加强对他们的表现。这当然是电视的手段，可是这个手段的魅力盖过了宗教绘画及器物的魅力，人们在电视上只见教士，而不见上帝，"值得我们崇拜的是眼前的他，而不是那个看不见的**他**"
（105页、146页，黑体为原著所加）。使用电视传教就是这样——用错
了轿子，抬错了神。人们把对上帝的崇拜献给了外表庄严神圣的传教士，
人们"直接交流"的不是上帝，而是传教士。当然这不是传教士有意去抢
夺上帝的位置，而是电视一手造成的。"电视最大的长处是它让具体的
形象进入我们的心里，而不是让抽象的概念留在我们脑海中"（105页、
146页）。

电视确有偶像崇拜的魔力。社会名流、演艺明星、节目主持人等经
常活跃在电视屏幕上，时间久了往往在电视观众心目中产生崇拜之情，
电视节目也因电视明星而出名。比如美国的沃尔特·克朗凯特（Walter
Cronkite），他做过报社记者、杂志撰稿人，1962年担任哥伦比亚广播公
司电视节目《晚间新闻》的主编和主持人，在美国声誉很高，每晚大约有
2000万人收看他的节目。甚至许多美国人相信克朗凯特超过了相信总统。
1981年，他转向了新开办的关于宇宙的科普节目，命名为《沃尔特·克朗
凯特的宇宙》，该节目的声誉也仍然很高。美国用电视传教，抬出来的不
是上帝，而是一堆明星传教士，像吉米·斯瓦加特、比利·格雷厄姆、奥
拉尔·罗伯茨（Oral Roberts）、罗伯特·舒勒（Robert Schuller）等，他
们受到人们的敬仰和膜拜。波兹曼对这种上与下、高与低的颠倒称为"亵
渎神灵"。宗教顺应电视的结果确实吸引了成千上万的观众，也确如格雷
厄姆和罗伯逊所言："广大民众需要它"。波兹曼引用了美国政治家、哲
学家汉娜·阿伦特对这句话的回答：

这种在世界上独一无二的状况可以被称为"大众文化"，它的倡
导者既不是大众，也不是艺人，而是那些试图用曾经是文化中真实可
信的东西来娱乐大众的人，或是那些试图证明《哈姆雷特》和《窈窕
淑女》一样有趣，一样具有教育意义的人。大众教育的危险在于它可
能真的变成一种娱乐。有很多过去的伟大作家经过了几个世纪的销声
匿迹，如今又重新回到了人们的视野，但我们不知道，他们的作品除
了娱乐版还能否留在人们心里。（106页、147—148页）

如何理解把"广大观众需要"宗教电视节目的现象说成是"大众文化"现象，或者说电视宗教节目就是"大众文化"呢？大众文化也被称为流行文化，是工业社会为普通民众生产和消费而制作出来的文化产品。这种文化产品具有通俗性、娱乐性、流行性。有的作品低俗、媚俗甚至庸俗。它比较符合普通民众的心理和生活，易于接受、易于流行也较易消失，它的内涵意义比较浅薄。从传统美学看审美价值不高，与精英文化（或称高雅文化）形成鲜明对比。精英文化内涵意义丰富而深刻，讲究理性和批判精神，有较深的教育意义。精英文化大多是由较高学养的文化人士创作，其作品往往有较深远的影响。在大众文化与精英文化的研究中，也有不同看法，而越研究越涉及社会学、政治学、哲学、心理学等超出文化学的更广泛的领域，专家们的著述也相当之多。21世纪以来对大众文化也并非一概否定，有些人看到它在人的感性、人的自由及人的本性的解放等方面的作用，看到文化向日常生活回归中的作用。在西方社会环境中，它还反映了人们对真正民主的追求，对主导意识形态的反抗等。

大众文化在我国发展很快。改革开放的初期还是被批评的。到20世纪80年代中期大众文化开始浸入文化中，并且站稳了脚跟，90年代以后就迅速发展起来了。十几年里我国对大众文化也不是全盘否定的，而是对低级、庸俗媚俗和恶搞的东西持批评的态度。不可否认的是，大众文化中也有很优秀的作品，对优秀的和比较好的作品是鼓励的态度。总的来说，应采取引导、优化、融合的办法，使其寓教于乐，在娱乐中更好地辅助主导文化，即使是单纯的"乐"，也要有"美"、有"真"、有"益"，符合艺术规律。大众文化取材是多方面的，其中有一种现象，就是拿过去年代的一些在人们目心中有较深影响的成功作品进行改造改编。比如我国乐坛在20世纪90年代就有所谓的"红歌黄唱"，将《东方红》等革命年代的歌曲唱"软"，也曾大受欢迎，据说当时的录音盒带发行量达100万盒。还有的把经典作品改编成影视剧，如把《西游记》改编成《大话西游》，还有《大闹天宫》《西游降魔篇》等。还有的把中国古典诗词配曲成流行歌曲，如把苏轼的《水调歌头》："明月几时有，把酒问青天……"改编成轻歌软曲；把张继的《枫桥夜泊》翻改为抒发无限思念之情的《涛声依旧》……把经典作品改编成流行（大众）作品也是良莠不齐的。

　　不仅在中国,这种改编在美国也不少,甚至还有许多"变相"改编的,如美国加州综合大学教授理查德·凯勒·西蒙教授就发现文艺复兴时的名著《仙女王》和《星球大战》中的东西极为相似,特别是那些象征精神的器物更像是模仿。《仙女王》中光盾代表着基督神的特殊力量,而《星球大战》中以光剑象征着类似神的精神力量。《哈姆雷特》是莎士比亚的名剧,有着深刻的人文主义与封建腐朽势力斗争的含义。而《窈窕淑女》如果是萧伯纳的那出戏剧也具有对工业社会某种批判的意义。它说的是一个社会下层的卖花女,说着满口的地方土语。后来她被一位语言学家发现并在短时间内严格培训,很快学会了一口标准而文雅的英语和上流社会的生活方式,结果她很快就发迹,跻身上流社会。此剧揭露了资本主义社会中某些人投机取巧巧取豪夺财富的一面。里面的机巧故事似乎比悲剧的《哈姆雷特》有趣。如果把两个剧都作大众文化式的改编那就都会更有趣,但是所谓的教育意义是什么呢? 极有可能就是娱乐。汉娜·阿伦特(Hannah Arendt)这段话就是批评大众文化把经典名著改编成大众文化的次等产品,用以娱乐大众。表面看好像是过去的伟大作家们在沉寂了几百年之后又重新回到了现实世界,其实并不是原版的回归,而是娱乐版的喧闹。波兹曼引出汉娜·阿伦特的这段话有力地批评了电视传教。宗教经过电视的一番改造,"我们是不是把这种'文化中真实可信的东西'毁灭了呢? 宗教在运用了电视资源后日渐攀升的受欢迎程度,会不会让更多的传统宗教理念变成疯狂而琐屑的表演"(106—107页、148页)。前文提到的那个戴扬基球帽的奥康纳神父、把传教和摇滚乐结合起来的萨科威茨教士等都进行了这样的表演。一些人,其中也包括一些宗教界人士对电视宗教节目表示担忧:"真正的危险不在于宗教已经成为电视节目的内容,而在于电视节目可能会成为宗教的内容"(107页、149页),此话不只是言中了,而且是严重了,电视节目真要成为宗教的内容,那意味着什么? 起码告诉人们,宗教传达的不是耶稣的忠告,而是娱乐,那宗教又是什么呢? 如果带着这样的电视传教去伯利恒,上帝会欢迎吗?

　　本章中还有两点值得重视。第一,媒介的力量。基督教从它诞生时起一直到20世纪中叶都被认作是神圣而严肃的宗教,可是就是这样的宗教一经电视就变了味道——娱乐化了,那么还有什么精神上的东西不可以被电视娱乐化的呢？波兹曼以宗教的这种变化来展现美国在电视文化下的全面娱乐化。它说明媒介的威力有多么强大。其实，这种力量本质上是一种科学技术的特性（在本书第十五章中将会探讨），就如同其他技术手段一样都有自己的特性。当我们认识到以后，便可以掌握它，正确地运用它，就不会盲目地接受和使用某种媒介手段了。

第二，相同的信息在不同的媒介传播下，会出现不同的效果。波兹曼举出的例子告诉我们基督教的人际传播（在教堂或者在被简单布置的洁净的空间里）都是由传教士直接面对信徒的，都能够较好地传播基督精神，而电视传教不但使这种精神受到伤害，而且还必然地被娱乐化了，这其中当然有某种人为的因素，比如有的人不够虔诚，有的传教士受语境影响，改变了自己本来面貌……但是不可否认两种传播媒介的各自特性是决定性的，要传（递）播某种信息，一定要选择与之相匹配的传播媒介，而不是人们喜欢哪种媒介就选择哪种媒介。人们最易犯的毛病是总认为传（递）播的信息是主要的，使用哪种手段（媒介）并不重要，这样的认识往往会适得其反。

第九章　伸出你的手投上一票

——喂！到底是谁让你选他的？

以这样一个选举式的语言作标题，无疑谈的是美国的政治，其基本问题是美国的政治是什么。波兹曼举出了两个人的两种不同说法，其一是小说《最后的喝彩》里的一位人物说的"政治是美国拥有最多观众的体育比赛"；还有一位是真实的人物，担任过美国总统的罗纳德·里根在未任总统时说的："政治就像娱乐业一样"。那么谁说得对呢？

体育比赛是一种竞技，无论电视直播还是现场观赛都能清楚地看到运动员的真正的体育品质：力量、速度、准确性、身体姿态……凭着运动员的这些实力进行较量。这一切都是明白而公开的，运动员优秀与否是不能伪装的，一个击球率很低的棒球手是不可能成为球队的主力。网球运动员玛蒂娜·纳芙拉蒂洛娃（Martina Navratilova）在当打之年排名女子世界第一，得遍了世界各地网球公开赛的冠军，这一切都是"一目了然、公正诚实、超越平凡"的。假如政治以及它的总统选举也如此地清楚明白，那真是令人欣慰的事。可是政治偏偏不是这样。竞选要搞民意测验，看支持率有多高，好像是"一目了然、公正诚实、超越平凡"，总统候选人在电视上演说、辩论时仪表堂堂、举止大方、言语犀利，又宽慰可人，当然得选票不少。可是一旦当选，便被人发现，总统真实的所作所为并不是人们想要的样子。电视演说也好，电视辩论会也好，仅仅是"看上去像这样"。

这"看上去像这样"是谁的哲学呢？是演艺界的、是娱乐性的，"娱乐业并不是不想超越平凡，但它的主要目的是取悦观众，它的主要策略是运用技巧。如果政治真的像娱乐业，那么它的目的就不是追求一目了然、公正诚实和超越平凡，而是要做到**看上去像这样**"（109页、151页，黑体为原著所加）。看来当过好莱坞明星的里根说的"政治就像娱乐业"是正确的，不但正确，而且照此实践，果然在14年之后当上了美国总统。"看上去像这样"与真正的政治素质本不该是一码事，它是广告的哲学或者是娱乐业的哲学，但美国的政治却与它们结缘了，"在美国，电视广告已经成为政治话语最本质的象征"（109页、151页，重点为引者所加）。

（一）电视广告形成了人们的思维方式——由理性思维转向了形象思维

在一般情况下，广告不过是介绍产品、宣传产品的品质及作用，以求更广泛地销售罢了，何以会与政治联姻，而且成为"政治话语最本质的象征"呢？这还得看美国广告的神奇作用。在美国，广告是铺天盖地的，尤其是电视广告，它既有引人注目的力量，又有灌输的功能。一个美国人40岁的时候他已看过了100万条广告，而且在退休前还要看1万条广告。美国人对广告太熟悉了、太了解了，也太习惯了，却不晓得广告悄悄地"成为各种公众话语结构的模式"。这里我们可以把广告看成是商品与顾客之间的媒介，此时它的形式，特别是在海量的电视广告下，其形式的隐喻作用必定会影响到"公众话语结构的模式"。其实这个隐喻就是媒介的隐喻，就是我们在最前面几章讲过的那种电视的隐喻。"看上去像这样"就是这种隐喻的一个作用，正是这个作用使美国人从喜欢"读"（书）的人变成了喜欢"看"（电视或者图像）的人。被选出的总统往往从任前的"可人"变成了上位后的"不可意"，大都是美国人上了重"看"不重"读"的当，因为"看上去像这样"已经成了他们公众话语结构模式的主要内容。电视广告似乎告诉人们："看上去像这样"就是对的。对此，波兹曼还有更深入地分析，比如"形象政治""电视广告哲学"等，刚才就先借用了"广告哲学"的概念。让我们先看看政治与广告结缘以后，电视广告"已成为各种公众话语的模式"是"怎样毁灭政治话语的"。

波兹曼首先提出了这样一个论断："通过以最凝练的方式集中展示娱乐业的各种形式——音乐、戏剧、图像、幽默和名人——电视广告对资本主义意识形态进行了自《资本论》发表以来最猛烈的攻击"（109页、152页）。由此可见，波兹曼是非常看重电视广告对社会的作用的。为了说明他的论断，他从资本主义的起源那里说起。

资本主义意识形态起源于文艺复兴以后的启蒙运动。资本主义的生产方式从开始走向成熟就要求自由和民主。劳动力可以自由地从土地上走来，加入城市的产业大军，人们可以自由地往来竞争，买卖双方通过合同、协议等语言文字表达产品的性能和品质，表达双方在产品的真实信息下由理性决定交易是否进行，特别是还有法律约束交易的正常和公正。人们都在产品的竞争中想方设法取得优势，求得发展，贪欲和理性同步并行，这就是资本主义成长期的自由与民主（当然剥削与压迫早已被掩盖在其中了）。资本主义的这种机制使它获得了长时间的稳定发展，所以英国的经济学家亚当·斯密才那样欣喜若狂，称赞资本主义是有史以来最好的制度。维持资本主义生产的一个很重要的因素是交易，而交易的基础是语言，以陈述的方式表达交易双方的意见，也以陈述的方式进行广告宣传。陈述就是用逻辑的、有序的、理性的语言，也就是印刷术文化的语言表达意见，这种话语世界有利于判断、分析和决定行动。

18世纪、19世纪是美国资本主义上升期，而这个时期也正是美国的印刷术文化兴盛的时代，一个很是讲究理性的时代。但是这个时代却被资本主义进一步发展破坏了，资本主义出现了卡特尔、辛迪加和托拉斯这些垄断性的经济形式。它们进行行业和跨行业的垄断，它们削弱了原初的资本主义理论。广告也参与其中，广告丢弃了原来的陈述的表达方式，即广告不再用第四章中弗兰克·普雷斯布里所指出的排印技术"黑暗年代"的那种有序的、逻辑的、理性的语言来表达了，这当然就丢弃了判断对错的依据。由于广告影响的力度很大，这种丢弃是否会影响人们的话语也发生改变呢？"如果我们丢弃了这个话语世界，那么实践检验、逻辑分析或任何其他理性的工具都将失去意义"（110页、153页）。"从19世纪末开始，商业广告背离了语言陈述，到20世纪50年代，语言形式几乎从商业广告中消失了。通过图像代替语言，图像广告使感染力成为消费者选择商品的依据，而不再是实践的检验。理性和广告早已背道而驰，……"（110页、153页），如印刷术理性广告同资本主义上升期相契合一样，图像（包括电视）广告也和垄断时期的资本主义相契合，"电视广告的对象不是产品的品质，而是那些产品消费者的品质"（110页、153页）。电视广告已不再按18—19世纪那样的有理性的、有逻辑的陈述性的语言来表达产品的品质，而是按着消费者渴望的那样、按着消费者享用产品后的惬意美感来做，和产品质量毫无关系。把有价值的产品引向了消费者感觉产品有价值，这实际上就是一种心理的"伪疗法"，消费者成了依赖心理疗法的病患者，不管消费者买到产品后使用效果如何，他首先得到的是心理的慰藉。到此时，我们看到了电视广告是资本主义市场规则由资本主义向上发展时期的理性交易向着资本主义成熟后的"心理"交易变化了，显然这是电视广告对资本主义意识形态的猛烈攻击——娱乐化开进了资本主义意识形态。

　　资本主义出现问题和广告由语言转向图像的时代是亚当·斯密所始料不及的，因为他只生活在18世纪，所以对他来说是情有可原的。而奥威尔却是生活在资本主义成熟期的，所以对奥威尔没有预测到这种变化来说是个失败。他在《一九八四》这部预言小说中，给模棱两可和自相矛盾的话起名为"新话"，在另一处说政治已经成为一个"为站不住脚的观点辩护"的形式，这意思是他预言到1984年时，政治虽然腐败，说"新话"和"为错误的观点辩护"都还在继续保持着一种"鲜明的话语模式"。也就是说，还是一种有序的、陈述性语言，要用这种语言做坏事时，就只有宣传和欺骗。这说明奥威尔仍然是印刷术文化的思维模式，因此他鄙视那些惯用宣传和欺骗的政客。他没有预言在电视时代里，人们拿"为站不住脚的观点辩护"当成一种娱乐，根本就没有什么了不得的。虽然奥威尔的预言可能是暗指另外某个强权政治的大国，但美国民众实际上已转向了电视广告式的思维模式了，所以奥威尔的预测是不切实际的，对比波兹曼说的："电视广告是塑造现代政治观点表达方式的重要工具"（111页、154页）显然是落伍的，波兹曼认为这主要体现在两个方面："第一，政治竞选逐渐采用了电视广告的形式"（111页、154页）；第二，"电视广告哲学"成为人们认识事物的方式。

关于政治采用电视广告形式这一方面，在前面谈电视广告与政治结缘的部分已多有论述。这里，波兹曼只举了一个亲身经历的实例，就是拉姆塞·克拉克（Ramsey Clark）与雅各布·贾威茨（Jacob Javits）之间的参议员竞选。克拉克为此精心准备了意见书，里面包括历史背景、经济和政治资料，具有非常开阔的社会学视野，但是也许是他十分迷信传统的政治话语模式，没有准备漫画。而他的对手贾威茨是不是那样精心准备了材料尚且未知，但是他却利用了漫画，他利用了"一系列的30秒钟电视广告，在这些广告里，他运用了类似麦当劳广告的视觉手段把自己表现成一个经验丰富、正直虔诚的人"（112页、155页，重点为引者所加）。他用电视塑造了自己的可人的"政治形象"。这一手确实比克拉克高上一筹，因为他懂得"在一个电视和其他视觉媒介占据重要地位的世界里，'政治知识'是意味着图像，而不是文字"（112页、155页），结果是贾威茨胜利了。当然选出这样的"识时务者"为"俊杰"也不能不说也是政治，但是人们不免要问，图像和语言（文字）谁能更好地说明才干呢？现在图像的优势凸现，说明电视广告浸入美国政治的肌肤里达到何种程度。电视广告原则不仅被政客所用，而且为公众认知所青睐。这大概就是亚当·斯密所始料未及和奥威尔感到吃惊的吧！这里我们应当注意一个重要概念"形象政治"，"形象政治"是美国现代政治话语表达的重要内容，而把"形象政治"做得最好的是电视广告。

波兹曼在本章的开始部分讲述了资本主义经济是建立在理性话语的基础上的，我们可以认作是印刷术文化缔造的有序的、逻辑的、理性的思维方式，被用来辨识是否确立买卖关系。后来电视发达，"电视广告则把它弄得一团糟"。图像的渲染力夺去了人们的眼球，商业广告抛弃了印刷术文化的那种语言陈述，于是广告和理性背道而驰。随着电视文化的形成，电视广告缔造的形象思维方式浸入了政治，便产生了"形象政治"。本章的主线就是波兹曼沿着电视广告的形象思维方式，剖析"形象政治"和"电视广告哲学"的形成以及它们的作用，直指美国政治抛开理性走向娱乐化。

（二）电视广告哲学——以电视广告的思维方式来处理政治

电视广告塑造现代政治话语表达方式的第二种体现是"电视广告哲学"深入人心，人们普遍地接受了这种哲学。如果说波兹曼在论述美国政治娱乐化中创造了"形象政治"这一概念是颇具说服力的，那么这里的"电视广告哲学"概念的创见作为对电视媒介的深入分析也是值得重视的。波兹曼说："因为电视广告是我们这个社会中最多产的一种公众交流手段，美国人不可避免地要接受电视广告的哲学。所谓'接受'，是指我们已经把电视广告当作一种普通而合理的话语方式；所谓'哲学'是指电视广告关于交流的性质已经形成了与其他媒介（尤其是印刷文字）相左的独特观点"（112页、156页，重点为引者所加）。

这里先分几个方面来说，一个是"多"；一个是"接受"；一个是"哲学"。所谓"多"是指量大而快速。前面说的一个40岁的美国人就已经看过100多万条广告。美国电视广告以最闪烁的镜头、最快速地变换、播出最多的形象和故事。这种多更使电视广告的内涵及它的隐喻得到了发挥，并且深深嵌入人们的内心。前面第一章中笔者谈到的媒介、隐喻与共鸣的关系就是"一"与"多"的关系，这种"多"让人们接受了电视广告里的哲学，即按照电视广告的思维方式处理事物，当然也包括处理政治，比如去参加选举。"多"产生影响力，产生了"接受"，产生了"共鸣"。电视广告的思维方式由共鸣产生了电视广告的话语模式，此种话语模式的交流性质有着与其他媒介相左的一些独特的观点。电视广告的"思维模式""话语模式""交流性质"都是不同语境下同一内涵的表述，实质都是"电视广告的哲学"的内容，都可以看成是电视广告隐喻中的东西。这个隐喻指出，当把人们在交流的、对话的、认知的语境下表现出的形态中集中起来，即可称作"电视广告的哲学"。我们已知的印刷文字的交流是思考、分析、辨别、判断、推理，而电视广告的交流（哲学）是形象、快速、感觉、情感、情绪、心理（的安慰），这就是"与其他媒介相左的独特观点"。

电视广告不是用来认识产品品质的，"说电视广告的主题是产品就像圣经《约拿书》的主题是解剖鲸鱼一样，完全不相干"（注：广西师大出版社和中信集团出版公司出版的《娱乐至死》版本不同，并多次印刷，其中有少数文字相互差异。本段文字选择的是广西师大出版社2010年2月第4次印刷版本中的一段，在112页上）。《约拿书》是《圣经》中《旧约全书》第四部分预言中的一卷，为约拿所写。约拿作为神耶和华的先知者，受耶和华委派去亚述国，劝亚述人悔过，否则便会遭难。因为他们侵略了北以色列，大批以色列民众被逼当了奴隶，作为以色列人的约拿非常憎恨亚述人，不愿去劝说亚述人，途中乘船逃向西班牙，但船遇风浪，危在旦夕。约拿知道是因为自己才连累了众人，于是他要人们将他抛入大海，船立即恢复了正常行驶。约拿却被一条大如鲸一样的鱼吞入腹内三天三夜，后来被吐在岸上。约拿终于明白了这是耶和华依然让他去完成说服的任务，约拿表示愿去亚述国，完成使命。经约拿劝说，亚述国国民和国王都表示悔过，于是免除了即将要惩罚他们的一场灾难。

　　很清楚，故事中虽然有鱼大如鲸，可是说的是约拿听命拯救亚述人的事，与解剖鲸鱼毫无关系，波兹曼以此种无关系来说电视广告与产品的无关系。电视广告是似是而非的，看上去像是，其实不是。波兹曼在这部分里剖析电视广告哲学的似是而非只是其中之一，其含义还有很多，比如电视广告是为了满足观众的心理需要，可称为是心理疗法。这种广告与真实的产品并无关系，人们买到产品，不论是否适用，首先是满足了其心理需要。电视广告还采取"伪寓言"的故事来传递信息，让你产生不可抗拒的情感力量，不得不买它的商品。比如像"丢失了旅行支票"那样让你着急，像"远方的儿子的电话"那样让你激动不已……再说电视广告教给人们的一些东西，其实都是电视广告哲学里的东西，它的"主题是教我们应该怎样生活"。"如短小简单的信息优于冗长复杂的信息，表演优于说理，得到解决方法优于面对问题。这些观点自然要影响我们看待政治话语的态度，也就是说，我们会把电视广告中传递或强化的一些涉及政治的观点视为常理"（113页、157页）。比如"所有的政治问题都可以或应该通过简单方式得到快速的解决；复杂的语言无法让人信任；戏剧的表达方式适用于所有问题；争论让人反胃，而且只能让人心生疑惑"……由前面的第一点"竞选逐渐采用电视广告形式"和第二点电视广告哲学浸入政治，使美国的政治变了味儿，如果简单地说，就是"娱乐化"了。

（三）形象政治——政治娱乐化，对美国民主与自由的伤害是致命的

前面讲了美国政治娱乐化的两个主要体现后，他又具体剖析了美国形象政治、总统选举、民众政治心态以及娱乐化对民主、自由的伤害等话题。波兹曼在这里又给我们讲了一些政治家的形象。首先是政治人物成了名人。波兹曼说的"名人"和"出名"是不同的。比如接替美国罗斯福总统的杜鲁门（Harry Truman）是个大谈政治的人，他因为在第二次世界大战将结束时的屡次外交活动和处理美国的政事而出名，但是他却只是"出名"而不是"名人"，他和他的夫人是不会出现在非政治性电视节目中的。"那时的政治和政治家与电视节目无关"（113页、157页），这大约是20世纪的40年代。到了20世纪50年代，埃弗里特·德克森（Everett Dirksen）参议员作为嘉宾出现在电视节目中，大概是政治与电视第一次接触吧。到了20世纪50年代末期，竞选总统的约翰·肯尼迪让电视摄制组到了他的私宅拍摄。其竞选对手理查德·尼克松则在《大家笑》的电视节目中出现了几秒钟，《大家笑》是一档以电视广告为蓝本的喜剧节目。但是大家也都知道，总统竞选时肯尼迪与尼克松是在电视上进行过辩论的，而恰恰正是这个电视辩论会使尼克松因形象不佳而落败了。可以说，此时电视已进一步涉足政治了。"而到了70年代，大众开始接受政治人物成为娱乐世界的一分子"（113页、158页）。"到80年代，政治人物大规模涌向电视"，有卸任的总统、国务卿、以及州长、副总统候选人、市长、参议员等，他们有的做广告、有的成为代言人、有的成为娱乐节目和有关电视剧的谈话节目的嘉宾，甚至在电视版的电影中扮演角色，可以说已广泛地涉足电视的娱乐节目，他们也因此而成为"名人"，这大概就是波兹曼所说的"名人"与"出名"的不同。虽然"很难说政治家们是从什么时候起把自己作为娱乐素材推出的"，但终究还是让电视造就了许多"名人政治家"。

政治家上电视，一是电视节目主持人想让"出名"的政治家为其撑起门面，而尽力把政治家打造成"名人"；二是政治家们借助电视展现自己的形象，以为其政治目的服务；三是确有哪位政治家想发表高见，启发

观众对某些问题的认识，这种情况占电视的比例有多大尚难确定。目前所知，政治家上电视大多是节目制作人邀请的，但是作为候选人的政治家为自己拉票而上电视应当认为是正常的。从美国的选举中看美国政治与电视的关系，便是了解美国政治的一个切入点。

为了能理解波兹曼长篇地、曲折地分析这种关系，我想请大家把握一个方向，就是他指向的是政治被电视娱乐化了。这一点比上面说的电视让政治家从出名变成名人更为重要。按说选举议员、州长或市长以及美国总统应当是选出"最佳人选"，这就是"要擅长谈判、精通管理、熟知全球事务、洞察各种经济制度的相互关系"。可是在实际的选举中却很少有人是按这个标准来选的。在美国两党轮流执政的情况下，明智的人是按照谁能代表"他的经济利益和社会视角的党派"来选举的。如果他是民主党人，他认为民主党能代表他的经济利益，他不管共和党那里有怎样地符合"最佳人选"的才干，他也要把选票投给民主党的那个候选人。有的人比如波兹曼自己，在年轻的时候想找出一位"最佳人选"，然后把选票投给他，让他当市长，可是他的这种想法遭到了父亲的批评。其父的意思是，我们是民主党这一派的，即使所有民主党的候选人都是既愚蠢又腐败，我们也要把选票投给他们，要不然你不就是让共和党赢得选举的胜利吗？看来正直的美国人投出正直的一票并非那么容易。那个纽约的民主党实力派组织的领导人蒂姆·沙利文（Big Tom Sullivan）为什么要追究选区内，把选票投给共和党的人是谁，选区六千多张选票只差这一票没弄清楚，他也要查一查，这可能是哪个人真的把自己的选票投给了"最佳人选"。但是事实是把选票投给"最佳人选"也好，或投给能代表自己利益的党派候选人也好，都是虚妄的。要选举"最佳人选"吗？"电视无法告诉我们谁是最佳人选"，"电视根本无法让我们判断谁比谁强，因为谁强谁弱取决'形象'"，"政治家们给观众的不是他们自己的形象，而是观众想要的形象。这正是电视广告对政治话语最大的影响"（115页、160页）。这让我们想起了波兹曼曾经说过的一句话："电视广告的对象不是产品的品质，而是那些产品消费者的品质"（110页、153页），如果把"产品"换成"候选人"，将"产品消费者"换成"选举人"，那就会发现这先后说过的两句话是多么地相似，因为它们在"电视广告哲学"上是一致的，选举难道不是被电视忽悠的、被娱乐的吗？不是逗你玩儿的游戏吗？

这里通过政治家的形象再一次对"形象政治"进行了剖析，指出它同电视广告一样，是一个口号，一个象征和一个心理安慰。波兹曼为了说明这些，举了史蒂夫·霍恩（Steve Horn）为贝尔电话导演的一个广告。这个广告的主要词语是"伸出你的手去安抚某个人"，它是指向贝尔电话的。亚历山大·贝尔（Alexander Bell）于1876年发明了电话，是继电报之后的美国通信变革的第二次飞跃。贝尔成了电话的代词和电话的名牌，霍恩这句话的"某个人"是指远离亲人或亲戚的人。美国当时处于发达的工业社会，家庭不再像小农经济的那个时代集聚每个成员，而是因为工业和城市的发展变得"四分五裂"。但家庭还是牵动着人们的心，分散的人要团聚，亲人们要交流，伸出手去拿电话就可以了，虽然比不得相互见面，但通话也可以安抚一下人心。霍恩的广告词语是要让大家从美国生活四处可见的破裂关系中意识到电话的重要性。霍恩并没有什么信息想传递，也没有表达他自己的想法，当然接收广告的人也没有表达自己的想法。可是霍恩表达的却是接收广告的人的想法（通过电话与家人或亲戚进行交流，以得到互相的安抚），而这正应了电视广告的哲学：广告表达的正是你所需要的。我们甚至可以再想一想，霍恩这个口号式的广告词语是与贝尔电话的品质无关的。这也像政治家上电视或者他的政治形象与政治家的个人品性无关一样。"这就是所有成功电视广告的经验：它们给我们一个口号、一个象征或一个为观众创造出引人注目的形象的焦点。不管是党派政治还是电视政治，它们的目标都是共同的。我们无法知道谁最胜任总统或州长或参议员，但我们知道谁的形象最能排解和抚慰我们心中的不满"（115—116页、161页）。但是我们还要注意到伸出手接通电话和远方的亲人通话得到的是真实的安慰，而伸出手投出选票的安慰是虚妄的安慰。被选举的那个人与你太远，他什么也没有跟你说，他真正做得如何你并不知道。

看电视投选票，就像格林童话《白雪公主与七个小矮人》的故事中，邪恶的继母皇后问墙上的镜子一样："谁是世上最美的人？"，在白雪公主活着的时候，镜子总是回答说："白雪公主"。嫉妒的皇后为争得最美的人的位置，就一直在追杀逃跑了的白雪公主。而美国人看电视投选票，很像是在问墙上的那面镜子。但是童话里那面镜子回答的是真实的话语，而美国的选举人投票时却忘了问一句话：电视，你给出的候选人的形象是本质真实的吗？事实上，美国人"常常把票投给那些性格、家庭生活和风格在电视屏幕上表现出色的人"。这就是说，我看电视上谁的形象符合我心目中的标准，我就选谁。2500多年前的古希腊（那时欧洲尚无基督教）是个多神论的分散邦国，当时的哲学家色诺芬（Xenophon）说："世上都认为神祇和他们自己一样是被诞生出来的，穿着与他们一样的衣服，并且有着同样的声音和形貌……其实，假如牛马和狮子有手，并且能够像人一样用手作画和创造艺术品的话，马就会画出马形的神像，牛就会画出牛形的神像，并各自按着自己的模样来塑造神的身体了"（《西方哲学史·古代哲学》，伯兰特·罗素著，第44页）。"人常常以自己的形象塑造上帝。现在，电视政治又添了新招：那些想当上帝的人把自己塑造成观众期望的形象"（116页、161页）。美国的政治家就是这样按照电视广告的思维模式塑造着并不一定是自己的自己。这就是"形象政治"。

"形象政治一方面保留了为个人利益投票的传统，一方面又改变了'个人利益'的含义"（116页、161页），美国人看似按"个人利益"投了票，好像选举没有破坏民主这个传统。但被投票的那个政治家可是个"形象政治家"，他是否真能代表选民的个人利益呢？这就难说了。所以这个"个人利益"的含义是被改变了的，在选举中它是象征性的，但不管怎样，是选举人按"个人利益"投票的，也总算是个安慰。因此，形象政治实质上是一种心理疗法。按照形象政治的要求，那个林肯是不能当选为总统的。他的照片"没有一张是微笑的"，"很长时间也都是郁郁寡欢的"。照片上他是络腮胡子、四方脸，表情很是严肃。拉尔夫·瓦尔多·爱默生在1862年说"他是一个坦白、真诚、充满善意的人"，"讲话清楚，而且十分正确"，"他讲完之后会满意地抬头看看你，然后露出洁白牙齿大笑起来"（《彩色美国史》，艾伦·韦恩斯坦、大卫·卢布尔著，胡佛、余世燕译，中国友谊出版公司，2008年版第288页）。林肯主张废除奴隶制，但他考虑到南北方的统一与完整，在实施步骤上不像激进主义者们那么急切。南方依仗自己经济和军事的强大，反对"废奴"，终于爆发了南北战争。作为总统的林肯在激烈的内战中面对北方处于危险的形势，发出了《解放黑奴宣言》，鼓舞了人们的斗志，最终取得了胜利，保住了统一的美国。这真是值得庆幸的事，幸亏当时没有电视，否则可能会因为他的那张脸而无缘总统，"废奴"也不知何时会实现，特别是美国是否会形成南北分裂的局面，而没有如今这样强大的统一的国家。从林肯与电视的故事以及美国的选举中，波兹曼总结道："就像电视广告为了起到心理疗法的作用而必须舍弃真实可信的产品信息一样，形象政治为了同样的目的也必须舍弃真实可信的政治内容"（116页、162页）。形象政治舍弃了真实可信的政治内容，那么美国的选举是什么呢？这只能是美国政治娱乐化的体现，当然与美国的电视有很大关系。

这里我们应关注的是美国电视广告哲学造就的美国民众对政治的心态。波兹曼的描述是：所有的政治问题都可以或应该通过简单的方式得到解决；复杂的语言无法让人信任，戏剧的表述方式适用于所有问题；争论让人反胃，而且只能让人心生疑惑……没有必要在政治和其他社会生活形式之间划一条界线。电视广告教给我们的东西是：短小简单的信息优于冗长复杂的信息，表演优于说理，得到解决方法优于面对问题……形象思维方式几乎都用到了政治上。如果将这样一种心态与印刷术文化时代美国民众尊崇理性、重视思想、用心分析的政治心态相比截然不同，这种不同反映了两种媒介文化的特性和隐喻的不同。更加重要的是，它与美国的政治走向竟如此契合，美国政治由托克维尔所称赞的理性和民主变为了今日的虚伪和娱乐，虽然这种改变本质上与社会制度、政治制度、经济制度等有关，但也不能不看到由印刷媒介向电视媒介转换的重要作用。再看今日以电视为元媒介的电脑、手机，互联网时代美国民众对待政治的心态和波兹曼三十多年前描述的无大差异。2020年美国总统大选，特朗普（Donald Trump）与拜登（Joe Biden）的竞争异常激烈，特别是美国民众因为失去了理性判断的基础和能力，在电视上、手机上或电脑上看到他们二人的言论和表演无法判定什么是真、什么是假。二人所代表的民主党与共和党之争的激烈程度也为美国历史所罕见，让人感到了美国民主政治的衰落，似乎从电视盛行时开始，正像印刷术文化遭受冲击从出现电报时开始那样。美国民主政治的蜕变可能是美国衰落的序曲，虽然现在看来美国依旧还很强大。

（四）历史在这里停顿——电视文化轻松地抹去了历史

　　政治是与历史相通的，形象的政治将会引发什么样的历史和人们怎样对待历史呢？波兹曼推断说，"历史在形象政治中发挥不了重要作用，因为历史只有对那些相信过去能够滋养现在的人才有价值"（116页、162页），所谓历史的意义就是具有滋养后人的价值。人们都知道"以史为鉴"，但是在形象政治中人们的判断是着眼于眼前的形象，不是借助历史理性地分析和判断，而理性才可以使历史具有价值，形象能让历史记下什么？只记录过程，而无理性内容就没有历史意义。苏格兰历史学家托马斯·卡莱尔（Thomas Carlyle）说："过去是一个世界，而不是一片灰色的混沌"（116页、162页）。在印刷术文化的时代里，这话的意思是历史里的世界是有序的、理性的、严肃的，因而是清澈的，而不是混沌一片的，这样的东西才是非常有用的，这样的历史的世界会永远地让人们翻阅，才是活的世界。而现实尚未经过历史地分析，因而是混沌的。电视在表现形象政治时没有过去，也没有将来，只有当下，这也是电视本性决定的。"电视是一种具有光年速度的媒介，是以现时为中心的。它的语法里没有表达过去的时态"（117页、162页）。"电视只需要播放这些零星的信息，而不是收集和组织它们"（117页、162页）。不能将信息梳理起来，就不能看到信息（事物）之间的关系，就没有思想，就不能形成历史，信息也就是一堆碎片。实际上信息（事物）之间不是没有关系，它之所以发生所以出现都是关系的表现，而关系是要思想分析的，它只存在信息（事物）的背景里。电视的信息是实在的图像，人们看它们时只看到它们瞬间变换的娱乐式图像，而无法看到没有经过思想分析的"灰色的混沌"背景，没有背景的无语境的信息很难成为历史。"在娱乐性和形象政治的时代里，政治话语不仅舍弃了思想，而且还舍弃了历史"（117页、163页）。政治一方面存在于现实中，一方面存在于历史中。现实很快就会消失，而历史又没能从"灰色的混沌"中"清澈"出来，政治便无所安顿，它只能是一场娱乐。而更为可怕的是电视政治的无历史造就了一批不知历史的一代人。历史学家卡尔·肖斯科（Carl Schorske）说：现在人对于历史已经变得漠不关心，因为历史对他们来说没有实用价值。

电视界的业内人士比尔·莫耶斯（Bill Moyers）的话说得更为透彻："我担心我的这个行业……推波助澜地会使这个时代成为充满遗忘症患者的焦虑时代……我们美国人似乎知道过去24小时里发生的任何事情，而对过去60个世纪或60年里发生的事却知之甚少"。另一个电视人特伦斯·莫兰（Terence Moran）更是分析了其中的机制："在一个本身结构就是偏向图像和片断的媒介里，我们注定要丧失历史的视角。""没有了连续性和语境，'零星破碎的信息无法汇集成一个连贯而充满智慧的整体'"（117—118页、163页）。

波兹曼又进一步分析了"语境"："问题的症结在于我们已经被改造得不会记忆了。如果记忆不仅仅是怀旧，那么语境就应该成为记忆的基本条件——理论、洞察力、比喻——**某种**可以组织和明辨事实的东西。但是，图像和瞬间即逝的新闻无法提供给我们语境"（118页、163—164页，黑体为原著所加）。语境——（我们已经说过）不能被简单地理解为话语的环境。语境的内涵很丰富，它关涉事件发生的条件、原因、关系，甚至还有内在关联等因素，特别是语境与事件的意义密切相关，它为我们分析思考辨识事实提供了依据。就像侦查员为破案到案发现场，一方面寻求证据，另一方面也是为了构建事件发生的语境，以语境将事件各环节连接起来，形成完整的事件过程。没有语境就不能将各种话语组织起来，成为一个"充满智慧的整体"——历史（的意义）。

图像于瞬间即逝、只有当下没有昨天的电视新闻，只能告诉你发生了什么，却很难告诉你为什么和怎样发生的，这就是没有语境的新闻，满地是碎片的新闻，让人跃入了一个"与过去毫无关联的现时世界"。这样不要历史的人在过去大概只有亨利·福特一人，他说："历史是一派胡言"。这个福特就是那个世界著名的汽车公司的创始人，他不理睬什么现代管理，把企业管理大权集中在一人手中；他不采用塔式分层式的现代管理模式，却采用家族式的集权管理。但是他凭借着其创造的汽车生产线而创造了历史。1916年，他生产的汽车售价仅为360美元，而且可以分期付款，真正打造了大众汽车市场。大概也是因此业绩，他有底气说出："历史是废话"（《麦克卢汉精粹》，埃里克·麦克卢汉、弗兰克·秦格龙著，第119页）。波兹曼指出，在20世纪初还是印刷术文化占主导地位的文化中，他这么说还算是"客气的"，如果若是以今日的电视来说话，那就是："历史根本就不存在"。讲到此时，波兹曼又让我们回到他著作中的前言那里。奥威尔虽然没有活到20世纪80年代，但他却生活在一个电视成熟的年代。在《一九八四》里，他预测历史将消失，但不是在电视里，而是在政府里，那时已没有民主，也没有历史，是个独裁的强权政治。政府中将有一个部，叫"真理部"，它将系统地毁掉对政府不利的史实和纪录。

相比较而言，赫胥黎的预言则更接近事实："历史的消失根本不需要如此残酷的手段，表面温和的现代技术通过为民众提供一种政治形象、瞬间快乐和安慰疗法，能够同样有效地让历史销声匿迹，也许还更恒久，并且不会遭到反对"（118页、164页，重点为引者所加）。当然，这话大概是波兹曼先生替赫胥黎说的。你一看到"政治形象""瞬间快乐""安慰疗法"大概就知道指的是什么。赫胥黎的预言性科幻小说《美丽新世界》出版于1932年，那时电视才刚刚度过了实验阶段，而其中的许多内容也几乎类似于波兹曼的话。比如，赫胥黎担心的是"真理被淹没在无聊烦琐的世事之中""我们的文化成为充满感官刺激、欲望和无规则游戏的庸俗文化"，"那些随时准备反抗独裁的自由意志论者和唯理论者'完全忽视了人们对于娱乐的无尽欲望'"（4页、前言Ⅱ）。波兹曼这里讲的电视抹去历史，其实还是没有离开政治，政治被形象化了，政治娱乐化了，政治中没有了历史意义，这是波兹曼在这里这样讲历史的真正落脚点，起码是媒介带来了愚民政治。人们沉浸在那由电视开创的无限娱乐的庸俗文化中，何谈政治，难道不是毁了民主与自由？下面谈的民主与自由的问题就更直接谈政治与媒介的关系了。

（五）虚伪的民主与自由——美国政治衰落的开始

"我们应该借助赫胥黎而不是奥威尔来理解电视和其他图像形式对于民主国家的基础所造成的威胁，更明确地说，是对信息自由所造成的威胁"（118页、164页）。奥威尔的思维是常规式的，是从自古以来的禁书理由得出的。政府通过压制的手段制止某些信息的流动，目的都是增强统治者对国家的控制。中国的秦始皇、古罗马的奥古斯都（屋大维）都是著名的高度集权的统治者，他们认为哪些书籍不利于统治，便会下禁令。孔子的《论语》是讲"仁学"的，奥维德（Ovid）的《爱的艺术》是讲"人爱"的，而且是一部诗歌体，都遭到禁止。遭到禁书的还有普罗泰戈拉（Protagoras）的著作。普罗泰戈拉是生活在公元前500—公元前400年的古希腊哲学家，他认为"人是万物的尺度，是存在的事物存在的尺度，也是不存在的事物不存在的尺度"，并因此而闻名。他在其著作《论神》中说："至于神，我没有把握说他们存在或者他们不存在，也不敢说他们是什么样子……"，因此遭到"不虔敬"的指控——他的著作被焚了，然而他还是"确信应该崇拜神"的（《西方哲学史·古代哲学》，伯兰特·罗素著，第87页）。禁书总有禁书的理由，直接威胁统治地位的政论书必在其列，那些亵渎神灵、诽谤他人、宣扬色情……也会遭禁。归根结底是当权者怕这些书蛊惑人心，破坏正常秩序，影响社会安定，不利统治。英国的伟大诗人弥尔顿（John Milton）在17世纪出版的《论出版自由》中就知道"查禁制度在印刷业里找到了用武之地"，因为印刷机自15世纪中叶被谷登堡发明之后，书籍大量增加，信息传播非常广泛，不利于统治者的书籍以从未有过的速度也广泛地传播开来。信息和思想成了一个严重的文化问题，查禁制度纷纷启动。英国从亨利八世（Henry Ⅷ）到伊丽莎白一世（Elizabeth I）、斯图加特王朝都非常注重对书籍的查禁，弥尔顿自己也因为其民主自由的思想受到斯图加特王朝的迫害。

就查禁制度来说，美国是另外一种情况。19世纪及其以前的美国人是以口头和印刷品的方式接触社会，人们当然很担心国家权力会对信息流通进行控制。被称为美国民主总统的托马斯·杰弗逊是自由主义新闻论者，他对美国宪法中没有规定新闻出版自由提出批评。他主导了修宪倡议，国会于1791年提出了对宪法的修正案，其中便有规定新闻出版自由，后经众议院、参议院讨论通过，宪法中规定任何州不得侵犯新闻出版自由的平等权利。美国以宪法来保证新闻出版自由，与英国统治者们接连不断地强化查禁制度相比，无疑是一种开放性的政策，对当时的美国社会和印刷术文化发展是有利的。

但是我们也绝不能就此而认为美国的新闻出版自由就多么美好。世上没有绝对的自由，包括新闻出版自由。任何人在报刊、书籍、广播、电视上发表的言论都是代表着某集团、党派或者群体的利益，都要受到所谓社会责任（不同国家、党派、群体对社会责任也有不同说法）的约束，美国也是这样。2003年，小布什政府国务卿鲍威尔（Colin Luther Powell）拿着装有白色粉末的小瓶，称其为伊拉克研制化学武器的证据，操纵了世界舆论，发动了伊拉克战争。而事实证明，美国在伊拉克找了个遍，也没发现那些武器的踪迹。伊拉克人民却饱受了局势动荡的恐惧与痛苦。十多年甚至二十年过去了，伊拉克仍然不能完全安定下来。事实是美国为了自己的石油利益和在中东的霸权地位，不断制造风波，美国的新闻出版自由并不能阻止这场战争，也不能保证公平和正义。美国毕竟是个权力国家，它要想对自由作出某种限制也是可能的。就是21世纪的今天，它还能窃听公民的通信内容，美国人民对自由民主的某种担心仍然是存在的。而赫胥黎则从娱乐文化的思维中得出了对自由的另一种预测——"赫胥黎担心的是失去任何禁书的理由，因为再也没有人愿意读书"（4页、前言Ⅱ）。这意思是统治者要禁书总会找出禁书的理由，哪怕世界只剩下一本书，他不让你读，也会找出个理由。那么什么情况才会"失去禁书的理由"呢？只有人们不再读书了，那还要什么禁书的理由呢？什么情况下人们不再读书了呢？就是"人们对于娱乐的无尽欲望""人们由于享乐失去了自由"（4页、前言Ⅱ）。波兹曼指出美国电视对此表现了空前推波助澜的作用，而在它损害了人们的阅读之后，却"仍然摆出一副无辜的样子"。事实已经是这样地开始了，"公司国家"（据中文译者注，公司国家原始出处认为"国家是一台巨大的机器，完全不受人的控制并置人的价值于不顾"。我理解"公司国家"并非是国家组建的什么公司，而是电视公司自然形成的一种似乎有着国家力量的"公司"。它像"公司"，却并没有像一般概念那样的公司，而是各电视公司无约定、无意识、无形式的显示电视媒介力量的"集结"，但是它控制了公众的话语流动。）"通过电视控制了美国公众话语的流动"（120页、166页）。波兹曼对此表现了某种和安嫩伯格交流学院的院长乔治·格布纳（George Gerbner）一样的忧虑：

电视是私营文化部（三大广播公司）经营的一种新的国家宗教，

它们为所有民众开设统一的课程，它们靠的是隐蔽的税收。电视机开着你就要付钱，不管你是在看书，还是在看电视，也不管你想不想看……（120页、167页）

乔治·格布纳所说的美国三大广播公司，即：哥伦比亚公司（CBS）、全国广播公司（NBC）和美国广播公司（ABC），它们的电视的无形"集结"就像政府的一个部——文化部那样经营着一种新的国家宗教——施展电视文化的魔力。这就是隐蔽的税收，付费，即付出了文化的代价（即丢却了原本的理性），转而进入了电视话语之中。这种电视化的人是什么样的人呢？前此，波兹曼已经给我们描绘很多了，这里又借助格布纳的话来谈的是在（与印刷术时代截然不同的）电视时代里，人们似乎丧失了逃避的自由。格布纳说：

自由不是靠关掉电视机实现的。电视对于大多数人来说，是生活中最有吸引力的东西。我们生活在一个绝大多数人不会关掉电视的世界里。如果我们不直接从电视得到某种信息，我们也会通过其他人得到它。（120页、 167页）

格布纳告诉人们，生活在电视时代难免不被电视控制，大多数人都成了电视的俘虏，他们按照电视的思维方式去生活，不管你看不看电视，这个社会已是个电视文化的环境。对大多数人来说不能左右自己，其自由是不能挣脱电视的自由，实际上已没了自由。那个新的国家宗教就是电视文化，它进行着无形的侵入、无形的管控、无形的引导，把整个世界都变成电视文化的世界。人们就生活在这样一个"绝大多数人不会关掉电视的世界里"，电视文化如影随形。关掉电视机也难将电视文化关掉，因为这个电视文化是"大多数人不会关掉电视"才培育出来的。

波兹曼在解释格布纳的话时说那些"私营文化部"的掌权人并非有意"要控制我们的符号世界，其根源在于我们处在一个与以往不同的'电视时代'"里，无论谁掌握电视都无法阻止电视的魔力。读过波兹曼前两章的读者都会知道，这个魔力就是电视的隐喻和对电视的共鸣，即使是安嫩伯格交流学院接管三大广播公司也不能阻止这个魔力。符号世界是什么？前面（第一章中有两处）极简要地介绍了卡西尔《人论》中的一些关于符号世界的知识。在符号哲学家的眼里，我们的生活充满了符号，我们的交往、我们的语言、我们的行为，甚至衣食住行都是某种符号，如果认真破解这些符号，那就能知道我们的生存状态。电视控制了我们的符号世界便是控制了我们的生存状态。格布纳的话的含义难道说的不就是这样吗？

波兹曼说："在电视时代里，我们的信息环境和1783年的信息环境完全不同；我们要担心的是电视信息的过剩，而不是政府的限制；在公司国家美国传播的信息面前，我们根本无力保护自己，所以这场为自由而战的战斗要在和以往完全不同的阵地上进行"（120—121页、167—168页）。1783年的美国还未形成统一的宪法、统一的税收和属于国家的法律，而是各州独立性很强的、有很大实权的邦联国家，是个虚弱的政体。直到18世纪80年代的后期，部分美国政客才意识到建立真正的统一国家的意义。但不论当时政体如何美国的信息环境还是印刷术文化的环境，信息的交流主要靠口语和印刷品。这个时期对信息自由的要求就是新闻出版的自由，是反对政府对印刷出版物的控制。而20世纪80年代是信息过剩的年代，对此，人们无力保护自己。人们为自由而斗争的含义是人们如何不被过剩信息和泛娱乐化所害，人们如何逃避关不掉电视的自由，建立不被电视娱乐化控制的真正属于自己空间环境的自由。这恐怕既是人自身约束力的问题，也是要政府做些什么的问题。这完全是一场在新的阵地上的战斗。按照波兹曼的这一思想，针对学校图书馆和教学发出的有关某些书籍的禁令是令人反感、易遭人反对、而且是无大意义的措施，比起电视来更是微不足道的。如果是为了学生的成长，真不如把心思用在如何控制电视上。正如格布纳所言"电视在损害了学生的阅读自由之后，却仍然摆出一副无辜的样子。电视不是禁止书籍，而是要取代书籍"（121页、168页）。

"同禁书制度斗争主要是在19世纪，但真正取得胜利却是在20世纪"，这个胜利并非是直接同禁书制度斗争的胜利，而是很少人能（像赫胥黎那样）预见得到的电视的胜利。美国政治的这种信息自由和美国选举中"伸出你的手投上一票"一样，都是一种娱乐的自由。对于美国人来说，你伸手投出的那一票是你内在精神真正做主自由投出的吗？你是否应当考虑一下是谁操纵身体投出这一票的？现代美国面临的是赫胥黎式的而不是奥威尔式的文化，争取自由主要不是反对禁书、反对用专制手段阻止信息交流，而是摆脱电视文化对人的控制，摆脱电视对政治、宗教、法律、教育……的控制，让人们回归到正常的语境中，让人们摆脱电视对人的控制，回归到正常人。在电视时代，无论是传统的自由论者对查禁制度的反对，还是当权者在查禁制度上的加强，都无关紧要了。现在大家共同面对的是"由电视的经济和象征结构"造成的问题，就是在《娱乐至死》前言中赫胥黎所担心的那些问题，即是在信息如海却没有用途、没有内容、没有历史、没有语境，处处都是娱乐电视妖魔之下如何拯救人类的问题。在这个问题上，美国已显示出了其在政治上开始衰落。作为电脑（手机）元媒介的电视所造成的这种自由在互联网媒介时代的今天对人的伤害似乎更为甚之，对于日常生活中的人来说，如果把上面的"电视"换成"电脑""手机"，波兹曼的话仍然适用，解决人类逃避这种信息自由获得拯救的问题似乎也更加紧迫。在媒介技术迅猛发展的日子里，我们绝不能忘记对人类的人文关怀。

面对数字信息时代，赫拉利说："人类正逐渐将手中的权利交给自由市场、群众智能和外部算法，部分原因就在于人类无力处理大量数据。过去想阻挡思想言论，做法是阻挡信息流通。但到了21世纪想阻挡思想言论，反而靠的是用不相关的信息把人淹没。我们已经不知道该注意什么，常常浪费时间去研究辩论无关紧要的议题。在古代，力量来自有权获得资料。而今天，力量却是来自知道该忽略什么。所以，面对这个混沌世界的一切，我们究竟该注意什么？"（《未来简史》，尤瓦尔·赫拉利著，林俊宏译，中信出版社，2017年版，第360页）。20世纪，美国人面临的是逃避关不掉电视的自由；那么21世纪，进入数字信息时代，人们面临的是逃避被信息海洋淹没的自由，人们在由网络输送来的大量信息面前却不知道自己该做什么。因此，人们必须懂得在海量信息中哪些信息是该忽略的，哪些工作是该忽略的。例如美国的学校还在如何禁止学生阅读某些书籍——这个该忽略的工作——上进行研究，而不把控制学生看电视（今日该是控制看手机、电脑）作为议题去研究（见本书第十章），就是面对混沌的世界乱了阵脚。

（六）政治与媒介形式的关系——也是一个与命运攸关的问题

　　本章中应特别关注的是媒介形式与政治的关系。我们这里讲媒介与政治的关系不是指媒介传播的内容（信息）这码事，媒介传播的内容当然会与政治有直接关系，无须讨论。我们讲的媒介与政治的关系是指媒介的形式，比如印刷文字、电视、网络平台等与政治的关系。按一般认识，政治是意识形态，是人们观念上的东西，是看不见、摸不着的非物质性存在，而媒介则正相反，是看得见、摸得着的技术装置。政治与媒介是两类截然不同的存在，怎么会发生作用、发生某种关系呢？实际上，波兹曼在本章里讲的已经是媒介与政治的关系。在美国印刷术文化时代，人们通过长时间的（如1858年道格拉斯与林肯那样的）政治辩论较为理性、较为本质地认识政治问题或政治人物，而在后来的电视文化社会里，"电视广告已经成为政治话语的最本质的象征"，人们以娱乐化和形象政治的方式来认识政治问题和政治人物。这种由印刷（文字）媒介转向电视媒介的变迁使人们降低了理性、舍弃了思想，政治民主也由过去的某些积极作用变成一种安慰、一种虚伪。这不就是政治与媒介的关系吗？在印刷术文化的社会里，争取新闻出版自由；在电视文化社会里是逃避关不掉电视的自由，这里争取自由和逃避自由都是政治，然而却是由不同的媒介引发的，这不也是媒介与政治的关系吗？

　　政治与媒介的关系也不仅是政治把媒介作为舆论工具用它发表政见、发表演说、发表视频和文章，或者参与辩论。媒介本身更是参与了政治。因为在本书的第二章中分析媒介认识论时曾经讲到媒介参与了人们的意向性活动，也就是影响了人们对事物的认识。通俗地说，用不同媒介看同一事物就是从不同角度看同一事物，所得到的是对同一事物不同侧面的认识，而当这个角度出现问题或者主观上错误地强化了这一角度的时候，就会出现对事物认识的错误或偏见，比如片面认识易以偏概全，甚至产生虚假的、错误的认识。比如当我们以文字媒介认识事物的时候和以电视或网络视频媒介认识同一事物的时候，所得到的认识是不同的，如果不能正确地对待文字、电视或网络视频这些媒介，那么很可能出现认识的偏差。波兹曼在书的开头就为我们举出了肯尼迪与尼克松竞选总统的例子；在第三章、第四章中讲到人们醉心于报纸、小册子、演讲厅、辩论会；在后面（第十四章）我们还会看到傅莹与基辛格谈话的例子以及特朗普与希拉里（Hillary Diane Rodham Clinton）于2016年竞选总统的例子。这些都指出了使用媒介的不同而产生认识的不同（在第十四章中还将讨论媒介形式和政治的关系）。

今日大多数人（因为常看手机、电脑、电视）从屏幕上得到的感性的东西远远胜过了他（因为不读或少读文章、书籍而）得到的理性的东西。感性如果得不到理性的分析就只能变成情绪，这正是电视（今日更有手机、电脑）带来的形象政治的产物。形象政治不只是政治家的形象，那许许多多的政治风景线也都是形象政治。前面说的各种派别、各种人物为了利益，在选举总统中的表现也是形象政治；特朗普当政时利用电视、网络视频特别是推特等蛊惑人心，也是形象政治（明白人可以拿这当政治广告看）。形象政治玩弄了美国人，使一些人智商降低，情商偏斜，他们不能认识美国一些政客们玩弄的把戏是何种目的，但情绪就像（本书第二章中那个未变异的隐喻）"愤怒的葡萄"那样，极易被屏幕激发而躁动起来，盲目跟从。美国政治的虚伪难道不是政治玩弄媒介和媒介也捉弄（影响）政治的结果吗？

波兹曼在本章中通篇讲的是政治被电视媒介娱乐化的问题，即电视广告哲学的问题、形象政治的问题。其实这些问题都是电视媒介的隐喻，这本身就指出了政治与媒介有着某种关系，似乎媒介发展的不同阶段就出现了不同的政治。实际上政治变迁的根本原因并不完全在于媒介，决定政治变迁的是这个国家的经济基础及其上层建筑的状况，媒介只是其中的一个因素，但是我们从媒介角度看这是一个非常值得关注的因素。平时媒介对政治只是起到某种影响的作用，即不同的媒介可能影响人们产生不同的思维方式，影响到对政治问题有不同的看法。但是由美国政治的变迁看，在某些特殊情况下，如当某种新媒介的强势成为一种新的社会文化，从而又成为公众的思维方式时，在某些政治环节上极可能有着决定性的作用。肯尼迪与特朗普取得竞选总统的胜利，都有当时兴盛的媒介的一份"功劳"。

而更重要的是，美国政治的民主与自由随着印刷术文化的发展而兴起，却又随着印刷术文化的式微与电视文化及网络文化的兴起而走向虚伪与衰落。2020年，美国出现的流行性疾病、激烈的种族矛盾以及民主、共和两党的无情撕裂就是媒介给我们画出的一道道美国政治衰落的风景线。这个"画出"不仅指电视或网络视频为人们展现的画面，更是视频的"形象政治"不能在关键问题上理性地反映真理而形成的风景。应当指出的是，荧屏不懂得什么形象政治，它只懂得它是怎样将（摄像机）"见"到的情景传递给人们。形象政治纯属人们对荧屏形象的理解，有媒介意识的人才能认识形象政治中的形象到底是怎样的形象。媒介这个在信息传播中看似不太重要的中介，经过麦克卢汉的揭示，人们似乎恍然大悟。那么，现在到了媒介与政治的关系凸显的时候，如果还不重视对媒介的认识，那么不管美国的经济如何发达，也不管美国的政治如何改革，只就美国民众不认识媒介的性质，不认识媒介形式与政治的关系这一问题看，很难（像特朗普说的）"让美国再次伟大"。媒介形式在某种程度上也是一个与人民、与国家命运攸关的因素。

讲完了现实再让我们看看未来。尤瓦尔·赫拉利在《未来简史》中设想式地谈到了未来总统的选举。他说在人们选举时怕因为某种原因把握不住自我时就可以授权给谷歌，因为谷歌在过去四年里将点点滴滴记得清清楚楚。"它会知道我每次读早报时的血压，也知道我看晚间新闻时多巴胺分泌量是否下降。谷歌知道怎样看穿公关人员华而不实的口号。谷歌也了解人生病的时候会稍微有'右'倾倾向，会据以调整。于是谷歌投票时，依据的不是我当下瞬间的心态，也不是叙事自我的幻想，而是集合所有生化算法真正的感受和兴趣而得出的结果；而这一切生化算法的集合，正是所谓的'我'"（《未来简史》，尤瓦尔·赫拉利著，第307页）。当谷歌的计算系统发展到一定程度时，只要是人们愿把自己的生化指标不无遗漏地授权给了谷歌，谷歌计算系统很可能帮人把握住自我，而且这种把握比自我还自我地把握自我。于是，在选举中所投出的一票最能代表自己（这里我们暂且不论人的指标并非生化一种。人不只是生物性的，还是社会性的。因此，人还有其他指标，而且不一定是数字的。比如，人们的意识和行为达到某些指标就可以被认定是精神分裂症。但是就生化指标可较方便地数字化和进行信息的数字分析以及生化指标在某种程度上与生存状态有一定关系而言，从生化指标的数据分析把握一个人，虽不一定那么准确，也不一定那么全面，但作某种设定也是一种聪明的想象力的表现）。最重要的是，"谷歌知道怎样看穿公关人员华而不实的口号"。如果谷歌也是利用生化数据的算法而且能将总统候选人的生化数据全部收集到，那么这个数据将是不同于一般人的数据的。因为只要还是以电视、网络视频为主要媒体来展现候选人，那么他就是个"形象政治"。谷歌计算系统从生化数据只能探知候选人以前的（也并非是全面的）品性，并不能提供参选后的心性如何，更难判断此时的政治主张、言论的真假（更不能判断候选人施政后的结果）。还有一个原因是，这种数据不能破译人的心底的东西，特别对参选的美国绝大多数政客而言，他们说谎话时脸不变色心不跳（如小布什发动伊拉克战争的借口是伊拉克储存大规模杀伤武器，这种谎言骗过了许多人），生化指标是难以测定的。如果这位参选总统已届满四年，人们从业绩的表现上看都会有个大致的认识，但可惜这也将被"形象政治"所打乱。他想连任必对过去的不如众人之意的地方大加修饰，以掩盖其真实能力；对未来施政又开出一大堆空头的政治支票，这种重塑自己的"形象政治"恐怕谷歌也难辨认。与其竞选的那位候选人是个新的"政治形象"，谷歌仅知道一些他的过去，而难以判定未来。这就是如果不能从心底里破译候选人就很难把握一个人。

想从心底里破译吗？那就是我们在第二章中讲到的魏泽鲍姆所言的，"把精神活动的智力追求中最'人性化'的工作"委派给计算机，这就是计算机破译人的思维活动真象的时候，而这很难很难，在可预见的将来智能计算系统（媒介）大概是做不到的。但是，谷歌代替投上的这一票大概会是真实的一票。对被代替对象来说，好像是实践了自由与民主，而实际上又是在"形象政治"的阴影下投的票，所以仍然是虚妄的、安慰式的。只要是所依据的是媒介（电视、网络视频为主）产生的"形象政治"，先进的智能算法也难以改变政治的虚伪与衰落。另一方面，如果人们都利用这样的谷歌方式来投票，把政治选举权让给了机器，那么就等于人们放弃了在媒介面前的自主性，而这孕育的却是一种危险，什么样的危险，在本书的第十四章和十五章中将会看到。

赫拉利在其著作中论述未来的总统选举时还提到了"脸谱网"，它以人们"平常在脸谱网上对网页、图片、影片等点赞的记录"作为数据，进行算法预测。在点赞的次数足够时"脸谱网预测你的想法和期望的准确度"就会很高，于是脸谱网对某人的了解"甚至会超过那个人自己"，如果选举总统时，脸谱网代你投出的一票就足以代表你自己。另外，"脸谱网不仅早就知道数千万美国人的政治观点，还知道哪些人是关键的摇摆选民以及他们的倾向……甚至也知道每位候选人该说什么，才能让天平倒向自己这边"（同上引书，308页）。他提到的脸谱网似乎比谷歌测算得还要好。但问题仍然是在"形象政治"下的选举，候选人通过脸谱网更知道了自己应该说什么，更让自己成为人们想要的样子。脸谱网和谷歌一样，依然不能改变美国选举的虚伪与政治走向衰落的局面。

我这样说并非是反驳赫拉利（我很佩服他的想象力），也并非是拙守波兹曼，而是说在信息媒介技术不能看穿人的心底深处的时候，就难以"看穿公关人员华而不实的口号"。如果信息媒介技术发展到了能够"看穿"的时候，那政治也就变得透明了，即真如体育比赛那样"一目了然、公正诚实、超越平凡"。可是那时还有政治吗？信息媒介技术能使政治消亡吗？那么在这之前人们该不该认识一下媒介对人（比如在选举中）的影响呢？该不该重视一下以前不曾想过的政治与媒介关系的问题呢？

讲媒介与政治的关系，实质上也是在讲媒介的性质和作用。

第十章 教育是一种娱乐活动

——教育改革往哪走?

(一)《芝麻街》的启示

在这章里波兹曼让我们看看美国的教育理念是如何转向娱乐化的。他首先举出了电视节目《芝麻街》的例子。在第六章中我们已经与《芝麻街》见过面了,不过第六章主要是说电视如何能使许多领域(包括教育)变成娱乐,而这里是反过来说教育主动去寻求电视方式想把教育变成娱乐。

美国的教育部门从《芝麻街》中获得了启示。"孩子们喜欢这个节目,因为他们是在电视广告中长大的"(122页、170页)。波兹曼在前面为什么讲了那么多关于电视广告的话呢?就是因为它在电视娱乐化中作用最大。美国电视以数量巨大的广告使人们受到了电视文化的熏陶,从而"深刻地影响了美国人的思维习惯……已经成为各种公众话语结构的模式"(109页、152页),甚至"毁灭了政治话语"(109页、152页)。经济高度发达的美国必然有很强的广告经济。每个电视广告几乎都是精心制作的短剧娱乐片,既让大人们爱看也能吸引儿童观看。对于那些开始上学或没有上学的孩子来说,广告可算是第一位启蒙老师。孩子"在电视广告中长大",电视广告在孩子的心田中播下了娱乐的种子。殊不知,这在有些孩子那里却酿就了糟糕的一生。当然,"在《芝麻街》里,可爱的木偶、耀眼的明星、朗朗上口的曲调和快速的编辑，无疑都能带给孩子们很多乐趣，并为他们将来融入一个热爱娱乐的文化作好充分的准备"（122页、171页）。要注意的是，"它和流行在美国社会的那种精神是完全相通的"（122页、171页）。

美国的教育部门对《芝麻街》普遍持赞同态度，他们的着眼点放在了教育方法上。如果教育像《芝麻街》那样，运用新技术有效地完成教育的话；如果能像《芝麻街》那样帮助美国人学会阅读的话；如果孩子们像热爱《芝麻街》那样热爱学校的话，《芝麻街》又何尝不是可以效仿的呢？但是这只是表明美国教育部门的想象力，如果学校像《芝麻街》那样会是一幅怎样的景象呢？一切改变将会是传统学校概念的改变："教室是一个社交场所，而电视机前的那点空间却是私人领地；在教室里，老师可以解答你提出的问题，而电视机屏幕无法回答任何问题；学校注重语言的发展，而电视提供的只有图像；上学是一种法律规定的行为，而看电视是一种自由选择；在学校里不听老师讲课可能受到惩罚，而不看电视却不会受到任何惩罚；在学校里你必须遵守各种行为规范，而看电视的时候，你不必顾及任何规章制度或行为规范；在教室里，娱乐不过是达到目的的一种手段，而在电视上，娱乐本身就是一种目的"（123页、171页）。

波兹曼一连串提出了七组学校与《芝麻街》电视的不同，这种不同也是一种质问。比如语言及阅读作为学校最重要的智力教育，是学校之本。然而如《芝麻街》那样只有图像，念书被改成了读图，难道不是糟糕透顶的事吗？在学校老师也有时讲故事、讲笑话，或领学生演个小品之类的节目，逗人一乐，但那是为了教你懂得点什么，是"达到教育的手段"，而在电视节目上，"娱乐就是目的"。《芝麻街》可行吗？这里要分清的是，《芝麻街》是《芝麻街》，学校是学校。《芝麻街》毕竟是一档电视节目，以娱乐为主，那里的编导们用尽心思、使尽手段办好节目让孩子们爱看是人家的职责。虽然节目中也不乏教育性内容，甚至对学校课堂内容有某种帮助，但节目编导毕竟不同于老师，教育学生不是人家的主要目的，人家也不会以教室的功能作为自己的宗旨，人家不会把鼓励孩子热爱学校课堂作为自己的任务。他们努力办好节目的结果很有可能是鼓励孩子热爱电视。

若以《芝麻街》作蓝本来改造课堂教育，所谓的"电视式学习"，

"从本质上来说，同书本学习或学校学习是水火不容的"（123页、172页）。读到这话让笔者想起波兹曼在第二章印刷铅字与智力提高的关系时说的话："如果你考虑一下**你读这本书时**应达到什么要求，就可能会得出一个更具体的定义"（23页、28页，黑体字为原著所加）。要达到的要求就是他在那里用了很长的话描写的真正读书应当做的一些步骤，如果简单地说就是坐在那里，静下心来，用心思考——理性的思维。学校教育的要点、学校的定义不是这样吗？而电视屏幕能够做到吗？有些课堂教学古板地坚守着印刷术文化的方法，不肯改进或者不肯用某些图形、图像演示的方法，当然会延缓学生对某种知识的理解，也是不可取的。但是面对印刷铅字努力思考深入理解，这一基本精神乃是智力提高的核心，这是电视不能替代的。

（二）关于教育的理念

当然，智力教育仅是教育的一个方面。美国哲学家、心理学家和教育家，曾来华作过两年讲学的约翰·杜威（John Dewey）认为，儿童通过连续学习，需要积累和吸收别人的经验，并且要"在做中学"，也就是讲究在实践中学，在各种类型的实践经验中开发学生的创造性和主动性。实践性、创造性、主动性是他的教育的理念。波兹曼引用杜威的话："也许人们对于教育最大的错误认识是，一个人学会的只有他当时正在学习的东西。其实，伴随学习的过程形成持久态度……也许比拼写课或地理历史课更为重要……因为这些态度才是在未来发挥重要作用的东西"（124页、173页）。波兹曼解释这句话的意思是"一个人学习的最重要的东西是学习方法"。

杜威在另外一处又说"我们学习我们要做的事情"。"持久的态度""学习方法""学习我们要做的事情"这些的核心就是培养受教育者的主动性、创造性和实践性。学生贯彻这一理念应当是对知识进行举一反三地总结和机动灵活地运用，所有这些都只有学生用"心"去做，而不是用电视去"看"就能完成的。所以波兹曼说："我们学习我们要做的事情。而电视教育的方法是让孩子们去做电视要求他们做的事情，当然这和教室对他们提出的要求相去甚远，就像读书和看演出风马牛不相及一样"（124页、173页）。"我们学习我们要做的事情"——这句话很精辟地表达了杜威的教育思想，"我们要做的事情"就是让人在未来发挥重要作用，这就要让受教育者有智慧、有本领。教育就是要培养能做事情的人，而电视教育与此正好相反。

（三）教育在媒介中演变

波兹曼把美国教育的这种娱乐化倾向称为西方教育第三次危机中的典型例子。第一次危机指的是公元前5世纪字母书写形成。雅典人不仅只有口头传播文化信息，还有用文字书写的方式传播信息。虽然文字记录不能完全表达口头语言的语义，但它毕竟记录下历史（被文字记载下来的东西都可以被称为历史）。不仅如此，书写文字也带来了文化的飞跃，出现了许多文学艺术门类、人文学术和科学学科。要了解这次危机应读一读柏拉图，柏拉图对书写文字和口头语言做了很深刻研究，为后世留下了不少语言学遗产。波兹曼在第一章中已经讲了他的一些观念，让我们对口语媒介和文字媒介有了一些认识，特别是柏拉图深知书写文字带来的人的知觉革命，对人类成长的重大意义。总体而言，第一次危机至多只能说是口语的危机，书写文字的出现是传播媒介的一次重大革命。

第二次危机出现在16世纪。15世纪中叶德国人约翰内斯·谷登堡成功地发明了印刷机。16世纪开始，大量印刷品的流通，产生了印刷术文化。这也可说是人类文化的又一次飞跃。要了解这一次"危机"，波兹曼要让我们读约翰·洛克（John Locke）。他是英国哲学家，是个全才式的人物，他对物理学、化学、医学、教育学、政治学都有较深的研究，是英国皇家学会的会员。在哲学上，他创立了唯物主义经验论哲学，其著作《人类理智论》认为人的一切知识观念皆来源于感觉和经验。洛克可以被认为是印刷术文化的见证人，他的知识得益于他的学习、读书、研究与实践。读洛克可以了解17、18世纪欧洲在印刷术文化下发生的巨变。若说是"危机"，那就是开创了近代并向传统发出了全面地冲击。

第三次危机说的是电子革命，特别讲的是电视机发明之后，要了解美国20世纪中后期及以后的文化，波兹曼让我们读马歇尔·麦克卢汉。有人称麦克卢汉是"信息社会、电子世界的先知，20世纪的思想巨人"（《麦克卢汉精粹》，埃里克·麦克卢汉、弗兰克·秦格龙著，第2页）单只说他的媒介理论，所研究的口语、书写文字、印刷文字、电话、广播、电影、电视等媒介，对人及社会的影响就引起了多个领域理论界关注的热潮。波兹曼就是从麦克卢汉的"媒介即讯息"的理论出发来认识印刷术文化和电视文化的。从本书的第一章、第二章就会看到波兹曼对麦克卢汉理论的运用。麦克卢汉思维方式新颖独特，他的论点精妙瑰奇，他的预言大都被证实。即使是在现今的网络时代，读麦克卢汉也会受到启发。如果我们认真阅读麦克卢汉的媒介理论和波兹曼运用这些理论对印刷术文化和电视文化的分析，我们就会认识到在第三次危机中，电视的发明对文化的严重影响，特别是电视造成的普遍娱乐化，可以看作是美国社会文化的危机，于是我们很容易认识到传统教育重视阅读与思考的重要作用和电视教育难以替代。

（四）在电视（媒介）文化中，对教育与娱乐不可分的理念的忧虑

虽然美国的教育并没有完全像《芝麻街》那样办下去，但是人们受到的影响不可轻视，"人们不再认为教育应该建立在缓慢发展的铅字上，一种建立在快速变化的电子图像之上的新型教育已经出现在我们面前。目前的教室还在利用铅字，但它们之间的联系已经日渐削弱了。而电视正以前所未有的速度持续发展着，为'什么是知识'和'怎样获得知识'重新进行了定义"（124—125页、174页）。"什么是知识"是教育的内容；"怎样获得知识"是教育的原则，电视教育改变了这两个概念，那就是全方位地改变了对人的智力教育，这样的人是学会了"我们要做的事情"吗？即使电视教育不在课堂上，但在家里，在电视机前"电视通过控制人们的时间、注意力和认知习惯获得了控制人们教育的权力"（125页、174页）。电视最大、最显著的作用就是媒介隐喻的作用。在一段足够长的时间里就会改变你的注意力和认知习惯，然而当你聚精会神地看电视图像时，你无暇去深入思考，你所得到的知识只能是图像表达给你的浅显的认识。缺乏深度的思考，长期下去，你便不会思想，而且一旦离开图像你

几乎不知所措，因为借助图像已成为你的认知习惯。电视这样地控制着人的教育权力，所以完全可以把电视称作"课程"。而在波兹曼看来："课程是一种特别的信息系统，其目的是要影响、教育、训练或培养年轻人的思想和性格"（125页、174页），如果电视是这样的"课程"，难道这还不令人担忧吗？

　　波兹曼曾写过一本书专门论述电视和学校的两种课程的对立，他在《娱乐至死》中觉得不够，还应指出两个重点，第一点是"电视对教育哲学的主要贡献是它提出了教学和娱乐不可分的理念"（125页、174页）。教育哲学包括有教育的内在机制和教育理念。过去的教育家哲学家们在教育与理性、兴趣、情感、品德等方面的关系都有许多论述，但是却"从来没有说过和暗示过，只有当教育成为娱乐时，学习才能最有效、最持久、最真实"（125页、175页）。电视提出的教学和娱乐不可分的理念是奇谈怪论，既没有前人的启示，也得不到现实的论证。如果为了说明某种关系用电视的图像（动画）演示一下，可能使人能更快些理解，而这仅仅是教学的方法。如果你没有把懂得一个道理看成是一个乐趣的话，这个过程根本算不得娱乐。而且别忘记波兹曼在第二章中讲读书让你怎么做时说了这样的话："在铅字的文化里，我们可以说某个人不够聪明，需要给他画张图才能帮助他理解。而现在，聪明则意味着我们可以不借助图画就可以从容应对一个充满概念和归纳的领域"（24页、29页）。在抽象领域中活动是个高智慧的活动，现在只有思考才可以完成，电视是没有这种能力的。教育哲学家们都说"获得知识是一件困难的事情"，"学习是要付出代价的，耐力和汗水必不可少"，"要想获得出色的思辨能力……绝非易事"（125页、175页）。世界上的事不都是可以娱乐的，思辨就不能娱乐，不能娱乐的事非要娱乐就只有把事弄糟，或者把人弄糟，那就可能让另外的人娱乐了。

　　在教学和娱乐不可分的理念下电视教育是何种教育呢？波兹曼做了三点分析，让人们看看它是怎样的一种"教育"。这三点被波兹曼称为电视教育哲学的三条戒律。分析中带点调侃的味道，谁把电视节目当作教育看待，谁就将是这三条戒律中的人。第一条为**"你不能有前提条件"**（126页、175页，黑体为原著所加），即无条件接受，随时看随时可以接受。

任何文化程度的观众都能看得懂，每个节目都是完整独立的，与其他节目和本节目的前后期节目无连续性、无关系，即每个节目都是一孤立的碎片，没有顺序和连贯性，即没有思想性（这是否就是教育？）。第二条为**"你不能令人困惑"**（126页、176页，黑体为原著所加），即不能带着问题学，也不能在观看中发出问题，有困惑则意味着转向其他节目或关掉电视机。电视教学有着同其他节目一样的原则，即接受者在无困惑中轻松、愉快、毫不费力中获取。这意味着任何信息、故事或观点都要以最清晰、明白、浅显、易懂的方式表达出来（无问题学习，还叫学习吗？但你看得高兴满意就行了，学不学到什么并不重要）。第三则是**"你应像躲避瘟神一样避开阐述"**（126页、176页，黑体为原著所加）。我们已在关于"阐释年代"的解释那里（原书58页、78页）说过了阐释。"阐述"和"阐释"都有论述的词意，而"阐释"要比"阐述"多些解释的内容，二者无疑都是含有思想的。没有阐述便没有思想，那学什么呢？于是，电视教学就是让人们看电视剧那样的故事，如果真是好故事，大概也只能看个热闹，内中深邃的思想和精湛的艺术是难以见到的，因为拒绝阐述，当然也就拒绝了说理、讨论、辩驳、论证……如果把这三点总括在一起，那接受电视教育的人得到的是什么呢？只有娱乐。

当然表面上看没有多少美国人把看电视当作教学活动，但电视以其强势的动感形象的感染力大量地吸引着美国人，这就不免寓意着难道教育不可以仿造电视的方式来进行吗？这一想法又反映了"大众对于学习的态度正在重新定位"的新变化，于是有了波兹曼对自己的那本书应重点指出而没有被强调的第二点："这种重新定位的后果不仅体现在教室的传统功能的日益衰退，而且还体现在教室被造成一个教和学都以娱乐为目的地方"（127页、177页）。波兹曼的担忧不是毫无根据的，"老师们，从小学到大学，都在增强他们教学内容的视觉刺激，减少学生必须应对的阐述比重。他们布置的读写任务越来越少，他们得出一个结论（虽然是万般无奈的）：吸引学生兴趣的主要途径是娱乐"（127页、177页）。"视觉刺激""阐述比重""读写任务""娱乐"这几个关键词意味着美国教育理念正在转向娱乐化。

波兹曼特别举出了《咪咪的旅途》（中信版为《咪咪见闻录》）这

个电视教育节目为例，来说明政府教育部门、公共广播系统、出版公司等
对电视教育的某种支持与关注。《咪咪的旅途》通过一系列15分钟的电视
片描写四个年轻人的冒险经历，他们陪同两位科学家和一位脾气暴躁的船
长踏上研究座头鲸的旅途。在船只被风暴毁坏后，他们逃在了荒无人烟的
孤岛上生存下来……每一集后面还有一个15分钟涉及相关内容主题的纪录
片。老师们可以从电视中录下这些节目用于教学，还有配套的书籍和电脑
练习。练习中贯穿四个学术主题：地图和航海技术、鲸鱼和它们生活的环
境、生态系统和电脑运用能力。波兹曼对《咪咪的旅途》这种电视教育节
目进行了批评。

首先，《咪咪的旅途》的创意，所谓的电视、铅字、电脑三位一体的
媒介结合早已是教师们用过的"视听教具"，目的只是提高学生对课程的兴
趣罢了，那时对学习的作用就不是关键所在，而今日重新拾起来就能行吗？

第二，波兹曼举出了几年前的一个类似的电视节目《别说错》，其中
的电视系列剧说的是滥用英语的年轻人遇到了各种各样的社会问题。语言
学家们和教育家们为教师们准备了与节目配套的课程。但并没有证明这样
会使学生们运用英语的能力得到提高。

第三，波兹曼引用了一大堆专家学者们的研究成果，都不能证明"当
信息通过戏剧化的形式表现出来时，学习的效果最明显，电视在这方面可
以比任何其他媒介都做得更好"（128页、179页）。有人进行了2800项
有关电视对行为影响的研究，包括对认知过程影响的研究，都不能予以证
明。这些专家学者研究得出的结论与《咪咪的旅途》倡导者的意见正好相
反。比如测试学生们对电视、广播、报纸上新闻中出现的人名和数字的
回答准确率，以报纸为最高。还有"51%的观众在看完一个电视新闻节目
几分钟之后无法回忆起其中任何一则新闻……普通的电视观众只能记住
电视剧中20%的信息……21%的电视观众无法回忆起一个小时之内播放的
任何新闻……"（130页、181页）。这些研究得出的结论是"从电视上
获得的意义往往是一些具体的片断，不具备推论性，而从阅读中获得的意
义往往和我们原来储存的知识相关，所以具有较强的推论性"（130页、
181—182页）。在前面讲"阐释年代"时曾说过阅读必然是用自己已有
的知识解释（或理解）面前的文字，从而获得意义或获得新的知识。伽

达默尔指出："企图在解释时避免运用自己的概念，这不仅是不可能的，而且显然也是一种妄想。所谓解释正在于：让自己的前概念发生作用，从而使本文的意思真正为我们表述出来"（《真理与方法：哲学诠释学的基本特征》，汉斯-格奥尔格·伽达默尔著，第507页）。推理是已有知识（前概念）通过阅读得到新知识（新概念、意义）的媒介。看电视是具体形象的活动而少有抽象的概念活动，所以"电视在培养深层次的、具有推论性的思维方面明显不如铅字"（130页、182页）。

第四，波兹曼质问，学生们为什么要学习座头鲸习性、识图能力和航海技术？航海技术怎么就成了学术主题？这些知识对大多数人来说没有意义。为什么要偏偏把无大意义的内容的东西拍成电视剧呢？因为船行海上、经风暴、看鲸鱼、历经艰险、流落荒岛加上船长的坏脾气……最适合电视表现、最能突出电视（而不是突出教育）。为了像是教育所以配以带图片的书籍和电脑游戏，这样传统的课堂教育就转化成新式的电视教育了。实际上，电脑不是用来教人认识电脑的，而是教你如何使用电脑做游戏的；（为《咪咪的旅途》配套的）书籍是为电视剧服务的，在这个所谓教育中也被排挤到边缘地位，占据这个课堂中心的是看电视剧。"学生课堂的内容完全受制于电视节目"——这就是一场娱乐式教育。波兹曼提醒教育部的官员们，现在的孩子看电视已是太多太多了，为什么还要让孩子们看这样的节目而不是教孩子们"怎样看电视？什么时候不该看电视？"

《咪咪的旅途》几乎没有教孩子们真正学到有用的知识，而肯定学会的是"知道学习是一种娱乐方式……任何值得学习的东西都可以采用娱乐的方式出现，而且必须是这样"（131页、183—184页）。他们不懂得用思考和推理去学习，更缺乏这方面的能力，只耽于娱乐式接受，若以这种状态进入社会，接触政治、宗教、新闻、商业……能行吗？波兹曼以暗含着的质疑结束了本章关于教育的娱乐化问题。教育改革按这个方向走能行吗？

由本章关于智力教育的问题和前面几章谈媒介的作用，使我们会得出这样的认识：媒介与智力有着密切的关系，即不同的媒介对人的智力有不同的作用，有的有利于智力的提高，有的有碍于智力的提高。到目前为止印刷文字是最易得到的、最便捷的、最能提高人们智力的最好媒介。

第十一章　赫胥黎的警告

——波兹曼的总结但不是终结

（一）科技（媒介）为人类带来的福中之祸

在研究了电视及其娱乐性侵入了各领域之后，我们终于回到了起点，即回到奥威尔和赫胥黎的预言上来。在奥威尔的预言中，他所担忧的依然是个老问题——强权政治压制民主和自由，从而剥夺了民众的文化自由。从人类历史上看，人们的担忧没有错，直至20世纪80年代仍然还有很多人处在这种精神压迫之下，这种残酷的精神禁锢会造成对人类人性的毁灭。尽管奥威尔说得对，但是他的《一九八四》的预言还是缺乏远见的。

相较之下，赫胥黎是见微知著的，他看到不断发展的科学技术为人类带来不断丰富的物质文明和不断膨胀的娱乐生活，会给人类带来毁灭性的灾害。虽然他的《美丽新世界》尚未完全展开，但是他从缝隙中看到了巨大的裂痕和隐藏的灾难。1932年《美丽新世界》出版的时候，电视也才刚刚诞生，尚未进入寻常百姓家。他是从剧院的歌舞升平中，从耀眼的霓虹灯中，从满街奔跑着的汽车中，从人们逛夜市时无比欢乐的笑脸中看到了科学发达造福于人类的欢乐似乎在隐喻着什么。在《美丽新世界》中，赫胥黎描绘未来的人们衣食无忧、安居乐业，人们也被培

233

育成安于自己身份的人，在这种十分安适的生活中，人们将成为对快乐盲目追逐的人，同时也是精神将被这种追逐毁掉的人。科学技术似乎把文化定义为娱乐，这的确是赫胥黎的远见卓识。

波兹曼指出，"赫胥黎告诉我们的是，在一个科技发达的时代里，造成精神毁灭的敌人更可能是一个满面笑容的人，而不是那种一眼看上去就让人心生怀疑和仇恨的人"（132页、186页）。那个"满面笑容的人"，就是用发达科技带来欢乐的"人"，其中包括将要出现的电视。那么包括媒介在内的科学技术发展给人类带来的是怎样的福中之祸呢？

波兹曼探讨了媒介技术的"祸"与"福"的问题。他以麦克卢汉思想为基础，探讨了印刷机、电视机等媒介和它们的隐喻作用，深入分析了它们对社会对人诸方面的影响，特别从电视媒介的娱乐性中指出了"娱乐至死"的可能性。"娱乐至死"不像专制统治那样强势镇压，也不会扼杀民主与自由，而是采取截然不同的方式。它有温柔可人的笑容，它让你非常喜欢它，完全自愿地去找它，无比欢悦地接受它……这就是先进科技的娱乐。让娱乐盛行于世，让娱乐深入社会领域各个角落，即如波兹曼所言"如果一个民族分心于繁杂琐事，如果文化生活被重新定义为娱乐的周而复始，如果严肃的公众对话变成了幼稚的婴儿语言，总而言之，如果人民蜕化为被动的受众，而一切公共事务形同杂耍，那么这个民族就会发现自己危在旦夕，文化灭亡的命运就在劫难逃"（133页、186页）。

事实上，在美国真正进行着的是全国性的大规模的赫胥黎式的实验。其实这个实验从19世纪中叶电报的发明并与报纸结合起来大量生产碎片式新闻时就开始了，只不过是比较隐蔽且缓慢地进行着的，不易被人察觉。后来摄影术的发明，照片的无语境又加强了报纸的娱乐功能。还有大量的广告，脱离了产品的介绍，代之的是形象美的人和物以及表现对产品享用时的惬意，增强了传媒的娱乐性。而发生质变的是电视技术，它集形象、声音、文字、色彩、动感于一身，在传播形式上除了现场以外无可比拟，科技的娱乐性达到了新高峰。20世纪中后期是美国电视业最发达的时期，也是美国人生活几乎全方位娱乐化时期。这个实验"通过美国和电视之间产生的亲密关系进入了成熟阶段"，很多人自动地结束了富于思考的印刷术文化，迈入了电视文化的"美丽新世界"，在美国可以看见赫胥黎预见的那个未来。

奥威尔的预言是传统的思维方式，是有形的、易识别的、是直接指向强权政治及其人物的，所以在弥尔顿、培根（Francis Bacon）、伏尔泰、歌德（Johann Wolfgang von Goethe）和（美国第三任总统）杰弗逊等这些主张精神和文化自由的名家名人的号召和鼓舞下，人们比较容易地参加对强权政治的斗争，甚至拿起武器来革命，打碎压制民主自由的制度和国家机器。而赫胥黎的预言是现代的，非传统的思维方式，是指向无形的、不易识别的和易被人接受的存在，谁也不会拿起武器来反对娱乐。人们在娱乐中几乎忘乎所以，当他们看到有人对文化危机发出警告的时候，会把这看成是悲观主义或"懦夫"。面对这种"因为大笑过度而体力衰竭的文化，我们能有什么救命良方？"波兹曼进行了下面的探讨。

他首先指出"娱乐至死"是个新问题，尚无法纳入任何思想体系。如何来解释他这个说法呢？"娱乐至死"的问题首先出现于美国，因为它是最早以发达电视进入娱乐化的国家的，其他国家大多没有达到这种繁荣的水平。对人类犯下滔天大罪的纳粹头子希特勒（其代表作是《我的奋斗》）没有谈娱乐问题。作为科学历史观的《共产党宣言》也没有谈及娱乐问题。波兹曼说："虽然在过去的80年里，我们已经目睹技术改变了美国生活的方方面面，但在民众的意识中，技术还没有被看作是一种思想体系"（134页、187页）。这意思是说到20世纪，美国进入先进科技时代，从生产到生活发生了巨大变化，一跃而为世界头号强国。但是美国人并没有对科技特别是媒介技术进行深入的研究，因而没有很好地回答科技已经带来的社会变迁和人的意识变化的问题，至少在民众中是缺乏这方面的认识的。

但是追究一下，还是有研究科技给人带来问题的人，这其中有不少是西方马克思主义者。他们认为无论是电报、摄影、电影、电视都是科技的产物，科技发展带来丰富的物质文明的同时也带来人类的文明的困惑。在生产中，先进的科技将人变成了机器的一部分，先进的科技产品对人产生了异化、物化的作用，人被物所驱使，成为物的奴隶，人与人的关系也成了物与物的关系。失控的科技发展成为统治人的力量，人被整合到现代科技体系之中，只能顺从。长此以往，人便会逐渐失去自主性、创造性、批判性和超越性，成了"单面人"。人逐渐地失去了根基，看似得到了某种娱乐，却是一种享乐式的消费文化，精神贫乏、人性丧失，而内涵深刻的艺术逐渐淡出了文化市场……这些都造成了新的文化危机和人的生存危机。这些批判与波兹曼的"娱乐至死"的理论有点接近，只是他们没有像波兹曼这样从先进媒介技术对人及社会的影响这个角度来进行分析。

而20世纪中叶，科技主义早已成为被批判的靶子，因此它不会形成自己的思想体系，来研究和批判自己的问题。汽车在刚刚出现时，人们不会一下子看到它对人们生活和城市形成的作用，而是在若干年以后汽车成为流行的时尚产品时，它的影响和作用才显示出来。而电子媒介开始出现直至发达的电视摆在家家户户的今天，已是过了很久的时间了，"到了这个时候，如果你还不能意识到技术必然会带来社会变迁，还在坚持技术是中性的，仍然认为技术始终是文化的朋友，那么你实在是太愚蠢了。从很多例子中我们已经看出，通信模式中的技术变化比交通模式中的技术变化更能够影响人们的意识形态"（134页、187—188页）。

波兹曼从口语说到文字、印刷铅字，说到无线电已是人类信息的第四次革命。顺着他的思路，有人提出电视是第五次革命，互联网是第六次革命，5G将是人类的第七次信息革命。这些革命引发的和即将引发的变化极鲜明地表示通信模式的技术变化比交通模式的技术变化更能影响人们的意识形态。波兹曼特别指出："如果把光年速度的图像传送引入文化，你就会发动一场文化革命"（134页、188页）。这话讲得很有远见，在波兹曼那里首先指的是电视，屏幕上的电子运动是光速的，画面是动感的、逼真的，它对人的娱乐作用是空前的，它的"看"的优势不但夺走了人的眼球，还夺走了人的心灵，它强烈影响着人们的意识形态，于是"没有投票，没有辩证法，没有游击队反抗，就这样一种意识形态，明明白白、真真切切。这是一种没有文字的意识形态，而且它因为没有文字而显得更加强大"（134页、188页）。无疑这是指由电视媒介带来的走向娱乐至死的意识形态。就互联网而言，一开始是传统互联网，网址是固定的，不可移动，以电脑为终端，人们可以浏览新闻、看视频、写博客，可以发表意见、讨论问题，人们获得了进一步开放和自由。到后来发展为移动互联网，除电脑等，手机即可为终端。这一下，使互联网走进了日常生活的各个角落，人们可以随时随地像使用电脑那样看手机了。随着3G、4G技术带来的网速的加快，人们可以浏览新闻、看视频、听音频，可以互通微信，还可以做自媒体，包括制作短视频、小电视剧。此外，人们更可以上网做各种游戏，如果戴上头盔，还可以进入AR虚拟世界，玩立体感的游戏。信息流通更加自由，人们的参与性更强，普通人也得以进入想进的领域。互联网的动感画面继承了电视特色，这是它的主要娱乐形式，但它的娱乐程度远超过电视。随着5G技术的发展，人工智能的进一步开发，互联网给人们提供的娱乐也将更加精彩。那么娱乐至死是否也会加速呢？

波兹曼的"把光年速度的图像传送引入文化，你就会发动一场文化革命"被证实之后，如何应对这场革命呢？他不无讥讽地指着一些人说："只要人们虔诚地相信社会发展的必然性，它就可以长久地存在下去。在这个意义上，所有的美国人都是马克思主义者，因为我们都相信历史正把我们推向某个理想中的天堂，而技术正是推动的动力"（134页、188页）。马克思主义主张社会发展是有必然性的、是有规律的。科学技术作为社会生产力的要素具有对社会发展的推动作用。但是社会进步不是在生产力发展的情况下自动完成的，在这其中是有着复杂的社会斗争的。在马克思的时代最重要的是同资本势力的斗争，同其他各种剥削阶级的斗争。当然还有人对自身的革命，马克思特别指出社会发展要朝着人的本质力量的解放和人的潜能的发挥的方向……这些都需要复杂的社会变革才能完成，而非坐等生产力发展就会自动到来。波兹曼在这里不是在讲马克思主义，而是讥讽那些对科技进步的信赖坚定不移、毫不怀疑的人，那些在科技面前失去自主性无所作为任凭摆布的人。而这样的人不会被科技发达推向理想中的天堂，而只能成为"娱乐至死"的人。科技的发展在向人们提供丰富的物质生活的同时，也在改变着人，一些媒介技术（如电视、互联网）的负面作用会致人缺乏理性、耽于声色，沉溺娱乐，甚至心理畸变，不仅会阻碍人的本质力量的解放和潜能的发挥，甚至会损伤人性，这都是非常值得重视的问题。波兹曼通过对电视媒介的详细地、深入地分析，他发出的"娱乐至死"的警告是对电视时代的，也是对互联网时代的。但是，对普通人而言绝大多数人并没有注意到波兹曼的警告，可是却有一个被美国人称为战略预言家的兹比格涅夫·布热津斯基Zbigniew Kazimierz Brzezinski（他的许多预言都被证实了）想到了。他认为由于生产力不断发展，世界将有大部分人口失去生产产品和各种服务的工作，社会财富将集中在占20%人口的富人手中，而另外的80%人口的财富将严重缩水，这会引起社会矛盾的大爆发，美国则更为显著。为解决这种矛盾，时任美国国家安全事务助理的布热津斯基在1995年一个有500名精英的集会上提出了"奶头乐理论"，即为避免阶级斗争，就要制作"奶头"塞到普通民众嘴里。所谓"奶头"是指让人陶醉、充满娱乐和感官刺激的产品，比如电视娱乐节目、电视剧、电影、各种游戏等，也包括利用网络来传播娱乐。此外，还配合有"一美元炸鸡""二美元汉堡"等底层人能基本生存，并用大量时间忙于娱乐。这不但转移注意力，更让人在快乐之中不知不觉地丧失思考能力，而无心无力去挑战统治阶级。布热津斯基这一招既让人高兴，又让人失去人性，真是奇妙。不过这是布热津斯基头脑的产物，还是他看了波兹曼的《娱乐至死》受到启发而后产生的谋略却不得而知，但是他们都很通晓"媒介"隐喻的力量。

在网络发达的现实，确实有些人还在单向度地看待科技发展。其实这就是一种科技主义，认为科技发达社会物质极大丰富，娱乐更加精彩，在丰富多彩的生活面前人的欲望将会降低，低欲望就不会发生社会斗争，也不会发生战争。我们确实看到有的书写道：在5G、6G、7G以及更高的技术情况下，只有少数的智人在工作，而大多数人将步入体育、文娱和游戏等领域，大家都在高物质生产、低欲望追求中过上幸福的共产主义生活。看看科技竟会这样把我们带入共产主义，这真像波兹曼在上面所描述的"所有的美国人都是马克思主义者"。科技主义的确使我们的一些人太天真了，我们也似乎看到了那种美景，不过有点像第二部的《美丽新世界》。且不说实现共产主义还要经过复杂的社会变革，只就人的本质来说如何避免"娱乐至死"就值得人们好好地研究一番，因为任何技术进步包括媒介技术的进步都有对社会、对人本质的某种伤害的可能，除了这些让人们大动脑筋的问题以外，还有那在高科技下引发的许多领域中的问题，更加难以解决，比如国际的政治、经济、军事等问题。对这些问题的进一步认识在后面的第十四章、第十五章中将略有阐述。

（二）波兹曼提出的建议

波兹曼着眼于他对电视文化负面作用的分析，使他感到"眼前的困难简直无法逾越""但是作为一个真正的美国人，我深信只要有困难就会有解决方法"（134页、188页）于是他提出了四点建议。

第一点是限制看电视。当然最好是自觉限制自己不要迷恋电视，他不赞成卢德式的消灭电视的办法。英国的18—19世纪初，许多机器代替了人工，于是造成大量工人失业和收入下降，很多人陷入更加贫困的境地，一些人盲目地认为这是机器造成的，于是发生了以卢德（Ned Ludd）为首的捣毁机器的运动。其实这是没有认识到资本对劳动力的新的剥削形式，是盲目地反理性反科学的行动。细想一下，消灭电视和捣毁机器乃是科技主义的另外一种表现——更为简单化的表现。美国人是"不会停止使用任何技术设备的"。有些文明国家限制电视播出的时间，波兹曼认为这在美国也是行不通的。他同情一些人倡导的在一个月里不看电视的"关掉电视"活动的人们，但是他说"一个月不看电视到底有什么意义？充其量是一种苦行。当这个地方的人们结束这种苦行回到他们日常的消遣时，他们会感到多么舒畅啊！但是，我们应该为他们的努力鼓掌"（135页、189页）。言外之意，这种"关掉电视"一个月的做法对改变电视对人的作用大吗？

笔者觉得他在稍后的阐述中全面认识电视的一个观点值得深思："为我们提供纯粹的娱乐是电视最大的好处，它最糟糕的用处是它企图涉足严肃的话语模式——新闻、政治、科学、教育、商业和宗教——然后给他们换上了娱乐的包装"（136页、190页）。他的这个观点反映了他对科技（包括媒介）发展的态度和思想，而且是贯穿着他对整个科技（媒介）的分析的。这也应当是我们所应秉持的态度和思想，包括对待现在的数字信息技术（媒介）。什么样的科技在给你"最大好处"之时都会有"最糟糕的表现"，因噎废食如"关掉电视"、如卢德捣毁机器，那就什么也得不到。问题并不出在电视上，也不出在机器上，即不出在技术上（出现在哪里呢？本书第十五章将会讨论）。想灭掉技术的"最糟糕表现"是办不到的，聪明人既能得到技术的"最大好处"，又能躲避其"最糟糕的表现"，躲避的最好办法是对技术的意识（即充分认识某项技术的利与弊）。如果把任何技术都看成是媒介（其实在媒介论的眼里，任何科技都是媒介），那么就是对媒介的意识。他还认为在电视上宣传"应该停止看电视"的做法很有讽刺性。走上电视，当着观众的面反对电视，这是笑话。那么他给我们的办法是什么呢？只有人们自己认识到电视的作用，限制自己、合理地去掌握看电视的时间。

波兹曼提出的第二点建议是有关部门规定某些电视播出的内容。比如他在《娱乐至死》中提到的，美国"联邦通讯委员会"等部门可以颁布禁止在儿童节目中播放商业广告，还有减少暴力和色情等。这里我们终于看到了关于传播的信息内容的讨论，这是他与麦克卢汉的一点不同之处，对此我们也将在后面（第十二章）进行讨论。

波兹曼提出的第三点建议就是找到我们怎样看电视的方法。他认为"问题不在于我们看**什么**电视，问题在于我们**在**看电视。要想解决问题，我们必须找到**怎样**看电视的方法"（136页、190页，黑体为原著所加）。我们可以这样来分析一下波兹曼的思路：他首先肯定的是毛病出在电视的"看"上面。"看"是电视媒介的本质要求，这个"看"和读书的"看"又有本质区别。电视的动感画面潜藏着娱乐，它让人的这个"看"成瘾，成了"娱乐至死"的根源，电视的糟糕就在于娱乐。所以波兹曼说"问题不在于我们看**什么**电视，问题在于我们**在**看电视"。在美国，只要你是在看电视，那么就很容易被娱乐化，这个"看"是个根，而"在看"是个被动式，因为"在看"电视传来的信息时，接受者必然要受到电视（媒介）的正面和负面作用的影响，当然它的娱乐化作用也在其中。你若不被娱乐化，你必须在它的"看"的前提下做出选择，于是有了"怎样看"的要求，即下面提出的十几个要解决的问题：

　　什么是信息？它有哪些不同形式？不同形式会给我们带来什么不同的知识、智慧和学习方法？每一种形式会产生怎样的精神作用？信息和理性之间的关系是什么？什么样的信息最有利于思维？

不同的信息形式是否有不同的道德倾向？信息过剩是什么意思？我
们怎么知道存在信息过剩？崭新的信息来源、传播速度、背景和形
式要求怎样重新定义重要的文化意义？例如，电视会不会赋予"虔
诚""爱国主义"和"隐私"一个新的意义？报纸所指的"大众"
和电视所指的"大众"有什么区别？不同的信息形式如何决定它要
表达的内容？（136页、191页）

波兹曼说通过这些问题，"美国人才可能和他们的电视机进行对
话"。懂得了这些问题，就是"媒介使用者已经了解了它的危险性，那
么这种媒介就不会过于危险"（136页、191页），这就是知道"怎样
看"。对这些问题我们在前几章已做了大部分回答，还有些将会在后面的
章节中做些回答。

这里值得关注的，而且引发深思的就在于他或有意或无意说出的"使
用者"三个字。先前说"在看"是被动的。如果改成"用"就是主动的，
就是这里的"使用者"。在任何媒介面前，"使用者"是表示了主动性。
这里最重要的是把主动性变成自主性。简单地说，自主性问题就是人在与
人，以及人在与周围世界的相处中能否自觉地、理性地把握自己生存存在
的问题。把主动性变成自主性不是说说就可以变的，而是需要通过一番认
识的过程。通过学习与实践能很好地回答波兹曼提出的那十几个问题，便
是对媒介的认识，即在媒介面前有了自主性。有了这种自主性不但会免受
其害，而且还是人的本质中非常宝贵的品性（关于自主性的问题我将在后
面的第十二章里还要阐述）。比如，我自主地使用电视，我按我的需要去
看电视，我需要看比赛，我就看体育节目的实况直播或录像；我需要看戏
曲，我就在戏曲节目中去选择我想看的东西；我需要了解一下当日的新
闻，我就在新闻节目中去寻找……当我满足了我的要求之后，我就关掉电
视，这是自主性的使用，是不大会受到电视负面作用危害的。假如我不这
样做，我把我所关注的那几条新闻看完了，我还继续看下去，于是我的关
注度开始下降，自主性也就下降了。当观看的新闻不是我主动关注的而是
在浏览，那么此时就由"使用者"变成了"在看"的被动者，就不是在使
用电视，而是在被电视"使用"，就要成为前几章所讲的无语境的碎片式

新闻的受害者了。

使用电视还有一个"播者"的问题，这个播出什么的问题是掌握在电视台手中，如果播出的内容不加入人为的娱乐性内容，一般也不太会误导观众。而这在美国是难以做到的，因为在市场经济的背景下，电视台为了吸引观众就不会完全按新闻的本质要求去做。娱乐化之后，节目的收视率就会提高，电视台收入就会增加。而真正按新闻本质要求那样做的新闻节目，就如我们前述的《麦克尼尔—莱勒新闻时间》，其结果是两个人的工资加在一起，还不如别的节目主持人一个人工资的五分之一多。美国的观众究竟有多少人会解答波兹曼的那十几个问题？观众大多是"电视的大众"（而不是"报纸的大众"）啊——你不娱乐我就不看，我就转向别的电视台。在《娱乐至死》的创作环境中，人类已经进入了科技快速发展的20世纪末期了，可是美国的"电视大众"仍然缺乏媒介意识，怎能让波兹曼不忧虑呢。

但是，别以为波兹曼的十几个问题只是对电视媒介而言的，那就又错了。它的重要性对今日使用互联网媒介的人们而言，甚至对于认识今后随媒介技术发展而不断涌现出的种种新媒介而言也有着重要意义。也就是在新媒介面前，我们依然可以用这十几个问题来问问自己，如果回答是圆满的，那么我们自然会（由"怎样看"电视）变成"怎样用"新媒介的了。如果不能很好地解答那十几个问题，我们面临的将是这些先进媒介带给我们的太多太多的负面危害。这十几个问题的核心就是在媒介面前的自主性。自主性问题不但在信息媒介面前，甚至在科技面前都是一个极其重要的问题，让我们永远记住它。20世纪80年代的中期，波兹曼就那十几个问题向人们发出的警告现在看来正在被证明着，他的警告是：

> 这些有关信息的精神、政治和社会作用的问题对于电脑和电视机一样适用。虽然我相信人们对于电脑的重要性已经有了足够的认识，但是我这里还是要提一下，因为很明显，美国人对于电脑的态度也是盲目的，别人告诉他们怎样就是怎样，没有一句异议。对于电脑技术的中心命题——我们解决问题遇到的主要困难是数据不足——没有人表示过怀疑。直到多年以后，我们发现大量收集和快速检索的数

据对于大规模的组织和机构确实很有价值，但没有为大多数普通人解
决什么重要问题，它们带来的问题至少和它们能解决的问题一样多。
（137页、192页）

这里，他肯定了电脑对社会管理、社会生产、社会生活等方面的非常
重要的作用。但是对普通人来说，电脑带来的问题会很多，因为他们不太
可能很好地回答那十几个问题，也就是没有树立起正确的媒介意识。这将
是同不会看电视一样（或比这更糟糕）隐藏着危险，这是一种在先进媒介
面前盲目的、被动的（失去自主性）的危险。在这个意义上看树立媒介意
识也就是在媒介面前的自主性问题。

那么面对电视该怎样树立媒介意识呢？波兹曼有两个答案"一个纯
属无稽之谈，我们马上可以否决掉；另一个成功的希望渺茫"。他先表
述了那个"无稽之谈"的答案。就是创作一个新型的节目，"告诉人们
应该怎样看电视，向人们展示电视怎样重新定义和改变我们对新闻、政
治辩论和宗教思想等方面的看法"（137页、192页）。这就是把《娱乐
至死》中对电视媒介分析的内容讲给人们，可是这些干干巴巴的讲道理
的东西怎能吸引人呢（因为电视媒介不适于长时间讲道理）？为了吸引
人就必须又求助于娱乐性的东西，那么结果是"在一片大笑中认识到电
视对公众话语的控制"。这里又让电视的娱乐性讽刺了我们一把。在电
视上指责电视的娱乐性问题，而且用的又是娱乐的手法，这等于是宣告
电视的娱乐性是最终的胜利者。所以波兹曼把自己的这个办法叫"纯属
无稽之谈"。既是无稽之谈为什么还要讲呢？波兹曼还是希望人们认识
到电视的娱乐性有多么强大。

波兹曼的第二个答案也可以算作他的第四点建议："依靠从理论上来
说能解决这个问题的唯一大众传媒：我们的学校"（137页、192页），
虽然这个建议成功的希望渺茫，"但这是我们仅有的办法"。波兹曼是想
让学校担负起培养年轻一代树立媒介意识的任务，让年轻人认识媒介对
人、对社会的不可忽视的作用，从而能够主动地掌控媒介，免受其害。可
是美国学校的状况令人担忧，在这个由印刷术起了巨大作用的学校里并没
有考虑过对学生做一点关于媒介方面的教育，甚至对文字（字母——古老

的媒介）是什么时候发明的这一看似简单的问题，也只有不足2%的学生能够正确回答，在大多数学生的头脑中，字母就像大树一样，是自然本来就有的。学生的头脑中根本就没有关于文字（字母）的历史（当然也就不会把文字看成媒介），没有历史，文字便成了神话一样的存在，这正应了法国大学者罗兰·巴特的话：神话把历史变成自然，那文字就是自然就有的。对很重要的、每天都在使用的传播媒介——文字的认识还如此幼稚的年轻人，要树立媒介意识（或者说懂得波兹曼提出的那十几个问题）确有难度，而且美国在20世纪80年代尚无关于这方面的课程。但波兹曼对整个社会的希望寄托在这里。"帮助年轻人解读文化中的象征是学校不可推卸的责任。要做到这一点，学生应该学会怎样疏远某些信息形式，我们希望学校应该把这样的任务纳入课程之中，甚至成为教育中心"（138页、193页）。这里讲的"解读文化中的象征"就是树立媒介意识，认识社会文化"信息形式"就是指认识媒介。波兹曼想通过这种媒介教育让年轻人认识媒介，正确使用媒介，趋利避害，保护身心健康。波兹曼的这个话是在美国的电视时代说的，可是在20世纪末和21世纪初我们就看到了大量年轻人流连在信息高速公路上成了网迷。而到了今天的互联网时代，又出现了手机迷（低头族），他们缺失了社交活动，（虽然频繁使用社交媒体，但人们缺少面对面地接触，是另外的一种淡薄）缺失了亲情、友情，缺失了知识，更缺失了思考……这种缺失果然反映在美国这个21世纪的20年代，世纪之交的青年人已成了今日的成熟的中年人，可是他们多数人是变得聪明了还是糊涂了？我们将在后面的第十四章中看到。如果不使波兹曼的这个希望渺茫，政府、教育部门、学校、家长、社会贤达等都应当想方设法让年轻人"理解媒介政治和媒介认识论"，让年轻人不再耽于新科技带来的过分娱乐，明白"人们感到痛苦的不是他们用笑声代替了思考，而是他们不知道自己为什么笑以及为什么不再思考"的含义，在"美丽新世界"中不再迷航。

（三）忧虑或许仍然继续着

波兹曼将自己的思想阐述完了，也总结完了，但是从字里行间不难看出，他还是对开篇（前言）中人类之命运很是担忧。科技发展之快让人目不暇接，娱乐手段之多之精彩超乎想象，人的自我意识和自持能力在高级娱乐面前变得难以支撑，人类是否能逃脱"娱乐至死"的命运呢？对此有人悲观、有人乐观。人类是否会毁灭在自己创造物的手中呢？一切远未终结。

在本章结束之前仍然还要说几句话。波兹曼在本章中虽然讲到那么多人们在媒介技术中拯救自己的办法，而且大都是难以实现的，但是从中仍然可以读出他的愿望和背后的深义。比如在电视上说电视的弊端，看似笑话，但是他还是告诉了你"电视怎样重新定义和改变我们对新闻、政治辩论和宗教思想等方面的看法，而不是让人们停止看电视"（137页、192页）。其中就包含了他在书中对电视的几乎全部的分析和他对电视的态度，所以读出其中的深意来极为重要。

第一，媒介越发展，对人的作用（"最大的好处"和"最糟糕的表现"）越强。电视似乎是媒介划时代的一个标志，波兹曼从对电视媒介的分析中看到了很多由它带来的社会变迁，所以他才说"如果把光年速度的图像传送引入文化，你就会发动一场文化革命"。现在，这场革命已发展到了数字信息时代，更加波澜壮阔，那么人在这场革命中将会怎样呢？

第二，从整章（也可以说是从全书）的分析看，他都是站在媒介这个角度进行的，他始终没有离开媒介这个立场来说话，一切的喜与忧均是从对媒介的分析中发出的。因此，他的许多认识也就成为媒介理论中的一些基本观点。

第三，他把渺茫的希望寄托在人们树立媒介意识上，尤其是寄托在（学校的）年轻人的身上。看来似乎难以实现，但这绝非妄言，这应是人们在科技（媒介）可能使人类在"娱乐至死"的道路上能够自救的重要办法，有着深远的意义。

第四，波兹曼对人的"娱乐至死"的忧虑，不因媒介技术的发展而减轻，反而是更加重了，由他对电脑的认识看，他似乎希望人们要更加提高警惕。

第五，他的关于媒介信息的十几个问题仍然是当今及以后的一个长时期里树立媒介意识的重要内容。这是他的远见卓识，但是也引起我们产生这样的认识：在今后的媒介（技术）发展中，可能要回答的问题不会总是这些，可能有某些变化或出现新的问题，甚至不努力就难以回答新的问题，因此树立媒介意识仍须持续不断。

第六，没有有关部门的重视，甚至是国家有关机构的重视，媒介意识教育就难以开展。美国民众缺乏媒介意识就是例证。

第七，科学技术的发展还不只是"娱乐至死"那么简单，它对人及社会的影响几乎是全方位的，在以后的章节中我们会看到它对政治、经济、军事等方面的影响和对人（的品）性的影响。随着科技发展，它在为人们带来越来越多好处的同时，也蕴含着越来越多的危险，人们还要不断地进行对科技（媒介）问题的研究。科技发展远未终结，树立媒介意识也远未终结，令人忧虑的事更是远未终结，一切都未终结。

下 篇

第十二章　麦克卢汉和波兹曼的理论

——奠定了媒介理论基础

（一）他们是科技主义吗？

细心的读者一定会发现麦克卢汉的媒介理论和波兹曼对其理论的发展，比如媒介即隐喻、媒介认识论、媒介的共鸣、媒介文化等都聚焦在媒介上，也就是以媒介为主动，人及社会为被动。他们的理论基点都是说媒介对人对社会的某种作用，而媒介的发展又常常是表现为技术的发展，因此有人就认为他们是科技主义，是科技决定论。笔者认为这样说似乎有点武断。

科技主义是把科学技术绝对化，认为人类的一切问题都会在科技发展中得到解决。此种观念在西方科学发达的现代社会中曾风靡一时，后来受到了批判，认为是一种错误观念。麦克卢汉和波兹曼的理论因为论述的是人及社会受媒介（技术）的作用而发生变化，于是便被某些人戴上了科技主义的帽子，这是缺乏根据的。任何科学技术对人和社会都有一定作用，谈论这种作用不等于科技主义，从客观实际出发谈论这种作用，只要不是绝对化就不能认为是科技主义。科技主义源于实证主义，实证主义注重感官给予的事实经验，并在这个基础上建立事物的理性关系，认为经过科学证实的事实关系才是真正的知识，科学只是描述事实、经验和现象中的不变的规律。实证主义看到科学促进人类社会发展的一面，而没有看到人的理性和主体性，没有看到主体与客体之间的统一关系，没有看到关于事实的科学（规律）是由人（主体）所给予的。一切关于事实的理论体系都是由人创立的，都是人的理论，而且与人生的意义有着重大关系。

德国哲学家埃德蒙德·胡塞尔在承认科学对人类的巨大贡献时也指出了"科学是关于事实的科学"（笔者理解既是"关于事实的科学"那就不是关于"本质的科学"，因此就不能像胡塞尔要求的那样是严格的科学意义上的科学。关于这一点，在本书第二章中已稍有接触，尽管如此，胡塞尔还是承认这种关于事实的科学对人类的贡献）。实证主义所谓的科学是科技理性的科学，而将人的理性抛置在外。胡塞尔认为生活世界才是一切科学研究的起点和源泉。长期以来人们只是从中选择了一部分作为事实经验，并加以理想化（苹果从树上落到地上，想到的是地球对其有引力，再通过测量与计算得到自由落体的加速度，这就是人类的选择和理想化构成的理论），而生活世界是丰富多彩的、多种多样的，特别还与人的生存意义和价值相关。科学选择的题目都是生活世界的，无论何种选择都与人生的意义和价值相关。但是实证主义的科学却抛弃了其中的人生意义与价值问题，只关注事物的事实间的逻辑关系和科技理性关系，只关注对人生存有利的一面，而忽视了对人不利的一面。实际上哪怕是一个简单的机械和技术装置（如在后面第十四章中讲到的吸水的榫机）都与人的生存意义和价值相关联，我们后面要讲到的德国的哲学家海德格尔、量子物理学家海森伯（Werner Karl Heisenberg）以及曾讲到的麦克卢汉、波兹曼等都指出了科技理性所忽视的关于人的理性的问题，越来越高端的科技发展（包括数字时代的媒介技术）也更加显露出了这方面的问题。胡塞尔在20世纪30年代所说的欧洲科学的危机，正是指的这个问题。

胡塞尔反对科技主义并不是反对研究事实的、经验的东西，也并不是反对科学取得的成果，他反对的是其抛弃了人生的意义与价值的问题。对此，胡塞尔批评道："实证科学正是在原则上排斥了一个在我们的不幸的时代中，人面对命运攸关的根本变革所必须立即做出回答的问题：探问整个人生有无意义。这些对于整个人类来说是普遍的和必然的问题，难道不需要从理性的观点出发加以全面思考和回答吗？这些问题归根到底涉及人在与人和非人的周围世界的相处中能否自由地自我决定的问题，涉及人能否自由地在他的众多的可能性中理性地塑造自己和他的周围世界的问题"（《欧洲科学危机和超验现象学》，埃德蒙德·胡塞尔著，张庆熊译，上海译文出版社，1988年版，第6页）。胡塞尔这段话是说实证主义正是把人与科技分离开，只研究科技理性的问题，因此排斥了很重要的问题，即人应从理性出发考虑人在科学技术中应当处于何种地位，在科技面前我们是否还有自主性，我们应如何面对科技对世界对人的改变，我们能否自己决定自己的命运。如果用在媒介（技术）理论上，那就是面对媒介对人及社会的作用，我们能做些什么，怎样把自己的命运掌握在自己手中，而不会像实证主义那样任凭科技的摆布，让媒介主导人、决定事物、决定人类命运。这些思想与我们前面第十一章讲的在媒介面前的自主性思想是一致的，在那里波兹曼讥讽了在媒介面前失去自主性，对科技进步单向度地欢愉而毫不怀疑的人。胡塞尔的这些话切中要害，我们要记住这些话，以后在讲到媒介技术的时候，我们还将进一步解释。

这里要说明的是，与胡塞尔不同的是海德格尔对主体的认识。按照海德格尔的思想，此在（人）是与世界（事物）密不可分的存在关系，此在与世界打交道是此在在世界中存在，此在从事物（存在者）之存在方式中理解事物。同时，也使自己作为存在者的存在和作为追问存在意义的存在（此在）了解自己，此在总是从这种"在世"中来了解自己和与事物不同的存在关系（事物是存在者，而此在是能追问存在意义的存在者），人与世界的这种存在关系简单来说就是相遇相作用的关系，人（此在）在与世界打交道中了解世界（事物），而世界也让人展开了（作为此在的）自己。

这种关于主体的认识不同于胡塞尔的人的意识（主体）认识对象（事物）的二元论关系。胡塞尔的思想是流俗的，海德格尔的思想是深刻的。但是胡塞尔的关于主体的思想仍然是可用的和便于理解的，海德格尔的思想是较为复杂的，不便于通俗地解释。所以本书中多处仍以胡塞尔的思想来阐述，比如本书第二章就是用胡塞尔的现象学来阐述媒介认识论与哲学认识论的关系。但是我们必须从根本上认识媒介（技术）是一种存在者，要在存在论上认识媒介和它与人的关系。人与媒介是一种存在关系。虽然两者都是存在者，但人的存在不同于媒介的存在，（此在的）人可以认识媒介，同时展开自己，认识自己的存在和存在的意义。人并非生存于媒介之外，而是生存于媒介（技术）之中，人作为此在能够找到自己的存在方式，如果它（在说到一般的此在时用"它"，而不用"他"）是存在于媒介中，那么正确的存在方式就应是通常所言的"正确对待媒介"——媒介意识。除非某个人没有媒介意识，也就是不认识媒介和媒介中的自己，那就是没有媒介意识。当然人也存在于其他事物中。同样，不认识其他事物和自己与其他事物的关系，那么他就找不到自己的存在方式。认识（世界）事物和找到自己的存在方式应当是人类自主性的重要含义。

现在，我们来看麦克卢汉和波兹曼的理论是不是科技主义的。

第一，麦克卢汉和波兹曼的研究没有用科技理性，也没有用什么"科学方法"。他们没有用任何一种理论来分析和论证媒介现象，没有使用分析、归纳、综合、判断、推理等实证手段，他们使用的是对媒介现象的本质直观的方法，这是胡塞尔现象学认识论的一种根本方法。我们在第一章末尾谈到媒介性质时已经涉及了这个方法，即是由个体直观到观念直观，即得到本质直观。不论是印刷铅字媒介还是电视媒介对人及社会的作用都是以一种本质直观得出的，而不是用多少人使用这些媒介后发生的状况进行统计和综合分析之后得出结论的。我们从一个人对媒介的使用中就可以认识媒介的性质和作用。读印刷铅字的人就要一字字、一行行地线性阅读，就要理性思考；看电视就要多用对形象的感知，形象感知就是速得的、省力的并且是具娱乐性的……所以麦克卢汉与波兹曼研究的方法与科技主义的实证方法并不相干。

即便如此，他们研究的方法也值得我们去思考。他们把人、社会及媒介三个元素从复杂的社会环境中抽将出来，站在媒介而不是站在媒介传播的信息的基点上看媒介对人及社会的作用，以媒介为主要视角看人在媒介中的存在、看社会在媒介中如何变化，这就产生了与传统的传播学（主要研究媒介传播的信息所引起的社会作用）完全不同的媒介理论。他们观察媒介对人及社会的作用时的用语、概念也有很多不同，比如部落人、地球村、中枢神经系统、人的延伸、隐喻、共鸣……有些词语有点怪异，于是有人认为他们的论述缺乏理性、缺乏逻辑、缺乏实证性，甚至仅仅是一些描述，还有一些是浪漫式的文学语言，使语意涂上了朦胧色彩。有些说法是比较符合麦克卢汉表述风格的，读他的书有时因对概念的把握不够确切，会感到进一步思考的困难。但是凡研究麦克卢汉的人大都肯定了其研究成果，他的一些论断无法被推翻，如果用实证主义的思维方式去认识麦克卢汉和波兹曼的理论，当然是无法论证的。但是笔者认为，麦克卢汉和波兹曼极像是现象学的思维方式，他们正是直观媒介对人对社会作用的现象，并以此现象来认识媒介的性质。这种直观是一种本质直观，即从现象认识到本质，这被胡塞尔认为是明证性的，是不能用实证方法来证明的，是不能用逻辑推导的。

第二，麦克卢汉和波兹曼的研究并没有离开人在科技面前的自主性。相反，他们正是通过媒介对人及社会的作用启发人们在媒介技术面前把握自己的命运。我们前面引述的胡塞尔的那段话特别强调人在科技面前的自主性。自主性或者主体性也是含义很丰富的概念，在胡塞尔的话中至少涉及两个方面，即人的理性和做科技的主人。在麦克卢汉和波兹曼的媒介说中，看似把人认作像石头那样的客体，把媒介看成是主体的科技力量，人似乎被媒介锤打着。但是他们研究的主旨依然是理性的和具自主性的，并不赞成把人交给媒介，任其锤打。波兹曼对电视媒介娱乐性的长篇分析实质就是指出人的生存问题，也就是在电视媒介面前，人是否"理性地塑造自己和他的周围世界的问题"。波兹曼在《娱乐至死》第十一章中肯定媒介会影响人的意识形态的同时又说："只要人们虔诚地相信社会发展的必然性，它就可以长久地存在下去。在这个意义上，所有的美国人都是马克思主义者，因为我们都相信历史正把我们推向某个理想中的天堂，而技术正是推动我们的动力"（134页、188页）。我们在解释这段话时说，波兹曼在这里并不是宣传马克思主义的历史唯物主义，而是反对媒介决定论，反对人们在媒介面前的被动，任其摆布和麻木不仁，所以他后面面对媒介对人及社会的强大作用时又说："我深信只要有困难就会有解决方法""只有深刻而持久地意识到信息的结构和效应，消除对媒介的神秘感，我们才有可能对电视，或电脑，或任何其他媒介获得某种程度的控制。但我们应该怎样培养这种媒介意识呢？"（137页、192页）。这里他强调了人要培养媒介意识，获得对媒介的控制，这些都是在强调人的自主性。波兹曼研究人在媒介中生存状况就是为人找出控制媒介的方法，这和麦克卢汉的思想是一致的，麦克卢汉也说："我们身陷媒介的能量大旋涡，就必须要研究其模式；这样，我们就可以规划躲避破坏性后果的生存策略"。（《麦克卢汉如是说：理解我》，马歇尔·麦克卢汉著，何道宽译，中国人民大学出版社，2006年版，第193页）这些都表明他们主张要做媒介的主人。

媒介技术越发达那个媒介旋涡力量越大，但是人不能放弃掌握这个旋涡的主动权，一切关于媒介的思想与技术都是人的。人为了认识世界发明了媒介，媒介又反转过来作用于人，使人在某些方面得以成长、潜能得以发挥，同时也抑制了另外的某种能力。在认识了其弊端之后，人们就会扬长避短。人还能发明更新的媒介，补足先前媒介的短处，让人更好地成长。人在与媒介的互动中成长，这才是人间正道，也是人的理性的体现，正如波兹曼在《娱乐至死》第二章中所言"任何认识论都是某个媒介发展阶段的认识论。真理，和时间一样，是人通过他自己发明的交流技术同自己进行对话的产物"。人既然通过媒介和自己对话，就充分反映了麦克卢汉和波兹曼在媒介技术面前的自主性的观点：我生存于世界中，我是这个世界意义的基础，我在这个意义的基础上发展着，一切科学技术都是我的科学技术，为我所掌控，为我所利用，我才是科技的主人。怎么能说他们是科技主义呢？

（二）他们的研究有缺欠吗？

麦克卢汉与波兹曼的研究是把媒介、人及社会三个元素抽将出来进行的，他们的结论是正确的。但实际上，媒介对人及社会的作用并非如此简单，也就是还要把结论再放回到生活中再行认识。媒介对人及社会的影响，必然要受到社会经济的、政治的、法律的、宗教的、教育的、社会制度的、社会管理的乃至意识形态等的作用。波兹曼在这方面有了一点考虑，比如他把拯救"娱乐至死"的希望寄托在教育中——希望学校开一门关于树立媒介意识的课程，教育年轻人正确认识和使用媒介。但总的说来，他们没有在整个社会大环境下来考察媒介的作用，于是常常产生只见媒介不见社会的偏斜。比如电视对美国人的影响大多是在普通人中，美国精英阶层受电视的影响并不明显。特别是美国有相当一批文化学者，深入研究文化现象，甚至对一部有影响力的电视剧都要进行研究，他们有着很好的研究成果。虽然在20世纪后半叶美国电视业极为发达，也有大量观众用了相当多的时间收看电视，但是主导美国文化的还没有全在普通民众那里。若说美国在那个时代出现了电视文化是可以的，但是这个电视文化很快就被电脑、手机等媒介的时代替代了，所以一般情况不称之为美国电视文化时代（但却有很值得称赞的印刷术文化时代）。

有些人认为波兹曼的言语似乎有些过分了，美国虽然存在着他指出的那些娱乐现象，但现实是并没有"娱乐至死"，它似乎还活得像个样子。但事实证明，电视及后来的电脑、手机等已严重地威胁着美国大多数青少年，而且美国民众的理性正在丧失，已不能与18—19世纪时美国人的理性素质相比。波兹曼同其他一些学者、专家们一样，都有某种理想主义成分，即很重视和强调自己的理论并将其"纯化"，也常用激烈言词予以阐述。对此，我们局外人也应理解，不能过分计较，关键是他们的理论核心是正确的，是与客观实际相符的。

而电视在我国则又是一种面貌，因为我们的社会条件与美国有很大区别，只就我国的广播电视管理制度来说，我国经常批评和禁播某些低俗的娱乐节目，对某些不合情理的电视剧进行严肃地批评。比如对反映抗日战争的手撕日本鬼子之类的"神剧"的批评。我们还用电视来做被认为是"最不合电视媒介本性的工作"，如直播全国人代会、政协会、党代会的开闭幕式等以及一些有关重要会议的实况和活动，这是最不具娱乐性的，但它表示的是政治透明，人们不仅是听到现场报告，而且还看到了会议的盛况，看到了代表、委员们的情绪、反响等。在美国社会条件下形成的短暂的几十年的电视文化在我国就不很明显。但电视娱乐的作用还是很强的，我国电视中娱乐性节目的比重也很大。当然，我们不能也不必将娱乐节目赶出电视，电视的娱乐是源于它动感形象的本性，若是不够娱乐，电视就成了另外一种东西，就像电视只出一个主持人播报新闻那样，成了收音机。我们应当懂得用什么样的娱乐方式才无损于人们的精神健康。

在这里我们要提到对传播媒介研究的另外两个学派，一个是老的传播学，被称为传统学派，他们以社会学、政治学、心理学等为基础，利用媒介传播内容（信息）直接产生的社会效果进行研究，常常利用社会调查的数据进行实证分析，可以得到某些信息的社会效果。他们重在研究媒介传播的信息上和传播的方法（模式）上，以期达到最大传播效果，而不是在研究媒介自身上。这种研究就是把媒介传播的内容放了重要位置上，并且是放在了社会的各种条件综合的情况下，与重点放在媒介而不太考虑社会综合条件下的研究方法截然不同。还有一派被称作批判学派，关注的是媒介权力的问题，即媒介的不同掌权者就会有不同的传播内容。虽然它离开了对媒介的研究，但它也涉及对传播内容的掌控和相关的社会作用，比如"西方马克思主义"流派之一的法兰克福学派认为西方社会的统治阶级利用广播、电视、报刊等媒介大量传播流行的通俗文化，使它与艺术、宗教、商业、政治、消费等相融合，让人们的休闲生活娱乐化，以麻痹普通群众顺应西方统治阶级的统治。传统学派和批判学派都考虑了媒介的社会条件，因之可以作为麦克卢汉和波兹曼研究的补充，如果把这三派结合起来研究可能更切合实际。

其实，在波兹曼的研究中也并非完全不考虑媒介内容（信息）。他指出，美国电视新闻违背新闻"为了教育、反思或净化灵魂"的原则，无疑是指电视新闻内容的；他批评美国电视新闻配乐、插播广告、消息变短、信息割裂、无语境、不连贯等，也都是关于新闻内容的。这是因为对媒介的研究本来就不应离开它传播的内容。但是需要指出的是，麦克卢汉与波兹曼的媒介研究着眼于媒介的主导作用，这不只是开创了媒介研究的新路径，更重要的是从媒介角度研究信息媒介对人及社会的作用是具有深远意义的。当代互联网、手机、电脑、人工智能等数字信息媒介的作用已经显示了媒介的强大威力，今后的5G、6G等技术发展乃至将来更先进的如量子通信技术，都会带来社会的巨大变化。这些快速发展的技术在某种程度上也在改变着人。如果不把媒介研究只限于传播（信息）媒介，而是扩大开来把技术装置（像麦克卢汉那样把汽车、火车、飞机等）都看成是媒介，那么这种研究的意义难以估量。我们还将在第十三章、第十四章中看到这种研究怎样的关乎人类的生存。我们将在第十五章中看到对媒介研究的深处，即对人及社会的深度影响必然要进行对技术与人的关系的研究，而这才真正地进入媒介理论的核心。

（三）　麦克卢汉和波兹曼理论的深远意义

一、麦克卢汉和波兹曼理论为媒介理论研究奠定了基础

进入数字时代的信息媒介企图将可以变为数字的信息都转化成数字输入计算机内进行处理，从而掌控世界。而能够捕捉信息的只有媒介，因此对媒介的研究越来越受到人们的重视。

对媒介的研究有两个方面，一方面是媒介技术研究，如对电脑、手机功能的研究，对网络传输效率、性能的研究和对人工智能的研究等。当然，广义地看对各种技术（装置）的研究也都可以被称作是媒介研究，因为人对科技有目的追求都是由技术装置（媒介）完成的。比如未来可能人穿戴上某种装置就可以取得人体的一些生化指标（数字信息）。对媒介研究的另一方面是麦克卢汉和波兹曼等一批学者、专家们从人这个角度（即人文科学）进行研究，也就是着眼于研究媒介的社会性。虽然这两方面的研究有着内在关联（媒介的性质最终是由媒介技术的性质决定的），但是媒介的社会性研究具有某种独立性和相当重要的社会意义。在这方面麦克卢汉和波兹曼等人开辟的研究是我们今后研究的理论基础。

在《娱乐至死》中，波兹曼以麦克卢汉的理论为基础对诸多媒介的研究特别是对印刷术（媒介）文化和电视（媒介）文化的研究，使我们得到很多启示，受益匪浅。在前面的几章里我们已经看到了他的理论和对他的理论的某些引申用于数字信息媒介研究的例子，后面我们将会有更多的进一步的阐发，这些都会说明麦克卢汉和波兹曼的理论并没有过时，而是具有奠基性的、适应性的和指导性的。比如：麦克卢汉的"媒介是人的延伸"一说，在现实的"网络+人工智能"中已充分体现。医疗中的远程手术，大夫远在千里之外发出关于手术的信息指挥机器手为患者手术，中间的各环节都是以信息媒介的传递贯穿起来，媒介使人的延伸跨越了一个新的时空。在应用"网络+人工智能"的各个领域中我们都能看到媒介的这

些作用。在医疗领域中，将来的人工智能诊病会改变大夫的工作方式，也会改变医院的管理方式。在工业中大量使用人工智能节省人力，改变人员的劳动状况，复杂操作可能变成简单劳动，即所谓的信息媒介新的赋能。在使用"网络+人工智能"时，首先要考虑如何适应这种信息媒介对人员组合、工作方式和尺度的新要求，从而设立新的企业管理模式等，这些都体现着麦克卢汉"媒介即讯息"的论述。

二、在麦克卢汉和波兹曼媒介理论的引导下我们进一步认识媒介

由于麦克卢汉和波兹曼等人对媒介理论的贡献，特别是媒介对人及社会的影响的论述引起了人们对媒介的重视。在他们的理论启示和引导下，更多的人深入认识媒介，更凸显出媒介及树立媒介意识重要性。

第一，改变了媒介只是"中介"和"工具"的看法，认识到媒介在认识事物中的作用与地位。波兹曼说："真理的定义至少有一部分来自传递信息的媒介的性质。我想讨论的是，媒体在我们的认识论中充当了什么角色"。接着他描述了媒介如何向人们展示事物，他说："和语言一样，每一种媒介都为思考，表达思想和抒发情感的方式提供了新的定位"。顺着这些进行思考，我们发现媒介自身就含有认识事物的能力，这促使我们研究后得到的结论是："媒介不仅是使两个事物发生关系的中介，更是让人能够对事物产生某种认识的存在"。这样就从根本上改变了人们对媒介的看法，从而重视对媒介的研究，今日我们所见到的各种科技成果都是从媒介中获得的。媒介捕捉到的信息，帮助我们认识事物，非常明显的是今日的手机、电脑、人工智能、互联网等信息媒介更加受人重视。普通人觉得它们好玩，而研究者们却把它们看作是认识事物的工具。人们从技术上研究它，是为了从它那里获得更多、更好、更快的信息，帮助人们能更深刻、更顺畅地认识事物。人们从人文的角度研究它，是分析它获得的认识事物的能力达到什么程度，在认知进步的同时对人对社会的正面和负面作用，从而让人们正确认识新媒介，树立新的媒介意识，以保障人类社会的进步。媒介改变世界的力量是不可限量的，人类研究媒介也是无止境的。

第二，波兹曼关于媒介认识论的理论启示我们进一步研究媒介认识事物的实质，即它与哲学认识论的关系，在这种研究中我们又发现了媒介

在哲学认识论中的重要角色。在本书的第一章、第二章中我们看到了媒介是哲学认识论的源头，没有媒介提供的信息（现象）就没有哲学认识论；我们还看到了媒介在提供"纯粹现象"时导致的对事物本质的直接认识，这使我们能更好地理解哲学现象学中非常重要的"本质直观"的概念。媒介提供的"纯粹现象"的另一个重要作用就是它影响了意识的意向性，即媒介提供的信息决定着意识活动的意向性内容，从而影响意向性结构——即对事物的认识。我们曾举过的例子说媒介是文字的，其意识活动的意向性内容就应是理性的、概念的，逻辑的东西；如果媒介是形象的，其意识活动的意向性内容就应是感性的，形象思维中的东西。因此媒介在哲学认识论中是不可或缺的，并占有重要地位，只是哲学家们在研究认识论时，直把注意力放在意识自身的活动上，或者放在反思对事物因果关系的分析上，而没有放在提供事物（信息）的媒介上。但是现象学哲学认识论却使我们深刻地认识到媒介在人的认识中充当的重要角色。媒介的不同，引发的意向性结构不同，这个观点使我们弄明白了为什么波兹曼说使用不同的媒介会产生不同的认识，即便是对同一对象也会有认识上的差别；让我们进一步认识到会用媒介的候选人胜率更大些；让我们进一步明白为什么电视传教会劣于面对面地传教；更让我们明白了"有些讲述事实的方法（指使用不同媒介——引者注）优于其他方法，所以这会对采用这些方法的文化产生健康的影响"，即使用不同的媒介会影响人对事物认识的能力，即影响人的智力和理性的水平。

我们还在研究媒介认识事物的实质时厘清了媒介认识论与哲学认识论的关系。媒介认识论是属于哲学认识论的，即用媒介认识事物时的意识活动最终应归于哲学认识论，但是媒介认识论又是（与哲学认识论不同的）技术认识论。其实，波兹曼对印制文字媒介和电视媒介的研究已经为我们了解技术认识论奠定了基础。技术认识论有它自己的重要意义，比如它会产生具自己特色的媒介文化，成为社会文化的组成部分；比如我们的媒介意识就是源于技术认识论。技术认识论将随着技术的发展而不断地丰富起来。今后将对每一种新的信息媒介都要进行媒介（技术）认识论的研究，只有在认识这种媒介（技术）的实质和正反两方面的作用以及能有效控制其负面作用时，也就是让人们具有对此种媒介的媒介意识时，才能将其公布于众，让人们合理地去享用。

第三，波兹曼以媒介认识论深入分析媒介对人对社会的影响，使我们进一步看到了媒介的力量。媒介认识论不但指出媒介在哲学认识论中的重要地位，而且其中的关于媒介"偏向"的思想和对"偏向"被人们主观强化而成为"偏见"的分析，使人们看到了媒介在形成和主导社会文化中的作用。波兹曼指出，人们在惯常使用一种媒介看待事物就容易在主观上强化这种媒介的思维方式，并可能主导人们的认知，这就容易把这种媒介的"偏向"变成人们的"偏见"。这个现象被一些心理学实验所证明。哈佛大学医学院组织一些人做"俄罗斯方块实验"，让他们一天要玩几个小时的方块游戏，就是将各种图形拼凑成方块，这样一连玩了三天，结果这些玩者睡觉后就做梦，梦见无数方块从天而降，不睡觉时看到周围的东西，也总想把它们拼成方块，比如看到维多利亚大厦就想把它倒过来，插入自由广场的两栋楼之间凑成方块，玩者们形成了"方块思维方式"。脑生理学的解释是这种思维方式在脑神经元（细胞）之间建立了一种通道，长时间地运用这种媒介，这种通道会相当兴奋而被强化，它总想表现自己，于是人们就不自觉地依此种思维方式事认识事物。这使我们明白了，一种强势的媒介有一种主导社会文化的力量。

美国的印刷术文化和电视文化的实例告诉我们媒介怎么会对人对社会产生的那种强烈作用，也使我们明白了20世纪后半叶美国的电视广告为什么会形成电视广告哲学并产生了"形象政治"，从而令我们再也不能小瞧媒介，它甚至有着改变世界与人生的巨大力量。媒介认识论为我们打开了又一扇认识世界的智慧之门，帮助我们正确地认识了现实社会的许多问题，比如在美国总统选举中表现出的美国民主与自由的虚伪性，比如美国社会文明的衰落，比如美国一些民众对某些新闻事件的偏见等。所以媒介认识论并不是什么奇怪的理论，而是具有哲学认识论根据的开创性的理论。随着科技（媒介）的进步和对人对社会的影响，媒介认识论也将逐步完善，它将使人们更好地认识媒介、掌握媒介，使人更好地拥有媒介，拥有了媒介就拥有了世界，拥有了世界就拥有了生存的意义。如果说40年前（波兹曼生存的年代）人们还不曾广泛地重视媒介、认识媒介（即媒介意识）是情有可原的话，那么事到如今信息媒介技术日新月异，人工智能将普遍用于生产、生活和社会方方面面的情况下再行忽视，那么无论对于个人还是社会都将会吃到不小的苦头。

第四，麦克卢汉把技术（装置）认作为媒介；波兹曼同样也把人类"自己发明的交流技术"看作是媒介，并且他们依此大谈对社会及人生存的关系。这就引导我们努力去思考媒介与技术的关系，并加深了我们对媒介的认识。其实媒介就是技术，媒介的本性就是它的技术的性质，技术是媒介的本源，在某些情况它们是可以互换的。但是媒介与技术仍然是两个不同的概念。当把技术看成是媒介时，多用在技术对人、对社会的影响方面，正如我们在下一章谈"网络+人工智能"对人及社会将产生何种影响，包括它的正负面作用及隐喻等；当我们把媒介看成技术的时候，我们就从技术上看媒介的性质，即认识媒介，包括树立媒介意识。比如我们从技术构成上就会认识到人工智能是传递智慧信息的媒介，是人们认识和处理事物的媒介，因此它是一个非常有发展前途的媒介，甚至手机将可能被改变成人工智能式的，而不是只把它看成是社交媒体。更为重要的是，当把技术看成媒介以后，我们对技术的认识更深刻、更丰富，我们关于媒介的那些观点几乎都可以认为是对技术的认识，麦克卢汉及波兹曼论述媒介的著作也都可以认为是在人文领域里谈技术的著作。在这个意义上，可见对媒介研究的重要性。我们似乎又回到波兹曼那里，他在那里说："真理，和时间一样，是人通过他自己发明的交流技术同自己进行对话的产物"。人类是以自己发明的交流技术为媒介通达到真理的，难道研究媒介还不重要吗？

三、麦克卢汉和波兹曼以媒介为主导的研究作为媒介研究的基本立足点有着方法论的意义

第一，数字时代新媒介对人和对社会的直接影响（这里的"直接"是对应媒介的隐喻而言的，即它不像隐喻那样是媒介隐蔽的暗示的作用，而是比较明显的直接的作用）不像传统（如印刷文字、电视等）媒介那样较容易认识。就以人工智能来说，各种各样的人工智能对人和社会就产生各种不同的影响。比如当我们应用某种人工智能操纵机械时，以前的复杂操作一下子变得简单了，人们只要在电脑上点击几下就完成一件工作。长期

在这样的条件下工作，人脑就变成了"机脑"，成为被动的信息处理器，人易变笨。而另外一种情况是围棋手李世石为我们带来的启示。他在连续输给ALphaGo后，不按常规走棋，结果电脑遇到了它所未遇到过的情况，于是李世石赢了一盘。如果一个围棋手，用电脑或升级的ALphaGo-Zero来对弈的话，就可能使棋艺见长，这又似乎说电脑能提高人的智力。那么电脑在什么情况下使人容易变笨，又在什么情况下会提高人的智力呢？5G网络的高速率、低延时、泛在网、低功耗、万物互联等的先进性将会使相当多的领域发生巨变，这种网络媒介对人及社会的影响可能需要人们进行更复杂的研究。但是，无论对新媒介还是对老媒介进行更复杂研究时，都要以媒介为主导，看媒介对人对社会引发的各种变化。

第二，在以媒介为主导的研究中，不可轻视对新媒介的隐喻的研究。媒介研究的历史告诉我们对媒介隐喻的研究似乎更困难，而新媒介的隐喻作用会比它的直接影响更多，更不易被发现，然而更加重要。本书在第十三章中将较集中地进行对新媒介隐喻的讨论。

第三，注重对新媒介形成的新尺度的研究。"所谓媒介即是讯息只不过说：任何媒介（即人的任何延伸）对个人和社会的任何影响，都是由于新尺度产生的；我们的任何一种延伸（或曰任何一种新技术），都要在我们的事务中引进一种新尺度"，显然研究新媒介就是要找出由这种媒介引发的新尺度。这些新尺度可以让我们看清它对人对社会的影响，可以让我们看明白许多问题，看清世界的许多变化。波兹曼在研究印刷文字媒介时，指出它的新尺度之一是："在一个铅字表达真理的文化里，能够做到这一切甚至更多的话，就构成了智力的基本定义"（24页、29—30页），这里"能够做到这一切"指的是读文字（书）的人要经过的一系列的思维活动，这种关于智力的尺度与文字产生之前的尺度是不同的。"在一个纯粹口语的文化里，智力常常同创造警句的能力相关，即创造具有广泛适用性的精辟俗语的能力相关"（23页、28页）。在不同的媒介文化中出现了不同的衡量智力的尺度（标准），根源就在媒介。电视媒介引发的是对形象的认知，是动感形象激起人的娱乐欲望增强，于是新尺度中就有人们以娱乐作为选择和衡量电视节目的标准；于是出现了宗教节目的娱乐化，使人产生对信仰的不虔诚；于是就有电视政治节目娱乐化，使政治家由"出名"变成了（像娱乐明星那样的）"名人"；于是有了形象政治；更使我们看到了美国总统选举中所谓自由民主的虚伪。由于美国电视新闻的娱乐化，使人们在总统发表政见时出了口误都觉得没什么好笑的，迫使美国记者无奈地淡化了对这类新闻的报道……这些新尺度使新闻的定义发生了改变。

数字时代新媒介产生哪些新尺度，从而对人对社会产生哪些影响呢？从直接影响来看，数字信息媒介引发的是速度、效率、方法、质量等方面的提高和改进，解决了很多以前没能解决的技术问题……这当然会引起生产方式的变化，生产的组织和管理的变化，也就是新尺度的变化。这些作用相对地比较容易被认识（我们在后面的章节中将会谈到新媒介的更多的作用），但是这种媒介是复杂的，对它的认识有时甚至是很困难的。2017年在脸书（Facebook）的实验室里，人们训练一种能谈判的机器人（人工智能），结果这些机器人以非人类语言进行交流，参加实验的人完全弄不懂它们在说些什么。笔者估计可能是数学算法之间的某种关系，但无论如何它是一种技术的"黑箱"，都是人们暂时无法破译的。像这种人工智能显示出它们自主学习、自主进化的能力，将会达到何种程度真的很难预料，于是就出现了对它的管理和使用的困难。那么，要想知道它们给人类带来的"新尺度"和对人对社会的影响绝非是简单的事，你要弄清它的某些黑箱式的秘密大概要付出比研发这个人工智能的功夫更大的功夫。当然我们可以把新媒介下产生的新尺度和新定义都看作是新媒介的隐喻，但对这种隐喻的认识也还是需要一个较长的实践过程的。

四、研究媒介正反两方面的作用是一个非常重要的课题

麦克卢汉和波兹曼的研究都启示我们在新的信息媒介面前，欣喜之余还要保持审慎的态度，即想到其负面作用，有些负面作用还需要一些时日才能认识。这里的负面作用既包括媒介在正面作用的同时必将产生与之相对的负面作用。也包括媒介隐喻中的负面作用。在本书第十五章中将要讲到媒介因其技术特性，在其产生正面作用的同时，必将产生与其相对的负面作用。比如印刷文字在提升人的视觉能力和理解能力同时，必将会伤及人的听觉感知和对形象等的感知能力。媒介的这个正、副作用是共生的，

而媒介的隐喻却不一定是共生的，一种媒介的隐喻可能是多方面的，有的对人及社会的影响是正面的，有的是负面的。媒介的正、负面作用是必定会发生的，而媒介的隐喻作用也可能发生，也可能不发生（即可能会被避免）。我们应注意的是把媒介的正、负面正相反对（即共生）的作用和它的隐喻的或正或负面作用区别开来。

重温一下波兹曼在书中第二章末尾说的话"每一种思想的新工具的诞生都会达到某种平衡，有得必有失，虽然这种平衡不是绝对的。有时是得大于失，有时是失大于得。我们在或毁或誉时要十分小心，因为未来的结果往往是出人意料的。"这话非常明确地指出媒介的两面性（包括媒介本身共生的正负面作用和隐喻中的正负面作用）及对其认识的复杂性。波兹曼对印刷术媒介是非常倾情的，但是他也指出了印刷术的负面作用，比如"毁灭了中世纪集体感和统一感""把宗教情感变成了迷信""把爱国主义变成了一种近似致命的狭隘情感"等，而这些就不是在短时间内会看到的，这些"结果往往是出人意料的"。

用波兹曼的这些思想来看待今天的数字时代的信息媒介也依然是正确的，最为明显的就是网络黑客。虽然他们不是媒介的直接产物，但是有网络就有被"黑"的可能，这是网络（媒介）的一种隐喻。黑客利用网络漏洞入侵网络系统，进入公司、银行甚至国家机要部门，或窃取情报令其系统瘫痪，所以有关重要利益的部门都要防止黑客入侵和防止病毒的侵害，而这却是件难度较大的工作。再比如，既然上网就要将个人的某些情况暴露于网上，就有被电信诈骗者盗取然后编织谎言诈骗钱财的可能。过去的骗子是面对面地骗人，电信诈骗者则远在千里之外，甚至是在国外，没有公安机关的侦查与追究是很难挽回的。在这里，"黑客"事件就是网络媒介的隐喻，而上网必定要暴露自己就是与（为获取知识和娱乐）上网的正面作用相共生的负面作用。我们在后面的章节中将会见到使用"互联网+人工智能"负面作用的更多的一些例子，也许有些需要在更大范围和更长一点的时间才能认识。

大规模走向信息媒介舞台的5G、6G技术，由于它的高速率、泛在网、低功耗、万物互联、万物智联的优势，成为信息媒介的一次革命性飞跃，在这样先进的网络下会开发出更多的媒介技术，将会引起人及社会的更大变化。比如现在人们就预测工业物联会大范围地赋能多个技术领域，特别是那些有规则的、模块化的、可计算的、简单操作的工序，将会出现大面积的自动化、无人化，可能造成劳动力剩余的社会难题，从而令人十分关切。在5G、6G技术下，每新开发一种人工智能（即具有解决问题的正面作用），将同时产生什么样的负面作用及其隐喻的正面或负面作用，这是须要我们做深入细致的工作才能认识的，有的甚至难以预测。值得人们深思的是，5G、6G等网络技术和人工智能的发展，其隐喻的负面作用可能引发人们"斗智"的升级，但更令人担忧的是"斗智"可能会演变为"斗争"。这种斗争在一国之内可以制定法律、规则来调整，到了国际上不仅是经济的，还有政治的、军事等的斗争，恐怕会更复杂起来，要不要制定规则？怎样制定？……这意味着媒介的新技术给人带来的麻烦也不会少。媒介的新技术可能给人带来对"新尺度"预测的新难度。

五、波兹曼的研究成果可为我们今后与媒介相处的原则

虽然我们面对的主要不再只是电视，也不再是印刷铅字，而相当多的是网络、手机、电脑、人工智能等全新的媒介，但是波兹曼在《娱乐至死》中对多种媒介的分析仍然可以作为我们与这些先进媒介（技术）相处的原则。

第一，认清媒介利弊，有限度地使用数字信息媒介。现在在智能网络情况下，电脑、人工智能、手机用于工作、学习和方便日常生活的确显示出相当大的潜力，但是在业余时间、在休闲的时候人们贪恋手机、电脑所带来的问题的确"和它们能解决的问题一样多"。电视影响着我们对世界的认识，同样，电脑、手机也以它们的方式影响着我们对世界的认识。电视与电脑、手机、人工智能的信息皆来源于荧屏（媒介），所以它们的认识论中也有许多相似之处。电视对人的作用来源于"看"，看什么，看动感画面，它激发了人的娱乐欲望，手机、电脑中也有动感画面，也和电视一样地激发人的娱乐欲望，而且电脑、手机中的"看"要比电视丰富得多。只以网络信息而言，各网络公司、网站等社交平台上的大量信息铺天盖地袭来，令人目不暇接。人们还可以变被动接收为主动接收，可以点击、可以扫码等，去搜寻自己想要的信息。这些信息一方面让人知道了许

多事情，获得了一些肤浅的知识，但另一方面也如波兹曼分析美国电视新闻那样，信息不连续、无语境、被割裂，仅仅知道"是什么样"，而不知道"为什么是这样"。人们在看过一条又一条信息之后留下的有用的东西大概很少，时间再长一点大概又忘掉了不少。大多数人从手机和电脑中得到的信息也如波兹曼分析美国电视新闻那样，只落下"娱乐"二字。其他的如网络小说、网络剧、网络游戏和网络娱乐节目中娱乐性占有大多数，其中还有一些是低俗的、庸俗的。发达的美国电视的娱乐现象，在我国通过网络蔓延开了，这是非常值得关注的。我们必须权衡利弊，恰当地使用媒介，这是我们与媒介相处的首要原则。人在休闲的时间里看手机、电脑，了解各种事态和一些知识，甚至看娱乐性节目都属于正常需要，人本来就需要了解一些事情，也需要娱乐。一定程度地使用手机、电脑是有利的，但是超限使用，过分浏览就潜藏着危险（这些危险会在第十三章、第十四章中看到）。想要避免这些危险，就要在它们满足了我们的需要时适可而止，不要再去随性浏览，就像电视盛行的年代里，能克制的人适时关掉电视那样地关掉手机、电脑。同时，对那些自制力较差的青少年就要教育他们树立媒介意识，有意识地克服自己的随意性行为。

第二，回答波兹曼（在第十一章中）对媒介信息提出的十几个问题，也应是我们与新媒介相处的重要原则。数字信息媒介是比电视强的媒介，它对人及社会的影响力远远大于电视，并且我们已经看到了荧屏（形象的、感性的）思维模式逐渐蔓延开来、已经见到了它所形成的智能网络（算法）文化的一些雏形，也可以说只要你使用手机、电脑之类的数字信息媒介就要受到它的负面影响，就像美国在电视盛行的20世纪中后期那样，人们逃避不了"关不掉电视的自由"。对此笔者认为，波兹曼在第十一章里对媒介信息提出的那十几个问题，能够帮助人们处理各种新媒介的影响，获得在新媒介中生活的自由。我们会在以后的一些章节里见到正确回答这些问题的作用，其实这就是让我们在新媒介的具体情况下树立新的媒介意识，在下一部分里我们将专门谈谈这个问题。

第三，利用媒介特性的正相反对来相辅相成。我们从波兹曼媒介理论的解读中发现一种媒介的作用与另一种媒介的作用正相反对，这又让我们得到第三项与媒介相处的原则：利用媒介相反相对来相辅相成，做出许多好事。我们曾经指出，看电视多了的人、只凭实践经验来工作的人，感性能力强，容易形成形象思维方式，善于思考有形物之间的关系，而不太善于对无形的、抽象的、理性的事物的思考，弥补的办法是多读一点书，增强理性思维能力。而读书多了的人，容易形成理性的思维方式，善于对事物间的无形的、抽象的、理性的关系的思考，而不善于对形象事物的感知，弥补的办法是适当看点电视或手机、电脑，特别要更多的社会实践，增强感性思维能力。当媒介形成了人的理性思维或形象思维的习惯时，就要以正相反的思维方式弥补，那将会得到对事物比较全面的认识，克服可能出现的片面认识。在数字时代，手机、电脑等已经变成人们不可须臾离开的媒介。荧屏的影响力大大增强，也就是促使人们更多地用形象思维来认识事物。

从媒介认识论中可知，如果人们超限地使用荧屏，可能形成的形象思维模式比使用电视更为强烈，并可能变成人们主要的认识事物的思维方式。作为荧屏的先导——电视的负面作用也会在以电视为"元媒介"的手机、电脑，甚至人工智能中加倍地发作起来。这就让我们想到"对抗"荧屏（形象的、感性的）媒介负面作用的或是与之互补的一种办法，即运用富于理性思维的媒介，其最适宜的就是印刷文字媒介。说得简单一点，就是读书，特别是读纸质的书、报刊等。读书对提高人的理性思维能力和智力能力的好处已在本书第二章多有阐述。现在看也是对抗网络媒介负面作用的最好武器。但是实际情况却不尽人意，据《亚马逊中国2018全民阅读报告》称，"80后""90后""00后"中分别只有32%的人每天阅读（书）超过1小时。据中国新闻出版研究院的调查，2021年我国成人平均阅读纸质书4.76本，比2020年的4.70本略有增加。但是，这个统计数字比较笼统，并没有指出其中教辅类书籍占比多少，因为这些书主要是在提高智力上起作用，与人的精神修炼关系甚少。2018年日本共同社调查表明，53%的日本大学生一天读书时间为零。美国非营利组织"常识媒体"2019年的调查发现，青少年每天看"网络视频"的时间：8—12岁为4小时44分；13—18岁为7小时22分，而且浏览网络视频的美国青少年在4年中翻了一倍还多，照此下去青少年的前途令人担忧。虽然发达的网络偷窃了人们的读书时间，但是在欧洲某些国家还有相当多的人倾情传统，喜爱读书，保持良好的阅读习惯。中国的一位长期在德国做导游工作的人调侃说，在中国十步一个药店，在德国十步一个书店。但是据比较确切的统计表明，德国平均1.7万人便有一个书店。相比较，中国许多实体书店不断倒闭，这是十分令人忧虑的，它不仅关系到青少年的成长，而且还关系到国民的素质。

这里我们看到在网络发达的时代里令人担忧的问题和波兹曼对电视娱乐化令印刷术文化衰退的担忧是同样的问题。波兹曼提倡读书，是对思维能力、理性能力的提高，现在看来也是对心灵的抚慰和医治网病的良方。很多人尚未认识到书籍是保护我们心灵的利剑，是捍卫我们纯真天性的盾牌。有人茫然之中觉得读书好，可是做不到，深层的原因还是对波兹曼在《娱乐至死》中的一些论述不能甚解。未来是高科技竞争的时代，是人才辈出的时代，也会有竞争不上去而被淘汰的人，如果人们读书状况仍然不断下滑的话，那么就有可能出现像美国那样的精英和平民文化贫富差距的对立，这或许会成为未来社会的一大问题。对这种可能性的预测（也可称作隐喻）当然也来自波兹曼的启示。

最后，更为重要的一点是，当新媒介产生的新的社会文化成为强势的时候，它会影响人们的思维方式，正是波兹曼所言的"一种不仅决定我们对世界的认识，而且决定我们怎样认识世界的工具"。数字信息媒介继续发展下去，有可能形成像电视文化主导美国民众思维方式那样的社会文化，我们叫它数字媒介文化或者智能网络文化或者算法文化，人们将以处理数字信息（算法）那样的思维方式来认识世界，比如本章后面要讲到的"数据主义"和本书第十三章要讲到的更多的内容，这种文化将对人的本质产生怎样的影响，我们更须好好研究波兹曼有关论述可能给予我们的启示，发现在数字信息时代我们与先进媒介相处的更好方式。

六、树立媒介意识

这里我们专门谈谈树立媒介意识的一些问题。波兹曼的《娱乐至死》不仅带领我们了解印刷术媒介和电视媒介等媒介的特性，更为重要的是他告诫我们要树立媒介意识。有了媒介意识，即使今后媒介技术再怎么发展，我们都能用其利而避其害。当然，树立媒介意识是全面认识媒介的性质与作用，而不止于其利与害。波兹曼的论述树立了媒介意识的典范。他首先强调了树立媒介意识的重要性，在第十一章提出的关于信息媒介的十几个问题中，他指出"如果某种媒介的使用者已经了解了它的危险性，那么这种媒介就不会过于危险"。他还说："只有深刻而持久地意识到信息的结构和效应，消除对媒介的神秘感，我们才有可能对电视，或电脑，或任何其他媒介获得某种程度的控制"（137页、192页）。这里"信息的结构和效应"大概是说媒介信息的种类、来源、形成方式和对人对社会的作用，其实说的就是媒介的性质。他还特别关心年轻人树立媒介意识的问题，指出"我们怎样利用教育来控制电视（或电脑，或文字处理机）"，"而且，帮助年轻人学习解读文化中的象征是学校不可推卸的责任"，还"希望学校应该把这样的任务纳入课程之中，甚至成为教育的中心"。足见波兹曼是怎样地重视树立媒介意识的问题。

以此来看看我们的情况：许多家长都在抱怨手机的功能太强大，学生们容易染上网瘾，耽误了学习，打乱了正常生活秩序。还有一些人自己摆脱不了手机的诱惑，甚至吃饭、睡觉前、上厕所以至走路都要看手机。他们也抱怨手机耽误了不少宝贵时间，但是却难以自控。有多少人想到应该树立媒介意识呢？所以我们的学校应当开一门阅读课，它不同于语文教育和品德教育，除了指导学生们课余读书外更应重视媒介教育，帮助学生树立长久的媒介意识（树立媒介意识就是认识媒介）。媒介的技术特性决定着怎样树立媒介意识，所谓认识媒介是从技术上懂得一点关于某一种媒介的知识，因为技术是媒介特性的本源。这里并非是要人们学习媒介的专业技术，而是科普性地明白媒介技术的大概结构和功能。

数字时代，信息媒介技术的特征对人的作用有多强烈是普通人想象不到的，我们举一个"信息茧房"的例子，来看在先进的信息媒介条件下该怎样树立媒介意识和波兹曼的一些话具有怎样的意义。现在的网络公司、信息技术服务公司，还有许多有实力的应用程序（App）等，背后都有一个超强的经营团队，都有大容量的数据库、精妙的计算分析系统和较周到的服务系统，凭借这些技术环节（技术的主要结构）掌控着信息的运作。他们利用信息服务赚钱，无可非议，就像利用电视赚钱一样，他们供应信息，使用者享受信息带来的知识、娱乐，使用者可以交会费成为会员、可以购买某些付费节目，当然也可以选择免费的信息服务，这些都是合情合理的。

这些公司更看到了信息时代人与信息的关系。一位精明的CEO就说："信息是整个人类文明的编码"，"物理世界所有信息都可以在网络变成跳动的字节"……在这样的理念下他们要做好信息的"推荐引擎"。他们的目标是做最好的信息服务，即"做最懂你的平台，连接人与信息，促进创作与交流"，这话的前两句是人家服务的事，后一句不只是人家的事，还有信息接收者的事。但是有多少人利用他们的信息来创作呢？大部分人都成了社交媒体的被动接受者和（应用程序的）使用者。笔者之所以讲人家的想法及目的就是要大家知道经营信息是怎么一回事，而这是树立媒介意识的第一步。正如做买卖，最好的买家要懂得卖家的经营理念，知道货源是怎么来的。

树立媒介意识首先就要知道人家的信息服务是怎么做的，人家的信息都是怎么来的，是怎么供应使用者的。为"做好最懂你的平台"他们将所有用户每次的点击作为信息收集到数据库中，对形成的大数据进行计算分析，从而了解用户的习性、爱好等。对用户进行分类，可以按分类供应信息，还可以做到个性分析，掌握每个用户的信息需求习惯，做到个性服务。于是它供给使用者的信息就是使用者最想知道的、最喜欢的。于是，使用者越看越爱看，越看就越会被供应某类信息，久而久之，使用者就陷入了"信息茧房"之中，有人也叫它"自我洗脑"。其害处是强化使用者的认知偏好，逐渐形成以使用者喜欢的这类信息的判断方式来判断使用者实际生活中遇到的事，很容易形成偏见，也可能造成性格的偏斜。比如一个人特别关心体育比赛，尤其关心体育明星们参加比赛的胜负，无论是国内、国际，无论是大型还是小型比赛的信息，他都十分关注。在网络平台大量专供此类信息后，他极易形成以胜败论英雄的观念，从而失去某些理性认知能力。比如他在跑步健身运动时，如果有一个年龄与之相差不大，身体条件与之相近的人赶过他，此时他不会认"输"，一定要追上去，起码要跟上那个人，而忘掉了自己的身体条件，于是危险也就蕴藏在其中了。到此，"信息茧房"就如做买卖进行到了第二步，（由于不知道人家货物的来源及服务手法而）盲目购买，即以人家供给的信息作茧自缚结果受到了损失。其实如果我们能够回答波兹曼在第十一章中那十几个问题中的相关问题，就不至于陷入"信息茧房"。在第一步，即他们在专供使用者的信息时，使用者破译了他们利用互联网、大数据、巧计算的办法让信息投其所好，那么使用者就不太可能上这个"当"。如果使用者用波兹曼在第十一章提出的那些问题里的"什么是信息？它有哪些不同形式，不同的形式会给我们带来什么不同的知识、智慧和学习方法？"问问自己并做出回答，可能会懂得了那些专供（个性化的）信息的来源，这专供的信息（形式）给我们带来的知识与其他信息不同之处是"我最想知道的"。识别了他们的"招数"就会占得主动。假如使用者还是很贪恋这些信息，就再用波兹曼提出的"信息和理性之间的关系是什么？什么样的信息最有利于思维？"等问题问问自己，那么使用者就会发现这些信息带来的知识是单一的、片面的。它们对使用者的帮助是没有多大意义的。相反，这样的知识越多，使用者越是强化自己的这个单方面的思维方式，形成判断的片面性，实质上是伤害了正常的理性思维。有了这样的回答，还能进入第二步盲目"购买"——继续点击那些特供（给你的）信息吗？还能陷入"信息茧房"吗？有了这样的媒介意识就不会作茧自缚了，媒介供给的那些"茧丝"（信息）刚好拿来做"被"，既丰富了自己的知识，又不偏好和贪恋这种知识，这样（使身心）保护起来，使其不能伤害我们的理性，也不能伤害我们的认知能力。

　　网络公司、信息技术服务公司、有实力的应用程序（App）等做信息个性服务，是人家的服务原则，当然也是人家的商机，无可非议，有时人们也需要这样的服务，问题在于我们自己是否有较强的媒介意识。

　　我们再把眼光放得稍远一点，看看未来普通人树立媒介意识可能遇到的问题。未来网络技术和人工智能的发展会带来更个性化的服务，并且可以让人们生活在虚拟与现实的混合境域之中。当我们上网搜索、购物、浏览各种信息、观看视频、收听音频等公开活动时，透露出的几乎所有的生活信息都被商家收集到了，然后商家会进行个性化服务。你要买衣服吗？电商立刻会将产供销为你量身定制的你所喜爱的花色式样的衣服"穿"在你身上，展示于手机或电脑的荧屏上；你欲购房，荧屏上将会向你展示你所喜爱的房型，并且借助增强现实的（AR）技术让你"住进"按你的生活习惯和要求装饰好的房子里，坐在它为你购置的沙发上，面对茶几上摆着的鲜花，环视靓丽的家具，惬意地欣赏这漂亮的"新居"……原来美好世界离自己并不遥远。但问题的关键在于"差不差钱"上。当你购置了如此的新居后，陷入入不敷出的苦恼时，你是否想过你混淆了网络给你带来的虚拟世界（也是信息）和现实世界。人在虚拟世界中的不自觉正是网络媒介的一种招数。如果用波兹曼那十几个问题中的"崭新的信息来源、传播速度、背景和形式要求怎样重新定义重要的文化意义？"和"不同的信息形式如何决定它要表达的内容？"问一问自己，大概就能意识到信息媒介技术开发出的这新的把戏，面对虚拟世界大概也会冷静得多。

现在已经有了语音助手Siri，我们不用动手打字，只要说话就可以进行网上交流、网上搜索，或是直接口语提问就可以了。对方的回答也是语音式的，或者语音与文字同时出现。要读一本书，只要上网搜索，那书就会以语音方式读给我们听，真是无比方便。但是正如麦克卢汉和波兹曼所言的，人类发明了文字让人从听觉为主的感知方式变成了视觉为主的感知方式，经过印刷术的发展使人类的文明加快发展，以至有了今日发达的科学技术以及各方面的文明成果。发达的网络将又使以听觉感知为主的各种感知平衡的世界返回来了，一切交流都可以用口语进行，甚至突破语种界限，直接进行自动口语翻译。

这可能是人类的一种进步，这固然是一件好事，但是由于对文字的削弱可能会影响到人的思维能力与智力潜能的发挥，那么媒介意识如何在媒介技术中来权衡利与弊、审视得与失，从而使我们很好地掌控语音阅读与文字阅读呢？这个问题似乎又是波兹曼在《娱乐至死》第二章末尾提出来的媒介的得与失的问题。笔者反复地提出波兹曼关于媒介意识的一些阐述，只是提醒大家由于他有很好的媒介意识（可以这样说《娱乐至死》通篇都是在讲媒介意识），所以即使媒介发展变化了，有的媒介（比如移动互联网络、人工智能、智能手机）他根本未曾接触到，但他的论述依然能够在某种程度上帮助我们认识新兴的媒介。这绝不是固守波兹曼的方法，而是他有某种判断力。当然我们仍然需要在发展了的信息媒介形式面前，学习相关的媒介知识，更好地认识新兴媒介，体验新兴媒介对人及社会的作用，树立与时俱进的媒介意识。

（四）在信息媒介技术面前人的自主性问题

树立媒介意识的根本是人应在信息媒介技术发展中保持自主性。人一直处于信息世界之中，只不过今日的数字（信息）时代由于媒介的发达凸显了认识它的重要意义。现今人们如果离开了数字信息几乎寸步难行，利用数字媒介获取和处理信息成为人们主要的生存方式，面对媒介的正反两方面的作用，我们最需要的就是如何对待媒介了。谁也不想压抑自己的潜能，谁也不想让自己变成听觉异常灵敏的傻子或者有智慧的聋子，这就需要在互联网与多种人工智能连接为人们创造美丽新世界的同时，注重对媒介的研究，尤其注重对媒介作用于人和社会的研究。这实质上就是在科技面前人类把握自主性的问题，也就是如（在本章开头就引用过的）胡塞尔很早就指出的那样："这些问题归根到底涉及人在与人和非人的周围世界的相处中能否自由地自我决定的问题，涉及人能否自由地在他的众多的可能性中理性地塑造自己和他的周围世界的问题"。重温胡塞尔的这些话给予我们的启示是：科技（媒介）是人的创造物，所以对科技的研究归根到底会涉及人与人和人与非人的周围世界的关系，研究在这种关系中，人如何不被科技（媒介）驱使，并在处理各种（包括科技和人的）信息时，如何"自由地自我决定的问题"。当我们（通过媒介意识）明了这些问题的时候，我们当然就会"理性地塑造自己"和"周围的世界"。这种在媒介技术面前的自主性催促我们，媒介技术发展到哪里，我们的这种研究就要跟进到哪里，媒介意识必须要树立在有不断更新要求的媒介用户那里。

波兹曼在《娱乐至死》中向我们提出的"树立媒介意识"的观念大概将会是长久的警示。是不是这样呢？尤瓦尔·赫拉利在《未来简史》一书中最后说的一些话值得我们深思。在未来的社会发展中，人们是不是把一切都变成信息数据，并在工作和日常生活中处理数据暂且不论，但是以处理数据为主要的生存方式会侵入各个领域，于是人类"为了获得永生、幸福、快乐、化身为神，我们就需要处理大量数据，远远超出人类大脑的能力，也就只能交给算法了。然而，一旦权力从人类手中交给算法，人文主义的议题就可能惨遭淘汰。只要我们放弃了以人为中心的世界观，而秉持以数据为中心的世界观，人类的健康和幸福看来也就不那么重要。都已经

出现远远更为优秀的数据处理模型了，何必再纠结于这么过时的数据处理
器呢？我们正努力打造出万物互联，希望能让我们健康、快乐，拥有强大
的力量。然而，一旦万物互联网开始运作，人类就有可能从设计者降级成
芯片，再降级成数据，最后在数据的洪流中溶解分散，如同滚滚洪流中的
一块泥土"（《未来简史》，尤瓦尔·赫拉利著，第358—359页）。需要
注意的一句话是"以人为中心的世界观"，实质就是强调人的自主性。这
里需要解释的一句话是"一旦权力从人类手中交给算法，人文主义的议题
就可能惨遭淘汰"。举例而言，比如选举是被认为最民主和自由的行为。
选谁当总统这个问题有时会令人很是纠结，在两个候选人中难以确定选谁
为好。但是当数字信息媒介发展到了高水平时，使用者的生化信息（如血
压、血糖、心跳、分泌的多巴胺和肾上腺等活动的）数据可能被计算系
统全面掌握，它会找到（算出）生化指标最佳状态时的候选人是谁。这就
是把选举这件事交给了计算机，什么民主自由之类的人文思考都用不着
了。同样，人的健康幸福之事也不用去费思量，只要计算系统掌握了生化
数据，它就会告诉使用者什么时候、哪里可能出现什么样的健康问题，并
提醒使用者去"治未病"。它也会告诉使用者选谁作为生活伴侣会生活幸
福。使用者的一切都会由数据处理系统做出决定，所以不必把这些看得那
么重要。这里，人的一切都由计算机来做了，人文主义也就没有存在的意
义了。可是，人也被计算机化了，人是机器了，人还是人吗？随着人文主
义的消逝，人也没有了真正的位置，人还有存在的意义吗？不要忘记，当
人让位于计算机时，人的一切将都由计算机主宰了，"人类就有可能从设
计者降级成芯片，再降级成数据，最后在数据的洪流中溶解分散"，成了
一块儿泥土。这是多么恐怖的设想。当然，现在谁都不知道未来是何种情
景，但是站在媒介理论的立场上，这样的遐想是在说现在的关于媒介的理
论还仅仅是个开端，未来它研究的任务还有很多、还很重。

　　对媒介（这里媒介与技术是相通的，甚至二者是同一的）深入研究
不仅关系到科学的发展，而且关系到人类的生存。科技发展有它自己的规
律，电脑的发展必然要使信息高速公路走向互联网。此外，人工智能的发
展，也会不断促使手机的功能更加完善。人工智能的更大发展是要使操作
都实现自动化、无人化。除了在经济上的强大，它还可以在军事上大显

神威……科技（媒介）这种自律的、有某种目标的发展更蕴藏着巨大的危机，任由科技的自我发展将威胁到人的生存，这是科技发展的一个悖论：本来是要为人造福的技术创新，在向更高端发展时将要对人有毁灭性打击，算法的力量不容小觑。然而能干扰科学自身发展规律的就是我们人类，就是"不放弃以人为主的世界观"，也就是胡塞尔所强调的："人在与人和非人的周围世界的相处中能否自由地自我决定的问题""能否自由地在他的众多可能性中理性地塑造自己和他的周围世界的问题"，归根到底就是在科技（包括媒介）面前人能否把握自主性的问题。我们还是要在胡塞尔指出的在科技发展中人的自主性这个人文科学的关怀下，好好研究人类与媒介（技术）的关系，那就可能会建立一种新的、升级了的、高级的媒介意识，来掌控那个"远远更为优秀的数据处理模型"，那将是一种怎样的媒介意识呢？不管怎样，媒介意识总是要求我们不但认识媒介（技术），还要掌握媒介（技术）。当我们使用媒介（技术）时，我为世界所用；当我们认识媒介（技术）时，世界便为我所用。

当然，这里还是强调研究数字信息媒介〔即智能网络、人工智能（包括高级的信息存储、信息处理）及应用终端手机、电脑等〕有两条路线。一条是技术的，如谷歌、百度等大型有技术实力的信息技术公司，他们秉承的是通信技术和计算机技术，其努力方向是提高信息媒介的工作性能。另一条路线是人文科学的，即以人为主的。这条路线从媒介对人对社会的影响、媒介引发的人的生存境遇来认识信息媒介，即如麦克卢汉、波兹曼等人的研究，不管他们主观是否意识到，他们秉承的应是以现代哲学思想（如胡塞尔的现象学、海德格尔的存在哲学等）研究人与技术的关系。信息媒介研究的这两条路线之间是密切相关的，又是有很大不同的，但都是很重要的。现在的一种倾向是重视前一种研究而忽视后一种研究。因为前者与经济利益攸关，且易见成果；而后者则初看起来是无形的，只与人的生存意义相关。但是，应当说这种忽视是危险的，这也是一个与生命攸关的问题。我们应当把这种人文科学研究成果普及给大众，让人们普遍树立媒介意识，以挽救人作为人的生存危机。

第十三章　数字信息媒介

——高智慧的信息媒介

数字时代，人们把信息变成数字在计算机系统内存储和处理，并按人们的需要输出新的信息。这样一个使信息经过复杂流程变成另外用途的新信息的媒介，就是人们常见的数字信息媒介。它包括运用超级计算机、超级存储、超级服务、人工智能等技术构建的互联互通的网络和手机、电脑、数字电视等网络终端。数字信息媒介不是传统的那种把一个信息基本照原样地传（播）递出去的媒介，或是利用（为某一目的而特殊制作的）技术装置产生新信息的媒介，而是主要利用计算机（算法）技术，产生对事物某种认识和提供多种服务的媒介，其手段是超人的智力活动，这种媒介更大的用途是社会应用，如法律、公安、交通、政务、税务、社区管理……在专业上则应用更广，如工农业生产、医疗、金融、教育、科研等。除此之外，在生活中，数字信息媒介可以向人们提供文字、视频、音频等形式的各种信息，提供搜索各类信息的服务，提供在线阅读、游戏、观看影视节目、打车、购物、支付、理财等多种类服务。归根到底，人们借助它了解事物、认识事物、处理事物、帮助决策，人们想不到的或者想到了而做不好的事，它都会帮忙做到，所以它一定是智慧的高手。如果说书籍（印刷文字）是传播理性的媒介，电视是传播以动感图像为主的感性媒介，那么数字信息媒介便是传递智慧的媒介，这样的媒介还有谁不喜欢呢？下面首先谈谈以"互联网+人工智能"为代表的这个高智慧的媒介。

（一）"互联网+人工智能"的智慧。

之所以称"互联网+人工智能"为智慧的媒介是因为它是由高级思维及高级元件架构成的。人工智能主要由数据、计算系统、硬件三部分组成。

数据是由互联网收集到的大量信息作为来源，对这些海量的数据进行专业处理的是巧妙的算法，即计算系统。其整个系统的执行者又是通过硬件——构造复杂的芯片来完成的，这样输出的信息便是人们所需要的。说它的架构是智慧的，首先在于通过互联网采集大量的信息往往是高智慧的。就某种专业的人工智能而言，大数据采集的都是杰出人士的专业信息，比如棋类高段棋手对弈时的绝妙棋局、杏林圣手诊治病人的奇方妙术、著名大法官判案的刀笔精华、股票交易高手的成功交易……这样的高智慧信息作为数据的基础，保证了信息源的高质量。当然也有为某种用途所采集的大数据信息是普通信息，比如用于网络公司对网民分析的某种普通信息，对这些信息加以合理的处理（计算）能力后，不但可以了解事物的某种状况（比如事物未来的走向），甚至还可以分析出网民个人的基本情况。

第二，作为处理数据的运算都是由高智慧的人设计的最优算法，所以它最后得出的结果一定会是高智慧的，是一般人很少甚至是不可能做到的。2016年，AlphaGo这个人工智能与世界围棋冠军韩国的李世石对弈，结果李世石失败了。2017年，它又与中国的围棋新秀柯洁对弈，结果柯洁也失败了。围棋被认为是世界最具智力的比赛之一，人机对弈的结果是人败在人工智能之下，可见其智力超人的程度。AlphaGo是怎样的人工智能呢？首先，它收集了上百万个棋局作为数据。这些棋局都是世界知名的高段选手对弈的结果。然后，这些棋局被输入人工智能的"神经网络"来训练人工智能。这个神经网络是由仿人脑神经网络的复杂数学架构，通过多层的神经网络训练，使人工智能获得了诸多人类高手的"棋感"，即学会了高手下棋的"思维模式"。当它同人类对弈时，它首先"看见"棋局的形势，然后迅速与以往人类高手下棋相似的棋局联系，根据这个棋局选择几个高手下一步棋的落子点，比如选择出三个高手的三个落子点，对此三个点再进行一番计算，迅速比较各自的胜率后得到胜率最高的那个落子点，于是这一步棋子就走定了。试想哪一个人类高手脑子里能装有上百万个棋局，在这些高手棋局中又要怎样地搜索比较才会走出一步棋呢？人类的棋手面对棋局只是从理性、从经验和直感中选择出一步棋，也可能在脑际中出现某些相似的棋局来，但那是极为有限的。人类高手与人工智能相比可谓是差距太大了，所以必败无疑。但是如果大数据采集得不够，或算法有毛病，就可能导致人工智能的失败。所以借助互联网取得的信息必须要大数据，这是"本"，这个"本"肯定要求信息的数量级足够，有时还要求有质量，即是高水平的信息。而计算是灵魂，主导着人工智能从学习、训练到选择结果（给出决策的信息）。这里无论是记忆之强、计算处理之快、算法之精确（比之人的算计——思考）等都强于人的能力。那些芯片、服务器、存储器等器件组成的硬件是人工智能的"力"，这样有本源、"有灵魂"、有"力量"的"互联网+人工智能"构成的媒介当然就要称为智慧媒介，是它把聪明的决策送到了你的面前。

其实现在重在实际应用方面使用的人工智能是仿照人脑来工作的。我们在第二章谈到读书（印刷文字）对人的记忆力和智力的提高作用时，提到了人是如何通过神经网络和神经元细胞的突触之间的联系，把知识存储在脑中，当遇到相关问题时，这些知识便会出现来解决问题。人工智能也是如此这般地仿人脑，用算法结构神经元网络来处理数据，常常又是多层的神经网络。在神经网络上的每个神经元都由突触进行相关连接，这里每个神经元都是一个激励函数，突触记录着神经元之间联系的权重关系，即所谓的"突触权重"。这里所谓"权重"表示上一个神经元的输出进入下一个神经元时的联结强度。突触权重将随这上下两个神经元函数的活动而调整变化，使上一个神经元的输出，经过中间的突触权重到了下一个神经元的输出。所谓训练就是通过输入大量数据和监督，来调整输出结果，这期间不断自动调整神经元之间的突触权重，使输出结果正确。根据当下的突触权重计算再来处理新数据，就会得到较为满意的新结果。神经网络的存储和处理是一体化的，其间的计算便成了突触权重，这样神经网络就"学会了"。它学好之后再输入新数据时，就会根据这一训练好的机制进行工作，符合需要的信息通过了成为结果，不符合需要的信息就被阻止了。比如猫脸识别，一开始给人工智能输入几十万张猫脸照片，让人工智能学会识别猫脸，以后再将混入有猫脸还有其他动物脸面的照片，几百张或上万张都可以输入给人工智能，它就能从这大量的照片中把猫脸照片识别出来。人工智能的神经网络是多层的，识别的能力是很强的。许多专门研究的人工智能更适合认知图片、语音等工作，这样就有了实际应用。你在拿身份证购买火车票时，你的这张脸就被人工智能"习得了"，等你进站乘车时，只要刷一下你的脸，就知道你是买过车票的，就放行了，再也不用出示车票去验证，旅客进站的速度加快了。

人工智能进行语音识别的例子请见下文。若你想了解某一词意，此时，你对手机或电脑发出声音，它输送到某一网络平台，网络即了解你要搜索的那一词，随即将同语音的几个（文字）词发到你的终端（手机或电脑上），你认为哪个词是需要解释的就点击哪个词，网络平台就会回复给你关于这个词条的各种解释。语音识别颇有成就的一项成就，是"百度大脑"，可以在销售新手与客户通话中，实时地记录客户的话，然后系统在瞬间搜索到优秀销售员以往对相关问题的回答，并以文字显示在屏幕上，新手销售员照着这个显示回答客户，就是较为完美的回答，新手一下子变成了老手。这种语音识别就可以作为设计机器人接待的基础。把语音转换为文字，或者把文字转换为语音，都是符号之间的转换，相对容易一些，但是如果识别语言就困难一些。语言识别最突出的表现就是将一种语言转换成另一种语言，比如翻译就是语言识别的一种。语言与人的思维特性、情感、语境等相关，于是同一句话可能有多种语义，不同语义还可能有近似的语言来表达，这就是语言识别的不确定性，这些在翻译中是很常见的。比如同一句英语，中文翻译可能有几种译法。人工智能通过搜索引擎，收集到互联网上人们给出的各种译法，成为双语语料的数据，它通过算法得到较好的常用译法并且结合上下句的关联给出较为恰当的翻译，虽然不能说是最好的，但可能是接近于原意的翻译。

从"互联网+人工智能"的许多事例中，我们可以看到它解决问题之快、准确率之高、应用之广泛和在某些方面超过人脑。我们可以说，"互联网+人工智能"是目前较强的大脑，是现今科技发展方向。它强大的突出特性表现在把你想要的结果（信息）快捷地带给你，这个"带给"就是媒介的根本性质。为什么叫媒介，就是它能"带给"你，所以我们有必要用媒介理论分析"互联网+人工智能"是怎样的媒介。

（二）"互联网+人工智能"——人脑的延伸

麦克卢汉在谈到电子（力）媒介时说，它们是人的中枢神经的延伸。其本意是说（部落）人原本是以听觉为主导的各感官平衡的状态来感知世界的。自文字诞生，人们转向了以视觉为主导的感知状态，破坏了原本的以听觉为主导的各感官的平衡。电（力）子媒介则是以听觉为主导的，因此，又回到了原本的各感官协调的状态。

在麦克卢汉看来，许多媒介都是以人的局部延伸，比如印刷媒介是视觉的延伸。局部的延伸则会在某种程度上造成人的"肢解"、残缺不全，而只有电子媒介是中枢神经系统的延伸，也就是像人脑那样的协调的、整合为统一体的延伸，意味着他称赞这种以听觉为主导的各感官协调的恢复。而我们所言的今日的电脑以及更重要的"互联网+人工智能"这种媒介的延伸更像似人脑（中枢神经系统）的延伸，表明它们的聪明在某些方面超过了人脑。所以我们对电脑及人工智能这样的媒介作用所说的中枢神经（脑）的延伸和麦克卢汉所言的中枢神经延伸的意义是不同的，虽然后来麦克卢汉对电脑发展的预测更加接近人的意识（这在第十四章中可见到），但他首先强调的还是人的感知器官功能的恢复，表示他强调这种恢复对人本质的作用意义更大。但是作为对以听觉为主导的各感官协调的恢复作用我们是与麦克卢汉所言的电（子）媒介的作用是相同的。"互联网+人工智能"有远超于人的储存记忆能力，有远超于人的计算（处理）能力，它的某些智力虽然是由大数据和计算进行，而不是像人那样思考，但是在某些方面却超过了人的思维能力。它能干许多人想干而干不了的事、想解决而解决不了的问题，很多情况人必须借助于它去做，与之相比人似乎败在了它的手下。

　　其实，对此没有必要大惊小怪。麦克卢汉不是早就指出媒介是人的延伸吗？人发明了锤子，手的延伸；人发明了汽车，腿的延伸；人发明了电报，耳朵的延伸；人发明了电视，人眼睛的延伸……凡作为延伸的发明在某种程度上都强于人原有的功能。所以人工智能在记忆、计算、对某些问题的处理等方面强过了人脑也本无什么奇怪，它本应就该强于人脑，这早已在麦克卢汉的学说之中了，只是我们没有从这方面去看问题，才觉得人工智能强于人脑是件不可思议的事。如果我们从它的大数据、巧计算、仿人脑的神经网络构建和高级芯片的硬件运作来看"互联网+人工智能"就会感到，它在某些方面超过人脑而且是千倍、万倍、百万倍、千万倍，所以它超过人脑是正常的。但是这种超越也仅是对人脑的某些功能的延伸的，在通用（即全面模仿人脑认识的）人工智能诞生之前是做不到对人脑功能的多方面延伸。我们更应看到的是所有的延伸，包括"互联网+人工智能"对人脑的延伸都是人的创造发明，就连互联网为某些专业需要收集的大数据也是由高智慧人的活动信息构成的，人工智能中仿人脑的神经网络也是依人的计算方法来连接的，它的硬件芯片也是人的高超的技艺制作的，人工智能的原创是属于人的，人没有必要在人工智能面前自叹弗如，我们更不能忘记胡塞尔忠告我们的话，在科技面前人要有自主性，从而重视我们的理性，我们的创造性。这种宝贵的创造性，即人的灵性，人的思维能力由何而来还是个谜，还有人的情感也是个谜。思维与情感是人工智能所不具备的，更是人工智能尚未解决的难题。到目前为止和可预测的未来时间内，涉及人类思维与情感的心理学、生理学、脑科学等科学也还是难以破解的，而这二者却是人类最宝贵的东西。说人工智能是最强大脑有点不足，就因为它们不具有人的这两样东西。如果将来某一日人工智能真的破译了人的思维和情感，那可就真的可以称作是人脑的全面延伸，也可以说全面超过人脑，但那时的人又是什么样的呢？人与人工智能将如何相处呢？人工智能是否会成为人的一种灾难呢？这些问题现在还是难以预测的，因为目前距全面超越人脑的电脑（人工智能）的出现还很远。

　　说到这里，我们应当补充的是：说"互联网+人工智能"是传（播）递智慧的媒介，实际上它传（播）递的智慧并不是人工智能自身全部产出的，而主要是别人的智慧。人工智能的"智"是把别人的智慧（信息）拿来做巧妙地处理（算法），得到一种新的可用的信息，如果没有外界给它输入大量的信息，它自己不会给你所要的信息。人工智能的巧计算也只表示它只有"智"而没有"慧"。"慧"在中文里有聪颖、敏觉的意思，是表示人的一种灵性。佛教中把"般若"译作"慧"，表示聪明，有智能，更指有觉悟，而当前的人工智能是"智"而非"慧"。"慧"是属于人性的，也是目前人工智能所不具备的。人工智能有时极像有"慧"，比如它可以对大数据进行某种整理和分析，显示出某事物发展变化的情况，揭示事物的某种趋势性的东西，从而帮助人们认识事物和处理事物。比如根据搜索引擎的大数据分析可以帮助人们了解某类新闻关键词的热度，了解社会舆情，判断某些新闻话题的走向，制订新闻选题。但是，这不是人工智能对大数据信息的理解给予的，而是运用数学计算得到的像"慧"的分析而实际是机器运转（算法）的结果，是与人的（"慧"）理解完全不同的。印刷媒介技术是机械的；电视媒介技术是电子的；而人工智能技术是数字的，基础是复杂计算的，因此其智力是以前任何媒介技术所不可比的。在某些方面是远超人类智力的，正是人工智能的这个"智"才把（别人的）智慧储存起来或者有目的地把人的大量的某些活动作为信息储存起来，然后按照人的需要有选择地、有分析（计算地）传（播）递出去，它确实有"智"，且像似有"慧"。既然它能以这样高超的智力传（播）递智慧，所以我称其为高智慧媒介。

关于人工智能的智慧与人的智慧的比较问题，我们还可以借助现代脑科学的研究成果简单分析一下。现代脑科学已经证明人脑分为左、右两个半球。一般说来（不谈个别现象）左脑擅长语言、语言思维、逻辑关系、推理判断等，它能以语言记忆对事物进行理性认识，以语言建立记忆中的事物与事物的理性关系，所以左脑是人主要的语言理性区。右脑则擅长感性，人的视觉、听觉、触觉、嗅觉等的感知都在这里形成对事物的感性认识和记忆，并以非语言思维形式建立各种对事物之间关系的认识，这就使它对事物的认识具有突然性，即所谓的直觉、顿悟等。此外，右脑还能产生人的情感与情绪的变化。两半脑的功能不同并不是绝对的，比如人在左脑语言功能受损时会得到右脑的补偿，而激发出右脑的语言能力，而且年龄越小，这种能力建立得越快。这里特别令人关注的是右脑的非语言思维，它不用语言推理，所以它没有"过程"，只有一下子闪现而出的对事物的认识，这种直觉、顿悟就是面对眼前事物时，右脑感知记忆中以前建立起来的事物与事物之间关系（也就是我们曾说过脑神经细胞之间的回路）的突然显现帮助了我们，于是一下子会悟出眼前这个事物是怎样的。它往往是令人惊奇和兴奋的，它的发现往往是一种创见，具有对事物认识的质的飞跃。

　　在很长一段时期里，科学都是在理性思维的指导下进行研究的，也就是研究那些符合定性的、有序的、有逻辑关系的事物，而把非线性的、非理性的、无序的、偶然的（无逻辑的）排斥在外，这实际上是理性对这一领域无能为力。直到20世纪数学与物理学的发展开始改变了人的观念，进入非线性领域，它们的发展表明宇宙万事万物是互相关联互相依存着的，没有偶然。这话说起来容易，论证起来复杂，理解它似乎也很困难，但却可以通俗地思考一下：正因为万事万物是相互关联着的，所以才有所谓的偶然。所谓偶然，本来就是相关的事物在某种情况下关系的显现。俩人在大街上碰面了，是偶然，其实他俩早已是朋友（关联着）；如果俩人是陌生的（无关联）就无此偶然。同样，因万事万物互相关联，所以什么事都可能会随时发生，只要是条件（语境）适合，两物的关系就会显现，我们常称之为偶然、不可预测、突发等，所以世界又是无序的、非线性的。我们所谓的线性的、理性的事物只是把相关联着的事物的关系显现出来，而事物相关联着的隐象的东西是存在的，只是人们尚未看见。偶然的事物当然是有原因的，用理性的、逻辑的分析方法是可以解释的。但是这个方法对其所以发生的机制的解释却无能为力，因此往往难以应对偶然事件，比如地震何时发生、火山何时喷发等，只能从事先的某种象征性的东西进行推断，却难预测具体时间，就连目前的人工智能（计算机）大概也无能为力，但却可以对此工作有某种帮助。可是人脑却被形容成"超级计算机"，它能够处理无序的"乱码"、能够处理偶然事件，在日常生活中于不经意中处理多种无规则的事物。比如打乒乓球，对方打过来的球，其落点、力度、旋转方向等等都是随机的、偶然的，亦即都是非线性的，无论用怎样高级的理性也难以判断。但乒乓球高手却能很好地回敬过去，又能落点巧妙、旋转力度大，让对方难以应对。这主要应归功于右脑的功能，即所谓的创造性、悟性，或曰"慧"。

对此，也有另外一种说法，比如杰夫·霍金斯（Jeff Hawkins），他认为大脑不是计算机，而是一种存储系统，人脑的这个存储系统以反映世界真实结构的方式存储经验，记住事件序列及事物之间的关系，人脑可以根据这些内存进行预测，也正是这些预测系统构成了智力、知觉、创造力以及意识基础。这个观点可能进一步解释人的智力、智慧（或曰"悟性"）和创造性。牛顿躺在地上，树上的苹果掉下来砸在他的脑袋上。于是他提出了一个问题：为什么苹果不飞上天，而是掉在地上，苹果与地球之间必有某种关系。他会提问题，悟性大发，从此开始研究，发现了万有引力。〔这个故事仅仅告诉人们灵感会引发人的思考。其实牛顿的万有引力定律是经过长时间的与一些物理学家切磋（争论），最后完成在《自然哲学的数学原理》一书中。〕苹果掉在地上难道不是一种万物相联系的一种显象吗？我们这样介绍右脑的功能是让人们注意开发右脑，它处理非线性事物和创造的能力是人的非常宝贵的资源，所谓"开发"，虽然可以从理性（论）上能总结出一些东西，但是不可能代替人的熟悉与训练，亦即实践，（实践也许能证明霍金斯关于人脑存储系统功能的说法）在实践中的人的右脑起了很重要的作用。另外也不能因此而轻视对左脑的理性能力的开发，理论学习、智力教育同样重要。

我们应记住左、右脑两者是分工合作相辅相成的。这一点由下面一步骤说得更明白。创见是不是真理呢，是否符合实际呢，仍然需要经过主导语言思维的左脑进行理性的论证。牛顿发现万有引力、爱因斯坦发现相对论、莱布尼兹（Gottfried Wilhelm Leibniz）发现微积分等都是经历非理性（非语言）思维的飞跃而获得的。一开始相当多的人认为他们的发现是谬论，而后来他们都用数学公式（理性思维）证明了自己的正确。阿基米德（Archimedes）的保护人获得了一顶王冠，但是否是纯金的呢？他请阿基米德鉴别。阿基米德想，如果王冠是一块儿四四方方的金块儿，那么量得尺寸算出体积，再用金的比重（单位立方厘米的重量）一乘，其乘积和实际王冠的秤重一比较，就知道此王冠是否纯金。可是王冠是制作精美的无规则形状的艺术品，如何求得体积呢？阿基米德百思不得其解。一次他洗澡，发现身体进入澡盆后水面上升，于是他大惊，这上升的水的体积不就是自己不规则形状的身体的体积吗？王冠的体积找到啦！这就是直觉，是联想，是非语言思维，是感性知觉（身体体积与上涨的水）关系的建立。身体与上涨的水看似无关，其实（在非线性那里早就关联着，只是未显象），在一定的语境下它们显象了。或如霍金斯所言的，大脑存储系统让事物序列及事物（水与身体）之间的关系突然出现。那些科学家、作家、音乐家、美术家等带"家"字人的右脑大多是比较发达的，他们能将看似无关联的事物关联起来（这就是发明、创见、创作），他们还是左、右脑相互协调合作的人。直觉、顿悟得到的认识有时是错误的，当非语言思维建立（某事物与某事物）感知记忆相联系的时候，由于缺少某种因素或者某种感知记忆是错误的时候，就会出现错误的构建，即直觉、顿悟的错误。当我们说某某人感情用事的时候，就是指这个人忘记了用（左脑）的理性思维去检验。我们所言的智慧就是人脑左、右两半球的分工合作，而其中的"慧"可能大部分来自右脑非语言思维的直觉与顿悟，而我们所说的"智"（或学校对学生的语言性教育）大都是指左脑的语言理性思维能力。

我们用上述那些故事主要是为了说明人工智能只有"智"而没有"慧"，主要是为了说明人工智能来源于计算（算法）而没有直觉、顿悟，没有人右脑的感性认识，没有非语言思维能力。人工智能的认识不似人的左、右脑相互结合"悟"出来的，而是"算"出来，是数理逻辑的演绎，它也能推理，但它不像人左脑那样的以语言为媒介的理解性的推理、判断。但是人工智能自有它的神奇之处，甚至也具有某种人靠感觉认知事物的能力，比如人脸识别，人依感觉一眼就识别出分别已久的朋友，人工智能虽然经过复杂运算，但也具人脸识别功能。人的感觉高明之处在于那位朋友也许长了胡须，但仍然能被一眼认出，而人工智能可能就识别不出或出现误差，所以现在的人工智能还不具备"慧"，虽然在"智"的某些方面远超过人类。

对于人工智能的"智"，还应注意到它在理性的、逻辑的、运算的领域里强大无比，能帮助我们在线性领域里解决许多难题。但是它在非线性领域中也并非一无所用，甚至也会发挥它的特殊用途。在一个坐标系中，如果描绘线性的事物，那么呈现出的便是有规则的线，比如直线、斜线、抛物线，或更复杂的一些函数线，即可以用数字算式表示出来的线。非线性事物则不然，如果在坐标系中描绘这类事物在不同时间点的状况，其落点便是杂乱无章的，其连线是无序的，更无法以算式（函数）来进行表达。但是计算机利用其大数据，做出的图形模拟就可以发现事物的模式，比如对长期天气模式进行模拟的"洛伦兹蝴蝶效应"（《意念力》，大卫·R·霍金斯著，李楠译，光明日报出版社，2014年版，第8页），这是人脑无法做到的，所以看似在无序领域无能为力的人工智能也能作出非凡的贡献。将来的人工智能如果向"慧"的方向发展，那么它也有可能跨入非线性的、无序的领域。

我们极其简单地介绍人脑的知识主要是为了进一步对人工智能有清醒的认识，另外还能帮助我们认识媒介对人的作用。如果将外界事物对人脑的作用看成是媒介的作用，那么我们就会进一步了解媒介对人的影响，并有利于我们对媒介的认识。我们将在下一章接触到这一问题。

（三）"互联网+人工智能"是怎样的认识论

说"互联网+人工智能"是智慧的媒介，它带给人们的是对事物的认识和处理的办法，那么它一定具有较高的认知能力。波兹曼在《娱乐至死》的第二章中就指出："真理的定义至少有一部分来自传递信息的媒体的性质"。这句话用在这里，"真理的定义"就是人工智能给出的关于事物的认识，"传递信息的媒体"当然就是"互联网+人工智能"。因为这个媒体的智能架构、大数据存储及巧计算让人们得到满意的结果，又因为这是来自它本身含有的技术的性质，所以称它是智慧的媒介。但是我们更为关注的是人工智能是怎样的认识论，即从它那里得到的认识是什么样的认识。

首先，不同的人工智能仅能帮助我们认识事物的不同方面，往往不能代替对事物的整体认识。这一点与我们在第二章末尾讲的媒介认识论是一致的。在那里曾指出文字信息作为媒介偏重于从内在的、理性方面认识事物，而电视媒介则偏重于从感性的、外在形象方面认识事物，这都是源于媒介的性质。对人工智能来说，不同的人工智能也是从不同的方面认识事物，通常一种人工智能是不能形成对事物的全面认识的，它只能展现事物的某一方面。另外大数据也是多维的，也就是关于事物多侧面信息的集结，我们要认识一个人可以通过人工智能的人脸识别得到这个人的面貌，我们要了解他的爱好习性就要用另外的人工智能，从大数据中获取关于这个人经常爱读哪类信息、他喜欢和哪类人交往、他对某些问题的看法、他喜欢读什么书等的信息进行分析。两种不同的人工智能各有不同的功能，而得到的认识是同一对象的不同侧面。

第二，人工智能认识论具有相对性，这突出地表现为两个方面。一是互联网收集信息的数据是相对的，二是神经网络中的计算方法是相对的。先以数据来看，人工智能需要有大量信息数据来支持，一般来说数量大才能使神经网络受到较好的训练和学习。信息数量越大，而最后得出的结果越准确；数量少，最后的结果可能是粗糙的。在具体运行中，数量终归是有限的，所以其结果必然是相对准确，而非绝对准确。以翻译为例，大数据所收集的信息都是许多翻译家们对同一句话所做的各种各样的翻译，而经过计算精选出的那一句是人工智能认为最适宜的翻译，但却不一定是最精准的翻译。因为作为学习数据的翻译家是有限的，大数据只是收集到已有的翻译家的信息，那些正在成长的未来的翻译家的信息是收集不到的。还有一点是语种差异，几乎每个词与其他语种的相应的词不是完全对等的，即整体含义不尽相同，翻译后的词语就不可能是精准的，况且还有语境、情感等的复杂情况，更难以做到绝对对等，如果用大数据收集这些信息是收集不完的。所以人工智能的翻译也只是好一点的和差一点的翻译，或者只有"更好"，没有"最好"。我们在第一章和第四章中谈到"语言结构差异会导致所谓'世界观'的不同"和谈到"阐释时代"时曾接触到了一点伽达默尔的哲学诠释学，其中的一个基本思想是，语言的转换是两种观念的转换，或言两种世界观的转换、两种文化的转换，这就给翻译带来了巨大困难，完美的"信、达、雅（有人对'雅'也有不同看法，认为追求'雅'可能会失真）"是做不到的。另一个基本思想是读者读一本书所得到的并非是原著，而是（读者）对原著的个性化解释后的另外一本与原著相似的书。同样对翻译而言，译著把原著翻译成另外一种语言也相当于译者用这种语言读了一遍原著，意思是相似的，但绝不等于原著。用伽达默尔的话说："一切翻译就已经是解释，我们甚至可以说，翻译始终是解释的过程，是翻译者对先给予他的语词所进行的解释过程"（《真理与方法：哲学诠释学的基本特征》，汉斯－格奥尔格·伽达默尔著，第490页）。他还说任何作品都具有"不可翻译性"（《理解的真理：解读伽达默尔〈真理与方法〉》，洪汉鼎著，第369页），即让翻译绝对等同于原著是不可能的。我们这里谈的也是这个道理，不同的人工智能，不同的翻译软件即如不同的翻译家，它们翻译同一本书的译著是各不相同的。你只能评价哪一个软件翻译的与原著相近一些，哪一个与原著相远一点，而没有绝对等同。绝对等同原著的只有原著。

说人工智能在算法上是相对的，这是说不同的团队在研究同一种功能的人工智能时，因各自使用不同的算法，以致结果出现了差别，结果的这种差别即是人工智能的相对性。比如南京大学教授周志华采用"深度森林"的计算法，据说是用多层次的"决策树"算法联合成"森林"。这种算法在图像、语音等方面的识别比我们前面讲过的神经网络算法要精确些。以人脸识别为例，9张图的人脸识别率可达98.3%，神经网络的识别率是92.5%。当然在这里，我们又会看到人工智能的认识是逼近式的、概率性的、是相对的。虽然如此，它在准确率较高的情况下还是可用的，因而也是很有前途的。人工智能在认识论中的相对性突出表现在技术上，客观性上，而在第二章中波兹曼所言的媒介认识论的相对性是指由于人们主观上夸大了某种媒介在认识上的作用，形成了某种思维定式而影响对事物认识的客观性。从媒介认识事物的本性来看媒介认识事物是具有真理性的，这一点在第二章中已有阐述。目前只有人工智能因技术（结构的）性质的特殊使它在认识事物上不具本质性、客观性，下面将给予解释。

第三，"互联网＋人工智能"的认识论不具有哲学认识论的真理意义。虽然它能帮助我们认识事物、处理事物，而且往往是正确的或可用的，但是它并不反映事物的本质。前面阐述的人工智能对事物认识的相对性就说明它所得到的结论不具有哲学认识论的真理意义。哲学中的真理是不能有概率性的，真理本身就是要保证完全正确，真理就是事物的本质关系。哲学讲的真理的相对性是指真理的存在是有条件的，超过了一定条件，真理必须改变形式，否则就不适用。正如经典物理学与相对论一样，二者都是真理，但却适用于不同条件。尽管哲学认识论也是曲折的，有各种各样的真理观，但它们主观上都是朝向事物的本质关系。

如前所述，人工智能是以大数据（这是相对的）和算法（这也是相对的）为依据的技术装置。那么即使我们输入的信息是事物自身的真实情况甚至是事物本质性的表述，但是经过这种相对性的手段处理，其最好结果（信息）也只能是相对正确的，而不会是本质正确的。况且，人们输入给人工智能的信息又大多是表述事物间的事实关系的，而事物的本质关系与事物的事实关系是有严格区别的。事实在不同的时间点上可能表现出不同的存在（状态），而事物的本质则在任何时间点上都是不变的。事实并不等于本质。人工智能所给出的信息虽然是相对正确的，但是它表达的是事物之间的事实关系，也正是因此它给出的信息对人认识和处理事物是很有用途的，甚至从其中也可以发现事物的某种规律性的东西。"互联网+人工智能"的认识论与哲学认识论区别的根源就在于作为认识的媒介（技术）性质不同。在认识事物中，人脑可以被看成是媒介。先前我们通过对左脑与右脑的认识，已经知道它们在认识事物时的分工合作。在遇到一件事物时，脑神经网络系统对其感性感知（主要在右脑）或理性的分析判断（主要在左脑）时与脑神经网络中某些感性的或理性的记忆相联系，就会得到对事物的某种认识。人的这个能力来源于长期对事物认识的训练而形成的先验能力以及后天习得的能力。当形成对新事物的认识之后再经过理性论证和实践检验，就会确立这种认识，并且在脑神经网络中形成记忆，以备将来的认识。这种认识的特点主要是朝向事物的本质，这一点与人工智能有着根本区别。虽然人工智能能力强大，但他仍旧是依据数据和算法，它没有人脑蛋白质之间交流的那样既有感性处理又有理性处理的有根据有论证的复杂活动。人工智能是从大数据表征事物的事实信息入手，按照人们给定的规则和程序进行算法运作，得到新的信息，这个新信息只是表示事物的前（信息）后（新信息）的某种事实关系，并不显示事物的本质关系，远不是人脑对事物深入本质式的理解。

有一个名为"中文屋"的思想试验会让我们更清楚地认识人脑的理解与人工智能所谓"理解"的不同。这个实验是把一个只懂英语而完全不懂中文的人关在"中文屋"内，外面向他输入的问题完全是中文的，但要求屋内的人也要完全用中文回答。虽然屋内的人不可能直接用中文回答，但是他可以按照事先给定的规则和指令操作，结果回答的完全是中文，而且与屋外的懂中文的人的回答是一样的。其实屋内的这个人（可以看成是人工智能）根本不懂得（理解）屋外的问题，而他也不懂得（理解）他用中文回答的是什么意思。〔对于这个试验一些学者也有争论，一种认为人工智能根本就没有理解输入、输出的信息（内容）是什么意思，即没有理解信息；而相反的意见认为人工智能对程序的理解也是一种理解，而且人在设计程序时已经把意义设计在其中了。我们不去探讨关于人的理解与人工智能的理解的更进一步争论。〕但我们可以肯定的一点是，人工智能经过多层运算已经具备了处理事实信息的能力，所以它给出的回答就是可用的回答，从这一点看人工智能就有认知功能，只是和人脑的理解（认知）是完全不同的。

我引用"中文屋"这个试验的目的是想说，人的理解（比如用中文理解）方式是走进了事物本身，这种理解就有一种朝向事物本质的能力，而人工智能的"理解"是按规则和程序进行的，它没有进入事物之中，只是在事物事实关系（算法据此关系来建立，专业称之为"建模"）上运作，或者称为形式上而非本质性的运作。所以，它不能朝向事物的本质。有人说人工智能所遵循的规则和程序就含有意义，所以人工智能也是一种理解，他们说如果人脑的理解被称为"一阶理解"，那么人工智能就是"二阶理解"。但是，很显然"二阶理解"是形式上的、间接的理解，是表述事物外在的形式上的关联，而且还是有多种算法的概率性的理解，而人脑的理解是内容上的、直接的理解，是内在的本质性的理解。不可否认的是人工智能这种关于事物外在关联的理解（认知）使它有一种应对事实的实用功能。

第四，"互联网+人工智能"虽然能帮助我们认识和处理事物，但也绝非那么完美，它也会出现偏见甚至错误。这种情况有人为的也有技术的，如预存信息不够全面，或者有一部分是虚假信息，再如算法上有缺欠，还有功能设计上考虑不周全等。

2009年，某电脑品牌开发了一种能够进行人脸追踪技术的网络摄像机，并将其安装在笔记本电脑上推向市场。结果非洲裔用户发现这种摄像机不能追踪他们的脸部，颇有种族歧视的嫌疑。原因是设计者测试时只用了白种人的面孔，肤色差异〔在人工智能中就是（信息）数据的问题〕带来了使用中的问题。2016年，一名美国人乘坐一辆有自动驾驶功能的人工智能汽车，在转弯时因未能识别一辆穿行于路口的拖车，结果两车相撞，人工智能汽车上的乘客当场死亡。2016年，某公司推出了可以使用社交媒体与用户聊天的机器人，它有一种与用户互动而自我学习的功能，正是这种功能才使它与用户聊得好。但是有人用不正确的言论和他交流，结果诱导他发出了仇恨的文字。从这以后，机器人就发出了一些种族主义的和性别歧视的文字来回答用户。于是在出现16小时后，该机器人被关停。该机器人只能应和用户的话语，而不能识别（理解）话语（可见其机器性，而不见其人性）。所以，有人用错误言论诱导它，它就会越学越坏。这种在研发中，甚至连接网络的人工智能出现偏见和错误的还有不少。贾内尔·沙内（Janelle Shane）从事人工智能神经网络研究。她在训练一个神经网络来生成鸡尾酒的配方时，这个人工智能给出的一款配方中竟包括1.5盎司线性应用、1盎司脆皮汁、1茶匙乱七八糟的汁、加小白鼠、把FTTR（光纤接入房间的技术）放入鸡尾酒杯。这个古怪的、乱七八糟的配方让人可笑，但它却说明人工智能也会出毛病。沙内为这类问题创建了一个名为"人工智能古怪"的网站，并且写了一本书：《你看起来好像……我爱你：AI的工作原理以及它为这个世界带来的稀奇古怪》，她指出我们不要给人工智能太多的信任。她写道，如果没有人类的密切监督，人工智能不仅会犯一些有趣、无害的错误，还会犯真正危险的错误。沙内还未曾注意到，如果人工智能上线以后出现了问题，在追责时自然就带来了责任问题和伦理问题。当然这些问题可以被认作是人工智能（媒介）的一种隐喻，因而与人工智能的伦理学搭界。不过笔者的作为介绍媒介知识的一本小书，我们还是不要走得太远吧。

（四）数字信息媒介既是媒介也是信息

我们把数字信息媒介称作传递智慧的媒介绝不是因为它的技术高超，也绝不是因为它的前途远大为世人瞩目成为一个热点，而是被硬拉进媒介这个领域。它的的确确是在传递着信息，这个信息就只是信息，必须要在人工智能等数字信息媒介的终端连接相关设备，以信息指令设备，才能做事情。比如人工智能连接机床就可以自动制造机械零件；人工智能连接汽车器件就可以自动驾驶或将来通过物联网实现无人驾驶……大夫在人工智能上获得的也只是信息，也不能直接拿来治病，这个信息只有转化为药剂或手术等治疗手段方可为患者治病。但数字信息媒介传递的信息至关重要是非常明确的，正是冲着数字信息媒介传递这重要的信息和它传递的只是信息而把它归结为媒介，从而使我们能够从媒介这个角度来认识数字信息媒介。

这里明显地表现出数字信息媒介既是媒介也是信息，即麦克卢汉所言的"媒介即讯息"。科技专家们已开发出了多种人工智能，并赋能于多个领域，比如基于概率论的图像识别、语音及语言识别（包括翻译），基于计算的经济学的研究，当然还有基于数学优化的（比如股票交易的智能投资顾问、技术方案的优选、棋局对弈），基于逻辑推演的多个领域的研究等。未来，将会更加显示它以信息改变世界的强大威力。汽车制造业现在某些生产环节已有人工智能操控的机械手代替人工操作，将来如果汽车制造专家和人工智能专家相结合，就可以利用有关的大数据和汽车制造知识开发新的人工智能，把汽车生产流程等环节都以数字信息表述出来，并被操控起来，实现全面自动化生产。这样就会节省很多人力、物力，就会提高生产效率。人工智能用于商业，比如用于超市购物，顾客一进店，即刷脸识别，顾客拿到每一件商品，都会自动记录。当购物结束顾客离店时，人工智能早把账单结完，并用人脸识别从顾客的银行账户中将款扣除。这项技术若被实际应用，除了节省人工成本，也省了顾客排队等候结账的时间。5G网络运行之后，无人驾驶汽车将可能实现，道路上也在人工智能的操控之下有序又有速度地让汽车自动行驶。可以想见，那时的交通管理又是何种面貌呢？还需要那么多交警吗？红绿灯、摄像头又该怎样布局？人坐在这样的汽车里该做些什么事呢？如果各行各业的专家与人工智能专家合作，整个社会由生产到人民生活将会出现一个全新的面貌。

我们如此较多地谈论数字信息媒介就是要表明它是媒介，也是信息。它给人们带来的是新的改变，正如麦克卢汉在阐释"媒介即讯息"时所言

"对人的组合与行动的尺度和形态，媒介正发挥着塑造和控制的作用"。随着网络技术和人工智能的研发，将会有越来越多的工农业、服务业、国家行政、社会管理、教育、法律、金融、科研等领域用上人工智能，因此也会改变原来的工作模式形成新的组合，而且都是向着方便、快捷、准确、高效的目标不断优化。我们将会看到的是社会的组织、结构、管理以及人的行为等方面的整体变化，而且是按照人工智能这个媒介的特性而变化，亦即"算法"逐渐改变人们的生活和社会，甚至某些方面会被"算法"控制。

总之，人工智能既是一个让人及社会发生巨变的信息，也是一个地地道道的能进行实际操作的高智慧的媒介，而且完全符合麦克卢汉的"媒介即讯息"的理论。

（五）数字信息媒介的隐喻

说过了"互联网+人工智能"的事儿，我们还是要说更为广泛一点儿的关于数字信息媒介的事儿，当然其中也包括"互联网+人工智能"。当我们把数字信息媒介看成媒介时，我们应当特别讨论一下它的隐喻的问题。我们已经讲过媒介的两种作用，一种是明明白白地传递信息，直接为认识问题和解决问题服务，它对人对社会的影响也是显而易见的；另一种作用就是隐蔽着的，在传播信息中不明显却在暗地里起作用的，即是它的隐喻。

数字信息媒介出现之后"互联网+人工智能"偏重于实际应用，且在相当多的领域中引发了"对人的组合与行动尺度和形态"的变化，也就是在更广泛的领域里产生了各种各样的隐喻。这显然会使各领域发生某些变革，包括物质性的改变。除了物质生活上的改变，具有更为重要意义的还是对社会文化方面的隐喻作用。"媒介的形式偏好某些特殊的内容从而最终控制文化"，印刷媒介形式偏好文字的理性内容，而阅读文字则会启发人的理性、提高人的智力，所以，它最终控制了的文化是理性文化。这一文化对美国社会及人的贡献是巨大的，它奠定了美国崛起的基础。20世纪中叶以后，电视在美国兴盛起来，出现了电视文化，美国社会及大众出现了娱乐化。若不是美国精英人士对美国的科学、技术、经济、教育等方面的巨大贡献，若不是美国有相当强大的精英文化力挺，美国并非没有"娱乐至死"的可能。在这方面，普通人的媒介意识显得极为重要，如果普通人能够认识电视文化的负面作用，"娱乐至死"也基本上可以避免。虽然美国精英文化没有使美国社会文化坍塌，但是普通民众的娱乐化加重和理性开始缺失，还是为美国社会埋下了隐患。

到了数字信息媒介时代，一则网络的诱惑力要强于电视多少倍，二则手机太方便了，又太智能化了。对于个人文化生活而言，互联网在向人们提供各种知识和信息，让人们较快地了解世界事物这种正面作用的同时，它的负面作用也相当大。这个负面作用一方面表现为荧屏诱发的形象思维得到强化，而抑制了人的理性思维，这是媒介性质带来的必然作用；另一方面表现为数字信息媒介隐喻的负面作用，它也正应了波兹曼在书中对于电脑讲的那句话，对普通人来说"它们带来的问题至少和它们能解决的问题一样多"。数字信息媒介确实让美国民众出现了大量的愚民，同时也加剧了美国的种族矛盾和精英阶层与平民阶层的矛盾。我们重视隐喻有一个更为重要的原因，就是所说的树立媒介意识其重点之一是对这个隐喻而言的。这里我们还是提醒一下：有了媒介隐喻的概念，就有了共鸣（"隐喻是它的动力"）的概念，有了共鸣的概念我们就懂得了社会文化的概念，有了社会文化的概念，就能深刻认识媒介隐喻的重要性，懂得了媒介隐喻的重要性，才算真正懂得了媒介。

那么数字信息媒介的隐喻是什么呢？本章一开始就指出它是高智慧的媒体，所以它的隐喻多是由比以往媒介和人的智力更具智慧的性能引发的。它的第一个隐喻是作为网络终端的手机、电脑接受的海量信息分散人注意力，伤害人的思维能力。这种作用比波兹曼讲过的美国电视新闻的作用更加强烈。各网络公司、较大的网站经营者们都有强大的存储器、数据库、服务器等智能设备，对各种信息都有很强的吸纳能力和处理能力，只就信息的供应量上看就大得惊人，是以往电台、电视台和报纸不可比拟的。信息的供应更可以做到个性化服务，专供个人所喜欢的内容。相关经营者还有很强的搜索引擎，人们可以点击关键词，寻求想知道的信息或知识及其相关的链接。谷歌就曾发出豪言，欲建立一个数字图书馆，将现有的几百万甚至上千万册图书变成电子版吸纳其中。网络搜索和信息交流规模之大也是前所未有，网民面对着的是一片信息的汪洋大海。上网使网民获得一些信息和知识有利于工作和生活需要。但是相当多的网民不只是停止在需要知识的满足上，而是过分地浏览对其关系不大的信息。有人统计过网民在网页上浏览的时间平均只有20几秒。对于某些专业工作者来说，快速浏览捕捉和处理有关信息会让大脑更加敏捷，但对于一般网民来说，那些信息碎片会损伤注意力，不能集中精力思考问题，这一点与美国的电视新闻的作用是相同的。我们在前面几章中都讲到了碎片信息对人的伤害作用，这里我们关注的是由于数字信息媒介的高智慧，它的这种隐喻作用也就具有高性能，人受到的伤害也更加严重。

数字信息媒介的第二个隐喻是几乎不要思维，将可能把人变笨变蠢。因为它是高智慧媒介，只要点击就可以得到结果，根本不用人去思考研究，不用人的思维便可解决问题，而且往往还具有高效、准确的特点。天津市胸科医院有一种诊断肺部疾患的人工智能（AI）辅诊系统，当患者用一般剂量做CT检查后，它会自动抓取数据，通过计算反馈到医生的电脑终端。一般只用4.7秒便可对患者的肺小结节定性，而且准确率高于专家组对CT片的辨析。这种智能设备可以准确告诉结节的体积、恶性概率、是否多发等医生想知道的情况。AI还能提供对肺癌的诊断、肺癌患者个性治疗的方案等，这真是一个神奇的"医生"。如果大夫完全依赖这个"医生"，自己不去亲眼审视CT片，自己不去分析患者病情、制订诊疗方案，只依赖这个AI去诊断，那么大夫的医疗本领将会丧失殆尽。再说AI是有误差的，如果真的发生在某个患者身上，那受到的伤害将会是百分之百的。大夫正确的做法应是树立正确媒介意识、应当立足于自己，即坚持自主性。这不是盲目自信，而是首先自己判断，然后以AI作高参，当判断出现分歧时就要深究原因，究竟是自己的误判还是AI的误差。这样一则会不断提高自己的医术，二则对病人负责，而不是做"笨医生"。但是，别以为人都能这样自律。人的惰性和不自信往往会形成对人工智能的依赖（包括对手机和电脑的依赖），然而这种依赖是人脑的懒惰，人脑的懒惰又是中枢神经系统的懒惰，它的危害几乎是全方位的，使人的感性能力和理解能力都会变差，智力岂不要退化？

但是，别以为AI只会制造出笨医生，它也会制造出"蠢患者"。有一种AI技术可以找出健康的基因序列模式，于是就用基因预测疾病。美国女影星安吉利娜·朱莉（Angelina Jolie）通过基因检测获知自己有80%的概率患上乳腺癌和50%的概率患上卵巢癌。不知是医生的建议还是她自己的决定，手术割除了双侧卵巢及乳腺。好多作者都引用朱莉的例子来吹乎人工智能的神奇，但是我认为她已经做了手术，我们无法证明这样做是对的还是错的，但我们可以说她有点贸然，似乎把相关检测结果绝对化了。我们前面已讲过媒介对事物的认识只是表示一个整体事物的某一方面的情况，而不代表这个事物的整体情况。AI用于基因检测技术，也仅仅表示一个人的基因可能变化的方向，并不能代表人的整体健康状况。系统医学告诉我们，人是一个系统，它包括人体多方面情况，既有基因方面的，也有免疫方面的，还有其他方面的如自愈能力、代偿能力、再生能力等。基因方面出了问题，发病与否，何时可能发病还要看免疫等其他方面的情况，甚至包括生活习惯、体质健康、饮食营养、心态情绪等情况。仅凭基因检测结果就作决定，难道不是贸然行动吗？至少也可以作定期检查随时监测的选择嘛。难道这不就是不知人工智能作为媒介技术的性质吗？这是不是缺乏媒介意识的一种表现呢？朱莉的做法是聪明的还是愚蠢的？

人工智能作为智慧的媒介技术对个人的影响很明显的就是它帮助了你，减轻了你的劳动，同时它也会使你的智能衰退，劳动能力下降。随着人工智能的普及，这个影响也将越来越大。国际商业机器公司（IBM）研发了首位机器人律师，可以帮助处理破产事务。北京高级人民法院的一款机器法官可以分析案情，帮助法官做出初步判断，其工作效率也很高。美国著名媒体《福布斯》用人工智能即可完成一篇新闻通稿……如此发展下去人将处于何种地位，普通人的智慧还有多大用处呢？中国的百度公司出品了"百度指数"等分析软件，可以根据搜索引擎的大数据提供新闻关键词的搜索热度、变化趋势，搜索人群的兴趣图谱等各种信息，供新闻媒体或商家采用。新闻媒体根据这些信息可以判断新闻话题的趋势、热度变化、了解人群对新闻话题的关注度及焦点话题等，并依此定出新闻选题。这些工作本是新闻记者的工作，是由新闻记者在对社会的"把脉"中"诊断"出来的。记者像中医把脉了解人的健康状况那样了解社会状况，社会病痛在哪里、积极因素是什么、不足之处是什么、用什么办法去解决问题……记者的这些功夫是在不断学习、调查、实践、分析、灵感激发等长期的修炼过程中形成的。现如今却被分析软件等产品做了，如果再用上《福布斯》的写作机器人，那么留给人类的工作还有多少呢？新闻记者只有两条路了，一条是失业，一条是变笨，最终成为电脑操作员。笔者这样说不是反对某个软件，而是说我们如何去运用人工智能。运用人工智能作辅助、参考和检验人的认识和决策都是可以的。比如在制定新闻选题时，检验是否适宜，可以适当使用相关软件，但绝不可依赖。新闻工作对人工智能的不可依赖不只在于使用软件让人 "变笨"，更重要的是它遮蔽了新闻人的洞察力、敏感性、激情度、巧构思等。而这些却是现在的人工智能，甚至是以后一段时间内的人工智能难以具备的，因为这其中蕴含着的思想性、创造性，是发自人心灵上的东西。

数字信息媒介的第三个隐喻是几乎不要技艺。人工智能不但"心灵"而且"手巧"，把人工智能同机械手连接起来，就可以代替人的各种工作。现在已有相当多的工业企业用上了人工智能。原本需要大量有制作技术的人员的工作被人工智能替代，而且人工智能效率高、精度高、标准化程度高。某些艺术品特别是原本为大师们制作的独一无二的精美作品将会被人工智能批量地生产出来。以往艺术品的机械复制只限于印刷、摄影等少数几类，现在以及不久的将来将扩大为包括立体的、原型的批量复制。它的隐喻正如瓦尔特·本杰明（Walter Benjamin）所言，人们的审美由对独一无二的艺术品的凝视、膜拜价值转变为对大量复制品的消遣、展示价值，这种审美价值的改变也是一种由人工智能引发的精英文化向大众文化趋势的转变。人工智能竟有这样的一种隐喻，真是让人难以估量。

数字信息媒介的第四个隐喻是"娱乐至死"。波兹曼针对电视媒介动感画面的特点指出其隐喻的娱乐性。美国发达的电视业使政治、经济、教育、宗教等许多领域都发生了娱乐化的转向，而预示的将是娱乐至死。现在数字信息媒介的娱乐功能远比电视要强大得多，娱乐的新形式不断涌现，各网站、信息平台等都有视频节目，还有小视频、小程序等，特别是网络游戏有了虚拟技术，其场景更加逼真。随着传播技术的发展，网络联手游戏公司不断向网上推出游戏新项目，还会有"5G+云+AI"直播业务，都将带来人们娱乐的新体验，这些新体验也将产生新吸引，好看的好玩儿的东西永远在前方等着你。适当的网上游乐，也是人们休闲放松的一种方式，然而有些人贪恋视频节目，特别是贪恋低俗节目，一些青少年贪恋虚拟的游戏节目等都会对身心健康构成威胁。娱乐是有限度的，如果一个人用大部分时间和精力上网娱乐，如果一个国家大多数人被网络娱乐化了，如果一个民族过分贪恋网上的娱乐活动，那么离"娱乐至死"也就不远了。

数字信息媒介的第五个隐喻是网络暴力。我之所以将网暴作为一项隐喻来阐述是因为波兹曼（在第二章中）谈论媒介时说："我们在或毁或誉时要十分小心，因为未来的结果往往是出人意料的"。网暴就是数字信息媒介暗藏着的出人意料的社会问题。社交媒体的开发者们，只是注重研究如何方便网民在社交平台上自由交流，接着又发明了点赞、转发、分享、热搜等，然而他们事先恐怕都没想到这些功能竟会变成攻击人的"凶器"。普通人在社交平台上发表一点"道德义愤"也不曾料想到自己会被拖入诋毁他人声誉的千军万马之中。当然，只有个别人就想用语言"掐死"他人，但个别人又有多大力量呢？关于网暴只举一例，大概能知晓网络背后可能会隐藏着难以想象的东西。

日本职业摔跤手木村花2019年在一档节目中，因一位嘉宾将她的非常重要的比赛服洗坏了而生气，于是责骂了这位嘉宾。不料节目播出后社交媒体上出现了大量辱骂她的信息，持续时间长达几个月，2020年5月23日，22岁的木村花在家中自杀。她受到网暴后，内心痛苦是何种样态呢？看看她留下的遗言就可见一斑："每天收到近百条意见，去死、恶心、消失吧，无法否认这对我造成了伤害。我一直以为我是最好的，感谢妈妈生下我，我这一生是想要被爱的一生。谢谢一直支持我的人，我爱你们。请原谅如此弱小的我"。经历大量比赛考验的摔跤手在辱骂如暴风骤雨般地袭来时也变得弱小难抵，只有一死了之。人生于世，需要有被爱、需要有被需要、需要被承认、需要被尊重、需要有尊严、需要有……当这一切被千人万人损毁之后，生存还有什么意义呢？网暴——这个无形的杀手，使多少人失去了性命，又使多少人被诋毁得痛不欲生。现在有些国家制定了有关网暴的法律法规，但是更显网暴威力的是众多的参与者，因网暴被惩罚者只能是少数人，其余的又怎样来承担责任呢？另外，社交媒体毕竟是个人言论相对自由的地方，对社会及某些人的丑陋现象也必须要有舆论监督，执法者应当正确判断何者为网暴，何者为正常的舆论。网民们也要仔细地思考，在社交媒体上参与什么，不参与什么。这些除了用法规判断还要用良知判断，更要用知识判断。比如分析一下施暴者，一般的参与者可能过去都有过不同程度地受到类似的伤害和羞辱，现在借机发泄一下心理的郁结；比如还有一种"道德义愤"表达者，自身有着强烈的道德优越感，他们以对被暴者的贬斥显示自己的高尚和智慧，他们最喜欢的是别人对自己意见的点赞、分享或转发；比如有的施暴者也有某种心理变态，以诅咒别人为乐趣。总之，互联网平台会引发网暴的这一隐喻被他们揭开了，这个隐喻警告我们要有对网络媒介的知识，保持对可能发生的各种隐喻的分析能力，不使其致害人生与社会。这种能力也是一种媒介意识。

数字信息媒介的第六个隐喻是人的变态反应。贪恋社交媒体而成网瘾的人是其最大的受害者。由于通信技术的发展，从过去的短信、QQ、微博到现今的微信、自媒体以及各网站连续不断更新的各类信息、评论、视频、直播，还有引发的各种反馈意见等，形成了人与人以及人与网络的更多的交流方式。社交媒体的经营者们想方设法激发用户的兴趣，获得更多用户的关注，占用用户更多的时间和注意力。社交媒体达到了经营的目的，用户们达到了满足好奇心、渴望交往的意愿和娱乐的目的，而最终受到危害的是网络成瘾者们，上网占去了他们宝贵的时间，浪费了他的青春活力，最糟糕的是带来对身心的伤害。据报载，英国伦敦大学国王学院讲师托尼·拉奥（Tony Rao）表示：近20年来社交媒体上瘾现象不断涌现，它可能对人们的感情、行为、人际关系等造成长期危害。某媒体总结了社交媒体的十大"罪过"：①攒不下钱。人的自控能力降低，被营销手段引诱，消费支出增加；②被网传美食引诱，导致饮食过量；③引起失眠。手机、电脑的短波蓝光会抑制褪黑素分泌；④失去立场。在某种强势舆论重压下，与此观点相左时极可能向大多数人的观点妥协，慢慢地失去基本的独立判断能力；⑤泄露隐私。无良商家将用户信息如手机号、地址等卖给电商等。人们事无巨细在网上分享生活、浏览网页等为大的网络公司和网站提供自己的生活信息，也使隐私容易泄露；⑥让人更加孤独。看到人家在网上秀生活，自叹苦闷与孤独。经常接受这类信息会带来心理和情绪的阴霾，易形成抑郁症；
⑦影响人际关系。网上社交，使虚拟社交逐渐替代真实朋友，难以实现
真实的人情关怀；⑧扰乱自我认知。在社交媒体上看到人家过生活，一
方面会使一些人产生"不如人"的负面情绪；另一方面又会加重部分人
的"自恋"情绪，以为自己多么完美。无论哪种情绪占主导都会失去对
自我的正确估量；⑨无法集中注意力；⑩思维能力差，难以理解复杂问
题等。最后两条已是我们阐述过的。英国皇家公共卫生学院发布的《社
交媒体与年轻人精神健康》报告称：16—24岁人群中，有91%使用社交
网络，那些每天使用超过2小时的年轻人，精神健康状况更容易变差，还
可能出现自我评价差、焦虑、抑郁等心理问题。《美国医学会杂志》也
说，过度使用社交媒体会导致青少年抑郁，花得时间越长病情越严重。

在本书自序中提到的那篇《救救用屏上瘾的孩子们》报道中指出：
"电子屏幕已成为威胁青少年身心健康、人际交往及家庭矛盾的一大隐
患"。在一项对238名家长进行的问卷调查中显示，90%家长因电子屏幕
使用问题与孩子发生过矛盾。29%的孩子用来刷短视频，24%的孩子用来
打游戏，12%用来通信，10%看直播，只有24%用于线上学习。这份问卷
显示其中49%的孩子玩起手机、电脑来没完没了，只有17%的孩子可以自
己合理控制使用时间。48%受访家长表示孩子每天使用电子屏幕超过5小
时，仅16%在1小时以下。这个调查还指出手机那么一小块屏幕对孩子们
的危害是：①视力严重下降，不少孩子患近视；②影响生长发育，活动减
少，脊柱变形，颈椎错位，褪黑素分泌不足，导致睡眠障碍；③认知能力
比不用电子屏幕的同龄孩子低5%；大脑灰质减少，导致思考能力下降；
④影响一生的发展。沉迷于电子屏幕，易丧失求知欲，产生厌学情绪。最
令人担心的是电子屏幕搭载的不良内容腐蚀着未成年人的心理和思想，不
良短视频平台的恶俗、早恋、炫富、虐待动物及打黄色擦边球的内容对孩
子们的世界观、价值观产生不良影响。

另外，值得注意的是儿童长时间地观看荧屏，影响了他们与外界事物
的接触，影响了他们对外物的或感性的或理性的认知，这对儿童的成长发
育乃至智力提高极为不利。澳大利亚悉尼科技大学的研究人员总结出过度
使用社交媒体带来的六大方面46种危害。这六大方面分别是：①增加社会

交往成本。一是认知成本。因为过度使用网络造成精神和心理的障碍，比如精神不易集中、心理压力增大、焦虑或抑郁等都会使人认知困难，要理解一个问题，则需要费很多周折。二是执行成本。要办一件事要浪费很多时间和较多金钱。例如，朋友圈内炫富，滋长了攀比风气，本不富裕却强去装扮。②网络欺凌或暴力。比如一句话说得让一些人不爱听，或是一件事办得让某些人不满意，也许犯了错误、也许被人误解，有的甚至是被某些人恶意诋毁等，于是他们招致网络攻击，受到某个人或一群人的谩骂、欺凌甚至污辱，大有置之死地而后快之势（前面已经专项谈到了网暴）。③工作学习效率低。贪恋社交媒体，被杂乱无章的信息所搅扰，不能专心致志，必将影响其工作和学习效率。（统计显示，截至2021年6月，中国网民规模达10.11亿，人均每天上网时间超过三个半小时），除了寻求网上服务（比如打车、购物等）和少数在线学习外，大多数人都在浏览即时讯息，观看短视频、网剧，专注直播等娱乐性节目，还有不少人刷朋友微信圈。长时间的网上生活已让很多人心神不安，游移不定，难以专注。④垃圾信息横行。因为人们上网便利，加上某些网站的无良操作，自然会滋生许多垃圾信息。垃圾信息中的内容可能非法、错误、虚假、消极、谣言、蛊惑……搅扰人们的意识，让人心烦意乱，甚至让人气愤恼火。垃圾信息也易误导人。⑤隐私被公开侵犯。一些企业、机构、社交媒体App，特别是某些电商等很注意收集和过度使用个人信息，身份证号、住址、电话等，极易被不法者们买卖和盗用，也常为诈骗、违法犯罪提供方便，成为人身、财产安全的隐患。⑥安全受到威胁。这是指破坏机密性、完整性和信息系统的可用性，比如信息被拦截、信息欺诈、版权被侵犯等。个人信息的泄露使其财产及人身安全受到威胁，还有账号、密码被盗、病毒侵入等也使安全受到威胁。

美国在电视最受热捧的年代出现了电视文化，影响了美国社会，出现了娱乐至死的隐患，但也只有少数人因为贪恋电视而出现某些心理或精神上的问题。即便如此，波兹曼还是呼吁人们树立媒介意识。现今数字信息媒介技术发展也只是刚刚处在青春期，相关的心理和精神上的问题却已开始大面积地威胁到了人的身心健康，我们就更应警惕，更应认识这个新兴的信息媒介。客观而言，相当多的网络平台的开发者们、经营团队们虽然意在赚钱，但是他们也在向人们提供各种信息和娱乐。虽然这其中有低俗的、有高雅的、也有主流（导向）文化的，但更多的是大众文化、快餐文化。除了那些违规违法的网络平台以外，人们也不应把怨气都撒在合法、合规运营的网络平台的头上，网瘾者们喜好的大都是快餐文化、大众文化，正如人们因为不会吃，把西式快餐吃成了垃圾食品那样，因为人们不会用，把网络平台上的快餐文化、大众文化变成了垃圾文化。其实若不会吃，大量食品都可能变成垃圾食品（何况大多为高脂肪、高热量的西式快餐类食品），正如任何一种媒介，若不会用，也极有可能使身心受到伤害。在人工智能、大数据技术快速发展的情况下，利用各种不同算法，就可做出各种不同的事情，既可对用户有利，又有可能对用户不利。大数据收集到用户在网上各种活动的信息，用户的隐私就有被泄露的危险；算法可以向用户推荐所喜欢的信息，用户在得到大量同类或近类的信息时，就有可能陷入"信息茧房"。算法既然能了解用户的个性需要，就能向用户过度推荐，可能引诱用户过度消费；算法既然能过度推荐，就能屏蔽信息，让用户缺乏某些方面的知识；算法既然能干预信息呈现，就能控制热搜，从而影响网络舆论……虽然国家出台的一些政策法规，限制算法的滥用，但是终归有个"度"的问题，限制过严，网络可能变"死"，限制过宽，算法可能滥用。避开网络平台的负面危害，还要靠我们提升对数字信息媒介的认识。当我们使用网络时，就需要提防它在另一方面为我们带来的可能的危害，这都是媒介的隐喻告诉给我们的。

至于网瘾的问题，从少年儿童到成年人各不同年龄段都有，没有网瘾的人也有很多人贪恋网上的杂多信息和社交活动，他们受到网络平台负面作用的影响也很大，这些已成为普遍的社会问题而被关注。普通人极易被网络上的相当多的有趣儿的信息所吸引，闲暇时，不自觉地要去打开手机，其实他们这样地浏览只是获得当下一时的满足。如果只是一时消遣当然可以，可是那些手机贪恋者们浏览大量信息后，不一会儿就将信息忘掉，然后再寻新的信息，再去填充心理的空间，又再忘掉，然后再去……如此地循环下去。他们的内心如同一个漏斗、一边填充、一边忘掉，最后什么都没留下，内心仍然是空空的，当真的停下来时，就会感到百无聊赖，内心空虚而孤独。他们在网络上消磨了时间，也消磨了理想和意志，走向了"虚无"，这就是一般所谓时"网络冲浪人"。而真正有志之人也不是绝不上网，他们的玩法是极少浏览那些无关紧要的信息，对自己有用的信息则一定要抓住，看得透彻明白，并当作知识贮存起来。他们的内心如农家的粮囤，知识尚未填满，围席又围上了一圈，网络上的、读书得来的、实践过的等知识似乎无法将此囤填满，他们的这种如饥似渴的样子，使他们对信息是有选择的。赫拉利在他的《今日简史》的《序》中说"在一个信息爆炸却又多半无用的世界，清晰的见解就成了一种力量"。这清晰的见解就包括了对信息的选择，会选择就能在息如海的世界里获得生存的力量。所以真正有知识的人心理是宽阔能容的，面对网络的信息潮流，只有合理吸纳，绝无孤独与寂寞之感。对于贪恋手机的人（所谓低头族）更要警惕的是自己极易变成有网瘾的人，网瘾人是有些心理变态的人。美国网瘾人口不在少数，针对这种情况，美国建立了上百家专门对网络成瘾的人的治疗中心，以住院和调整生活方式的办法去除网瘾。但是减轻或缓解网瘾最重要的办法是树立媒介意识，特别是要认识数字信息媒介的性质和特点，其中包括认识它们的隐喻。

我们之所以把树立媒介意识作为减轻或缓解网瘾的重要办法，而没有说成是根本的办法，是因为这个根本的办法是在人的思想和情感中（也可称为人的总体意识，它不同于某方面的意识，例如媒介意识。以下我们把总体意识仍简称为意识），也就是说减轻或缓解网瘾在人的意识中，而不只是在对媒介的认识中，因为意识是人的根本性的东西。别看我们在本书中特别看重媒介，重点讲的是媒介，但是在作为人之为人而言，作为媒介意识与人的基本意识之对比而言，人的基本意识的地位更加重要。人们意识的转变是根本性的转变。在网瘾的问题上，应当在对媒介认识的基础上提高人的意识，说得明白一些就是提高人的思想境界，这种意识的力量可以在根本上戒除网瘾。我们这样讲不是为了说起来好听，而是有科学依据的。现代人体运动学告诉我们，人类的意识是有能量的，提高意识的吸子能量场的等级便会战胜各种不良癖好和习惯，网瘾、酒瘾、赌瘾等都在其中（关于吸子能量场的概念解释起来太复杂，有兴趣的读者可以参看大卫·R·霍金斯的名著《意念力》）。我直把吸子能量场粗糙地说成是意识处理事物的能力，吸子能量场的等级越高，其意识（思想和情感）的能量便越强，越能处理低等级的事物。那么怎样提高人的意识能量呢？赋予意识能量的是意义，高价值的意义来自人的精神世界，所以人的修养是极为重要的。那些思想情感境界高尚的、有远大志向的、有爱人之心的人，能一心为人民服务的人，就有很强的意识能量，陋癖和恶习难以侵入他们的身心。因此想戒除不良癖好的人，要以这样的人为榜样，修身养性，认识高品位人生的意义，要有为事业努力工作的精神，要有为他人奉献爱心的精神。在修炼中，还需要导师的帮助，包括读好书。读好书会给人增加心理能量，而且好书是最容易找到的导师。在《意念力》中，作者几乎用了一整章来介绍戒酒无名会的情况，其戒酒的办法完全可以用来戒除网瘾。从戒除网瘾中，我们不仅看到媒介隐喻中的诸多含义，更可看到媒介与人性的关系，错误地使用媒介，人性（在这里可以看成是人的意识）就可能发生畸变，人的意识可能"走低"，要把扭曲的人性扭转过来，首要的要靠意识的改变，即提升人性。那么怎样看待媒介对人性的作用呢？我们将在下一章里讲到。

数字信息媒介的第七个隐喻是交往方式改变，人与人之间感情变淡。除了血缘关系、极近的至亲和友情特别深厚的朋友以外，一般情况下由于网络技术的高超，人与人之间就大量使用微信、QQ和微博之类的媒介进行交往，但这种交往大多是简单的信息、问候、祝福之类的内容，难见那种促膝谈心式的温馨暖语。网上交往表面化、形象化、简单化，缺乏理性，缺乏人与人之间内心的接触、缺乏人与人之间的情理关怀。如果一个人不参加公益活动、志愿者活动和其他社会活动，又不与人实际接触，只局限在自己网络内的小圈子里，那么他极易发生心理变态，比如出现孤独感等。网络交往常是要以丧失人的温情为代价的。

除了人与人的交往还有人与媒体的交往，过去人们要发表意见、评论，文艺作品等，需要向报纸、电台、电视台、出版社等寄送稿件。当智能互联网出现以后，人们不仅可以通过社交媒体与主持人和嘉宾交流，更让人惊奇的是个人登记取得账号后，便可使用手机或电脑登录网络平台，发表文章、言论、制作视频或音频……形成了自媒体，一个人就是报纸、广播电台或电视台。数字媒介信息的这个功能改变了新闻的定义。过去新闻由新闻机构即报纸、电台、电视台等发布，现在不仅可以由网络平台的经营者发布，还可以由个人通过自媒体形式发布，新闻自由从未达到此种状态，这当然是数字信息媒介的一个隐喻。但是媒介技术提供的条件不等于新闻的绝对自由。有人不懂得新闻自由与社会责任的关系，直把自媒体当作好玩的游戏，随意在网络平台上发表所见所闻和个人意见，更有别有用心者散布谣言，蛊惑人心，网络平台不时出现假新闻、荒谬言论、不洁视频……这又带来了对网络平台的管理和舆论的公平、正义与新闻自由的关系等问题。这些也应当看作是数字信息媒介的一个隐喻。

以上是我们比较容易认识到的数字信息媒介的隐喻，其实它深层次的隐喻还有许多，在这方面也如波兹曼所言的："如果我们能够意识到我们创造的一种工具都蕴含着超越自身的意义，那么理解这些隐喻就会容易得多了"。我们深入地认识数字信息媒介的隐喻不能只是停留在它的聪明、智慧、超人而对人的直接作用上，应开阔眼界进行超越思维，当然这还需要一定时间的社会实践过程。波兹曼在论及印刷术正反两方面作用时所谈及的可以说都是印刷术的隐喻，让我们再回顾一下看看："印刷术树立了个体的现代意识，却毁灭了中世纪的集体感和统一感；印刷术创造了散文，却把诗歌变成了一种奇异的及精英的表达形式；印刷术使现代科学成为可能，却把宗教情感变成了迷信；印刷术帮助了国家民族的成长，却把爱国主义变成了一种近乎致命的狭隘情感"。

印刷术媒介是文化传播媒介，而数字信息媒介不仅是文化传播媒介，它还是直接用于生产、生活、社会管理、社会服务，甚至还用于军事领域中的通信。它促进社会产生力的发展，使经济基础得到快速提升，这也一定会影响到上层建筑的改变，因此，数字信息媒介这个隐喻具有政治经济学的意义。它卓越的信息传递和信息处理功能在军事上会引起国防力量的改变。比如，有一种正在研发的自主武器，红十字国际委员会武器处时任负责人凯瑟琳·拉万德说这种武器"可以根据自身所部署的环境中不断变化的情况，随时学习或调整运转的武器"。它能够"在无人干预或操控的情况下搜索、识别并使用致命武器攻击包括人类在内的目标（敌军战斗员）"（转引自《人工智能的哲学问题》，成素梅等著，上海人民出版社，2020年版，第29页）。可想而知这种武器将改变的不仅是军事战术，还有战略。这些经济、政治、军事等方面的改变又会引发世界格局的改变，而所有的这些都源于人工智能。中国崛起的现实已使人们见到了这些令世人瞩目的改变，虽然不能把中国的成就完全归于数字信息媒介（甚至也不能完全归于科技）的发展，但不可否认它在中国发展中的极其重要的作用。这种作用也许在将来会更加明显，它所引发的这些重要领域的改变应被视为是它的隐喻。这个隐喻又将预示着的隐喻，就是谁将数字信息媒介发展得更好，谁将会进步得更快。

（六）未来数字信息媒介的隐喻

数字信息媒介在未来发展中的隐喻会更多，因为许多是"难以预料的"。比如专业性的人工智能工作是有限度的，它只是依靠输入的专业技术信息及模式来工作，目前它自主创新的能力并不强，要它创新主要依靠在大量的人力操作中涌现出的新的认识和革新的工作方法。比如医疗人工智能是以许多高级专家的医疗案例作为信息储存于数据库中的，虽然，是大量的病症可以准确地得到诊断，但是发病于特殊人群的常见病，其表现却是不典型的，这就可能出现误诊。如果要减少误诊，就要专家们不断为人工智能提供新的学习案例。还有很多病虽然已经有了一些诊断治疗的办法，但效果并不理想，还需要进一步探索。至于那些尚未攻克的病症和以后可能出现的新的病症人工智能就更无办法，这些都需要大批的医务人员长期地不完全依人工智能，而主要依靠自己的医疗实践和探索才能不断完善医疗人工智能的信息储存及数据处理。

也可以想象，未来进行复杂工艺制作的人工智能也需要从那些手艺高超的人那里不断取得新的手法、力度等数据，作为新算法的依据。所以当大量的专业工作和技术操作由人工智能承担以后，使从事这些工作的人员大量减少，这可能不是一件好事。没有数量，就没有质量，大量的专业人员的减少，也会使那些能够在这些专业领域里创新的人员也减少，这就不利于专业技术的提高和发展，这个问题是人工智能发展中的一个悖论，也是人工智能的一个隐喻。比如将来大量的劳动生产由人工智能、机器人代替会使社会出现就业问题。国际货币基金组织预测称，人工智能技术将影响全球近40%的就业岗位，这就有可能出现少数精英们工作，而多数人不劳动，成为平民，这样的两极分化是否有可能出现代表平民利益的民粹主义？如果国家管理不善，它则可能会成为社会政治经济问题。比如，在美国就出现了这么一批人，他们反对科学、反对专家学者、反对一些科学意见和建议。又比如在生活中，5G、6G互联网技术可以实现万物互联，家务中也会有许多劳动实现智能化，无疑会带来许多方便。当我们将洗衣、做饭、整理房间甚至哄孩子都交给机器人来办，那我们会怎样呢？你自己布置房间时，让房间表现出你的乐趣、你的生活格调，甚至随手摆放一件物品都能表现你的情趣；自己动手做出一盘色、香、味、型俱佳的菜肴时，你又会有怎样的美感；自己哄孩子会产生父母与儿女之间的双向情感交融，会有利于孩子对家庭的恋情……如果这一切劳动都被机器人替代了，你失去的将是对家庭的体验，对生活的一份情趣，甚至是人性中的那份温情，那就不是岁月如歌了，而是岁月如铁了。

当然你可以说，那时候将会有另外的生活方式来弥补，可是你失去的那些难道不是最宝贵的东西吗？如果弥补的方式又是人工智能的话，你可要小心，你被机器化了。这一切说明人工智能技术更明显地告诉我们：媒介在改变着人们的生存方式。其实，从媒介诞生的那天开始，就在不断地改变着人的生存方式，我们今日提出它的这个重要作用，只不过是让人们树立媒介意识，认识媒介与生存方式的关系，使我们的生存方式科学合理，以应对越来越多的数字信息媒介及其隐喻。

更令人遐想的是会不会产生一种数字信息媒介文化。波兹曼说："媒介的形式偏好某些特殊的内容，从而能最终控制文化"。美国18—19世纪印刷术媒介盛行，形成了偏向于理性的印刷术文化；20世纪中叶以后，美国电视媒介盛行，形成了偏于娱乐化的电视文化。不论是印刷术文化还是电视文化，都影响广泛，从而控制了文化。那么数字信息媒介是否也会形成一种文化呢？由于它是智慧型媒介，我们可否暂时称作"智能网络文化"呢？将来从生产到生活，到社会服务、行政管理等各个领域都用上"互联网+人工智能"（当然手机、电脑也包括在内），人们到处都接触它、都使用它，人们便生活于这种媒介之中，那么人是否会受它的影响，也就是依它的规则来处理事物，认识事物，如波兹曼所言的由它来定义现实世界呢？即是形成一种智能网络文化呢？似乎我们已经见到了这种文化的端倪，比如大家都熟悉的网络语言在接连不断地诞生。以前的"粉丝""拥趸""酷""靓丽"……后来的"打酱油""青葱""点赞""渣男""达人"……再后来的"梗""杠""开杠""逆袭""网红""后浪""带节奏""带货""硬核""内卷"……有的报刊每隔一段时间就整理一批网络流行词，做一番解释，如果将这些收集起来足足可以编成一部网络词汇词典。可惜的是这些词总有点流行文化的味道，就像流行歌曲那样，即使上了歌曲排行榜也"长寿"不了，时间稍长又被众人遗忘了。网络流行词汇大多简捷明快、通俗易懂，概括性强，人们一看便知其意义，这种优势也为语言的发展作出了某种贡献，比如"给力""愿景"之类，被广泛接受并被收入现代汉语词典中，但毕竟是少量。也正是因为这种词汇的简捷明快而隐去了某些背后的深意。比如《红楼梦》中玩弄女性的贾琏、《金瓶梅》中欺男霸女的西门庆、京剧《除三害》中的尚未悔过的称霸一方的周处，大概都是些混世魔王，都可称为"渣"，但是他们还是有各自不同的性格和内心，如果在网络上他们都被称作"渣男"，以这一简单的词来概括，就掩盖了他们各自不同的"渣"性。这正反映了网络文化简单直白中缺乏深度的弊端。再比如"带节奏"一词，把人们的思维带入某种认识之中，只三个字就省略了对事物的分析和认识，掩盖了事物的理性关系，这又反映了网络词汇中缺乏理性，突出简单化和情绪化的问题。词汇是语言现象，而语言现象又是世界观的反映，当人们使用着大量网络词语时它反映的是人们思想的简单、直白、非理性和情绪化。若人们的思维竟是这样的话，那么智能网络文化是弊大还是利大呢？这种智能网络文化当然是数字信息媒介的隐喻，它的特点也可能大致与我们前面谈到的六种隐喻相吻合，但是是否就仅此而已呢？

使我们更为惊异的是智能网络文化中的信息—数据—计算的认知模式，它很可能成为将来人们认知的主要方式，就像印刷术文化以文字理性为主要的认知方式和电视文化以外在形象为主要的认知方式那样。赫拉利在《未来简史》中说："人工智能和生物科技的兴起肯定将改变世界，但并不代表只会有一种结局。书中讲到的一切情境，都只是可能性，而非预言"（《未来简史》，尤瓦尔·赫拉利著，第359页）。他所讲的"一切情境"多是利用数据主义来设想的未来，也就是以信息—数据—计算的思维方式设想的未来，他不仅设想未来，还用这种思维方式分析不曾有数字信息媒介的过去，比如他说"在专家的眼中，经济机制就是收集关于欲望和能力的数据，再转化为决策"；苏联是集中式处理经济数据，而自由市场资本主义国家是分散式处理经济数据；"资本主义让所有的生产者和消费者直接相连，并允许他们自由交换信息、独立做出决定来处理数据"等，他用数据主义设想的未来包括政治、经济、法律、医疗等领域。所谓的数据主义其认知模式也是收集信息数据，通过算法而得到对事物的认识。而这个认知模式正是本章开头所言的数字信息媒介的主要特性：把一切事物都变成信息数据，然后进行计算，获得对事物的认识。就目前和相当长一段时间里，人们是做不到"一切"的，但它的理想方向是"一切"。

　　数字信息媒介或开拓了一种新的认知模式，比如人的性情是不容易被人把握的，人要想认识另外一个人，目前所做的是靠对这个人的经验（也可以说是"经验这个人"）进行理性分析，即用人脑的思维方式判断这个人在某种情况下可能做出的行动。这个判断的概率一般不是很高的。也就是说一个人的心灵很难把握另外一个人的心灵。但是用信息数据进行计算（分析）来判断一个人在某种情况下做出某种行为的概率就会很高。我们先前曾讲过大型网络公司可以将人们在网络上的活动作为信息收储在信息数据库里，并进行算法分析，得到关于某个人的兴趣、爱好、习性等情况（也称画像），作为网络平台向他推送个性信息的依据。按设想的未来，数据信息媒介直接收集心灵的某些活动也并非易事，但是它有另外的途径，就是收集与心灵活动有某种相关性的生化数据，把这个人平时各种内心活动下的血压、血糖、心率等项的数值以及多巴胺、胰岛素、肾上腺素，甚至睾酮、雌激素等项分泌的数值（用人工智能的办法）收集起来作为大数据分析基础。这些生化数字信息便成了心灵活动的标志物，利用这些数据进行分析（算法），就可以得到这个人对某事物所可能采取的行动。

　　数字信息媒介为人类的认知又开辟了一条新路，这条路不是平常用的由人脑面对事物进行理性分析判断的方法，而是绕了个弯子，从别的方面的信息来分析这个事物，这种剑走偏锋的办法也是一种数据主义办法，从侧面寻求对事物的标志性信息（如上面的生化信息）数据可能是一件不太复杂的事儿，然而对于这种大数据计算来说，与其说是对人智力开发，不如说是对数字信息媒介的开拓。这就是说，在人类以理性思维直面事物直接呈现的信息的认知方式之外，又有了用事物在另外一些方面呈现出的信息数据进行计算来认识事物的方法，这也是一种"算法"。生化数据不是心灵（事物）直接活动的数据（现在人们还无法标明心灵的数据），而是与心灵（事物）活动相关的信息数据，也能帮助我们在某种程度上认识一个人的心灵活动。也就是赫拉利所谓的数据主义的一种认知方式。〔当然这种方式也不排斥用事物直接呈现出的信息数据进行计算来分析事物的认知方式，比如医疗人工智能对病症的诊断治疗、比如人工智能（投资股票市场的）投（资）顾（问）对市场的分析等，这些算法都是用事物直接呈现出的数据来进行的。〕这种以与事物（非直接呈现，而是）相关信息数据进行计算的认知方式充分反映了数字信息媒介的高智慧能力，虽然它得到的结论（信息）如前所述不是关于事物本质性的（即不能对结论诘问"事物为什么是这样的？"），但是是关于事物之间的关系的，是仍然具有实用价值的。

未来数字信息媒介的这些认知方式的隐喻是使用者只知其然，不知其所以然，不能认识事物的本质及机理，也不知运用理性，人们把提高自己智力的机会让给了机器，而自己也被机器化了，这就蕴含着一种危险。然而我们必须肯定信息—数据—计算这种思维模式也将逐步强大起来。正如赫拉利所言"就算数据主义有错，生物不只是算法，也不能阻止数据主义接管世界，……因为数据主义正传播到所有学科，前景一片光明。只要能成为统一的科学范式，就很容易成为一个难以撼动的教条"（《未来简史》，尤瓦尔·赫拉利著，第358页）。这里所谓"统一范式"就是指信息—数据—计算的认知模式，所谓"难以撼动的教条"就是数字信息媒介形成的智能网络文化（观念）。虽然这只是赫拉利的一种设想，而非预测，但可以肯定的是，这种"算法"的认知模式将会占有重要地位。今后随着信息流的逐渐畅达和数据量的扩大，人们能更好地找到与事物相关的标志性信息（就像用生化信息标志人的心灵活动那样），这种"统一范式"可能会帮助人们解决很多问题，但是也应该注意这主要对研究者们、某些专业的从业者们是有利的。对普通民众而言，仍然不能改变甚至会强化对点击（电脑、手机）求知识、求娱乐的简便快捷的网上生活的依赖，如果缺乏媒介意识，也不能改变其理性和智力能力下滑的趋势。值得注意的是，数字信息媒介对科研人员的有利在永恒的时间链轴里也是暂时的，正如赫拉利所言：

> 数据主义对人类造成的威胁，正如人类对其他动物所造成的威胁。在历史进程中，人类创造了一个全球性的网络，不论面对任何事物，都以它在这个网络中有任何功能来给予评价。几千年来，这让人充满了自尊和偏见。人类在这个网络中执行最重要的功能，也就是很容易认为自己是这个网络所有成就的主要功臣，并认为自己就是造物的巅峰。至于其他所有动物，因为它们执行的只是网络中次要的功能，于是其生命和经验都遭到低估；只要动物不再能发挥任何功能，就躲不开隆遭灭绝的命运。然而，一旦人类对网络也不再能发挥重要功能，就会发现自己到头来也不是造物的巅峰。我们自己设定的标准，会让我们也走上长毛象和白鱀豚的灭绝之路。到时回首过去，人类也只会成为宇宙数据流里的一片小小涟漪（同上引书，第359页）。

这意思是说人类一味追求信息数据，或者如我们所言的在信息—数据—计算这一智能网络思维模式下，追逐人工智能技术，那么最终就有这么一天人类再也控制不了这个智能网络了。智能网络将把人从心灵到行动都纳入了自己的掌控之下，人类不再能发挥重要功能了。那时，人类将走到尽头，难逃被灭绝的命运，而这个灭绝对永恒的宇宙而言，也不过是人类从诞生到灭绝而激起的一波浪潮而已。当然这只是设想的数字信息媒介技术、数据主义或智能网络文化发展的一种可能性，但是它确确实实地警告人们，在激烈地追逐数字信息媒介技术中还是要小心翼翼，不顾一切狂热的你追我赶，可能蕴含着人类要失去自我的危险。赫拉利的这段话与70多年前海德格尔对技术追问的一段话非常相似，在那里海德格尔告诫人们如果在技术的追求中失去了人自身的存在（即失去了人的自主性，被技术所裹挟，用今日的话说即是把自身交给了数据算法）就是危险，本书第十五章中将引述（载于《海德格尔选集》945页中的）那段话。如果在这里引述那段话，解释起来将很吃力，不如在十五章那里顺畅。请读者读到那里时再回过头来对照思考。

上述的数据主义的算法只是智能网络文化中一个部分。智能网络文化可能会像印刷术文化或电视文化那样影响到社会的各个方面。现在看来，似乎智能网络文化正在形成中，究竟会是什么样的，可能要等到智能网络文化真正成为社会文化的主导力量时才能更清楚些。

不过我们已经看到了这种文化的影响力，虽然还是在初始阶段，但是不可忽视。在微信公众号"写变量的何帆"中就讲了这样的一个故事：一位高校老师说学生中的很多人不看老师发的通知，有事直接发微信问老师。有时候已是夜间，都该休息了，有些学生也发微信并要求老师立即回复，如果老师回复得慢一点，就可能被学生拉黑。学生把老师拉黑了，简直成了笑话，但学生们为什么这么怪？后来老师恍然大悟：原来那些学生把老师当成了网站的客服。再深究一下，为什么那些学生会这样呢？就是学生的思维方式在变化，也就是学生们日常频繁地使用智能网络，培养出来的思维方式也容易是智能网络文化的思维方式。学生之所以把老师当成网站的客服，就是这种思维方式无意识地流露。有人戏称年轻的一代是"算法喂大的一群孩子"。我们更想到的是年轻的一代思维方式变化之快，让人难以估量，我们将怎样迎接这场即将来临的"算法"的暴风骤雨呢？何帆说得好：算法是强大的，也是可怕的；对个人来说，你不能战胜算法，算法就会战胜你；对社会来说，不控制算法，算法就会腐蚀社会。如何控制和战胜算法呢？愚以为这仍然是个媒介意识的问题，也就是我们要充分认识人工智能（算法）的利与弊。

我们在这里提到的和上面讲述的六种隐喻以及将来可能发现的更深一层的隐喻是为了让大家重视起来，以备豫不虞。另一方面也要看到可能形成的智能网络文化会对人产生一些负面作用，不一定就会发生在每个人身上，最好的预防在于认识媒介。在第十一章中，波兹曼让人们面对媒介回答那十几个问题就是树立媒介意识的最好方法。如果我们面对将来可能的智能网络文化，也能回答那十几个问题或者更多一些的问题，大概会使我们既能很好地应用先进的媒介技术又可以保护我们的身心健康。如果是这样，在可以预知的未来，数字信息媒介仍然是灿烂的科技之花，而不是有毒的罂粟。

（七）人脑与电脑（人工智能）

笔者既不是脑科学工作者，也不是专业的人工智能研究人员，所以不会像他们那样讲出人脑与人工智能的许许多多的区别来。但是，人脑与人工智能的基本差异我们必须清楚。而作为媒介知识，我们所关注的是人工智能作为媒介（在输入信息之后）产生新的信息与人脑思维——也可以看成媒介——所产生的（认识）信息有何区别，特别是我们应如何认识人工智能的发展对人及人类产生何种影响。

人工智能显示了它强大的威力，它在记忆、计算、处理信息、部分认知等方面的能力远远地超过了人脑，而且它的前途甚为广阔，人们对它开发的远景难以估量。它不但解决人类难以解决的一些问题，做人类难以做到的一些事，甚至做得比人类想象的还要好。那么将来它是否可以代替人脑呢？目前的回答是做不到的，以后的一段时间里大概也是难以做到的，再以后有人认为是可能的。真有那么一天，那又将会是怎样的世界呢？也是难以预测的。现在看来，二者的差别根本在于它们是不同质的，从本质上来说人脑与电脑是两码事。人脑是碳质的，人脑的活动是蛋白质之间的交流；电脑（人工智能）是硅质的、是无生命的，是信息借助算法产生新的认知（信息）。这个根本性质的不同使两者之间产生巨大差别。

我们在第二章中曾讲过的，那个魏泽鲍姆特别指出两者最大的不同，即人有思想、有情感，这是人工智能所不具备的。所谓思想是指人的思维能力、人的智慧，它包括有人的理性、判断力，还有人的直觉、顿悟等，这些能力结合在一起显示出人的创造性。人工智能不是人脑的山寨版而是仿真版，它的所谓神经网络是以算法对人脑蛋白质结构的神经网络的模仿，人工智能的思维方式是计算，而人脑的思维方式是"算计"（即思想）。到目前为止，人的思维活动尚未被生物学、脑科学、生命科学、心理学等相关学科所完全解密。情感在动物中已经有了，进化成人类以后更与思想关联着。情感能与人的思维互动，有思想、有认识，情感就更为深刻与复杂，这也是人工智能所没有的。思想与情感是人之为人的重要标志，也是最为宝贵的，所以魏泽鲍姆嘱告人们不可将此二者托付给电脑。这话含义实在很深。现在我们已经看见人工智能正向人的思维逼近。当下人们见到的人工智能都是适于专业用途的，被称作"弱人工智能"，初看起来真像人脑那样思考而令人惊叹。AlphaGo就曾让世人震惊一时。

　　一款叫《为你写诗》的游戏就有点趣味，人们给写诗（系统）的人工智能出一个题目，它就可以用几个关键词作出一首还像个样子的律诗来。比如这一首名为《西湖》的诗：

> 　　江南烟雨柳丝斜，
> 　　断桥残雪落梅花。
> 　　一伞撑开春水绿，
> 　　西湖岸畔是谁家。

　　初看起来好像是一首有模有样的写景诗，但要仔细品来却发现有点什么缺欠。但凡景诗都是情诗，以情寄景，以景抒情，情景交融方称意境，意境应是诗魂之所在。这首诗虽然意境统一，但意蕴不清晰，没有灵魂，好像似一种虚无飘缈的什么东西在游荡着，让人抓不住其意在哪里。不妨拿苏轼的西湖诗《饮湖上初晴后雨》比上一比。苏轼当时正因变法之事被贬杭州，但他并无郁结，不改襟怀坦荡潇洒不拘的性格。这一日从清晨至日暮游宴于西湖之上，亲见了先晴后雨的景象，于是："水光潋滟晴方好，山色空蒙雨亦奇"。"水光潋滟"句尽道波影银光层层闪烁之艳美；"山色空蒙"句尽显雨时烟霞蒸蔚之奇妙。两句有妙意勾连，一则是"晴"，一则是"雨"。以此种眼力看湖光山色，足见诗人胸怀之坦荡、豪放。下面两句又与前面两句之美意相勾连，晴与雨的西湖艳美之极，如何来赞美呢？"欲把西湖比西子，淡妆浓抹总相宜"真是神喻。西施之美若天仙，无人可比，这里以西湖相较，真是把灵性给了西湖，登时让西湖有了神韵，更表现了景中的诗人畅美销魂之态。"淡妆浓抹总相宜"将不尽之美塞于其中，世间一切美艳，皆可以此七字作比。我在这里并非讲诗，而是要说，苏轼如此之绝思妙想源于他的情怀和心灵，而人工智能正是缺乏这种具体景象中的具体情感，所以难出好诗。机器诗的无感正是说明硅质的无情，而碳质的人却能有真情实感。机器人写诗是找到表达西湖的主题词，像烟雨、柳丝、断桥、残雪等都是主题词（这里似应称"关键词"，下同）。用深度神经网络技术，生成诗句，"根据每一个主题词生成一句诗。这些主题词就相当于人类写作时经常用的提纲……对每一句诗歌的生成，则用到了机器翻译技术。对诗歌的第一句进行'翻译'得到第二句诗，再对第二句进行'翻译'得到第三句诗，以此类推"（《智能革命：迎接人工智能时代的社会经济与文化变革》，李彦宏等著，中信出版社，2017年版，第79页）。机器翻译就是在这一主题词下的挖掘，一方面让语词的语意加重，另一方面保证其意境的统一，所以诗才像个样子。然而机器翻译是重复主题（关键）词的意义，并没有深化其意义，我们利用机器翻译完全可以找到另外的句子代替它们，因为句与句之间无关联，凸显意蕴不足。诗歌句与句间无关联就鲜明地给人以拼凑感。用算法从万千诗人的名作中选词摘句拼凑，就像拙人写联摹仿书家东一字西一字拼凑一样，每个字都单摆浮搁，互不关联。随手拿起毛泽东手迹"天若有情天亦老，人间正道是沧桑"，便会看到各字之间有种情感联结着，似有神韵在统摄着，颇现感天动地地慨叹。如果从书法名家所写的多幅字画抽出这十四个字连在一起，那字与字之间一定是貌合神离。虽然这首《西湖》诗看起来像是人作的，但是细品起来，诗作却缺乏情感，没有内在神韵，即使境界前后一致，也难以表达人一样的情怀。硅质的（机器）"人"在这方面难抵碳（蛋白）质的人。别看人工智能如此聪明，但它的情感是零度的、它的思维是机器的。虽然如此，我们还是赞扬相关程序开发者的探索精神，以人工智能进行深度思维的研究是个方向，他们在努力着。

我们在前面讲了现在的人工智能不能认识事物的本质，仅是显示事物与事物之间的某种关系，因此只能是做专项工作的弱人工智能。虽然目前的人工智能还有某些缺欠（这些缺欠的根本原因仍然是机器思维与人脑思维的差异），但是它已显示出了威力，特别是在有规则的、逻辑的、可计算的、可推理的一些领域里大显身手。可是人们还是希望人工智能像人那样，面对不同事物，可以适时切换不同的思维方式（算法），来分析和处理不同的事物，这就需要制造一种通用人工智能。这种看似一种人工智能胜任多种工作，好像多种专项人工智能集结在一身（实际这种集结是不可能的，因为这将会造成一个庞大的系统），其实它是需要在对许多技术环节上进行革新的，甚至它的思路（算法）都是全新的。徐英瑾教授在《人工智能哲学十五讲》中用了六讲（整个下篇）较为通俗地介绍通用人工智能，虽然也是仿人脑的方式以算法来建立通用人工智能的思维模式，但与弱人工智能相比要复杂得多。

通用人工智能起码要有相似于人类的五种心理特征：第一意向性，这是认识事物的起码要求；第二自主性，也就是有能产生"意图"的想法；第三要有"情绪"，即在面对某种问题时可以集中知识，以便找到答案；第四要能执行人类社会的伦理规范；第五要有"德性"，即按正确的方式解决问题，而不能有违道德。然后借助哲学、心理学等学科知识，分析每一种心理结构中的各要素之间的关系。（比如要产生"意图"，就要处理信念系统和欲望系统之间的关系，因为这两个系统结合才会产生"意图"），并按此种关系建立人工智能（仿人脑活动）的神经计算模型。五种心理特征中，每种心理特征中都含有多种系统之间的关系，即需要建立多种神经计算模型，并且联结成一个整体的、多层的神经网络，足见其复杂性，然而更为艰难的是这种人工智能要求进入到人的心理和自主认知的层面，其要求是很高的。比如在给人工智能嵌入"意向性程序"中，就要与人脑产生"意向性"的步骤相似。这就要"我们应当先将人类自身的意向性结构吃透，然后再找到某种合适的数理建模方式，将其移植到硅基体上，由此实现人造机器层面上的意向性"（《人工智能哲学十五讲》，徐英瑾著，北京大学出版社，2021年版，第186页）。以何种思想来认识人的意向性结构呢？徐英瑾主张以胡塞尔的现象学为基础，来吃透人的意向性（我们在本书的第二章里曾经涉及了一点点意向性的问题，已经感到其结构的复杂性），而关键是人工智能如何消化胡塞尔的意向性理论，并将意向性移植到硅基的机器上，这个难题现在尚未解决。其他的那四种（自主性——意图、情绪、伦理、德行）心理特征也都有一些难以解决的问题，也就是说通用人工智能的实现，还需要一个相当长的时间，不过人工智能和哲学、心理学、脑科学等学科相结合，已为人们打开了思路，似乎让人看到通用人工智能成功的可能性。从媒介理论的视角来看，因为它的技术与哲学、心理学、脑科学等学科的结合，那么在信息处理上更接近于人脑，其输出信息的质量会更高、效果会更好，它的用途不仅是"通用"，而是一种"质"的升级。比如我们先前所说的那种"自主武器"

（或者自主作战的机器人战士）在通用人工智能实现之后，将可能会更灵活、准确地打击敌人，所以通用人工智能是可以期待的。不过通用人工智能与人的智慧相比，在一些基本功能上还是有差距的，它的思维、它的灵性、它的自主性、它的情绪、它的德行与伦理规范性也都是有限的，尚不能达到人那样的全面、深入和丰满。其根本原因就在于人类还不能破解人的思想和情感这两样东西的密码。人们至今（也可能是将来的某一段时间内）也不能完全弄清它们的机理，人工智能也就无法全面模仿人的思维和情感，因而必然与人脑有差距。

生活的世界是复杂的、丰富多彩的，不只是有规则的、逻辑的、可推理的（即可以计算的），还有非理性的、偶然性的、难以预料的，这些人工智能不擅长"理解"的东西，人总是可以想办法能够应对，人工智能将怎样具有人的这种灵性来协调各种功能应对各种事变呢？人的灵性奥妙究竟是些什么呢？人类自己能否解释自己的这个奥妙呢？在人类未能认识自己灵性的前提下，人工智能能否超越人的灵性呢？也就是它能否成为"超人类"呢？不过鉴于目前的科技水平及其某种发展，如果把通用人工智能的标准降低一些，比如让它有一定的辨识力，根据不同的场景，调整自己的"思维方式"，来做不同的工作，从而使其具有一定的自主性。这样的人工智能在不久的将来是可能诞生的。然后再一步一步地像徐英瑾教授描述的那样，搭建某些具有人类精神活动特点的脑神经网络模型，逐步完善通用人工智能。

现在科学尚未破译人的思维和情感在人脑中如何运作，所以也不可能让人工智能像人脑那样具有思想和情感。出于探索，有人研究将芯片植入人脑，走碳硅结合的路径，造就一个超高智慧的人，似乎更有吸引力，更有希望。现在芯片技术已相当成熟，在一平方毫米的硅片上可安装16000个电子晶体管和几百个电器原件，带有读写、存储、通信等功能，如将这样的芯片与人脑神经连接，由人脑功能来思考、算法来处理、芯片来运作，它强大的算力会选出最优方案供于实施，此种半硅半碳之人如何了得，但关键是如何将人脑的神经网络、神经元细胞的活动以脑电信号与芯片连接。目前尚未找到何种蛋白质或硅质元件做人脑神经网络同人工智能神经网络连接的理想接口。

略有进展的是美国的马斯克（Elon Reeve Musk）团队通过USB（接口）连接大脑神经元读取大脑信号，输出后用以控制机器。这已在老鼠中试验，芯片以电池供电，在老鼠身上植入1500个电极，收集到了神经元信号并传到电脑中。在2020年的研究中，又将脑—机接口芯片无损植入猪脑中，直接读取大脑活动信号。这又使人脑与人工智能相结合的研究向前迈了一步。2024年1月，马斯克创始的"神经连接"公司进行了脑—机接口设备的首例对脑病患者移植，这款产品被命名为"心灵感应"。大脑被植入设备后，只需通过意念就能控制手机、电脑，并通过它们控制几乎所有设备。现在首例脑—机接口设备的被移植者恢复良好。中国的脑—机接口技术也有突破性进展。

首都医科大学宣武医院赵国光教授团队与清华大学医学院洪波教授团队在2023年10月共同完成无线微创植入脑—机接口试验。由神经外科医生操作，将两枚硬币大小的脑—机接口处理器植入一高位截瘫患者的颅骨中，采集了感觉运动脑区颅内神经信号。经过三个月的居家康复训练，这位患者目前可以通过脑电活动驱动气动手套，实现自主喝水等脑控功能，抓握准确率超过90%。另一例脊髓损伤患者于2023年12月在首都医科大学附属天坛医院也完成了脑—机接口植入手术，信号接收正常，已进行居家康复训练，有望实现某些脑控功能。浙江大学的一个实验团队，在人脑中植入微电极阵列，运用电脑信息提取并解码大脑的一些动作的神经元信号，做到了通过人的意念控制外部的机械手臂功能已获得成功。南开大学的以段峰教授为首的团队与一些单位合作研究出了介入式脑—机接口，通过静脉将脑电传感器植入猴脑的血管壁上，不用开颅手术就获得（如运动、视觉等）相应脑区的电信号，让猴子主动控制外部机械。这项在灵长动物身上的实验成功，预示着人类因脑疾病而影响活动时，借助此种脑机接口，便可得到外部机械手的帮助。

天津大学的一个团队研究了用脑—机接口来读取人脑信号，让意念变成文字。一个人面对屏幕，屏幕上有一个虚拟的字符键盘，键盘中每一个字符背后都有一个特定模式的"视觉刺激"。当这个人想拼写某个字符时，只要看一下虚拟键盘中的字符，这个字符背后的"视觉刺激"就会诱发这个人的特定模式的脑电波，通过算法解码这个脑电波，就能确定他看的是哪个字符，于是将这个字符打印成文字，这就是人的意念能够打字。还有一种意念输入系统，使用功能性磁共振成像（FMRI）技术分析大脑的灰质层血液流动的应答，这种应答由精神影像引起，计算机程序将它们与各字符一一对应，每一个字符对应着一个可靠、可辨的单次提取FMRI信号。人安装这个大脑输入系统后，看着屏幕上的字母，在规定的时间里把要说的东西（字母）想象看完，设备就会把人想要说的东西（意念）打印（成文字）出来。百度输入研究中心也是采取脑电波办法，把意念变成文字。人戴上蓝牙耳机设备，它能将人大脑皮层内心活动产生微弱电信号（电流）采集下来，随后通过语意翻译模型将大脑的电信号翻译成文字。这个蓝牙耳机实质就是个小小的，但是有很强能力的（人工智能）计算机系统，人戴上它，开启意念输入模式后，它（因与手机相连）就在手机上用文字显示出大脑所思所想的内容。如果以上说的这些项目技术成熟，那么它将意味着将意念转化为文字不仅意味着输入法的革命（即人们可以用意念打字，不用再敲字盘了），更显示了脑—机接口的重要性，即人与计算机不再是分立的，而是可以形成某种关系。这种关系，具有开创意义。最明显的应用是用这个人脑—机接口将（意念）脑电信号变成指令，让与之连接的外部设备实现这个意念，比如让机械手帮助人吃饭、喝水、驱使假肢走路等；比如将这个意念显示在手机、电脑上，用文字展示出来，畅快地与人交流。不过总的看来，现在这些还处于实验阶段，虽有成功之处，但还没有达到广泛应用的程度。当然，前景是可期待的，它更告诉人们将来人工智能可能会把人在"想什么"展示出来，这将是信息媒介科技（人工智能）的一大进步。它标志着计算机开始走进了人的大脑，它要求的是找到更完美的脑—机接口，实现人工智能与人脑的无缝结合。人工智能把人的意念转换为实施的办法，人想干什么，他不用费力就能干什么。这又会告诉我们人的思想情感同强大的、内存多种功能的人工智能互动，这种"超人"也是令人恐怖的。

　　脑—机接口令人遐想不断。现在人们交流以语言和文字进行，如果人与人通过脑—机接口交流，使意念直接与另外一个人的意念相互交流，是否就此而废除文字呢？甚至废除语言呢？笔者在前面说过，语言既是媒介又是信息，语言以它的媒介形式——最初以口语后来又加上文字而存在。

这两种媒介形式是语言内容（信息）的载体，即媒介承载着信息。当意念（信息）没有了语言承载又何以存在呢？正如没有语言（媒介）又如何（进行信息运作的）思想呢？除非那（语言消失之）时又有另外的一种媒介形式出来承载意念（思想信息）。

更让人遐想的是当我们把人工智能看作是一种媒介技术时，它的隐喻让笔者想到它高度发展，本领远超过人类，是否会成为人类的灾难。目前对这个问题有两种看法，一些人的回答是肯定的，还有一些人是否定的。先说否定的一派。这之前还是想起了我们在第二章中里说到的那个魏泽鲍姆，他在那里告诉我们不可以将人的最宝贵的两样东西赋予电脑（人工智能），一样是精神活动，一样是智慧，其实说的就是情感和思维。

有人把人界定为有"心智"的生物。"心智"有三个系统：情感（情感和动机）系统、意志（意志和行动）系统、智能系统（感知和思维）。就"心智"这三个系统而言，它和魏泽鲍姆提出的人的精神活动、人类智慧无根本区别。本书第二章我们曾把魏氏的人的精神活动、人的智慧归结为人的情感和思想这两样东西，因为他强调"人之所以为人的最大特点恰恰就是人最不可能计算机化的部分——我们思想和身体之间的联系，塑造我们记忆和思维的经验，我们具有丰富情感的能力"（《浅薄：你是互联网的奴隶还是主宰者》，尼古拉斯·卡尔，第259页），也就是"心智"中的三个系统完全可以以人的思维和情感这两样东西来阐释和代替。比如，情感产生感情和动机，人的思维产生想法，它会触动感情中的动机产生意志和行动，也就是魏泽鲍姆所说的情感和思维能力产生了上述"心智"系统之一的意志系统。

"心智"的另外两个系统，即情感系统和智能系统，其实就直接是魏泽鲍姆所言的情感和思想。假如人们主观地将"心智"系统中的情感和意志这两个系统全归于只有单一智能系统的人工智能，那就等于给人工智能加上了灵魂，使它有了自己的情感和意志，也就等于是把魏泽鲍姆说的思维与情感两样东西给了人工智能，从而独立于人。人们自然就会因此心生恐惧。而人工智能不具情感和意志系统，自主意识也将会受到很大限制，就不会对人产生灾难性后果。

魏泽鲍姆所言的情感系统和思维活动都是复杂的蛋白质进化演变来

的机能，目前脑科学、心理学等还不能清楚地解释这种机能通过怎样的机理产生，只能说是蛋白质的这种运作标志着人脑是生命体。一旦脑蛋白质停止活动，即是人的脑死亡，有意义的人的生命也就不存在了。人无法破解人的情感和思维活动就意味着人无法仿制这样的生命体，只能由自然的有机进化和生存社会的影响而成。而人工智能完全是仿人脑神经网络活动的，无生命的、无机的机器构造。更重要的一点是，人是社会性动物，即在人的本质中镶嵌着人的社会性，人的社会实践在很大程度上影响着人的意识（即思想、意志和行动），人的这种交往能力更是人工智能所不具备的，目前人工智能与社会的交往都必须由人来安排。人的交往能力体现了人的自主性，人可以设想应当做什么、应当怎样做，这样做的可能后果会是怎样的。而人工智能没有自主意识〔我们前面设想的通用人工智能的辨识力表现出的某种自主性仍然还是机器（算法）的初步产物，远远达不到类似于人的那种自主性〕，若没有人的操控，它便不知道自己应该做什么。即便有了通用人工智能，它们也很难具备有人的心灵灵性。

种种情况表明，人工智能不可能构成"非人类"的灾害，人们在发展人工智能方面无须恐惧。当然这种思维是在弱人工智能的情况下的思考，但是我们前面说过通用人工智能因为它的构造所限，它与人脑的差异也仍然会告诉我们它若与人类为匹敌也是不太可能的。通用人工智能要想发展到与人类相冲突的程度，大概只有在把魏泽鲍姆说的精神活动和人的智慧（也就是思维与情感）全给了人工智能才会实现。这可是个遥远的事情。

认为人工智能的发展可能成为与人类直接对抗而成巨大灾害的一派认为，虽然生命系统与人工智能的无生命系统有根本的区别，但这不能证明无生命的系统在认知上不能破解生命系统的情感和思维的奥秘，人工智能依据巨量的数据和灵活多变的算法为它开辟了广阔的前途，它最重要的特点是模拟人的思维，还可以应对人的思维活动。AlphaGo下围棋并不具备有人的谋略，但它可以算出人的谋略，于是战而胜之。再如赫拉利对未来算法的一种设想那样，当人站在投票箱前，为选哪一位为总统而费思量时，人工智能可以从对选举人生化数据的分析中给出让选举人满意的选项，而不会后悔。人的心理（包括情感与智慧）也有可能被人工智能了解和掌握。虽说人的情感和思维很复杂很难破解，但是科技（媒介技术）的发展告诉人们没什么不可能，科技就是把不可能变成可能。想当年，人看到鸟儿自由自在地在天上飞，非常羡慕，感叹自己不能像它那样身生双翅，展翼飞翔。可是从19世纪末就有人研究飞翔问题，做出各种试验，果然在20世纪初研究制成了飞机。现在，人不但可以飞，而且飞得更高更快。你想俯瞰大地的美丽图画吗？只要坐上小型飞机，即可离地升空，体验鸟儿俯瞰大地的自由。

那个主张人工智能可能会对人产生威胁的马斯克团队研究人工智能几近疯狂，他们用大量时间做各种试验，他们通过获取脑电流来识别动物的意图取得一定进展。如果将来把带有人的意图的脑电流同人工智能（通过脑—机接口）衔接，人的意图就传给了人工智能，而人工智能又有着广阔的知识和高超的技能，于是就会得到实施这个意图的办法，于是人就会成为"超人"或"神人"。这种半机半人难道不会构成对正常人的威胁吗？还有一种是将来脑科学进一步发展，它与人工智能合作可能破解人的情感和思维的密码，于是人工智能有可能全面获取如人一样的情感和思维，有了这两样东西，就可能使人工智能有自主性。自主性让人具有独立人格，同样也能让人工智能有独立性格，这种人工智能便会成为一种"非人类"而独立于人类，灾难也就摆在人类面前了。现在人们还看不到这个路线图，但是科技把不可能变成可能的话还是不时地回响在我们耳边。主张人工智能威胁论的科学家史蒂芬·霍金也是把这种可能性的实现放在了千年之后乃至万年，他说"人工智能可能成为一种新的生命形式"，"人工智能未来将发展出自己的意志——这种意志将与人类的意志产生冲突"。

关于人工智能的未来是否会威胁人类，是否会成为人类的灾难问题还在争论着，有科技发展方面的，也有哲学思想方面的。而我们所关心的依然是作为媒介的人工智能（数字信息媒介）技术的隐喻，在对隐喻的认识中寻求人类的生存存在，这将引导我们的思考转向科技与人的关系的问题上来。

（八）数字信息媒介的发展绝不是科技自己的事。

从上面的争论看来，两派都有过于着眼人工智能的技术前景，也就是有点陷入科技主义的怪圈中。如果只看技术将来往哪里走，恐怕难以说清楚，虽然说技术有它自己的规律，但决定走向的并非只是它自己，如何发展是离不开人的，也就是要弄清文化与技术的关系。

人类从原始社会走出野蛮奔向文明时起就开始竞争，由纷争、争夺到战争，杀人、劫财、掠地，几千年甚至上万年几乎接连不断，直到二战后大规模战争逐渐减少，而小规模战争时有发生。竞争虽然蕴含战争的可能性，但竞争不都是坏事。竞争促进了社会发展，促进了人类进步。不论是和平竞争也好，武力争斗也好，科技在其中都扮演了重要角色。今日之人也是文化之人，人有目的的发展科技，同时人又被科技发展（引起的社会变迁）所造就；人在科技的发展中彰显了人的本质和潜能，表现出了人类的进步。科技的发展又以发展了的科技反作用于人和人类社会；人用科技认识了许多事物（解蔽），人似乎聪明了一些，但是科技又限制（遮蔽）了人用其他方式来认识事物，似乎又在使人变笨。更让人不安的是科技还有着不听人话的自己的规律，就像电脑的发展就要走向人工智能，再发展下去就是通用人工智能甚至奔向像人脑那样有思维能力、有情感、有自主性的无机体，成为类人的一类。任何一种科技极端发展都可能造成对人的威胁。人在使用科技时得到了利益，同时又受到科技负面作用的影响，比如气温升高、环境污染、食品污染等。以科技对付科技往往又会出现新的矛盾，比如以武器应对武器，出现了原子弹、氢弹、化学武器、生物（细菌、病毒、基因）武器；以人工智能应对人工智能，会促进人工智能向人脑机能进化，从而威胁人类……而这些科技都是人类文明的产物。文化与科技的纠缠是数不清理还乱的关系，归根结底就是本书第二章所言的是人类用自己的科技发明物在与自己对话。而这对话的内容就是一种文化面对另一种文化，在媒介论看来科技仅仅是文化对话的一种媒介。

在人工智能将来是否会引发人类灾难的问题上，我们还是从文化与科技的关系中捋出这样一个问题：人类能否控制技术？历史对这个问题是有一点说法的。人类为防止核扩散而签订了条约，但薄薄一张纸能够有多大力量。当然现在看来条约、协议之类的东西似乎还有点作用，不过人们心里明白，那仅是权宜之计。条约、协议之类不是一个根本的办法，人们为竞争（战争只是它的一种表现）突破约定的底线是极其可能的。再说人工智能和大规模杀伤武器不一样，后者是单向的、杀人的；人工智能是有利于生产、生活，有利于社会进步的，它的负面作用虽然对人的本性有某种伤害（有媒介意识可以防御这些伤害），但只有极端发展（也就是成为人脑那样）才有可能直接威胁人类的生存，也就是说它是双向的。目前来看，人工智能还远未满足人们的要求，因此不是遏制它的发展，而是还要在可控的范围内继续努力去发展它。如果它发展到真有可能直接威胁人类的时候，需要签订某种协议或条约来控制其发展，那当然也是权宜之计。

既然人们为竞争而突破底线也是可能的，那根本的出路在哪里呢？愚以为根本的出路就在制止恶性竞争，即制止对人类生存及社会发展有害的竞争，制止竞争的根本在于改变对利益的观念。从来竞争都是为了利益，正确的利益观念可以求助马克思，因为他提出了共产主义，给我们以启发，消灭私有制。没有私有制就没有为利益的竞争，就能实现公平正义，和平共处，对任何科技的极端发展都能从根本上加以控制。实现共产主义，树立共产主义世界观实在是个远大目标，看来似乎还有些遥远（霍金对人工智能高度发展可能会与人发生冲突的预想，不也设定为千年以后吗？）。但是现在已有人在朝着这个方向努力着，比如在人类命运共同体的观念下出现了人与自然生命共同体等想法。现在世界已经走到了数字信息时代，这种媒介技术不但开始将人类聚拢在一起，而且要求将各种生存利益聚拢在一起来考虑，人类的命运将不再是由一个民族、一个国家或某种为少数利益服务的组织掌管，各个民族、国家或集团的命运互相关联、休戚与共。但是西方社会的一些不开明的领导人和政客仍然秉持着工业社会时代的那种互相竞争的思维模式，仍在你争我夺。也许人类的文明历史还是太短，至今还处在一个你争我夺的时代。虽然现今世界尚未走出利益争斗的魔圈，但数字信息媒介时代已开始要求利益协商、公正平等，而未来将是摒除竞争、利益共享、和平共处。当然无论是近端的或远端的目标，大概还需要一个相当长的过程，需要做艰苦的努力，甚至需要一定方式的革命（不一定是武装斗争，但肯定要进行思想上的革命）来实现。这里终归一句话：人类控制技术，包括控制人工智能技术是有可能的，关键在于人类社会向哪里走。

这里我们始终把科技看成是人类追求目的的媒介，而它能造福于人类达到何种程度，抑或它形成对人类的危害有多大都是媒介（科技）的隐喻。当我们用以上思想来认识媒介（技术）的隐喻的时候，我们真的没有想到它竟与人类社会的发展如此地息息相关，媒介认识论竟也是如此的复杂和深刻。

历史已经证明，科学技术的发展从来就不是自己的事，它在发展的某一时刻就会显示出人文科学的重要性。人文科学也应时时地关注着科学技术，并且作出理性的认识。媒介意识就是这种不是科技但伴随着科技（媒介）的发展变化而产生的人文意识，科技也应在发展中由人文意识予以调整，以免发生人为灾害。科技只要是在人文科学关怀下发展，就能永远造福于人类而不会危害人类。

第十四章　媒介中的人和人性

——人如何朝着正向成长

媒介关乎人性，这是麦克卢汉及波兹曼都没有直接谈论的话题，但是从他们研究媒介对人对社会的影响来看、从波兹曼的隐喻说来看、从他们研究中的人文关怀来看，媒介的确影响着人及人性。在数字信息媒介迅速发展的时代里，人的问题一下子变得突出了。计算机欲人化，同时计算机又欲将人计算机化。当人工智能逐渐取得人的能力，而人又逐渐地像机器那样地按人工智能的节奏来工作和生活的时候，人性是否会有所改变呢？这就启发我们不得不去思考这一问题了。

（一）人性——不追究它的概念，只谈它的存在

什么是人性？科学研究最讲究定义，但是真到下定义的时候往往又是议论纷纷，很难得到一个大家都认可的定义。比如什么是哲学、什么是新闻学，上百年来，甚至几百年来也没有个定论，但是它们却都是真正地存在着、起作用着。关于什么是人性，也难说哪一个说法是正确的，但人们都承认人性是存在于人身上的。人性是人与他人和人与物的世界共同生存（存在）中所形成的关于人的品性。人性不是谁给定的，而是为适应生存而形成的，是随着人的社会生活改变而改变的。人性中不只是有为他人、

为集体、讲诚信、守公德等向着正面的可能性的东西，即所谓"超我"的东西。也有为私利、图享乐、寻安逸等向着负面可能性的东西，即所谓"本我"的东西。此外，人性还有个体差异。一般情况下，人们把向着正面的可能性的东西叫作人性，或者称人道主义。应注意的是人性是可后天形成的，因之也是可变的。人性是生活于那个世界现实的产物，生存世界变了，人性也将随之而变，没有哪一个学派、哪一个学问家曾作过人性就是什么什么的规定。从历史上看，人性也的确在改变着。在奴隶制社会没有什么人说奴役奴隶是违反人性的，连大哲学家亚里士多德都认为解放奴隶是违反人性的。人性是属于意识形态的，决定意识形态的最根本在于社会生产力，社会生产力决定着社会发展，因而也影响到意识形态，影响到对人性的看法。历史上有人说过人性是可以改变的，比如美国的杜威，但却没有人说媒介是可以改变人性的。其实技术（作为媒介——通过技术达到某种目的）作为生产力要素早已在悄悄地参与了改变社会、改变人的存在方式的作用之中了，并且也暗暗地改变着人性。

海德格尔在《诗人何为？》中就指出科学技术对人本质的作用。他说："不仅生命在培育和利用中从技术上被对象化了，而且，原子物理学对各种生命体的现象的进攻也在大量进行中。归根结底，这是要把生命的本质交付给技术制造去处理。今天，人们极其严肃认真地在原子物理学的各种成就和状况中去寻找证明人的自由和建立新价值学说的各种可能性，这正是技术观念占了统治地位的标志"。（《海德格尔选集》，海德格尔著，生活·读书·新知上海三联书店，1996年版，第430页）。人发明技术，人使用技术，此时技术是人的对象，而现在是"生命在培育和利用中从技术上被对象化了"，这也是在说技术反转过来作用于人，使人成为它的对象。海德格尔作《诗人何为？》这篇讲演时是在1946年，距第二次世界大战日本被原子弹轰炸后约一年的时间，原子物理学由此更加引起世人的广泛关注。由原子物理学对生命的威胁和想到科技对人的作用，他才说："归根结底，这是要把生命的本质交付给技术制造去处理"。"生命的本质"应当是在指涉人性，而人的价值观是人性的重要标志。技术制造去处理生命的本质就是指技术在改变着人性，改变着人的价值观。利用原子物理学制作大规模杀伤武器，瞬间夺走十几万人的生命，这样的高科技使人不得不在技术面前调整关于人性的规范，也就是"寻找证明人的自由和建立新价值学说的各种可能性"，这说明人性在技术的改变中，不得不改变。海德格尔还指出"因为利用机器和机器生产都根本上并不就是技术本身，而只是把技术的本质在技术的原料对象中设置起来的过程中适合于技术的一种手段。甚至，人变成主体而世界变成客体这回事情也是自行设置着的技术之本质的结果，而不是倒过来的情形"（同上引书，第430页）。这里是说技术改变人，并非是技术的力量，而是技术本质的力量。机器生产实质上是技术本质让原料按着技术的安排变成产品，而不是技术，让人关注的应是技术本质，这个本质甚至表现为把人安置在了主体位置，把世界安置在了客体位置。从另外的角度看，技术本质把人与世界分离了，人和世界不再是融合在一起的了（注意，人在没有技术，特别是没有机械技术之前是与自然界融合在一起的），这不就是人被技术改变了吗？也可以说成人被媒介改变了。这种改变绝非位置改变那么简单，它的含义很深，其中就有人及人性的改变。而较早关注媒介技术的哈罗德·伊尼斯（Harold Adamis Innis，加拿大政治经济学家）、麦克卢汉、波兹曼等人从一开始就指出了媒介技术引发的是生产组织、社会结构、社会管理乃至人的生存存在方式的变化。麦克卢汉在解释"媒介即讯息"的时候不是说媒介对人的组合与行动的尺度和形态发挥着塑造和控制的作用吗？这其中不都是有着媒介对人性改变的含义吗？这些改变之源不就是海德格尔讲的技术的本质的力量吗？

中国古来的哲学也非常关注技术对人性的改变。在谈到"科学是人与造化相互作用的一部分"时，麦克卢汉引用了德国著名的量子物理学家海森伯在《物理学家的自然观》中的话："这个技术时代给环境和我们的生活方式带来了深远的变化，同时又给我们的思维方式带来了危险的变化。这里埋下了危机的祸根，危机震撼了我们的时代。危机也表现在我们的现代艺术中。不错，这个反对意见比现代科学技术要古老得多，工具的使用可以回溯到人类最早的幼年期。因此，2500年前的中国圣人庄子就说到机器的危险"（《麦克卢汉精粹》，埃里克·麦克卢汉、弗兰克·秦格龙著，第189页），接着海森伯引出了载于《庄子·天地篇》中的一个故事，这里用白话文解说如下：

孔子的弟子子贡南游楚国后返回晋国，路过汉阴这个地方的时候看见一个老者在菜园种菜，挖沟引水到井中。老者抱着一个瓮罐取水灌田，水汩汩地流入菜园地里，看着很吃力，功效很低。子贡就对老者说，这里有一种机械，一天就能灌上百畦，用力很少但功效很大，你干嘛不用呢？种菜的仰头看着他说："用何种方法？"子贡说："凿木做成机械，后重前轻，提水就像抽水，水流很快，如同扬汤一样，那个东西叫槔"。种菜的人面容生怒，却笑着说："我听我们的老师说机械的人必然有机巧之事，有机巧之事，必有机心，这机心存于胸中则纯真洁白就没有了，纯真洁白没有了神性也不能安定，神性不定就不能认识道。我不是不知道用机械，我是感到羞耻，所以才不能那样做。

麦克卢汉点评这个故事时说："这个古老故事包含了许多智慧，因为'神生不定'恐怕恰当地描写了现代危机中人的处境。技术即机器在全世界传播的程度，是我们的中国圣人想也想不到的。这位圣人构想的'纯白'的复杂和精妙，比专门化技术和专门化感官生活的社会的任何产物不知高多少"（同上引书，第189页）。这个故事是在反对机械吗？不是的，反对的不是技术，而是技术的本质对人的伤害，它反对的是"机心"。人本来是与自然相融的，互相作用的，于是人能很好地体验自然（之物），利用自然（之物），处理自然（之物）。理发师用手中的剪子、推子时，那千丝万缕的头发似乎很受他的"调遣"。他手法灵活、随机应变，该留的留下，该减去的减掉，完成了一个理想的造型，这是一件心灵与秀发之间融合的创作。"庖丁解牛"的故事告诉我们，那位庖工正是对牛体心领神会，才能手法娴熟、得心应手。高明的医生做手术，似心灵在刀尖上行走，巧妙处理肌肉、血管、骨骼、筋腱等组织，精准无误……这些高手们对自然之物相遇相通，心神寓物，所以才技艺高超、炉火纯青、手到擒来。庄子认为，人的真知是人与物在神交中形成的，是发自人心灵的、本性的、源泉的东西，所以被称作人的"神性"，是宝贵的、不可丢弃的。如果使用机械，就将人与自然隔开，人心不能与自然之物直接交流，人不能如原初的那样去交结自然、融会自然、贯通自然，反而要依机械的步骤行事，这便让人长了"机心"，没了自身，此乃大伤人性。在这里，海森伯与庄子的思想有很多相似之处，如果把海森伯引用庄子的这个故事与前面说的技术给我们的思维方式带来了危险和埋下危机的祸根的话相对照，我们就会发现科技（包括媒介）的发展在改变着人，这种改变是人本性中的一些东西的改变，它将对人的生存产生重大影响。其实海森伯只引用了故事的前半部分，后面的故事中子贡的感慨在某种程度上说出了这个道理，且补充如下：

> 子贡说，我原以为孔子是天下第一人，可是不知道还有这样的人（即种圃者）。我听孔子讲，办事情只求可办下去，做功业要求做出成就，事半功倍的人就是圣人之道。现今才知道不是这样。掌握了大道的人德行完备，德行完备的人形体健全，形体健全的人，他的神性就全。神性全的人才是圣人之道。

灌园老者为什么宁可背瓮浇畦而不用槔机呢？他不是不知道机械的效率，而是不让机械功利阻隔人与自然的融合，这种融合是人得道的根源。得大道比得小利更重要，因为得大道者德行完备，德行完备者具有神性，更有能力看清事物。所以，为道者，抱定心志、坚持不渝；所以，对于那些使人与自然分离的机械宁可弃之不用，也不可能让机心搅扰了自己。机械之功利只是暂时的，因机械之有利，而非绝对不用，但要懂得机心易迷人眼界，贻误人性，得道是长久的、是根本的、是人生的宗旨。无论在20世纪后半叶电视发达的时代，还是在今日的数字时代，我们都会看到相当多的社会精英们除了用于研究之外，都是远离荧屏的。这不是有没有余暇的问题，而是让自己的内心保持一种恒定状态，专心致志于自己的事业，所以他们才会有所成就。而现实是相当多的人追求机械功利太急切、太关注、太用情，普通人又为"用"而成癖、成瘾，丢却了得道的根本，开始变愚变蠢。这是不是机心弄巧而不甚"纯白"呢？机械是否损伤了人本应有的神性呢？如果是，我们该怎样保护我们的神性和"纯白"呢？我希望我在后面的章节中能给予可能的回答。

（二）人的感知力在媒介中的变化

人的感知系统是人认知系统的起点和基础，谈人受媒介的影响首先要了解人在不同的媒介中是如何感知世界的。从波兹曼在《娱乐至死》中在对口语、文字、印刷、电报、图片、广播、电视等各种媒介的分析中，都能看出媒介对人性的作用。原始社会，人们以口语作为传播的主要媒介，部落人生活简单，狩猎、采摘、饮食、娱乐、生育……部落内事务及管理只有用俗语及谚语来规范，所以部落人简单、质朴、纯真、松弛。部落人是与自然（世界）相融合的，他们知道保护自然就是保护自己，破坏自然（世界）就是破坏自己的生存。人与自然亲密接触，是直接的关系、直觉的关系，也是和谐的关系，人只是从自然中取得食物，而非今日的"掠夺"自然。"没有文字的土著人不是把自然转化成人为技术，而是力图给自然赋予精神的活力"（《理解媒介：论人的延伸》，麦克卢汉著，第95—96页）。原始部落没有文字，但是有很明白、很清楚的语言，口语媒介在生活和交往中具有重要作用。口语是需要听觉辨识力的，原始人听觉是主导的，并且与其他如视觉、触觉、嗅觉、味觉……是和谐的，人的各种感官感知是均衡地、和谐地工作着。口语与人的表情、肢体、动作（这些也可以看成是媒介）等也是相辅相成的。人们生活在一个简单和谐的原生态环境之中，心理和情绪都是舒畅的。

当文字出现以后，原生态的感官平衡和谐、各种官能协调整合为一体的人却受到了"伤害"。人的视觉凸显出来，听的口语变成看的文字，听觉与视觉的不平衡使感官整体的平衡出现了偏差，人的理性能力增强了，思维的能力增强了。文字出现之后的最大变化是形成了理性观念，人类生活不再是部落人那样靠简单地传承下来的谚语、俗语来规定，而是按照理性原则的文字来规范。此时也出现了数学、哲学、文学等一些学科，人同他的社会生活一起走向复杂，这是文字媒介引发人性改变的最明显的一步，也是媒介史上媒介促进人类文化发展的重要一步。

然而，更大的变化是在德国人谷登堡发明印刷机以后出现的印刷术文化。它使人、人的生活、人的心性和人类社会发生了巨变。对于这种变化，麦克卢汉是这样描述的："印刷术是拼音文字一次非常重要的延伸，其性质大有改变。如果说拼音文字给部落人的感觉是掉在头上的炸弹，那么印刷机就是炸在他身上的一亿吨当量的氢弹。印刷机是拼音文字的终极延伸：书籍的印刷数量可以无穷大；普遍识字至少理论上是可行的，如果逐步实现的话，书籍成为个人可以随身携带的用品。排印的范形，即一切机器的原型，保证了视觉偏见的首要地位，而且最终给部落人的门上贴上封条。线性的、一致的、可重复的铅字这种新媒介，以无穷的数量和以前不可能的速度复制信息，使眼睛在人的感官系统中稳获霸主地位。印刷术是人的一种急剧的延伸。它塑造和改造了人的整个环境——心理的和社会的环境。它直接导致了一系列根本不同的，而且似乎是不可比拟的现象的兴起：宗教改革、装配线及其后代、工业革命、整个因果关系的观念、笛卡尔和牛顿的宇宙观、艺术中的透视、文学中的叙事排列、心理学的内省或内部指向。这一切都大大地强化了个人主义和专门化的倾向，这两种倾向是两千多年前的拼音文字产生的。于是，思想和行动的分裂变成了体制。于是，分割的人——首先被拼音文字分割——最后被印刷术剁成了字钉一样的东西。从那时起，西方人就成了谷登堡人"（《麦克卢汉精粹》，埃里克·麦克卢汉、弗兰克·秦格龙著，第368—369页）。这里几乎把印刷术带来的人及社会的变化都说到了。印刷术媒介在西方的确起了巨大的作用。

　　从社会变化来说，由印刷术传播的科学技术影响了欧洲许多国家，多学科的科学形成并得以发展，以机器为主的技术促发了许多行业技术的提高。由英国开始的工业革命逐渐蔓延到了欧洲大陆和北美洲，促进了社会的巨大进步。印刷铅字是线性排列的，人们读书与思考也是按着文字顺序一字字、一行行地线性行走，讲故事、讲原理、科学研究也都是一部分、一部分地分割式的进行，最后达到事物的整体。犹如西方医学把医学分成了许多科，心脏科、消化科、血液科、骨科、牙科、耳鼻喉科等，这科不管那科的事，这科医生也不会那科的医术。他们可能在个别地方有一些联系，比如胃痛、牙痛有时是心脏病发作的一种表现，急性脑栓塞可能引起急性胃溃疡……但总体上与中国中医的观念不同。中医看病是从整体出发，从人的基本体质环境入手来分析某些局部症状。而恰恰部落人看事物也是从整体入手的，他们各感官是协调的，视觉、嗅觉、触觉……从各自方面一起来感知事物。

部落原始居民是与自然和谐相处的。然而印刷机却如重磅的氢弹，炸响在部落原始居民的头上，破坏了他们的一切。从此他们的家门上被贴上了封条，部落被打散了，部落原始居民一下全都被改变了。麦克卢汉的那句话里最引人关注的是"个人主义"，即自我意识的强化。部落原始居民本是相互依存地生活着，而不是离群索居的，自我首先是融于部落中的。当生产力发展，私有财产出现，诞生了家庭，部落开始解体，个体意识才逐渐形成。

文字（媒介）诞生后，理性增强了，理性首先是强调个体思维，理性必然增强个体意识。一个道理（不论正确还是错误）从来就是从一个人的思维中产生，或者在一个人的学习（思维）中得来的。一个道理的产生不像似接力赛跑，一个人跑一段地接续下去。如果一个道理只弄通了一半，另外一个接续他的人则必须从头接续。一般说来，人认识事物基本上是个体的思维活动。理性的这个特点客观上必然会增强个体意识。文字媒介形成的理性随着财产的私有也使个体意识不断增强，理性在发现各种观念时，也赋予了个体意识一个名称为"个人主义"。个人主义的极度膨胀者在以土地和田园为生活物质的主要来源时，就可能成为奴隶主或地主，在印刷术以后的工业社会就可能成为资本家。马克思对人性的这种变化（即资本的剥削）进行了严厉地批判。虽然说个人主义的演化在某个阶段上，在生产力与生产关系的演化中不断强化，但（文字和印刷术）媒介（的理性力量）在其中也起了不小的作用。虽然文字的理性力量也能产生集体主义精神，比如马克思的无产阶级联合起来进行革命斗争的思想，在集体主义精神之上引发了国际主义精神和思想，但个人的力量还是被彰显出来。

有了文字以后的技术使人开始逐渐与自然对立了，特别是印刷术之后的工业技术（可以认为是一种媒介）使人真正成了世界的主人，自然界被认识、被改造，也成了被掠夺的对象。印刷术的最大功绩是它促进了人们的思考能力，提高了人的智慧，提高了人的理性能力，所以印刷术之后出现了牛顿、伽利略、莱布尼茨等一批名声显赫的科学家，还有像爱迪生、瓦特等一批成绩卓著的发明家。更为重要的是，印刷术把它的这种作用扩大到普通人家，人们普遍地阅读惠及了社会生产、社会生活和人们的生存。印刷术以（氢弹式的）雷霆万钧之势打破了部落原始居民的各种感官感知的平衡与协调，以视觉为主导的新的感知系统的建立，无疑将会改变人的认知系统的变化，分割式的、逻辑关系式的思维方式的建立，智力和理性能力的提高以及对个人主义的强化等都涉及了人的品性的改变，谷登堡人与部落人大不一样了。

媒介（技术）又从印刷铅字发展到了电报、电话、电影、广播、电视和电脑，麦克卢汉则把这些都称作"电力媒介"（有时也称"电子媒介"）。这电力媒介改变了视觉为主导的印刷术文化，似乎重归于部落原始居民那种以听觉为主导的各种感官平衡和谐的状态，他认为："它们全都使我们的一种功能的感知得到延伸，就像原有的机械媒介一样：轮子是腿脚的延伸，衣服是皮肤的延伸，拼音文字是视觉的延伸。但是电力媒介的功能不止于此，它们使我们的整个中枢神经系统提高和外化，因此使我们的社会和心理生存的一切侧面都发生转化。电子媒介的采用构成了分割的谷登堡人和整合一体的人之间的断裂界线。拼音文字的采用也是一样，它构成了口耳相传的部落人和视觉人之间的断裂界线"（同上引书，第371页）。这里讲了两条重要界线，麦克卢汉认为这是媒介作用于人的两个重要方面。一条界线是拼音文字媒介的出现，它使听觉为主导的各种感官整合为一体的部落人转向了以视觉为主导的各种感官不平衡的人，即使这种人是多了理性、多了智慧。后来成为印刷术文化盛行时的谷登堡人，相较于部落人的感性知觉还是有缺欠的。另一条界线就是电子媒介，它使谷登堡人又回归到以听觉为主导的各种感官平衡的人。因为麦克卢汉认为，过去许多媒介都是对人的局部延伸，比如车轮是腿脚的延伸、衣服是皮肤的延伸等，而电子媒介使人恢复了以听觉为主导的各感官平衡的人，因而是整合一体的延伸。这种整合有似于中枢神经的作用，所以麦克卢汉把电（力）子媒介的作用称为"中枢神经的延伸"。

今日看来，这话又恰恰与人工智能发展相吻合，人工智能即是以算法仿人脑的结构方式，所谓的神经网络系统来认识事物，而且在某些方面比人脑更强劲有力。虽然他没有具体地预测今日的计算机的发展，但他还是对电脑有了某种预测，比如他说："电路的意义是，每一种情况都要回归到自身，很像认知及其回放的模式，也就是人在感知和认知过程中的'再认'模式。新技术模仿人学习和认知的基本程序"（同上引书，第443页）。他所想的电脑仿人的感知和认知就当然是各感官功能的均衡的、和谐的，而不是偏斜的。他还说："使用电脑的人需要艺术家的创造性幻想，今天的世界就是这样的"（同上引书，第443页）。"艺术家创造性幻想"是什么，那应是人的本真的东西，是感官完美协调的东西。今天我们在电脑和手机上果然看到了声、光、电、色彩、形象、语言等完美结合的形式，甚至还看到了虚拟的、立体的调动人多种感官的艺术形式，其精彩程度远远地超过了电视。在另外的一些著作中他还说"计算机自动化的神秘性之一，就是它需要模仿人类的意识活动。显然这是一种永恒的挑战""将来计算机要做的事情，与信息检索无关，而纯粹是一种发现，一种关于这个世界的存在方式的伟大发现""计算机有能力接管整个机械时代。过去在机械条件下很难开展的工作，今后都可以由计算机轻松完成，包括远程购物、娱乐和教育等"。麦克卢汉生前没有见到这些天才的预测，但是他认为电力（子）媒介让人回归到部落人的作用应当是空前的。他高度称赞了电视："今天，电视是最重要的电力媒介，因为它几乎渗入了美国的每一个家庭。它使每一个收视者的中枢神经系统得到延伸，同时它作用于人的整个感知系统，用最终埋葬拼音文字的讯息塑造人的感知系统。结束视觉独霸地位的，首先是电视，虽然其他的电力媒介也扮演了各自的角色。视觉至上是一切机械技术的特征"（同上引书，第372页）。电视本来是看的，似乎是视觉的，怎么会被认为是"结束视觉独霸地位的"，使人得到中枢神经系统延伸从而回归到以听觉为主导的各种感官协调的部落人呢？麦克卢汉以电视技术和他的冷热媒介理论做了复杂的解释，但很多人并不认可这种解释。我觉得一个最便利的解释是：我们看电视的时候是站在电视机外，面对着电视机的，如果我们"走进"电视里（实际上人们看电视也是常常入戏的），和那里的人及事相处，你一定会明白此时的你是以听觉为主导的，听别人说什么、听周围环境的动静，然后调动相应的感官去感知究竟发生了什么。这就可能比较容易理解所谓电视"听觉"的意义了。而我们的兴趣在于人的感知系统的全面协调的回归，这是关于人性的一个重要问题，麦克卢汉以他的方式解释了电子媒介在这种回归中的作用。

在媒介技术对人的作用上，我们发现麦克卢汉和波兹曼有些不同。

波兹曼在书中明显地对印刷术表示了较多地赞扬，而对电视表示了较多的贬责。麦克卢汉则似乎与之相反，他比较赞扬电力（子）媒介，包括电视和电脑。对此，笔者认为应当从两方面看，第一，他们二者在某些方面并不矛盾。波兹曼较多地着眼于印刷铅字媒介的正面作用，而对其负面作用（如《娱乐至死》第一章中引用柏拉图《第七封信》中关于文字的观点、第二章末尾部分、第三章开头引用德美浸礼会教派的例子）也看到了，但他并没有过多地分析。其目的是用印刷媒介技术的正面作用与电视媒介技术的负面作用相对照，以指出电视媒介的娱乐功能。而麦克卢汉也是看到了文字，特别是印刷术为人类文明的发展所作出的贡献，但是他强调电力（子）媒介的正面作用，即重新唤起被印刷术媒介伤害的听觉感知功能，使谷登堡人（印刷术媒介影响下的视觉为主导的感知模式）重新回归到以听觉为主导的各种感官协调的部落人，所以他在谈论电力（子）媒介时，多是谈其正面作用。波兹曼与麦克卢汉都是在为各自的论述目的而对同一媒介或从正面或从负面进行阐述。我们读他们的书都是为了探求媒介技术如何使人性出现正面或负面变化的，从而认识媒介和正确对待媒介，让人性中的潜质朝向正向发挥、让人正向地进化。

第二，更应看到数字信息媒介的重要作用。麦克卢汉以电力（子）媒介谈谷登堡人向部落人的回归是有一定道理的。这里我们用现代脑科学来认识一下麦克卢汉所谈的向部落人的"回归"。先前我们已经知道了人的语言活动、人的理性和智力活动基本在左脑，而非语言的、感性的、情感的、直觉的活动基本在右脑。电子（力）媒介发展到目前使得一般人主要用手机、电脑、数字电视等的屏幕获得大量的动感形象，这对活跃人的右脑，让人们有较好的感性感知力有好处。同时，也如前面第十三章中讲的那样会有助于将相关的感知记忆联系起来，进行非语言思维，让人有新发现、有创造性。应当说麦克卢汉所言的让谷登堡人的感性感知力向部落人"回归"的想法是让人兴奋的。按着人的本性来看这个变化即是一种螺旋式上升的回归，谷登堡人已增长了理性与智慧，如果再有更好的以听觉为主导的各感官协调的感知能力，当然是一种进步。但是，这仅是麦克卢汉的一种想法，而事情却并没有按他的想法发展。笔者认为，不可忽视的是部落人是以自己身体器官即眼、耳、鼻、口、手脚、皮肤等来感知大自然的。数字时代的人如果感知能力恢复到部落人的状况，并且仍然是以人体器官为媒介来感知世界，当然可以令人的认知能力得到提高。但是现在，人们经常使用的不再只是自身的感觉器官，而是更热衷于数字信息媒介，即与智能网络相连接的手机、电脑、数字电视、人工智能等，而这种媒介技术如果得不到正确的使用，以及不能认识其负面作用对人本性的冲击，产生的结果会是出人意料的。

部落社会与现今社会两个时代的人，主要使用的是两种不同的媒介，对人的作用也是极不相同的。数字时代的媒介以其高科技、高性能强烈地作用于人，是人体自身媒介对人的作用所不可比的。部落人自身的感知器官进化得很慢，其依赖的是自然环境，但是互联网要想把人变得有网瘾那是很快的。按说手机、电脑、数字电视等大量的形象信息是能活跃人右脑的感性的，应当有利于人的形象思维，如前所述应当是会让人有所创见、有所发现、会让人聪慧起来，但是怎么会像波兹曼所言的损害人的智力和理性呢？这里不可忽视的是一般人在手机、电脑、（尤其是在美国的）电视屏幕上获得的大都是娱乐式信息，是无语境的碎片信息、快餐式文化信息，是伪信息，甚至是错误的信息，而不是有某种相关的连续的，或系统的信息。那些感性信息短暂地让人获得快感后，差不多很快都会被人忘掉，很少会形成右脑的感性记忆，也就很少能建立起来这些记忆之间的联系，没有联系就不会有非语言思维，当然更少有创新发现。那些少数的留在脑中的感性记忆往往是孤零零地存在，可能会在某时闪现出来，形成某种看法或情绪。但这样的看法往往是片面的、无根据（经不住理性思维的检验）的，极少能拿来帮助人们形成正确的对事物的认识。人们贪恋这样散乱的荧屏信息，虽然能活跃人的感性感知力，主要是使人得到快（娱）乐，而无助于人的智慧和创见，有时还可能在感知记忆之间建立错误的联系，形成错误的观点。特别是媒介技术的反作用：越是依恋荧屏的动感信息，越是这样地活跃右脑的感知力，就会越抑制左脑的语言思维、理性思维。

数字时代，人们只有极恰当地使用数字信息媒介，特别是要控制好对娱乐内容的使用，并且能够适当地走入大自然和实践才能真正具有部落人的感知和现代人的认知，而能够这样理想生活的人是少之又少的。能这样做的人应当是有良好的媒介意识，懂得现代技术媒介对人的双向作用，从而能恰当地安排自己的生活和工作。生活在数字信息媒介中的现代人大都须臾不可离开手机、电脑，波兹曼强调它们对人的负面作用，是很有启发的，对大多数人来说只能以树立媒介意识来调整自己。

现代媒介简捷顺畅的传播方式对人们的感知有利也有弊，有利之处是让人很方便地接受事物，其弊端是使人的认知力变差。在数字信息媒介技术发展的今天可以用电脑的动画技术演示事物，也可以用VR或AR技术，让人进入事物的境界体验事物，这样调动人的感知，可能更有趣味，也更好理解。特别是一些抽象的东西，比如一个机械零件在X、Y、Z为轴的三维空间里，形成在XY、XZ、YZ三个侧面的投影，按着这三个侧面投影图即可识别这个零件，如果这个零件上有一个圆形小孔，那么这个小孔在三个侧面投影又将是怎样的图形呢？根据画法几何学就能画出这个小孔在三个侧面上的投影图，既有圆孔在三个侧面上的投影（外形），又能标示出位置（尺寸）。这确实需要制图者和识图者（加工人员）有较强的空间想象力。如果教学时用电脑立体动画技术在屏幕上会很快很清楚地展示出这个零件。在教学中这样使用一下，对唤起学生们的空间感是有益的，但是如果凡是遇到这类问题时都要用电脑来演示，那么就难以培养学生们的空间感，他们就很难画出图纸和识别图纸。再比如在文科教育中让学生看电视或者看电影，两个小时左右就可以了解雨果的名著《巴黎圣母院》，甚至能被其中的情节和媒介形象化的表现所感动。但是这样一来，一则不可能对原著逐篇逐句地演示；二则电视或电影中某些细节、环境、对话等几乎都是只存在片刻，人们注意力是有限度的，不可能全部将这些信息吸纳起来，必然要有所遗漏。有时在人们尚未反应过来时，或尚未能回味时，下一部分内容又开始了。所以比之于阅读原著时的细细品味就差之很多了。电视、电影有它们的艺术，虽然与原著表现的是同一个故事，但却是两种不同的媒介，是不可能完全替代的，要真正认识雨果的作品只有品读原著。在阅读中你可以较深入地看到美与丑、爱与恨、忠诚与虚伪、奸诈与阴谋……这些人性的百态是怎样被雨果以凄美的故事演绎出来的。但是阅读原著却没有看电视、电影那样畅快，甚至需要一番艰苦的思维，不过相比之下，品读原著（关于人性）的收获则更大，我们不否认电影及电视的创作艺术，电视和电影让人快捷、顺畅地了解小说内容，它们的娱乐性强，而对人性内涵的诠释不如小说。当然还有一种短视频，可以以在十几分钟或几分钟内就让人了解一部作品，对此笔者就不言说了。

随着网络技术的进步，数字信息媒介开发的各种数字化产品也不断涌现，并且不断改进。其中有些产品就是为了使阅读变得轻松畅快。如今的电子书也得到了不少改进。液晶显示的文字、图像、色彩等的质量大有提高。亚马逊的Kindle能够做到用手动调整出像素级的字体，为的是让眼睛更舒服，其效果是不易产生阅读纸质书籍那样的疲倦感。正因如此，也确实有更多的人喜爱用电子阅读器。如今阅读追求顺畅，学习追求便捷，但是却忘记了最后效果，即对书的内容的理解、对事物认识的程度是有差别的。心理学家安妮·曼根在挪威国家阅读教育与研究中心做了一个实验，把72名学生分为两组，一组读纸质的读物，另一组用15英寸的液晶显示器阅读同样内容的读物。然后对两组学生进行几个理解题目的测试，结果在屏幕上阅读的学生理解力变差。这正像坐车游览一个街区那样，由于太顺畅了，得到的印象便不如步行游览得到的多。古老的阅读方式虽然笨坷一点，但在理解与记忆上都强于现代的电子阅读。一个老师把书本上的东西掰开揉碎地讲得十分透彻，学生们听得非常省力，看似效果不错，其实这样培养出的学生一般理解力较差。而启发式教学是引导学生去读书、去思考，只在关键处点拨一下，在难点上稍讲解一下，指点思路。这样的教学方法，学生学起来似乎有点磕磕绊绊，但收获会很大，因为他们要用力思考，一旦学会之后不太可能忘记，更重要的是受到了理解力的锻炼，理性能力更强。教育的目的不只是掌握知识的多少，更在于学习知识的能力有多强、理解事物有多深、创造性有多大。

利用媒介技术，把事物形象化，让事物动起来，变得更加直观，更易理解的改革并非不可取，只是要恰当地使用，如果过分依赖，只想顺畅无阻，那便是使人受害。根本在于这些顺畅的认识事物的方式（媒介）常常会妨碍甚至阻断了人的思考。但是思考却是人性中最重要的特性，人与动物的区别就在于人能思考。人类的一切成就都是思考取得的，思考没有轻松愉快、没有顺风顺水畅通无阻，需要思考的地方必然是沟沟坎坎，甚至是崇山峻岭。思考就是艰苦地攀登，思考都是苦中求乐，把思之艰苦变成思之快乐，它所憧憬的是辉煌的成果，它所锻炼出的是较强的理解能力和创造能力，它所得到的效果是人的潜质的正向发挥。

（三）媒介技术在悄悄地改变着人的意识

在了解了媒介技术使人的感知力发生相应的变化后，我们再看看电视和其他数字信息媒介对人性改变的作用。我们在前几章里对电视及数字信息媒介的作用曾经做了某些分析，但那主要是指在认知上和心理上，而谈人性的问题则主要的应是集中在人的意识上。虽然他们有所关联，但还是存在区别的——人的意识更本源一些。这里的意识含义较广，既有对事物的认识，也包含人的品质、性情、情绪等，不仅有哲学的和心理学的意味，还有人身修养的内容。它集中表现在人对事物的反映上，所以把它作为和人的品性、个性同一的理解，而不是例如"媒介意识""阶级意识""现代意识"等那种特定的意识。这里特别要指出的是，人的意识同他受到的社会影响有着重要关系，如受到何种教育，接触过何种社会理论，经历何种社会实践，以何种观念修炼自身……总之影响人的意识的因素是很多的，其中媒介这一因素，似乎显得不多么重要。我们主要是从媒介这个视角来看对人意识的影响，所以暂且忽略其他各种因素。虽然媒介这一因素不曾被人重视，但从我们前面的一些阐述中可知这是一个不可轻视的因素。媒介的作用反映在人脑中便是对人左、右脑作用上，当某种作用是偏斜于左脑或者右脑时，就会使人相应的发生或者是语言（思维）的、智力的、逻辑的改变，或者发生感知的、情绪的、直觉的改变。无论何种改变都是脑神经结构悄悄地改变，是无意识的改变，是人们不容易察觉的但对人的意识而言却是非常重要的改变。如果人们不能正确地认识这种改变，那么媒介的负面作用会伤害人的本性。

第一，媒介信息的娱乐性伤及人的理性和智力能力。这种伤害对人性的改变是将人变愚变蠢，先前我们已谈到了美国的电视新闻，由于其市场化，导致它追求娱乐而丢掉了政治性、知识性、原则性和真实性，忘却了新闻应尽的帮助人们认识世界、批判世界的职责，甚至改变了新闻和定义。连总统说了错话都不认为是新闻，观众无法在新闻中形成真实真诚和良知等这些做人的品质。继美国电视之后的网络信息公司，由于追逐经济利益其娱乐性比美国的电视新闻有过之而无不及，并且已几乎蔓延成世界现象。除了一些大的网络公司发布大量信息外，还有许多的各种名堂的信息平台、自媒体以及个人在信息平台上发表的意见、评论等。当然其中也有正直的话语，但是因为又多为长信息，难以吸引普通网民，大多数信息还是我们曾经讲过的短而有趣味的、有吸引力的、碎片式信息。它们的无语境、不连贯、无用处对人的负面影响同美国电视新闻一样，损伤人的注意力、记忆力、智力和理性，致人容易变笨、变愚、变蠢，不能深入思考问题，缺乏判断力，更容易被谣言蛊惑，特别是观点、情感、立场与谣言相近的人更容易将谣言当真，我们看到的是相当多的人被这样愚弄了。时任美国总统特朗普在2020年至2021年初不尊重科学，满嘴胡言、甩锅中国，说当时的疫情"是一场大流感""不久就会奇迹般地消失""中国的疫情信息造假"等。特朗普在这里揣着明白装糊涂，他在以谎言制造舆论，为的是抹黑中国。但就是有不少人甚至国家领导人都不相信科学，而相信特朗普。最奇怪的是特朗普说喝消毒水可治感染的话，竟然也有人相信，这种"无脑儿"式的人物是何种心性呢？特朗普还以不戴口罩来表示他的"坚定信念"。在他的蛊惑下美国的"抗疫"一团糟，其患病和死亡人数一度跃上了世界首位，到2022年5月死亡人数达到100万。按说美国的科技水平和医疗水平是世界顶级的，本不应该出现此种情况。美国防疫失控的原因很多，其中与美国相当多的人不当地使用先进的媒介有关。美国的精英阶层和大多数富人对疫情的防控还是很严格的，学校里特别是大学有严格的防疫规定，如戴口罩、打疫苗等，但是由于相当多的平民长期受荧屏影响，智力下降，难辨真伪，或受谣言蛊惑不看事实，或存在着绝对自由的观念而我行我素，置科学而不顾……使疫情在短时间内迅速扩散。从美国的这一段历史可以看到美国政客们是如何利用荧屏（媒介）进行表演的，一些人又是怎样因荧屏失智而受到欺骗的。

第二，媒介对人性蜕变的作用更表现在政治上，普通民众被沦为被愚弄者。人们过分地依赖荧屏获取信息，不再善于在文字面前深入思考，这种对理性和智力的影响，使人们的政治品性也随之下降。先前我们在第九章中讲过美国的"电视广告哲学"对政治的侵入和"形象政治"对政治的影响，而且见识了在这种政治下肯尼迪、尼克松和里根竞选总统的故事以及选民被愚弄的情况，到了数字时代这种情况由于网络的先进技术和荧屏媒介的强势更加严重。

人们或许还记得1959年肯尼迪和尼克松竞选总统的故事。事后成功与失败者都承认是电视起了决定性作用。与之相似的故事是2016年美国总统大选，据传统媒体的反映，希拉里胜出几乎是铁定的，但是选举的结果却是只在商界打拼的、没有政治经验的特朗普当选。其胜出有一个秘密，就是他让选民中了社交媒体这一招。他努力在社交媒体上为自己"圈粉"，他自己说："我在脸书、推特、英特网等社交媒体上有那么多粉丝，这是一种巨大的力量。我认为这种优势帮助我赢得了此次大选，他们（竞争对手）花的竞选资金远比我多，但社交媒体有着更大的威力"（《现代简史：从机器到机器人》，杜君立著，上海三联书店，2018年版，第283页）。特朗普像肯尼迪、里根抓住电视那样地抓住了社交媒体，而希拉里却像尼克松丢掉电视那样地丢掉社交媒体，失去了大量的"粉丝"。特朗普认为脸书和推特是两个受众最多的平台，远远地超过任何一家媒体的受众规模。当时，特朗普在推特上的粉丝高达1500万，希拉里只有1100万；特朗普在脸书上的粉丝高达1459万，而希拉里只有940万。"据彭博等媒体报道，特朗普的技术团队通过脸书、推特等平台上用户的公开数据，如点赞、转发、收藏等行为，精准描述选民画像，向他们推送因人而异的竞选广告。甚至特朗普的每条推特、每条脸书都是有针对性的，不同内容对不同网民"（《智能革命：迎接人工智能时代的社会、经济与文化变革》，李彦宏等著，第81页）。肯尼迪、特朗普等人的胜利从一个侧面上告诉我们，这实质上是媒介的胜利。这种选举的成功与失败根本就不在于人的才能高低，而在于谁更会掌控媒介，从而掌控选民。特朗普的政治很大一部分是推特政治，他对（在前面第九章中讲到的）媒介与政治关系的玩法完全跟上了我们的这个数字时代。

美国的这种竞选方式不得不让人想起18—19世纪理性的美国人的选举，那时没有电视，甚至也没有广播，只有报纸，除此之外人们就是听候选人的辩论会和演说。那个时代是印刷术文化时代，它造就了美国人的理性，他们看的就是候选人的理政能力、政治主张还有业绩，所以才涌现出了被人们普遍称道的一些总统。在美国的拉什莫尔山上雕刻着四位值得特殊纪念的总统：乔治·华盛顿、托马斯·杰弗逊、西奥多·罗斯福、亚伯拉罕·林肯。他们都在18—19世纪，为美国作出了巨大贡献。但是自哈里·杜鲁门（1945年继任上逝世的富兰克林·罗斯福而任总统）之后直到现在，美国有哪一个总统还可以登上拉什莫尔总统山呢？根本原因是美国选民们已不再是那种能够忍受几个小时几个小时辩论会的选民了。他们失去了印刷术文化时代的理性，而是以简便、顺畅、"一目了然"的新媒介（荧屏）和重在形象、易被社交媒体忽悠的非理性方式来投票，几乎很少人用治国理政、通晓国内外政治经济的理性标准去选人。当然在美国的选举中也有党派之争、利益集团之争，加上各种竞选计谋、手段等，杰出的人才很难能够脱颖而出。民众缺失理性和衰落的美国民主已使美国失去了政治公平。美国已不再是托克维尔所夸赞的那个民主的美国了。

这里我们所关心的是印刷术文化打造的美国理性和民智，随着媒介技术的发展及其娱乐化功能的不断增强而逐渐削弱，如今先进的互联网媒介技术并没有保障美国民众在理智上的进步，在有些时候、有些地方反而是倒退了。我们以印刷术文化与现今的两个时代民智的对比会更加清楚地看到，媒介不同对人的心性的作用也不同，先进的媒介技术被错用了，愚民增多了，人性退化了。另外从肯尼迪、尼克松……到特朗普、拜登由借助电视和网络作为竞选的一种手段看，美国政治民主由兴起至虚伪之路与媒介的演进竟是那么应和，这其中有一种值得人们探索的奥妙。

第三，荧屏在增强人的感性的同时，又因为对人智力和理性的损伤，更让人在精神上情绪化。情绪得不到理性的支持，这种人性的退化容易使人成为权力和利益集团的工具。荧屏媒介的特点是波兹曼早已描绘过的，形象的、动感的，其信息特性是娱乐的、无语境的、短暂的、碎片式的，它对人的作用是感性的。也正如我们之前所言的，这样外在的、快捷的，简单的信息在右脑很难形成感性记忆，更难形成记忆之间的联系、更容易形成错误的直觉和某种不正确的情绪。如果再缺乏理性分析，就会使人在某些事物面前不假思索、简单从事、速快解决和情绪化，其危险是易被权力和他人的利益所利用。

从波兹曼在《娱乐至死》第七章中提到的伊朗人质事件中就会看到，美国民众大都是从电视屏幕上看信息，从中了解很多事情。这些信息中有的可能是事实，但是却是"假信息"，即不是错误的信息，而是会令人误解的信息。美国人大都只知道事实，而不知道原因，真正了解事件内情的人并不多，所以美国人的表现都是一种民族主义的情绪。若说在伊朗事件中美国人的情绪在某种程度上还可以理解的话，那么2001年发生在中国南海撞机事件中，美国人的情绪就难以理解了。这种情绪完全是在美国的电视及电脑荧屏的片面信息鼓动下产生的。美国的间谍侦察机大老远地飞到中国的南海（间谍侦察）。图解清清楚楚地表明，王伟的飞机被撞入大海，最终王伟失踪。但是，美国人在电视和网络上看到的却是美国飞机被中国"劫持"，人员被扣押等"假信息"和错误的信息。再加上媒体制作的一些"事实"，如美国人以黄丝带、黄气球祈祷"人质"回归、以慈母眼泪盼子回归、以小学生征集签名活动要求"人质"回归等充满人情味的画面，可谓"感人至深"，激起的也是一种民族主义和所谓爱国主义的情绪。但事实的真相才是真理。后来据时任外长的唐家璇回忆录记载，美国为向中国表态，六易其稿，最后向中国表示"深刻道歉"。美国的这种感性的、缺乏语境的、片面的、情绪化的、缺少理性的荧屏信息在互联网时代似乎更加甚之。此时报纸及纸质书刊的舆论能力已经微弱了，它们的阵地已经大都让位于荧屏了。

2014年，时任全国人大常委会外事委员会副主任傅莹在同美国资深外交家、前国务卿基辛格对话时，说了这样一句话："当今，人们都是从电视屏幕和网络上获得信息的，他们的思维方式与当年从报纸和书本上获取信息的人们很不一样……"。作为一个方面的精英，她有深刻的体会，她的话透出了媒介理论中的一项重要内容——不同媒介对人会产生不同的认知，即从荧屏上得到的认识和从报纸书刊上得到的认识往往是不一样的。她暗指了美国一些人认知能力的下降。网络文化和荧屏的认知方式形成了美国人的新的思维方式。荧屏媒介夺走了美国人的眼球，很少人去看有远见卓识的富于理性的文章。有人说在网上看讲演听报告不是也可以吗？须知，这就是还不甚明白傅莹在上面刚刚讲过的那个道理：不同的媒介会产生不同的认知，即使你在线收看一场学术报告，也只是了解了某种基本思想（信息），你无暇在人家讲述的同时去深入思考其中的理性关系，要想真正地理解人家的思想，你必须再去看这个报告的文字材料和相关的一些资料，并在这里去深思。

人们过分地依赖屏幕媒介提供信息，给了能说会道的政客们以表演的机会，谁把持着话筒谁就有较强的说服力（而不是谁有真理谁就有说服力）。特朗普似乎比拜登口才好，更富于表演与煽情。当年他若不是在国际事务中不按规矩（不理性）出牌、乱作为，扰乱了国际秩序、丧失了盟友的信任、损害了美国名声等，凭其表演才能还真有可能连任总统。虽然如此，至今还有相当多的美国人相信他，希望他还当总统（他获得的选票与拜登的差距很小）。他在2021年败选后，激进的粉丝们冲击国会山，规模之大，人数之多为美国历史所未有，还有大量的粉丝集会邀他去作讲演，依然是能让人们群情激愤、欢呼如潮。可以想见荧屏媒介对美国民众情绪的调动有多大，对政客表演的助推力有多大，对真理定义的影响力又有多大。而我们在这里更看重的是缺乏媒介意识的民众终究被权力和利益集团所利用。

　　第四，数字信息媒介对人的影响是各式各样的，比如不当使用和对待信息媒介，会使人发生性格的偏移。前面我们已讲述"信息茧房"的问题，那里仅是个人用自己喜欢的信息作茧自缚，致使性格偏斜。还有一种是多人聚集而形成的文化小圈子。他们之间在社交媒体频繁交流，感到"情投意合"，他们交流的意见和观点也显示志同道合。长时间的这种交流就使他们的观点固化、强化，进而形成了一种偏见，往往会对现实作出错误的判断，也常常会影响他们事业的成功。相比之下，那些不太喜欢在朋友圈刷存在感的人倒能默默地努力工作，可能会在某一天做出惊人的成绩。再比如有一种不易察觉到的作用是"松绑效应"。人面对手机、电脑的屏幕和面对真人是不一样的，在真人面前比较收敛，而面对屏幕就比较"放肆"。比如，不论年龄大小，也不论男女差异，他们走进成人用品商店时，面对着一个中年女老板，往往都有一点羞涩。这是人之常情，这些顾客买东西一般较少，买完则扭身便走，似乎要逃出商店。如今有了网购，同样一个买主便完全是另外一个样子，他做了真正的买家，在线上挑来挑去，货比三家，最后买下的东西都比先前在实体商店中买得要多，要更有"性味"。人在网络中释放自己，更随便，他旁若无人，无所顾及，不像在人际交往中要时时关注人家的反应而约束自己。这种线上"松绑"使本我的欲望得到了某种释放，偶尔地"释放"也并无害处。但是有人不恰当地在网上恣意释放，致使在实际生活中也放纵自己，比如有的人成了消费狂、有的人成了饮食狂……还有一种更为隐蔽的作用是人与自身的疏离，贪恋网络信息和社交媒体（如微信、短信、QQ）等，而减少与人们的实际接触和阅读（包括网络上的）理性文章的时间，把自己的精神交给了网络。长此下去，他的品性将由网络（别人）来塑造，长期不与实际接触、不与他人实体接触，那么这个人的精神是网络（别人）的，而身体是自己的。这种与网络的无谓恋情，就是与自己身体的失联，实际是人与自身疏离。这种人不仅是感性感知力差，而且理性的认知力也会变差，遇事往往不能为自己拿定主意，离开网络便会有失落感、孤独感，这种丧失自我的现象是可怕的，这是一种人性的丧失、意识的丧失，然而由于网络公司的巧妙经营，有越来越多的人会被网络吸引，会与自身疏离，他们可能会成为社会与家庭的"怪人"。

第五，比起上述的先进媒介对人性的作用，网络的娱乐内容对人性的作用似乎不那么重要了，但是这仍然是一个不可忽视的问题。数字信息媒介的娱乐性内容对人的影响要比电视的娱乐节目强很多倍，电视的一切娱乐节目网络几乎都有。一般的娱乐当然为人所需要，可以舒缓情绪、放松自己，是一种恢复体力和精神的方法。但是由于网络技术的先进，娱乐的内容更是层出不穷，特别是游戏软件的不断开发，使网络的娱乐性内容更强烈地吸引人。比如VR及AR技术的游戏，人们戴上头盔，在虚拟的世界中打打杀杀，极易吸引青少年。虽然这些游戏可以锻炼人的机敏和灵活性，但长久贪恋此种游戏，人就易激动、易发怒、易暴躁，而人的真正的心性应是温和慈悯、乐于助人、有爱人之心。还有一些人贪恋网络中的色情内容，阅读一些低级的小说，观看有色情内容的网剧、视频等，更有不法分子拍摄淫秽照片和视频偷袭上网，赚取钱财，让人们大受其害。这些都会影响人的性心理失衡，心生邪淫，严重者会突破道德底线和法律约束。媒介意识还告诉我们媒介技术越是先进，娱乐的诱惑力将会越强，吸引人们的力量将会更大，面对不断发展的媒介新技术，人们更要树立媒介意识，即是认识媒介（技术），理解媒介（技术），控制对媒介娱乐的使用，不让媒介的娱乐扭曲我们的性情，更不让有害的娱乐污秽我们的心灵。

（四）媒介（技术）和美国的民主自由

自由与民主的观念是属于意识形态的，是人性中很微妙的内容。人们都有对自由与民主的要求，在不同的历史时期和不同的人中就这个问题发生过很多矛盾斗争，有时甚是惨烈。但是人们是否注意到，自由与民主的观念竟然会与媒介发生瓜葛。先前我们已在第九章中接触到了这个问题，现在我们从人性变化的视角进一步认识这个集中表现在政治上的民主与自由的问题。当年被称为民主总统的托马斯·杰弗逊所以主持修宪，开放新闻出版自由，其信念是让大家说话，真理越辩越明。民主与科学（即是曾被中国新文化运动时期强烈追求的"德先生"与"赛先生"）曾为西欧和美国发展作出了贡献。可是后来变成了谁有话语权，谁就有"真理"。

如今美国的事实是谁会在荧屏上表演，谁就有"真理"，民主在美国早就蜕变了。当然政治风云并非只因媒介的变换而变幻，但媒介在其中的力量不可低估，它有能力左右政客，也有能力左右民众，最可怕的是民众在屏幕媒介中的失智。科学说自由是对必然（规律）的认识，可是当西方疫情高发期却因相当多的民众不戴口罩，标榜绝对自由观念而我行我素。在美国从得克萨斯州到密西西比州，大约有100万人参加了反口罩运动，它的创始人是一位三个孩子的年轻父亲，自称自由战士，他带领人们游行集会反对戴口罩，然而他真真切切地被感染了，在医院折腾了20多天，最后惨痛地死去。在标榜"民主、自由"的国度里，人们频传着"生命诚可贵，爱情价更高。若为自由故，二者皆可抛"，难道这位自由战士就是这样地把自由看得比生命还宝贵的吗？其实他连什么是"愚蠢"都不懂，更何况"自由"这个高级概念的真谛呢？缺乏对荧屏媒介的认识和对荧屏媒介的过度依赖已使相当多的美国民众丧失了理性，丧失理性必然要丧失科学性，"德先生"与"赛先生"早已渐行渐远。然而，这种失智是失去人性中最宝贵的东西。美国民众的失智已成为社会的严重的政治问题，错误地使用荧屏媒介，竟让美国这棵大树结下了令人惊讶的恶果。然而更大的两颗恶果还在生长中，那便是美国的贫富差距和精英与平民的差距。虽然这些恶果与美国这棵大树（制度）密切相关，但是媒介的力量也不可小视。美国众议院前议长金里奇就美国2020年前后的种族矛盾的激化、民粹主义的反智主义的出现、民主与共和两党的无情撕裂等问题，哀叹美国文明的衰落。文明的衰落是人性的衰落，是更可怕的衰落。

不要以为波兹曼所言的"娱乐至死"就只是指人们贪图娱乐尽享愉悦的危险，数字信息媒介可能导致的文明与人性的衰落更是一种"娱乐至死"。智能网络似乎让美国新一代出现了大量的"愚氓"，而这种情况是否会成为未来智能网络文化的一个问题呢？人们是否能在阅读荧屏时避开这些危险，得到科学、公正、符合事实和理性的认识呢？如果未来的智能网络文化真如上述美国的那个样子（当然也许还有尚不知道的一些对人及社会的作用）的话，我们真的为人的本性受到伤害而担忧。

我们在上面谈到了智能网络下由于人性的某种变化使美国政治趋向衰落的一些现象，而赫拉利在《未来简史》中以智能网络的思维方式也就是所谓的数据主义思维方式（赫拉利仅是以这种方式设想未来的民主政治，并不一定说明他是数据主义者）来分析西方民主政治，即"政治科学家也逐渐把人类政治结构理解成数据处理系统"也没有把西方的民主政治看好。他说"在19世纪和20世纪。工业革命发展的速度够慢，于是政客和选民仍能领先一步，规范及操纵发展的路线。然而自蒸汽时代以来，政治的节奏没有多大改变，但科技已经从一挡切换到四挡。科技革命的脚步快到政治追不上，不管是国会议员还是选民，都失去了对科技的控制"（《未来简史》，尤瓦尔·赫拉利著，第340页）。所谓"失去对科技的控制"就是指不能处理科技发展带来的各种数据，"现今民主制度收集和处理相关数据的速度太过缓慢，而且大多数选民对生物学和控制论（cybernetics）的认识也不足，无法形成切中要点的意见。因此，传统民主政治正逐渐失去控制，也提不出有意义的未来愿景"（同上引书，第341页）。先前我们说过西方民主政治的衰落原因是多方面的，政治这种上层建筑与经济基础相矛盾的这个基本点大概是主要的原因，但作为西方的思想家赫拉利从科技发展上分析西方民主政治落后于科技的脚步也可以认作是一种看问题的方法，虽然是片面的、不够清晰的，但作为一种思维方法也并非不可。这种思想无意识地透出了科技作为生产力，使经济基础发生改变，而政治制度作为上层建筑应如何适应经济基础的问题。

从目前的媒介技术看，还没有哪一个国家全面掌握各种足够数据并全部以数据来处理国家事务。只能是在如国民经济、人口结构、行政管理等几个方面利用信息数据。赫拉利所谓"数据处理"只是一种象征式的思维方式，就像他分析还没能进入数字时代的西方资本主义市场经济是分散式数据处理，苏联的共产主义计划经济是集中式数据处理那样的思维方式。但是，在"科技革命的脚步快到政治追不上"这一点却使我们认识到这样一个问题：（就曾经最受追捧的美国自由民主而言）无论是政府、政客，还是普通民众都只是从技术的发展上认识技术，把眼光只放在技术上，却很少有人像波兹曼从（媒介）技术对人及社会的作用上看（媒介）技术。更深刻一点说，他们只从技术上看技术，而没有从技术的本质上看技术，而技术的本质才是认识技术的关键，也就是从技术与人的关系和技术与社会的关系上看技术（这一点将在本书第十五章中作出分析）。从技术上看技术，就只知道如何发展技术，如何使用技术，而见不到在使用先进技术（媒介）的同时对人对社会可能会产生什么样的严重后果，笔者认为这才是政治跟不上技术脚步的根本原因。

从20世纪中叶美国发达的电视媒介到现在的智能网络媒介，都很快地深入人心，从美国政客到普通民众都认识到先进媒介的强大技术力量，从而越来越努力地开发和使用先进的媒介。政客们利用它拼命圈粉，制造政治形象，连白宫发布的政见都具有"广告哲学"的味道；普通公民则利用它认识事物，因为它方便、快捷，不必深思熟虑。利用它还能与自己喜欢的政客交流，几乎没有障碍……信息媒介是认知的媒介，越是先进的信息媒介技术，越能给人提供方便快捷的认知方式和提供更多的认识事物的侧面。工业机械时代认识美国政治的媒介只有演讲厅、辩论会，还有报纸、书籍（包括小册子之类的印刷品），它提升了美国的民智，造就了几代富于理性和创造性的民众，也成就了适应于美国发展的政治民主制度，或者说上层建筑基本适应了经济基础。这个时期可以被认作政治跟上了科技发展的脚步，还可以说美国的政治结构能够成为较好的数据处理系统。

认知媒介发展到了电报、摄影、图片、广播、电影乃至电视的时代，增添了形象的认知方式，它的负面作用是开始侵蚀人们的理性。到了电脑、手机、人工智能等数字时代，则更强化了形象的和快捷的认知方式，这种智能网络的认知方式方便、省时、省力，一看便知，而且所见甚广。

但就是这样地一味使用先进的认知媒介，却没有注意认识它的技术性质，而恰恰是这个技术的性质悄悄地让技术反作用于人，改变着人的本质属性（当然也在改变着社会），它渐渐地削弱人的思维能力、人的智慧、人的理性。

20世纪中叶以后的这几十年里，美国有相当多的人由理性的人、思考的人，变成了缺少理性的人、简单思维的人，变成了外在地、形象地、快速地、情绪地认知的人，这种失智现象在不断扩展。美国民众早已不是18—19世纪那种一连听七八个小时的辩论会而心无烦躁反倒津津乐道的人，早已不是下工之后不顾疲倦还跑去演讲厅听名家演讲的人。媒介变了、时代变了、社会变了，思维方式变了、人（性）变了，而美国的政治制度没有变、政治结构没有变，老旧的政治话语（处理数据的方式）已无能面对以智能网络为思维方式的美国民众。美国的情报部门利用先进的互联网技术，可以搜集到全美国人的通信内容，人们在他们面前几乎无隐私可言。但令人尴尬的是，面对这么庞大的数据无大作为，即不能作出有价值的处理，而不会处理数据的政府不是一个好政府。赫拉利从数据中心主义的角度也猜度说："在未来几十年间，我们很可能还会看到更多类似互联网的革命，而科技会抢走政治的所有风头。人工智能和生物科技可能即将彻底变革人类社会和经济，甚至是人类的身体和心智，但当前的政治对此几乎毫无警觉"（《未来简史》，尤瓦尔·赫拉利著，第341页）。他这样说虽然有点科技主义的味道，但是他看到了科技（包括媒介技术）对人和社会的某种作用。当然在这一点上，赫拉利与我们早已有的媒介意识是有点相同的，但我们的理论告诉我们，美国政治民主的这种衰落不是（媒介）技术的错，而是人们不认识（媒介）技术性质的错，亦即是美国政府和民众都缺乏媒介意识的错。在这一点上，我们又是与赫拉利不同的。我们在第二章中曾举出了关于苏格拉底被冤枉的案例。苏格拉底主张举荐那些有美德、有知识、有才干的人管理国家，而所谓的雅典政治腐败的原因之一是以缺失理性的民众普选来决定国家的管理者，看似民主，实则既不公平，也不合理。如今，美国依然是以大多数缺失理性的民众参加普选的方式选举总统，这能说是民主的正确选择吗？在目前的情况下，民众只能是两党竞争的筹码，根本没有公正合理可言。这样由先进媒介造成的缺少理性和智慧的政府与民众焉能不会出现新的民粹主义和民粹主义的反智主义？不会出现美国政党的无情撕裂？不会出现美国的种族主义矛盾的激化？不会出现……

从数据主义的角度看，应当首先从调整美国的数据处理系统入手，也就是从内力入手，从制度入手，而不是增加关税、把美国在外的企业收归国内、甩锅给中国等损人利己的外力办法去解决政治经济问题。天怒人怨的根源之一是美国政治不识新媒介（技术）对人和对社会的作用，这才应是所谓"科技进步的脚步快到让政治追不上"的正确解释。如果以数据主义观念来看，国家数据处理系统的关键在算法，而算法不仅仅是数学的、算力的还应包括社会结构和治国理念，这些基本要素的更新才能适应数字时代发展的要求，即所谓的让政治跟上科技发展的步伐。过去的美国文明确有很多令人怀念的东西，直至今日还有相当多的值得重视的文化研究成果和值得尊重的美国式文明的公民。但是因为美国的政治追不上科技发展的步伐，我们生怕这些在美国文明的衰落中被不文明所淹没。

在前面的第一章、第二章中我们已知媒介不仅是信息载体，还是文化的载体。当把技术和思想等手段都看成是（通过技术、思想等手段达到某种目的）媒介时，那么所有各个领域的成果必须由媒介形成，由媒介承载，由媒介传播，各种文化形式存在于媒介之中，因此媒介之中有文化。我们由美国的建立直到今日发达的美国数字时代，更可以清楚地看到一部美国历史也是一部美国文化史，更映出了一部美国媒介史。美国历史的不同时期与美国媒介发展的不同阶段相吻合。18—19世纪中叶的印刷术文化造就了美国式的民主与自由，美国的政治适应经济的发展，为20世纪成为世界头号强国打下了坚实的基础。19世纪后期与20世纪初"图像革命"之后，美国的印刷术文化中心地位开始被动摇。到20世纪中叶以后，美国成为电视最发达国家，美国民众也成了向电视文化蜕变得最快的民众，其娱乐化日渐严重，但是作为反应滞后的美国经济、军事、科学及文化研究等领域依然继续发展和强大，但其标榜的自由和民主的政治开始走下坡路。20世纪后期至21世纪媒介由电子时代进入数字时代，随着电脑、手机和网络技术的进步，美国相当多的领域娱乐化比波兹曼所言的20世纪80年代更为严重，美国受到浓重的荧屏污染之害，出现了理性的缺失、政治的腐朽、自由的僵化、民主的虚伪。美国在国内充满着各种矛盾，在国际上正在丧失主导世界的霸权的力量。虽然目前看来，它还在经济、军事、科技等领域盘踞着领先的地位，还是西方世界的"老大"，在这些方面，我国赶超它还要十几年、二十几年，甚至更长的时间，但其颓势已经显露出来，如果再不进行政治改革，如果再不树立自由民主的新观念，如果再不注重媒介意识，那么数字信息媒介将是一首唱衰美国的最响亮、最生动、最有震撼力的交响曲。

（五）媒介技术与人性危机

说到底，媒介对人性的作用是媒介技术的作用。不同的媒介技术对人产生不同的作用（技术之所以能够作用于人，又是源于技术的本性，这将在下一章中讲到）。人们研发媒介技术是为了发挥媒介技术的正面作用，而往往忽视了它的负面作用。

媒介技术的正面作用即是人们发明媒介技术的意图得以实现，也就是有目的地去解决某个问题。比如为了把个人的理性和智慧传播给众人，发明了印刷术；比如要把远处的某事件的情景送到众人的眼前，发明了电视技术。电视让人们处于那个情景之中，有似于生活的情景。比如我们要尽快地计算出某种复杂运算的结果，于是有了电脑；比如我们要用多种运算来解决某种问题，于是有了人工智能。人工智能的仿人脑的认知方式虽然还不是人脑对事物的认知方式，但通过复杂的计算，也能在某种程度上反映事物间的关系，有某种认知功能，所以又可以称作是中枢神经的延伸。人们想要让各种各样的信息畅快流动，并且互联互通，于是发展了互联网技术……这些都是各种媒介技术的正面作用。

但是作为技术，它也有负面作用，而且是必然会出现的，更重要的是它的负面作用常常是作用于人的本质的，是统治式的、是危险的。"这个危险就在于这样一种威胁，它在人对存在本身的关系中威胁着人的本质，而不是在偶然的危难中威胁着人的本质。这种危险才确实是危险"（《海德格尔选集》，海德格尔著，第435页）。如果说原子弹造成了一种技术对人的生存威胁的话，那也仅仅是一种一时性的灾难，但是如果在人对存在本身的关系中威胁到了人的本质，那就是真正的危险。电视技术激起的是人的娱乐欲望，当这种娱乐欲望膨胀起来，就威胁了人的生存存在。这就是在人"对存在本身的关系中"受到了威胁，而且这种威胁是关乎人的本质的或者说是关乎人的本性的，即从普遍的娱乐化到人性的娱乐化。我们还应看到这种娱乐化的实质是一种技术的制造，一种技术的秩序。海德格尔说："在人的本质中威胁着人的是这种意见：技术的制造使世界井然有序，其实恰恰是这种井然有序把任何秩序都拉平为制造的千篇一律，从而自始就把一个可能出现秩序和可能从存在而来的承认的领域破坏了"（同上引书，第435页）。这里告诉我们技术把世界本有的、自然的、应有的秩序破坏掉了，换之以某一种技术秩序，这不单单是秩序的问题，而是要求人适应这种技术秩序，而且往往是要求人在本质上有所改变的那种适应秩序。试想，当年美国电视文化占据了美国文化中心地位时，美国大多数人不是以电视的思维方式来看待世界的吗？以电视的思维方式不就是适应电视（技术）制造的秩序吗？电视文化的思维方式不就是成了美国的社交模式吗？以感觉、形象、外在、简单的方式代替了从前的理性、内在、复杂的方式，这正是表现了海德格尔的这样一种思想："那些出生于当代世界中的人们，则被逼迫根据这种技术的秩序来理解世界。这种理解方式是一种天命"（《海德格尔》，约翰逊著、张祥龙等译，中华书局出版，2002年版，第103页）。

今日数字信息媒介技术正在迅速发展，可预知不久的将来到处都是数字信息媒介，工厂车间、农村田野、医院、学校、政府机关、办公室和家庭……将形成的是一个智能网络的秩序，更值得关注的是人也将纳入这个秩序，不但以这种秩序存在，还将以这种秩序理解世界，人的本质似乎也将按这种秩序发生改变。不是早就流传着"计算机人化，人计算机化"吗？人们开始使用锤子的时候，如果把这件手持的最简单的工具看作是媒介的话，可以说锤子是人手的延伸，也可以说锤子被人化，但是无人说、也不可能说人被锤子化。锤子虽然在手，但人并未失去与大自然亲密接触。可是在媒介技术如此发达的今天，在人们频繁使用人工智能，也听命于人工智能的这种新技术、新秩序的安排。于是可以说，机器（人工智能）欲人化，人将被机器（人工智能）化。人被发达的技术装置隔离了，不再与大自然亲密接触了，人将被发达的技术所驱使。技术越发展，人被技术化得越快，人本性中那宝贵的东西丢失得就越多。

但是很多人沉浸在新技术提供的欢愉之中，完全没有察觉技术在强烈地改造社会的同时又是在怎样地改变着人，这又意味着怎样的危险呢？值得我们惊讶的是早在1946年代海德格尔就说出了这样的话："技术的统治不仅把一切存在者设立为生产过程中可制造的东西，而且通过市场把生产的产品提供出来。人之人性和物之物性，都在贯彻意图的制造范围内分化为一个在市场上可以计算出来的市场价值。这个市场不仅作为世界市场遍布全球，而且作为求意志的意志在存在的本质中进行买卖，并因此把一切存在者带入一种计算行为之中，这种计算行为在并不需要数字的地方，统治得最为顽强"（《海德格尔选集》，海德格尔著，第432页）。几十年前仅有的是笨拙的计算机雏形，没有互联网，更谈不上人工智能，但他的话却是那样地切合今日的现实。技术把一切都变成生产产品所需的东西，包括人与物。"贯彻意图的制造"就是指有目的的技术行为，对这种行为的追求则把人性及物性都变成了"在市场上可以计算的市场价值"。作为追求技术的欲望则把这种有市场价值的人性和物性进行买卖交易，这种交易又是在存在的意义上进行的本质性交易，这种交易把世间的一切带入了可计算的行为中。

如果以今日数字信息媒介技术来解读这段话，那就是它把一切都看作信息，并且转化为数字。关于物性自不必去解释了，只就人性来说，比如大数据将海量的信息收集起来以人工智能进行专业分析。我们在网上的一举一动都会作为有价值的信息被大数据收集起来，算法将这些信息进行分析，它可以做到掌握个人的爱好、习惯、品性、能力等状况，即所谓的"画像"，可以凭借这些做到信息供应的个性化服务，让我们获得的是我们最想知道的信息。翻一下前面讲过的一些例子，有的人为什么陷入了"信息茧房"，有的人为什么存在偏见，有的人为什么性格扭曲，有的人为什么成为网瘾，还有那因依恋社交媒体而产生的十种病症……对于这许许多多的人性状况来说，大数据及其计算是脱不了干系的。当然在网络平台的经营者那里都变成了财源。网络公司会获得大量的广告和赞助商，电商们可以投其所好，供应你最喜欢要的商品……这样看来人的品性通过信息变成了数字，变成了市场价值和财源。为了追求技术的目的，大数据还可以对人的价值进行评估，甚至给出市场价格，用作人才交换。本来人的生存价值和人的本质属性是不能用数字来衡量的，但是先进的媒介技术却以它的市场方式顽强地用数字加以计算，我们从人的本质性的东西被数字化和被计算直至被买卖，看到的应当是在媒介技术面前人性的危机。随着信息媒介技术的发展将会到处都是互联网——人工智能的天地，几乎所有的一切都变成信息并被数字化，人当然将也被这张覆盖全球的大网所笼罩。

（六）人应当往哪里走

这里我们还是关心人的改变问题。人为目的而追求技术，在得到技术之后，技术反转过来作用于人，人在技术中改变着。这种交互作用促进人和技术都在变化，这表现在技术对人的正面作用，但同时也表现在技术对人的负面作用。按照海德格尔的思想，其负面作用往往会形成对人的本质性的伤害。有些伤害是因为个人过于沉溺于某种媒介造成的，但是有些对人的伤害以及对人的改变具有全民性、普遍性、社会性。

在《娱乐至死》第二章中，波兹曼指出，在媒介技术（偏向）的作用下作为个体的人是无法逃避的，媒介技术的这种改变是必然的。在对人的正面作用中表现为，比如印刷文字对人视觉思维的改变，对理性能力提高的作用；比如电视对人听觉能力的改变，对感性能力提高的作用；比如数字信息媒介会提高人们对信息的感知能力等。同样，媒介技术对人的某些负面作用也有普遍性和社会性。比如印刷文字伤害人的感性感知力；比如电视媒介伤害人的理性思维能力，并诱人娱乐；比如数字信息媒介更加伤害人的理性思维能力，更加强化人的娱乐欲和追求欲。但是，不论是正面的作用或负面的作用在个体身上的表现是不同的，这就是普遍性中的特殊性。其特殊性（个体表现）的情况，视其媒介意识而定。

这里暂且将媒介对个人的改变放在一旁，就媒介对人的全民性、普遍性、社会性的改变做一下梳理。如果从人的进化来看，人在媒介中的改变是否可分作这样几个时期：第一个时期是在部落形成的前期。人是在大自然中受自然条件（媒介）的影响及人为适应这种自然条件而发生的改变。除了身体的变化主要是意识的变化，比如主动地躲避大风、暴雨、野兽等不利因素的侵袭、判断可食之物（包括动物及植物性食物）在哪里等。此时人的自体媒介（眼、耳、鼻、口、手、脚等及总协调机构——脑）在缓慢地进化。

第二个时期是部落时期。这一时期重要的标志是有了较为完善的口头语言媒介。有了口语，人与人可以进行深入的交流，使部落有更好的生活秩序和协调合作。人与人的交流与合作促进了人大脑的进化，人的智力开始小步向前。这个时期，人的改变不再像从前那样主要是（在自然条件下）被动地改变，而是人自身（比如口语媒介）参与了自身的改变。也就是说，以前使人改变的媒介大都是大自然（条件）的，而部落时期人以更多的自身的条件（如大脑思维）为媒介参与人自身的改变。

第三个时期是从文字媒介开始的。非常重要的是有了文字人们产生了理性的观念，人的智力得以大步向前，诞生了世界古文化：古埃及巴比伦文化、古希腊文化、及古东方文化（如中国古文化）等。有了文字，不仅是记载，而且使人的认识得以接续，向深度和广度拓展，形成关涉多方面的认识体系。理性认识的提高奠定了科学的基础，如古希腊的数学、哲学等。以上三个时期人的改变属于人的"有机进化"，即自然（媒介）的作用及人自身（媒介）的作用。

第四个时期，也就是从印刷机开始，无机（制作的机器）媒介开始介入人的进化。人的理性及智力能力得到普遍的、迅速地提高。特别是促进了多学科科学的形成与发展，带来的工业革命，更加促进了科技事业，欧洲的农业社会开始跨进了工业社会。

第五个时期即是从广播电视开启的电子媒介时期，包括今日的电脑、手机、网络和人工智能。这个时期包括大自然和人自身的有机媒介对人的作用变弱，无机媒介的作用逐日增强，它对人改变的速度以及改变的内容已超过了以往任何种类的媒介。

第六个时期我们目前只能以设想的方式加以展望，即脑—机接口的实现，也就是将人工智能芯片（处理器）与人脑（包括思维、情感）活动相结合，人因此成了半人半机的"超人"。到时，人们不用开颅植入芯片，只要穿戴人工智能就可以在思想指挥下做许多复杂的工作。比如不学外语就能看（听）懂外语作品；不必学艺，你的手会突然灵巧起来，一会儿就捏出个活灵活现的泥人；你可以变成高级饭店的大厨师；你也可以变成高级理发师……你甚至不用学习就可读懂古典诗词文章……与之相比此时自然和人身体的（有机）媒介作用已显得太微弱了。

第七个时期（也是设想的）人工智能机器人完全代替了人。因为此时它具有了人的思想和情感，因而有了自主性，这种自主意识再加上各方面均有胜于人的能力，几乎不可战胜。在它面前，人类进化不进化已微不足道了。或者说人的进化完全变成了无机的了，一切都由机器人主宰了，当然危险也达到了极点。

纵观人的进化，从有机媒介的自然开始，经过无机媒介的介入和有机（媒介）与无机（媒介）相结合到完全被无机媒介所控制。在媒介交替的过程中，有两点不得不提，一是一个时期比一个时期加快，人的几十年的改变超过了过去几百年的变化，更是过去成千上万年变化所不及；二是从无机媒介（工业技术）介入后，一个"魔鬼"悄悄地也进入了对人的改变之中。它暗使魔法，让人的本质属性发生某些变化，连人类的智力的提高与降低也有这个"魔鬼""施展法术"参与其中，甚至让人出现畸变，它俘获了"电视人"，又俘获了"手机（电脑）人"。它的目标是俘获全人类，而这个"魔鬼"生生地是由人造出来的。当我们设想到这里时，不禁使我们想起了前面海森堡（伯）引用《庄子·天地篇》中的那段故事来说"机器的危险"。那个躲藏在技术（媒介）后面的"魔鬼"是非常狡猾的，你只要是发明了新技术（媒介），它必然变换模样，带着新的魔力在暗中施法。道高一尺魔高一丈，我们的媒介意识告诉我们，你是无法擒住这个"魔鬼"的，相反如果人类不研究自己（对科技）的研究——可以认作是对媒介的研究，将来的某一天人类将可能被它打败或变成它的奴隶。这个"魔鬼"就是我们在许多章节里讲过的媒介（技术）对人的负面作用。

古人已告诉我们千万别沉浸在机巧（如今也可理解为科技）给人带来的快乐之中忘乎所以，要时时想着那个魔鬼一直在盯着你。当人们看电视、看手机、玩电脑、享受人工智能等高科技使生活变得方便和惬意而兴奋不已的时候，媒介意识会告诉人们，过分享受这些高科技带来的美好，将是人类生命不可承受之轻（波兹曼的《娱乐至死》已经指点给我们了）。当人们开发出某种高科技技术时，为着生产的高效率、工作的加倍快捷而欢愉激动时，媒介意识又会告诉你再前进一步，可能就会是灾祸，将是人类生命不可承受之重（想一想人工智能的极端发展，就会让人感到恐怖）。

前面说的第七个时期就是人工智能与脑生理科学结合破译了人思想和情感密码的时候，同时也是能造出比人各方面都强大的机器人来的时候。这个纯粹无机的产品真要是与人争斗，如同普通人碾死个蚂蚁。那时，那个魔鬼就将从幕后出来直面人类，人类便处在生存的危机中。我们的这种恐怖的设想只是一种设想，而不是预测，未来可能成真（比如当人文科学能够控制高科技发展的时候），也可能不成真。不过设想会告诉我们，未来的路大致可以怎样走。在科技进步中，特别是在人工智能的研究中，我们时时要警告自己，魔鬼就在前方等着，要加倍小心，特别是要学会认识媒介（技术），也就是有较好的媒介意识，好好地猜度这个魔鬼的伎俩，以免被它不断增长的魔法击倒。特别是在第七个时期到来之前，研究好人类在高科技时代的生存方式，以致魔鬼突然从幕后站出来直面人类时能与之交接，从而获得"永生"。

我们在第二章曾经讲过，当把技术看成是媒介时，"人类研究媒介（技术）就是在研究自己"。我们并不反对技术，相反，人类已经走到通过技术改变自己求得人类的正向进步的阶段，而这个进步的条件是要有很好的媒介意识，只有充分认识到媒介（技术）的正、负两方面作用，避其害，用其利，才能使技术得到发展，使人得到进步，而不会被毁灭，对于人类而言，媒介意识就是生存的真理。

这里我们还要谈谈人类的幸福和对技术追求的问题。人类有目的的追求技术就是为了获得对不断增长的物质文明的享受，它关系到了人类的生存幸福，更关系到了人性变化的问题。可是什么是幸福？人们往往被高度的物质文明所迷惑。住豪宅、开豪车、吃美食、娶美女……这些在部分人，比如企业家那里可能都有了，但却不知道他一上了企业这个"套"就脱不开身。他必须考虑企业经营的方方面面，比如原材料来源、生产流程的改进、产品销售的渠道、同行的竞争、资金周转的周期、利润是否能让企业继续发展下去……如果他不动脑筋，企业势必会倒闭，多少人的饭碗会毁在他的手中，他为企业的生存必须绞尽脑汁，看着都累。与其如此，真不如一个普通的手艺人，凭着技艺有稳定的收入，有规律的生活那样安然幸福。

现代人有手机看、有电脑玩儿，是部落人想都想不到的。当他看到你手上的这个玩意儿时，一定会认为你是个大魔鬼，在玩弄着一群小魔鬼。但部落人不幸福吗？他们住着茅草屋，毫不担心发生什么大地震；他们集体劳动，分工合作，有打猎的、有采摘的、有做家务的；他们吃着族长平均分配的食物，没什么你争我夺的。那些食物可能不如现代人吃的东西，经过多道加工，味道诱人，但却是原汁原味的有机食品，有着自然的鲜香；到了晚上，围着篝火唱歌跳舞，遇到自己喜欢的异性，就跑到僻静之处做交欢之乐。如果二人情投意合，能相濡以沫，就做长久夫妻；如果发现不能长久在一起便可随时分手，没有什么财产分割、子女养育问题。因为在一个部落里生活，如同在一个大家庭里，人们可能有姓氏不同，但无高低贵贱之别；人们无生活压力，没听说过那时因生活而有抑郁症。也许当他们听说现代高科技社会有那么高的自杀率时会觉得简直不可理解。他们过着原始共产主义生活，自由而舒畅，他们的幸福感难道不如现代人吗？

其实，幸福不幸福在于人的心理感受，物质仅仅是让人快乐的条件。男人娶了一个漂亮的媳妇，他也许会说幸福。但是，他也许会说，"她让我感到快乐，但幸福是另外一回事"。这里美好的条件是快乐的媒介（美好条件都会给人带来快乐），但不是幸福的媒介，幸福的媒介是人的心理，（只有心理感受到幸福才是幸福）。简而言之，快乐的媒介是美好条件，幸福的媒介是心理活动。按数字信息时代的思维方式，我们可以把媒介看作是"算法"或者"处理器"。美好条件是什么？在过去是对自然条件的处理，在现代社会就是科技对世界的处理，于是科技就将作为快乐的媒介，因为科技为人们提供快乐的美好条件。而在幸福那里，美好条件作为快乐信息数据需要人们内心对其处理，内心感到这个美好条件是惬意的、舒畅的、有价值的，于是才有幸福，否则便不会有幸福。如果将其写成公式，大概如下：

原材料 → 技术＝美好条件（媒介）→ 快乐（信息）

快乐（信息）→ 心理活动（处理器、媒介）→ 幸福（信息）

　　如此看来，作为提供美好条件的媒介技术与幸福没有直接关系，只有间接关系。所以追逐快乐（——作为信息数据）而不会用内心（这个媒介——处理器）处理的人不会得到幸福，正如一个国家不会处理信息数据就不是一个好的国家机构那样。如果误读幸福与快乐的关系，当人们不会处理技术带来的美好条件（比如戴上头盔，贪恋于VR技术的网络游戏），那终将获得的并非是幸福，反而可能是灾祸。所以，获得幸福的关键在于人的媒介意识，而不在于物质条件。谁会处理与媒介（包括物质的因素和心理、知识、思想等非物质因素）的关系，也就是谁最有媒介意识，那么谁将会最幸福。

　　笔者之所以以媒介来谈幸福的问题，根本上还是在讲树立媒介意识。科技进一步发展，例如摆在近前的是6G与AI的进一步发展，5G可做到万物互联，6G能够做到万物智联，它们与人工智能的联手将为人们带来生活与工作等方面更多的方便与快捷。但是我们用媒介意识来分析，就不会直接将5G、6G及AI的发展看成是人类的幸福，因为幸福的媒介主要是人的心理等非物质因素，也就是媒介意识，而不是技术。技术从来就具两面性，从来就不直接指向幸福。从媒介与幸福的关系中可知，谈媒介意识不只限于技术，媒介思想扩展开来已进入更多领域（像在这里进入心理学领域那样）帮助我们认识更多的社会现象。

　　说到我们以媒介论的观点来分析美好条件与幸福的关系时，可以再翻开《娱乐至死》的《前言》，那里赫胥黎的预言正是指出了美好条件并非是幸福的媒介，反而可能会成为毁掉我们的东西。媒介论让我们更好地理解赫胥黎。这些在部落人看来大概会说，你们的社会好复杂呀！连"幸福"的事都讲得那么让人头昏脑涨，真不如我们部落那么简单、那么幸福。是呀！科技的发展让社会越来越复杂了，这都是科技的"恶果"。人们在追求快乐与幸福中，使技术不断发展，但是技术越发展，要求于人的媒介意识也越高。媒介意识是随着技术的发展而不断地在认识技术中提高的，即媒介意识不是一劳永逸的。在20世纪初期汽车（媒介）盛行的时代，没有人提到媒介意识。20世纪中叶，在电视、电脑（媒介）等发展起来以后人们才开始意识到媒介的力量，哈罗德·伊尼斯，马歇尔·麦克卢汉等学者的著作才奠定了媒介意识的基础。在数字信息时代最引人关注的便是人工智能，在媒介论者们看来它虽然只是一种媒介（技术），但是它带来的信息却能够涉及各个领域，并使各领域发生深刻变化（可能是快乐条件）。最令人担忧的是，它的最终发展可能未必给人带来幸福，甚至会带来毁灭人类的危险。因此，人们须面对一个严重的问题：在人工智能的发展过程中，人们面对这个人类自己的创造物，如何把握自主性（处理器），这不仅仅是个科学技术问题，更是个人文科学的问题。人必须以更新的思维（即更新的脑的）能力、更新的思想认识，也就是以更新的媒介意识对待这个高端技术。

媒介意识的跃升引发了另外一个问题：也就是人必须要重新研究自己、重塑自己，也就是研究人应该如何改变自己，做一个更好的"处理器"。这就是在高新技术面前人性改变的方向。人在媒介技术中的改变是确定的，而我们要说的是人不是不可变的，而是可变的，并且也总是在改变着的。在《娱乐至死》第二章中，波兹曼曾说："任何认识论都是某个媒介发展阶段的认识论。真理，和时间一样，是人通过他自己发明的交流技术同自己进行对话的产物"，笔者据此又加了一句："人研究媒介（技术）就是在研究自己"，研究自己就包括研究在技术发展中，人性应如何改变。人类的历史证明人类和人类社会是随着科学技术（也可称作媒介）的进步而发展和进步的，科技的发展不但丰富了社会的物质文明，而且还促进了社会精神文明。人类自身发生了智力的、能力的、心理的甚生理的等方面的变化，人类在（通过科技——媒介）这种自己与自己的对话中不断进步，这些都是应予肯定的。还应注意到人类的这种自己同自己对话的内容十分丰富，既生动活泼、饶有趣味，也曲折复杂费思量，甚至会令人痛苦和悲伤，即人类在这种对话中不断加深了对自己的认识。特别是认识到了科技在促进人类及其社会发展与进步的正向作用的同时，也会带来不少的负面作用，这正负两方面的作用在科技越来越高精尖的发展中，表现得也越来鲜明。甚至科技的负面作用向人类发出了警告：如果在科技发展中不重视对其负面作用的研究，将带来诸多危险，其中对人本性的伤害最为危险。在认识人的改变中，应注意的是人与技术的关系。马克思说："人的本质不是单个个人所固有的抽象物，在其现实性上，他是一切社会关系的总和"（《马克思恩格斯选集 第一卷》，中共中央马克思恩格斯列宁斯大林著作编译局编，人民出版社，1995年版，第56页）。马克思又说："物质生活的生产方式制约着整个社会生活、政治生活和精神生活的过程。不是人们的意识决定人们的存在，相反，是人们的存在决定人们的意识"（《马克思恩格斯选集 第二卷》，中共中央马克思恩格斯列宁斯大林著作编译局编，人民出版社，1995年版，第591页）。

如果用生存——存在论的观念来看，人（此在）不是孤立地存在于世，而是与世界其他事物（存在者）的存在密切相关的，人能够认识事物，但事物也能影响人的存在，人在这其中也意识到自身的存在及存在的意义。人不能超出世界其他事物（包括人用技术手段创造的事物）的存在而存在，也可以说人在与世界事物的互动中存在。社会是各种因素复杂关系的网络总体，智人在这个总体中能够认识自己的存在，并能找到以某种方式存在的可能性。这样我们就能更好地理解马克思所言的"是人们的存在决定人们的意识"，人"是一切社会关系的总和"。如此看来，人与技术的关系只是社会关系总和中的一种关系。但是要注意的是，人是生存于信息之中的，而信息是由媒介（技术）载来的。现代人每日里不可须臾离开信息（媒介）。当我们像麦克卢汉那样，将技术及其制作或生产的设备、产品，还有定理、思想、观念等都认作是媒介时，那么媒介与人的关系在社会关系总和中将占有重要地位。因此我们要恰当地把握人在媒介（技术）中改变的状况，把这种改变放在社会关系总和中进行考察，分析在这种改变中哪些是势在必行的、有利于人及社会发展的，哪些是违背人性的、应予预防的，这才是树立媒介意识至关重要的地方。由马克思的理论可以推想：人所处的一切社会关系总和也必然会成为对人适应这个社会状况的一种约束力。由此我们得到了一个衡量人性改变的基本标准，即：人不能违背他存在的社会关系总和所要求于人的本性的东西，也就是人性中那些适应社会关系总和的东西是不应改变的，如果这种不应改变的东西改变了便是危险。一种是反社会，成为匪帮、恐怖袭击者等；一种是违法违规、违纪者，侵害他人及公众利益，如小偷、贪污腐败者等；一种是革命，欲创造一种新的社会制度，当其适应社会发展规律时，可能会成功，而违背社会发展规律时，则必将失败；还有一种危险是人性的畸变，我们前面讲的患上网瘾的、因上网而发生心理疾病的、心理变态的、那些理性变差的（包括一些人失智的现象）……甚至那些难以集中精神思考问题的改变都是不适应社会生存的畸变。而那些有利于人潜能发挥的，如增强人的理性能力、协调人的感知能力，增进人的身心健康让人回归纯真质朴之类的改变，以及适应诸如人工智能这种高端科技给人带来正面作用和避开其负面作用的改变就应顺势而变。

　　当然，我们前面讲到的人工智能的极端发展对人类生存的威胁只是一种可能性的设想，并非是预测，那种情况可能发生，也可能不发生，这个问题离我们尚且遥远。我们还是要把主要关注点集中在当下谈人的改变。人所在的社会在变，人也应该变，但无论如何在存在的真理上，也就是有利于人及社会生存的东西是不应改变的。严格讲来世界上没有什么东西是不可变的，无论对于人性还是对于技术，不能抱残守拙，该变者应顺势而变，但也不能随便改变。海德格尔怀念精神家园中人的纯真质朴、麦克卢汉极想让人回归为部落人那样感知的本质性的状态，还有庄子赞赏的古人的"纯白"……这些从人类社会以来以至可预见的将来都是人之为人的、不可随便改变的东西，当然是必须守住的东西。在坚守中也不是反对科技的发展，只要是人识得各个时期各种技术（媒介）对人的本质的正面和负面作用，人就能避其害用其利，这是我们为人为社会的生存原则。

　　"海德格尔看到，我们对技术作出反应有两种可能的方向。这些方向不是简单地接受或者拒绝接受。如果他对我们处境的分析是正确的，那么对于我们来说，拒绝或者站到技术的框架之外就是不可能的。然而，海德格尔的确相信，我们对技术的经验，既向我们显示出技术框架的危险，又能向我们显示出在技术框架中拯救力量仍然是可能的"（《海德格尔》，约翰逊著、张祥龙等译，中华书局出版，2002年版，第103页）。这里重要的是"对技术的经验"（研究海德格尔的学者们在另一些地方也作"经验技术"），这是指在使用技术时对技术的认识，使用技术时技术必然要作用于人，无论它的正面作用还是负面作用，都要对人产生影响。但是当我们"经验技术"后，就认识了它，就能利用它的正面作用，避免它的负面作用，这就会产生一种拯救的力量。比如在满足了我们对某些知识的需要后，我们不再流连于网络，要适可而止；在我们自己能够做出分析和判断时就不要过分依赖人工智能，此时只让它做我们的助手、参谋……那些在技术媒介面前出了毛病的人都是因为没有认识技术媒介，盲目地过分地使用技术媒介，或者知之甚浅而不能控制自己，使他们的生存环境过度地被技术媒介所占有。正确处理人与技术媒介的关系，总的原则是否可以归为以下四点。

第一，保持人的自主性。科技的发展就是要不断地占领人的阵地，从工业社会开始的那一天，机器就在努力地取代人。机器先是把人与自然隔离，然后是将人与人隔离，阻断人与人的交流，同时努力把自然的秩序和人的秩序换成机器的秩序，就是前面所言的"技术的制造使世界井然有序。这种"井然有序"把任何秩序都拉平为制造的千篇一律，这种机器的秩序破坏了原有的自然的秩序，一直都在努力地强加于社会，一直想把人变成机器，人在其中可能丢掉的是最宝贵的东西——人性。资本疯狂地追逐利润和不可遏制的竞争，致使机器对人的替代加速度地进行。看看今日偌大的车间没有几个工作人员，甚至有的是无人车间；还有的是在家办公，原有的人际交流、互相照应、互助协作及其间的人情味已越来越淡薄了，人们被隔离得几乎对面不相识。许多人被人工智能管理（有的人说"我的老板是AI"，它将工作人员的纯工作时间、工作效率等在岗的一切都自动记录下来并照此算出每人的工资），员工们孤独地面对屏幕或自动生产线，按照机器的节奏（秩序）做着简单的、重复的工作，机器扼杀了人的创造性，机器毁掉了人性。

有人说"机器是人性的敌人"，可是机器却是正正当当地当作人类的朋友被发明出来的，今天让人看到的是朋友变成了敌人，面对此种悖论，似乎让人无可奈何。但是，媒介论告诉我们，人类发明的科技（媒介）都是人类同自己的对话，在这个对话中，人不断地认识自己，也不断地认识科技以及人类与科技的关系。我们不能忘记的是人类是这个对话结构的主体，也是科技的主体。人类在这个对话中要把握住自己的主体性，也就是自主性，而不被科技所带离，这就是我们在第十二章中曾引用的胡塞尔讲的那些话，即在关于人生意义的问题面前，人在与人和非人的世界相处中能否自由地自我决定，在生存的众多可能性中能否理性地塑造自己和周围世界。在人类通过科技（媒介）同自己的对话中把握自己就要看人在科技发展中应如何改变，人不应当被动地被技术改变，而是要主动地应对技术对人的各种可能的改变。科技发展在提供了数不尽的便利的同时，当然也会提出数不尽的生存问题，而且大都是关于人的本性的。回答这些问题的关键在于把握住人的自主性，让人的本质不受伤害。

第二，朝向人类进步的方向。每一种用于人类的信息媒介技术的出现都要打破原来的平衡，使人的某种潜质得到发挥，这是人类的一种进步，人们不要因为它破坏了原有的平衡而废止它，人们应当想办法在不平衡处找到新的平衡的办法。有了文字以后，部落人的感官平衡受到了冲击，特别是印刷铅字的出现使视觉凸显。人因读书使理性快速增长，人的智力迅速提高，社会也出现了许多工业革命之类的巨变。读书使思考从人的潜质中迸发出来。有思考才会有才干，才会有直觉、顿悟，才会有发明创造。思考提升了理性，发展了科学，人类有高品质的思考才有今天的繁荣。读经典著作时的思考能培养人的良知，完善人的品性，读书成了人类进步的阶梯。电视、电脑、手机等媒介在传播信息方面、在形象化表现事物方面确实是技术上的一大进步，让人们看到了更多的东西，也让人们的以听觉为主导的各种感官平衡协调的状态得以某种恢复。人工智能有比人还强的记忆能力、计算能力和某些认知能力，显现出的某些智慧能力远远地超越了人，因此可帮助人处理很多事务，解决很多复杂的问题，用好它也会帮助人提高智力。媒介技术为人类进步作出贡献的同时也会对人产生负面的影响，如使人娱乐化、愚氓化、非人（机器）化等，对这些我们也都讲了应对的办法。使媒介技术既得到正确运用又保护人在本质上不应改变的东西不被媒介技术所改变，这是媒介意识的一种方略，它可以使人类在媒介技术发展中朝向进步的方向。

第三，尽力保持我们的感官全面均衡发展。这种均衡保证了感知的均衡，从而也利于认知能力的提高。人的感官是自然天成，是适应于自然世界的，各种感官均衡最有利于生存。如果某一感官受到媒介技术的作用发生变化，应注意在不平衡之处想办法予以弥补，即利用在技术框架中显示出的拯救的力量。谷登堡发明印刷机之后，书籍便开始大量生产。人们当时对书籍的热爱并不亚于后来人们对电视的追求，于是出现了一批热爱读书的人，也就出现了视觉人。其中的一些人出现了感官不平衡，偏执于读书和理性而成了书呆子。中国不也有"掉书袋"的人吗？不也有唯条条框框的教条主义、本本主义的人吗？如果此时他们觉悟（即有媒介意识）的话，走向实践，增加感性接触，也就是让人以听觉为主导的感官平衡得以恢复，这些问题便会被克服。实践最能调动我们的感官，我们的听觉、触觉、嗅觉、味觉等都会活动起来。这种感性体验就是人们常说的"有切身的体会"，这"切身的体会"就是实践的感受，有时这种感受用语言都难以表达（因为它主要是人右脑非语言灵光的产物），如果再加上我们读书后的理性提高，则更会激发我们的灵感，会更好地认识事物。实践可弥补读书的不足，这大概是在长期的对读书的认识中觉悟到的。其实这就是"经验（媒介）技术"的结果，其中更深层的道理就是麦克卢汉所说的人的感官的平衡与协调。感官的偏斜不是受生理缺欠之害，就是受媒介技术之害。弥补的办法不是废止技术，而是将与之相应的被损害的（感官）部分提升起来。所以读书多了的人应当重视实践，走向生活和工作的实际，可以多看一点电视、多上一点互联网，以弥补（听觉）感性的不足。但是，看电视，上网，并不等于实践，实践才会有切身体会。

这里需要特别强调的是要充分认识实践。人的此在首要的是在实践中的存在，即在与世界（事物）打交道中才有理解，积而成知识。实践才是理解（认识）的源头，所以人们把存在论哲学看成是实践哲学。人的正向成长，首先应是力行实践。

第四，守住"纯白"。"纯白"就是前面引述的《庄子·天地篇》中讲的那个故事中的"纯白"。他的原话是"吾闻之吾师，有机械者必有机事，有机事者必有机心。机心存于胸中，则纯白不备；纯白不备，则神生不定，神生不定者，道之所不载也"。可见纯白不是什么都没有，而是什么都有。纯白是内心的纯真洁净，清澈澄明，有此种心境方能透彻观察，明辨曲直，所以它是通往"道"的。它具有神性，即有些神秘，似乎幽远深奥难以探明，但又感到它的存在。它是人的心灵之所在、真善美之齐聚，似乎是人性的基座，人性中的根本。不论人性里面的某种东西随时而有何种改变，但内心的纯真澄明应永远不变，那就不失为人。在媒介技术中，如果这种纯白受了损伤，那么这个人就有可能出现某种欠缺，影响他对这个世界真实的认识。

海德格尔所讲的技术对人本质的危害极有似于庄子"机事"对"纯白"的危害。以现在的互联网、手机、电脑来说，利用它们可以工作、可以方便生活、可以做许多事，固然可取，但是许多人贪恋它们中的社交媒体，从而让人上网成瘾。荷兰的研究者们称人们社交媒体上瘾程度如吸进尼古丁一样，不可须臾离开。社交媒体开发者们开发出了微信、QQ、微博等交流方式，还有大量的种类繁多的文字信息、视频、评论、直播、弹幕等。他们的目的都是为了获取点击量、用户使用时间、用户信息等以作商机和其他用途。但对社交媒体上瘾者而言，则如铁块遇上了磁石，被强烈地吸引着。

虽然社交媒体的经营者们利用了机巧，长了一点"机心"，但总算付出了智慧，总算为人做了些事。而对社交媒体上瘾者则不然，他们频繁地使用，如庄子故事中用槔吸水一样，被"机心"搅扰。他们用大量时间浏览网络上的海量的、无深度的、散落着的信息，似乎什么都知道。但时间一长，真正对其有价值的信息没留下多少，而那"机心"却留在了他的心中，也就是媒介技术的负面作用形成了对他的伤害。他利用社交媒体与人交流，自以为朋友多多，这都是"机心"让人的误读，实质上并没有真实的人际交往和少有真正的朋友，时间一长不时会泛起一阵孤独之感。过分依赖人工智能，自以为学会不少东西，实则抑制了自己的智慧和创见能力，助长了"机心"……有了"机心"则失却了神性，神性不定则无以载道，他失去了洞见世界的能力，对现实失去了判断力。"纯白"不是什么都不明白，而是最具神性的明澈的内心，它有悟"道"的能力。纯白不是反对智慧（机巧），而是大智慧，是知其"机巧"而守住纯心的智慧。在千变万化的媒介技术面前，保护澄明纯净的内心，唯其如此，方能识别"机巧"善于应变。所以不要把守住"纯白"看作反对科学技术。

现代技术越先进，人们被带离精神家园就越远。"纯白"是那精神家园的主人，人要保持住这份"纯白"是需要努力的。对"纯白"的理解也应包括麦克卢汉关于部落人的启示，部落人是"纯白"的，不要把部落人的感官均衡协调仅仅认作是耳鼻眼舌手等器官间的关系，重要的是这种均衡与协调更是表现为对事物的感知能力和悟性（认识）能力。这种均衡与协调是人原初的、宝贵的和具有某种创造的能力的，这种感知能力还可以在实践中锻炼成长，甚至能直接把握事物。感知是我们认识事物的基础和源泉，左脑为我们分析、判断、整理感知的东西，右脑为我们产生认识的飞跃、灵感的迸发。守住"纯白"除了要勇于实践，在实践中提高感知事物的能力和提高悟性（认识）的能力以外还要多读一点经典著作以提高对真善美的修养，其实也是人性的修养。在阅读中增强专注力、思考力、提高智慧（智力和悟性）能力和培养人的良知。守住"纯白"需要对人之为人的全方位的修炼，这是一种人性的修炼，也是一种以部落人为起点的人类正向进步的修炼。

以上四点总括而言还是关系到媒介理论中关于树立媒介意识的问题，如果我们能从人的本质属性在媒介中的变化来认识树立媒介意识的问题，那将是有悟性的（或曰"神性的"）、深刻的、有远见的媒介意识。然而我们非常关注的并不只是现代人向部落人的某些"回归"，而是今后要往哪儿走的问题。我们要求于人在现代社会中的某种"回归"是使人心地澄明，认真思考人类的命运。在宇宙演化中人是不能停下来的，人已走在了技术改变人生及人性的道路上了。但技术也有歧路，人类不能在技术歧路上自我毁灭，人类必须向前瞻望，路在何方。探路的便是那对技术（媒介）的意识。对技术的追问，终归还是人类对自己的追问（研究）：人是何种智人，人如何应对自己的发明，在技术中人应该如何生存——"人类研究媒介就是在研究自己"。下一章我们将谈谈人对技术的追问。

（七）关于媒介生态问题

人性在媒介中的改变自然令我们想到了媒介生态环境（也可称作"信息生态环境"，因为任何信息都是媒介产生的）的问题。人生活在各种各样的媒介之中，这种综合的媒介环境形成了媒介生态环境，就如同人生活在生态环境中一样。研究媒介环境生态学如同研究生活世界的环境生态学一样重要。

　　本章一开始已简要地描述了部落人的口语、表情、肢体及相应感官（注意这些也都是媒介）功能的媒介生态状况。此时可称作是媒介原生态时期。就像生态环境的原生态时期一样，一切（包括人在内）都是大自然行为构造成的。随着人类对各种技术的开发和运用，生活的原生态环境发生了变化，媒介的原生态环境也与此类似。人自发明了文字媒介之后，部落人生存的媒介环境也发生了变化，人的本质性的东西也随之变化。文字使以听觉为主导的各感官协调的部落人逐渐变成了以视觉为主导的各感官不甚协调的有（从文字而诞生的）历史的人。文字媒介造就了理性的人、智慧的人；印刷术媒介造就了工业社会的人；电视媒介造就了娱乐的人，还有电脑、手机、网络、人工智能等媒介造就了数字时代的人，这些都是与媒介相应变化的人。随着媒介技术的发展，有些媒介可能消亡，有些过时媒介会依然起作用，所有的各种现存媒介构成了现实的媒介生态状况。

　　波兹曼在《娱乐至死》的第二章以一条河的生态变化来比喻电子媒介负面作用对符号（媒介）环境的污染，已经是在讲媒介生态学了（实际上波兹曼已在大学里首创了媒体生态学专业）。媒介生态学真的很重要，摆在它面前的许多深层次的问题需要研究。比如：社会赋予某部门权力，当然可以管控互联网上的谣言、淫秽、暴力……，但是无法管控在互联网上的娱乐自由。因为娱乐是人的本质属性上的东西，人需要娱乐，但过分娱乐又会"至死"，如何掌握这种娱乐自由又属个人问题。波兹曼在解读奥威尔与赫胥黎两种预言对比时就提出了媒介引发娱乐自由的问题，这也向我们提出了在媒介生态中人们怎样才能逃避过分膨胀的娱乐自由。现在所想到的办法是在媒介生态环境中树立媒介意识，或利用一种媒介（比如读书）来抑制（或抵抗）另外一种媒介（比如手机）引发的膨胀了的负面作用，可是这样的办法能够起多大效果，波兹曼表示了某种担心，这可能是他在日益发展的媒介技术面前的一种忧虑。

　　事情发展到现今状态使我们想到的是能不能在媒介生态学中深层次地认识媒介间相互作用的关系，各种媒介在社会、政治、经济、教育、法律等综合条件下对人的作用到底会有多大……我们希望媒介生态学能够指导人们在媒介中的生存存在。在我国，研究传播学的人较多的是在研究信息（包括新闻）传播学，以求在新闻媒体包括网络平台上扩大影响，使信息更有效地传播。真正研究媒介传播学或者媒介生态学的人却不多。但是人确确实实是在媒介生态中不断地改变着自己，缺少对媒介生态环境的研究，就难以对人进行研究，这是一个亟待重视的问题，这是一个关乎人生存的问题和人本质性的问题。

第十五章　媒介技术的性质

——在源头上的探索

（一）媒介技术的共性是传播和传递信息

媒介技术的共性是具有传播和传递信息的功能。广义地讲来，一切关于事物的信息都是由媒介传递给我们的，有时对事物的认识就在媒介之中。也正是因它能传递给我们信息，让我们能认识事物，所以就被称为媒介。人一开始以语言（口语）来传递信息，也是媒介。口语甚至也可以看成是一种发声的设备（口、鼻、气管、喉、音带等）发出的信息。进入工业社会，以技术装置来传递信息的媒介被称为技术媒介，它的技术被称为媒介技术。人发明某项技术都是为了达到某种目的，即将原来的事物（信息）通过媒介技术得到新的事物（信息），也可以是某项技术便是达到某种目的的媒介，所以广义地看来有目的开发的各种技术都可以被看作是媒介技术，或者称为媒介。（正是基于此，我们才在后面借助海德格尔的关于技术的思想来探讨媒介的一些问题）。

媒介因其技术的不同而有各自不同的传递传播信息的功能。印刷术媒介之后的较为突出的是电报、电话、摄影术、电影等都是以不同的方式把事物呈现到人们面前。电视可以被认作是信息传递的一场革命，它突破了时空界限把遥远处的事物和已经发生过了的事物形象地送到了人们的眼前。开始时电视的传播距离有限，后来利用卫星技术可以把信号传递到全球的各个角落。2001年9月11日，美国纽约世贸中心双塔大楼遭恐怖袭击，其中之一被飞机撞击起火后，美国电视台即刻赶到现场，等到第二座大楼被撞击时，一个完整的撞击过程出现在了电视屏幕上，这种堪比任何一部恐怖大片的真实事件的传播令世界震惊，人们目瞪口呆。10年之后，电视信号的传递已由模拟变成数字，美国以数字网络传送海豹突击队空降巴基斯坦，突袭了那里的"9·11"事件策划者本·拉登的匿身之地的实况，并击毙了本·拉登。远隔重洋的美国总统奥巴马与同僚们一起从白宫的电视上看到了同步直播。出于保密，美国电视台没有向世界现场直播，但是后来制作的电视片，还是让人们看到了当时惊险的情景，这就是现今发达的媒介技术传递（或让人认识事件的）信息（之真）的新突破。

更令人惊异的是计算机技术。计算机本来是为了更快地进行某些复杂的计算而诞生的，但是随着技术的开发，它也成为一种独特的媒介，即电脑。电脑可以传递某些信息，并帮助我们分析这些信息，其屏幕上显示的东西（信息）能让我们认识某些事物。中国有句成语"白驹过隙"，形容时间很短，原初为《庄子·知北游》中的"人生天地之间，若白驹之过隙，忽然而已"。"白驹"为"白日"，此句说的是人生苦短，如同太阳掠过孔隙那样快，一下子就过去了。有人望文生义，解释成白马跑得快，人不能从墙缝中看清奔驰驶过的白马形象（就是直接用电视也无法捕捉这种形象）。但这个歪解给了我们一个电脑成像的好注解。人看不到白马形象是因为墙壁遮蔽着，另外时间也遮蔽着，如果把时间拉长一点，也许慢慢地看来会好一些。但是时间是不能拉长的，只有求"马儿你慢些走"，而且是慢些再慢些，让人把从墙缝中看到的如白线一样的一条条地串起来，可能会看到白马的轮廓。而电脑则是电子速度，马跑得再快也跑不过电子的速度，只要对准缝隙进行扫描，即可在电脑上显示其形态，并且还能做立体成像，从多侧面进行观看。

作为通信网络的信息媒介技术，在最近二三十年里发展很快。20世纪90年代，还是传统网络，就是所谓的信息高速公路。人们用电脑上网可以浏览新闻、看视频、写博客，进行讨论，发表意见，但它还是固定网络，电脑终端不可移动。后来移动互联网出现，终端可移动，于是有了手机上网。再后来，将模拟通讯（把信息变成电波传输）改变为数字技术（将信息变为数字编码传输，对方接收后再解码还原信息），信息的传输具有更好的稳定性和抗干扰能力，同时出现了短信。到了3G时代数字通信又向数据通信发展，通信速度大大加快。3G手机可以进行多媒体通信，还可以与电脑相互传输信息。到了4G时代，传输速度、距离、频谱效率等都得到提升，传输音频、视频和图像效果更令人满意。要想了解什么事，可在搜索引擎输入名称、事件、人物等关键词，点击几下，关于这事的诸多情况（信息）便来到你的面前，并且有些还是多媒体表现的。特别是视频播放，从传统的电视台转向了网络，网络公司开展了视频业务、点播业务。以前，人们看电视剧时须等待电视台播放，而网络视频业务只要你去点播随时即可观剧。在网络中有成千上万部（集）的电视剧、电影、戏剧、音乐、综艺等节目供人享用，有些还是免费的。4G时代大部分社会服务都开始在手机上进行，比如网络购物、移动支付、交通服务、共享单车等。人们还可以安装各种功能的App，比如观看现场直播的文艺演出或体育比赛。通过App了解某类需要关注的网络平台，比如政务、法律方面的有关规定、咨询疾病的医疗问题……网络技术的不断进步使信息传播服务更加广阔，使生产、生活等各领域出现新面貌。最为人们广泛使用的是微信通信，在人与人之间传递音频、视频和文字，方便了人们的生活。4G时代已经实现了远程医疗，将病人的有关影像（CT片、核磁共振片等）、各种化验结果传至网上，在另外一处的名医或医疗小组就可对病人进行诊断，甚至可以远程传递信息的指令，让机器（人）手对病人进行某些手术。已经到来的5G时代可能引发更多领域的变化，传统医院可能变成一个数据中心，诊断变成数据分析，大夫从共享的数据库中获取病人的数据，然后以人工智能的算法进行处理，得到对病情的诊断和评估，接着就会得出合理的治疗方案。远程医疗也将更加方便快捷。

"互联网+人工智能"的更大的神通在5G网络技术中会加倍显示出来。中国领先的5G媒介技术将把移动互联、智能感应、大数据、智能学习等整合起来，成为一种新的智能互联网，它的高速率、泛在网、低功耗、低时延及万物互联的几大特点将使生产、生活、社会管理、社会服务等发生巨变，很多工作将会方便、快捷、省时、省力。5G时代，社会生产力会大幅提高，人们生产、生活方式也将发生重大变化，5G媒介技术被称作第七次信息革命。5G技术将会不断开发新的用途，人们纷纷议论的自动驾驶，可能只是冰山一角。5G之后又有了6G技术，它把5G的万物互联变成万物智联，它的后续发展更令人期待。通信技术是现代先进媒介技术的代表，它不但让人看到了媒介技术的美好前景，更让人关注的是对媒介作为技术的研究和作为人文的研究的重要意义。

人的生存，除了物质作为最基本需要外，还要有两个基本需要：一是信息，一是能量，而物质又是靠信息和能量取得的。部落人用眼睛（媒介）看到了猎物（既是物质，也是信息），于是借奔跑和力量（都是能量）去猎杀，获得食物（质）。人们用仪器（媒介）发现了红色矿砂的含铁量（物质的信息），于是用冶炼（能量）的技术（媒介）获得了钢铁。信息决定着生存活动和变化的方向，能量决定着生存变化的动力。这两大基本需要在人类生存社会的不同阶段的不同构成标志着人类社会的不同生存状态。没有能量任何存在物都是死的，没有信息存在物将没有演化方向。

存在物（质）演变的可能性取决于它借以转（变）化的媒介和信息。磁、电、光、声、温度、作用力等许许多多外环境都是信息和能量，都会激发存在物内环境的改变而使存在物发生变化。一个表情、一个动作、一句话是信息，传达着某种意向。发生在阿富汗、利比亚、叙利亚、伊拉克的战争是信息，人们在离开家园做难民逃亡还是拿起武器做某种抗击中选择……尽快地取得信息，才能使人们处于更为主动的地位，为正确地选择创造条件。现代媒介是由技术构成的，媒介技术关系到了对信息的捕捉和对信息处理的速度及质量。我们现在时兴的信息媒介是数字的，未来可能是量子的。人们竞争就是竞争媒介的新技术，通过媒介新技术取得新信息，谁的媒介技术更先进，谁就能取得数量更多、价值更高的信息，谁认识事物就会更深刻，解决问题的办法会更多更好。所以发展媒介技术具有非凡的意义。广义地来看人们整日地去解决技术难题其实就是在寻求媒介，在这个过程中媒介最终让我们认识了事物之间的关系和随之而来的解决技术难题的办法，产生新的认识，即得到新的信息。

媒介就是这样地与信息纠缠着，它的核心就是"媒介即信息"，媒介与信息二者的关系有时到了难以分清的地步，甚至有点等同。比如语言，既是媒介又是信息，许多科学实验装置也既是媒介又是信息。这也正是媒介技术传递信息的根源所在，这又引出了技术与媒介密不可分的关系。但是，媒介与信息毕竟是两个概念，而媒介与技术本质上是相通的，它们有时是难以分辨的，一般情况下，说"媒介技术"时多是说媒介的技术特性，而在说"技术媒介"时多是指技术被作为媒介来看待。在现代科技中媒介以其技术占主导地位，是媒介技术发现了信息，决定着信息，因而媒介传递信息包括对事物产生新认识的信息。这一本性就在于媒介技术，而媒介技术又源于媒介技术的性质。所以在我们追问媒介技术传递信息这一本性的时候，就把我们引到了对媒介技术性质的思考上来。本章的重点就是试图用技术的性质来分析（技术）媒介。

（二）媒介技术是媒介认识论的根源

关于媒介认识论的问题在本书的前两章及第十三章已经谈了一些，这里重点是从媒介技术谈媒介认识论。人认识事物基本分为两种方式，一种是以人的感知为基础而形成的经验的认识，另一种便是理性的，从事物之间本质性的关系来认识事物。中国的火药、指南针等发明，就是经验性的。当时的人们并不懂得化学，也不懂物理学，只是从实践经验中认识了有关的物与物的相互作用所产生的结果。当科学发展到一定程度之后，人们才开始以理性来认识事物，即寻求事物之间的本质性关系。此前，我们在讲到媒介（技术）有让人能够认识事物的功能时，就说在这其中有人与媒介和事物三者之间的关系，而媒介与事物的关系最为关键，就是指媒介技术与事物的本质发生关系非常重要。此时媒介使事物以其自身之所是地呈现于人的意识中，即人从事物的现象直接认识其本质。但是人从事物的非本质关系中也能认识事物，只是这种认识是非本质性的事物与事物的某种关系（前面所言的人工智能便是建立事物与事物非本质性关系的媒介），发展媒介技术既包括与事物本质性建立关系的技术，也包括与事物非本质性建立关系的技术，二者共同特点是都需要理性，即二者的技术都具有理论根据。在认识论上，二者与上述的以经验为基础的认识论有根本的区别。值得注意的是，以经验为基础的认识论仍然具有重要意义，在科学已发达的今日也仍然发挥着它的重要作用，所谓的科学实验其中许多即是这种认识论的表现。

为了更好地理解媒介技术与认识事物的关系，我们还是举一个古老而又容易理解的科学故事作为例子。几千年前，人们就疑问有时下雨会出现隆隆巨响，同时会闪出贼亮贼亮的光芒，这是什么现象？无法回答时就把它归为神的发作，有了宗教又把它归为神明使然。1752年7月，一个有雷雨的日子，本杰明·富兰克林（我们在本书第三章中讲到的那个）做了个实验进行研究。富兰克林不只是一位政治家，他还是一位当时赫赫有名的科学家，被授予皇家科学院院士。他的实验使用了一种装置，他放飞一个风筝，风筝上有铁丝，另一端拴着一把钥匙，并且放在了能储存电的莱顿瓶里，结果莱顿瓶被充电了。于是富兰克林证明，下雨时雷响与闪光是云的放电现象。俄国科学家黎赫曼为了验证富兰克林的实验，在雷雨天里，他在房顶上竖起了一根两米高的铁棍，下端用金属导线连接室内的一根金属棒。电闪雷鸣时，黎赫曼走近了金属棒，不幸，金属棒发出蓝色火球，正击中他的前额而身亡。这个现象与富兰克林夫人不慎碰倒莱顿瓶而被电击昏的情况相一致，更证明了雷是雨云的放电现象。

这个故事告诉我们，第一，富兰克林和黎赫曼都想以实验（即用经验认识论）来认识事物。第二，他们的实验装置，实际是一种技术装置，能把雷电引导下来。实质上，这个技术装置就是媒介。第三，是这个技术装置——媒介与雷雨云建立了本质性关系，所以才能证明雷是云的放电现象。也可以说这个技术装置让事物（雷电）以其自身之所是呈现于人的意识中。让人直接从（放电）现象中看到了事物（雷电）的本质（其"方法"是认识论中的"本质直观"）。第四，雷电（事物）的本质——放电现象就在技术装置之中，也可以说事物本质就在媒介之中，因此此种媒介（技术），让人们能够认识事物的本质。所以第五，媒介认识论的根源是媒介技术。如果以存在论的观点来看，富兰克林所用的媒介（风筝、导线、莱顿瓶——这个技术装置）就是应手之物，正是出于富兰克林对雷电有个前认识（这是运用已具备的知识的）过程，他才会以这个媒介（技术装置）与雷电之关系展示雷电自身之所是。富兰克林是（此在的）存在，雷电也是存在，而富兰克林的认识（理解）是他的存在（思维）方式与雷电的存在方式通过媒介得到的。也就是此在（富兰克林）利用一个应手事物（技术装置）与另外一个事物（雷电）相关，此在在这种整体关联中进行了理解。它告诉人们，认识不论经过怎样地费尽心思进行思考（以求得媒介——技术装置），最终却是简单地让事物通过媒介以自身之所是（本质性地）展示给人们。这个展示对于人甚至是很简单的、非理性的（比如看）、直接获得的。例如我们看电视不就是通过一套电视技术——媒介，将远处的情景展现在眼前的吗？还用得着思考这情景是怎么来的吗？第六，将第五点扩展开来，既然人们是用技术（媒介）探知事物，也就是使媒介与事物发生某种关系，那么无论从媒介那里获得的是否是事物的本质关系〔比如从人工智能获得的信息就不一定是事物的本质关系，有的是事物间（输入信息与输出信息）的事实关系〕，都应是对事物的某种认识，都是向人们传递了关于事物的某种信息（媒介即信息）。所以媒介认识事物的功能是它最基本的，也是最重要的性质，这也就是媒介存在的意义。我们从这一故事中得到的总的认识是媒介认识论的根源在于媒介技术。从这里我们可以更好地理解本书第一章中讲到的"媒介是让人们能够对事物产生某种认识的存在"。

　　我们在第二章中讲过媒介认识论的相对性，一方面是指媒介的"偏向（好）"，一方面是指有的媒介易出现的"偏见"。媒介偏向的根源在于媒介技术，任何媒介都有技术性，即便是以思想、逻辑、定理为媒介时，它们也有技术性的偏向，就是理性。技术与理性是相通的，任何成为技术的都是符合真理的，否则技术就不能成其为技术。所谓媒介偏向根源在于技术，即是说使用不同媒介（技术）时所产生的认识是不同的，根本是由于媒介（技术）与事物发生了不同的关系。用X射线和用CT扫描透视人体的同一部位，得到的诊断是有差别的，道理很简单，就是媒介技术的差别。至于媒介有时会让人们产生"偏见"的原因，几乎与媒介技术没有关系，这种现象是个人主观和社会文化的问题，是超限地使用了媒介技术，这些都不必再行赘述了。我们从上述的媒介认识论的相对性与媒介技术的关系中得到了这样的认识，媒介的认知能力与媒介技术密切相关，什么样的媒介技术就向人们提供什么样的认识（信息）。

树立媒介意识其实包括认识媒介技术，懂得了媒介技术特性就懂得媒介认识论及其相对性的来源和它们内涵的意义。我们所谓的"懂得"并不是让大家去学习和研究媒介技术，而只是要大致了解媒介的技术构成和技术特性，也就是指普及性的媒介知识，而且主要是从其技术特性对人及社会产生何种影响上来认识媒介技术。这里就媒介技术与媒介认识论的发展变化做个简单的小结。媒介认识大致可以分为四个时期，这四个时期的"技术"虽然有变化的先后次序，但却是可以同时共存的。

第一个是部落人时期（即口语时期）。此时人们的认识就是靠自己的身上的感觉器官（也可以看成是技术装置）感知世界。他们感知到的东西就是信息，也就是部落人的世界。世界也正如他们感知的那个样子，虽然难免粗糙、原始，他们可能认识不到自然现象的机理（本质性关系），但是他们感知的就是世界本身呈现出来的现象，这种现象可以被认为是事物的"真"。他们（感官媒介）感知到的也是这种"真理的信息"，（即便是科学发展了，但无论何时，也不敢说哪一个关于自然的理论就是终极的真理，只能说比原初的认识包括感官的感知更本质些）。部落人已有了口语（语言中的口语也可以看作是一种技术装置的媒介），口语中的概念是事物的"真"，连接这些概念形成的话语表达着他们的感知，所以口语（语言）中就具有"真"。口语也是技术媒介，也是信息，这里仍然是"媒介即信息"，口语（媒介）在呈现事物。

第二个是文字时期。文字也是一种技术装置，它源于口语，是形成的代表意义的符号，并且需要习得才能掌握（的一种技术）的媒介。在文字媒介中，人的理性潜能得到了发挥，理性的人出现了。理性的形成和发展与文字有着密切的关系。理性人偏重于视知觉，某种程度上抑制了其他的感知方式。文字（媒介）技术的最大特点是它可以"组合"成诗歌、散文、小说等文学创作和思想理论，这也都是在表达对事物的认识。文字媒介既能够表达真理，也能使真理被认识。人们通过文字符号可以探索事物的真，如果文字呈现的是事物本身之所是，那么此文字便是认识了事物的本质。

前面两个时期媒介技术都能直接地让事物呈自身，并让人达到对事物的认识，虽然不一定是对事物的本质性认识，但都是一种认识。

第三个是印刷文字媒介和电视媒介时期。这里应当特别注意的是印刷术除了开创信息传播的新时代，应和了文艺复兴这个历史新纪元以外，还使媒介进入了真正的技术时代。在此之前，媒介（技术）除了依靠人体之外就是依靠手工制作，比如中国的毕昇发明的活字印刷。而谷登堡（机械的）印刷机的出现使信息传播出现重大变革，科学知识大面积传播为科技发展打下坚实基础，从而促进社会生产力快速发展，孕育了工业社会。我们在讨论"媒介技术"的时候大多指（工业）技术开发的媒介。我们在后面将借用海德格尔的某些论述，他讲的技术也大多是指的印刷术开启后的工业技术，即现代工业社会技术。印刷文字和电视两种媒介是现代技术媒介，传播面广，以致成为全民的文化模式。印刷文字和电视作为媒介技术可以表现事物的真，即当它们向人们呈现的是事物本身之所是的时候，就能在人的意识中促成对事物的本质性认识，这是符合哲学认识论的。但是有些时候，它们表现的是事物的假象、片面等情况时就不能认为是事物的本质。另外，由于这两种媒介的巨大影响力，它们的认知模式易被人们主观强化，被当作认识事物的主要模式。此时媒介认识论形成的社会文化就会出现"偏见"，而离开了哲学认识论。所以在使用波兹曼的媒介认识论时一定要分清它的两种含义，一种是能够在哲学认识论的意义上认识事物，一种是在社会主义文化意义上易形成的某种可能带有偏见的认识。同时从印刷文字和电视这两种媒介对人的理性和感性的激发作用上看，其根源仍是媒介技术的性质。

第四个时期是数字信息媒介以来。从前面三个时期看，人是主要的，人主导着对事物的认识。而进入第四个时期时，当人们把认识事物的事交给了"互联网+人工智能"时，认识将由机械进行，人不再参与对事物的认识了，人成了局外人，此时媒介认识论完全脱离了哲学认识论。现阶段人工智能所得到的结果不能表现事物的真，不能表示事物的本质属性，只能概率性地表现事物与事物之间的某种事实的关系，所以它只能是有实用性的，而不能是本真性的。其原因也在于媒介技术。另外，数字信息媒介只是收集大数据（信息）并用算法分析和处理数据（信息）。既然主要依靠算法，那就是机械程序而不是理解程序。目前理解信息还只有人能够做到，而只有理解信息才能认识事物的本质，才有哲学的意味。"互联网+人工智能"表现事物的事实关系虽然离开了哲学认识论，但是它对人认识事物也是有帮助的、有启发性的，人们可以借助人工智能（处理信息）的结果做进一步研究。当然在此阶段人们只是部分地把某些认识事物的事交给人工智能，在很多领域里还是以人的理解方式来认识事物的。不过，人工智能已有了某种独立认知的能力。

前三个时期提供的信息都是由人来解读的，这类解读（认识事物）是碳基的（人）或经感知或经思维而得出认识的结论，是生物学的活动，是有机的、观念性的、理解的。数字信息媒介是直接提供（答案）信息的，不需人工解读，一切是由机器来完成的〔对结论（答案）信息作进一步分析是另外的一件工作〕，它是硅基的、机器（计算）的、是物理学的活动，是无机的，是无哲学认识论意义的。但是，值得关注的是人工智能的发展，它对信息数据利用的能力随着算法的不断改进而逐日增强，或许某一天它借助人工智能的算法，将人的思维与情感密码破译了，即如赫拉利所言，生物也变成了算法，那人工智能可能成为人难以抵御的非人，那也很可能是人的灾难。我们并非是肉身主义，但我们希望人类永生，永远成为世界的主宰。可是当自然的规律是要非人取代人类，人类的反抗也是无用的，因为那个非人（机器人）有比人类更强上不知多少倍的能力，硅质的（或者更先进的什么材料）、物理的战胜碳（蛋白）质的，也许是大自然的转换，那也不足为奇。但是这只是一种遐想，并非预测。在这之前，我们还是要过好日子，并努力争取在这种物质的转换中，保有生存的权利，保有我们对媒介（技术）的自主性。

在数字信息媒介快速发展的形势下，因为它的聪明和能干人们极有可能被这种媒介的认识论强化，即人们的交往方式和思维方式被智能网络化。正如印刷术文化偏于理性，电视文化偏于感性而形成各自的文化那样，形成智能网络文化，这种文化也如印刷术文化和电视文化那样是人的主观对智能网络认知方式的强化。树立媒介意识就要注意，当真有那么一天，智能网络文化袭来时，要保持人的自主性，不要被人工智能化，即不要被计算机化、不要被技术化。

（三）媒介技术之谜

自谷登堡开启传播媒介技术的机械化以后，媒介技术也逐渐进入了现代技术时代，即从机械、电子（力）、到数字时代，显示了日益增强的传播功能。媒介研究者们如麦克卢汉、波兹曼等指出了媒介的性质，特别指出媒介对人及对人类社会的巨大作用，它的隐喻更令人兴奋又令人不安。当我们进一步追问为什么媒介会对人对社会产生这样的作用时，我们不得不考虑媒介的技术性质、媒介技术的秘密到底是什么，它怎样发挥着它的作用。

当陷入这个难题的时候，笔者想起了马丁·海德格尔，他的《技术的追问》似乎能给我们一些重要的启示，尝试着以他关于技术的思想分析一下媒介技术，大概会帮助我们认识媒介技术的奥秘。《技术的追问》是从哲学角度分析技术性质的，其思想、概念及语言有些艰涩难懂，这里将尽力通俗一点地借助他的论述谈谈关于技术的一些问题。海德格尔在谈论技术时用了"座架"（有的翻译成"架构"）这一概念，指出这个座架就是科技，技术的本质就在座架之中。那什么是座架呢？通俗地说它好比是一个结构性的架子，在这个架子的一定部位摆置着一定的东西。比如用于技术制作的材料、相关的科技知识、工艺流程，甚至还有工作人员……它（他）们都处在座架的一定位置上，那里的物不论是已置于座架中，还是将被置于座架中都被称作"持存物"；在那里执行技术的人都被称作"订造者"。无论是人还是物，被置于座架时都要听命于座架的指令来行使各自的职责，使这座架正常地运作起来，就能生产出产品或有用的现象（信息）。

座架便是这整体的技术，比如生产汽车的汽车技术、生产飞机的飞机技术、生产高速铁路的高铁技术等。我们把现代的媒介技术也看成是座架，那么印刷技术应当是用制作印刷机的材料、制作工艺、印刷机所用的铅字、铅版（后来是胶版）、纸张，当然也包括人的技术，最后的产品是书籍、报纸等。电视技术应当包括把图像、声音转换成电波（后来是数字）的技术以及电视信号的传送、发射、接受（电视机）等设备，最后人们看到的是把电波（数字信息）还原过来的与初始的图像（情景）极为相似的图像。这一连串的技术及在其中各岗位上的工作人员都被置于这个座架之中。互联网传播媒介技术包括终端的手机、电脑、人工智能和信息传输系统、储存系统、计算系统等，其中包括有硬件、软件、开发设计人员、系统管理人员等。座架还包括使用人员如读书者、观看电视者、（手机、电脑等）终端使用者。我们说的媒介技术的性质就是把人、人的知识、材料等等被座架化了的性质，是这些被不同座架化了的东西打造成了不同的媒介和接受者，但是信息传播媒介的共同性质是传播和传递信息，这是我们在本章第一部分讲到的。

第二是传播媒介都有"解蔽"的作用。解蔽也是一个哲学概念，说得通俗一点是揭开遮盖着的东西，让原本事物呈现出来、把事物真像显示出来、把事物性质显示出来、把真理显示出来。与"解蔽"相对的概念是"遮蔽"。技术的本质是解蔽。我们在本章的第二部分媒介技术是媒介认识论的根源里说的就是媒介技术的解蔽，而从所有各门类的技术来看技术的本质就是解蔽。海德格尔说："技术就不仅仅是手段。技术乃是一种解蔽方式。倘我们注意到这一点，那么就会有一个完全不同的适合于技术之本质的领域向我们开启出来。此乃解蔽之领域，亦即真理之领域"（《海德格尔选集》，海德格尔著，第931页）。这里很明白地表示技术的解蔽是开启了一个认识真理的领域，技术会使我们去（掉）"遮蔽"，从而看到真理。我们是否可以这样理解：人们有目的地去开发技术，为的是得到什么，这初看起来开发技术就是寻求一种手段。但是开发技术中必然要触碰真理，否则就开发不出技术，技术必须是符合真理的东西。因此，看似无意中触碰的真理，却是技术必然具有的本质，技术不具真理性就得不到技术手段，当然技术就不仅仅是手段了，即不仅仅是为了得到什么，解决某个实际问题，更应看到它蕴含着解蔽的性质，揭示真理的性质，这个可比手段重要多了。当我们用"解蔽"这一思想来认识技术的性质时，打开的将是真理的领域。

就媒介技术而言也是如此，电报、电话、广播、电视等是人们为了满足传播和传递信息的目的而进行的技术开发，这就必然要触及关于电的科学、电磁波的科学等。只有符合这些科学理论才能使信息的信号生成和传送得以顺利进行并还原成信息，它们技术座架的解蔽皆来源于各技术步骤的真理性。就人工智能而言，虽然它不是用于对事物本质性的认识，但是，它的本性——人们建构它的目的——不是求得事物之间的本质关系，而是认识事物间的事实关系，所以输给它的信息只是关于事物事实的（而不是本质的）信息。在它的神经网络中进行的每一步算法都是符合数学逻辑的，这些算法让信息走一条尽量合理的通道，这样才能使人工智能的最终结果让人满意，也就是它成功地揭示了事物之间的事实关系，这也是一种揭示事物之真的科学的运作。所以人工智能也是解蔽的。至于人工智能出现的错误应归之于设计者（人）构建的人工智能不够完善。人工智能本身的（合理的）误差并不影响它对事物间事实关系的揭示和对事物的处理。总体而言媒介技术认识论的根据就在于媒介技术这一座架所蕴含的真理性，即解蔽作用。

　　"什么是现代技术？它也是一种解蔽。唯当我们让目光停留在这一基本特征上，现代技术的新特质才会显示给我们"。"解蔽贯通并统治着现代技术"。"在现代技术中起支配作用的解蔽乃是一种促逼，此种促逼向自然提出蛮横要求，要求自然提供本身能够被开采和贮藏的能量"（《海德格尔选集》，海德格尔著，第932—933页）。这话表明海德格尔在谈论技术时并不很关注技术的实际效用，而是重在解蔽。"解蔽贯通并统治着现代技术"，凭的是解蔽具有揭示真理的意义，所以才能成为现代技术的特质。而且，解蔽有很强的支配作用，即促逼，它通过座架向自然提出了"蛮横要求"。我们首先要关注自然被促逼所作出的付出，但也觉得这种"蛮横要求"，似乎还有什么隐患在其中。河水从上游流向下游，在河中筑起一道水坝，将上游水位逼高，然后水流向下冲击摆置在水流之中的涡轮机，涡轮机转动又带动了发电机，于是这个摆置在河流上的发电厂便发出了电流。发电厂及其中的涡轮机、发电机、流动的河水、大坝、执掌发电设备的人员及设计这套设备的知识等，这一切都是被摆置在了发电技术这一座架的指定位置之中。它们有序地工作都是受座架的指令进行的，而最后得到的电流是把自然中的河水的势能解蔽出来而成为电能，自然遮蔽着的能量被发电技术座架提出的"蛮横要求"所逼而贡献出来，而这个解蔽就是现代技术的统治者。解蔽有着"促逼"的作用，它要求现代技术为之服务。座架上的每个成份都被促逼着做解蔽所要求做的事，其中的人也概莫能外。所以"解蔽"是现代技术的统治者。"解蔽"似乎是王者，而座架是它的命臣，座架上的各（持存）物（包括人）都是奴隶。这里把"解蔽"拟人化是为了方便我们对它的思考——认识。煤的能量是由煤矿开采技术（座架）开采出来煤，煤燃烧之后供人类热能。铁是由铁矿开采技术（座架）开采出铁矿石，再经熔炼技术（座架）而成为具有多种用途的材料——铁。解蔽使座架（技术）为之服务，并揭开事物的奥秘。

现代的媒介技术也是座架，它把材料、科技知识、人员等摆置在座架的一定位置上并进行运转。媒介技术是为传播和传递事物的真象而生，这个真象的形式是信息，这个信息具有事物"真"的性质。媒介技术的解蔽就在于去掉那些遮盖（蔽）着事物信息的东西，让事物的信息展露出来。媒介技术的每一个环节都是为了把代表事物"真"的信息保送到下一个环节。我们前此所讲的媒介认识论就是源于这个解蔽，就是源于媒介技术解蔽的性质。或者说媒介技术的核心是解蔽，所以我们才可以借助媒介来认识事物。传递信息其实就是传递事物，也可以叫作解蔽事物。

一本书摆在读者面前，它让作者的思想情感在众人面前亮相，这既是传播也是解蔽，如果没有这个印刷制品，作者的思想情感等便都被遮蔽在作者原著的唯一的文本那里。读者在阅读印刷品时通过理性思考，就可以把握作者的思想情感，于是就达到了对书本的"真"。电视主要是把事物的情景送到人们面前，因为它让事物越过了千山万水、高楼大厦、风风雨雨的阻挡（遮蔽）在广大的范围内亮相，所以这也既是传播又是解蔽。在电视机前人们要用对形象的感知（当然也有对声音的感知和其他感官的感知配合）来认识事物，虽然可能不是关于事物整体的认识，但至少是对事物某一侧面的"真"的认识，也是具有本质性的，即也是解蔽的，或者说这一过程是被解蔽统治着的。人们开发"互联网+人工智能"来解决某一问题，这个目的本身就是为了解蔽，不断地开发使"互联网+人工智能"的科技水平越来越高，显示出了强大的记忆能力、分析能力、处理能力、执行能力、服务能力，远远地超过了人脑。不同的人工智能为人们提供了各种不同的服务，利用医疗人工智能问诊、诊断；利用法律人工智能进行法律判案；金融资本利用网络智能投顾（人工智能式的投资顾问）进行股票交易……利用大数据研究市场走向、研究物流规律、研究舆论关键词热度……它使我们看不清，甚至认识不到的东西显露出来。虽然人工智能也会出现某些误差，也具有概率性，但是结果常常是靠近事实的，是适用的。所以"互联网+人工智能"也是科技、也是座架，而且意味着解蔽。海德格尔在解释解蔽时说："座架意味着对那种摆置的聚集，这种摆置摆置着人，也即促逼着人，使人以订造的方式把现实当作持存物来解蔽。座架意味着那种解蔽方式，此种解蔽方式在现代技术之本质中起着支配作用，而其本身不是什么技术因素。"（《海德格尔选集》，海德格尔著，第938页）。在现代媒介技术的印刷媒介中作者的文稿、电视媒介中欲要直播的现实场景、在"互联网+人工智能"中医疗诊病的患者病历（包括各项检查数据和影像资料）、法律判案中的法律条文及案情、智能投顾面对的股票交易市场等，都是作为持存物被摆置在座架之中，通过这个座架得到了答案，这就是解蔽。解蔽是座架本质之中的支配者，也可以说解蔽是座架的一种本质性的存在，而不能把解蔽仅仅看成是技术因素，不能把解蔽看成只是一种"答案"，解蔽应被看成是座架的统治者、主宰，因为解蔽那里蕴含着真理，技术为之服务，核心是解蔽，而不是技术。在海德格尔的这段话里，座架摆置着很多东西，特别指出还摆置着人，即促逼着人，人也是要听命于解蔽这个统治者的，这对理解媒介技术性质对人的作用有着重要意义。

　　媒介不但能够解蔽，而且解蔽的同时又在遮蔽。这意思是说当我们运用某一种媒介来认识事物（解蔽）的时候，媒介就限定或停止了运用其他媒介认识事物的方式。这种一种媒介得到强化，而另外的媒介被限制或被停止就是这种媒介对其他媒介的遮蔽。其对人的危害在于一种认知功能得到加强，而另外的认知功能被削弱，长此下去或可退化。比如我们读书时，解读书本要用视觉媒介和与之相关的理性思维，方可了解了作者作品所表现的思想和情感。长时间的读书使我们视觉感知能力加强，思维能力提高、智力也得到提高，但同时却削弱了感性能力，以听觉为主导的其他感知能力有所下降，这就是视觉媒介解蔽的同时遮蔽了听觉的解蔽能力。人们看电视运用的是形象思维，也就是发挥了以感性为主的解蔽能力，但长时间看电视，人的理性思维能力却被遮蔽了或变弱了。值得注意的是，自从人有了口语（媒介）而形成人类距今有40万年左右，而有文字的历史才5000年左右。谷登堡之前的文字的历史大约3500年，但是却是人类几十万年进化所难以比拟；印刷机（即媒介技术）开启之时，距今只有五六百年的历史，但又非是之前3500年人类社会的进步可比。文字及其文字技术媒介（印刷机）使人们的理性思维能力迅速提高，显示了对人智力开发而出现的强大的解蔽能力，但是人的这种解蔽能力的提高却又强有力地遮蔽了人的其他感性能力。如今的人对大自然的感觉不如部落人，他们从动物的鸣叫声就知道周围（世界）将要发生什么事。以盲人为例，他们失去了视觉，但他们用听觉、触觉等其他感知力来弥补。盲人可以听见极细微的声音和声音的变化，他们有可能听出你是站着说话还是躺着说话；他们的触觉很灵敏，盲人的文字是用凹凸的点作字母来拼音的，普通人不经过一番苦练是难以用手指分辨这种凹凸的字母的；他们还有很强的空间感，在他们熟悉的城市里，经过练习后可以自由行走，很少迷路……这说明所谓正常人的视觉（眼睛也称视觉媒介）遮蔽了自己潜在的一些感知能力。从这一角度来说，正常人也是有缺欠的正常人。所以麦克卢汉非常称赞了一番电子媒介如电视、电脑等，认为它们将使人从长期的视觉媒介影响下，回归到了以听觉为主导的各种感官协调的人，即所谓的向部落人的恢复。

在现代技术中海德格尔更强调了解蔽的同时跟踪而来的遮蔽，他说："座架起支配作用之处，对持存物的控制和保障便给一切解蔽打上烙印。这种控制和保障甚至不再让它们自己的基本特征显露出来，也即不再让这种解蔽作为这样一种解蔽显露出来"（《海德格尔选集》，海德格尔著，第945页）。简单说来，这话的意思是座架作为一种解蔽的技术有着很强的支配作用，迫使被摆置在座架中的人及物的因素按着它的程序进行工作，它控制着里面的一切因素来保障座架（技术）的正常运行（即保障座架的解蔽功能），只允许其中的人和持存物使座架正常运转的因素起作用。此外，不允许座架里面的任何因素的基本特征显露出来，其中包括这些因素的解蔽特征，即不让这些解蔽特征作为解蔽而表现出来。这也就是说，凡座架中的人或物及技术等都不能显露出本身的其他解蔽功能。一切都要服从这个座架的统治者——解蔽。印刷媒介是传播作者的思想和情感的，作为这种传播的是媒介技术的座架。人——读者在座架之中是被摆置的，因此读者必须遵从这个座架的促逼，即以视觉和理性来了解著作者的思想和情感，才能完成这种传播。座架的这种解蔽却遮蔽了读者的感性感知力，即感性体验能力，这个座架遮蔽了读者用其他感知方式感知作者的功能。至于读书之后，读者在实践中再去（用其他感知方式）体验作者的作品那将是另外一回事了。

还要注意，印刷术将作者原稿变成成千上万册图书是生产环节，而不是传播，即不构成媒介，只有"读"才能构成传播链。同样，电视技术将某一节目送至千家万户也不构成传播，只有"看"才使电视技术构成传播链，并成为媒介。观众看电视就处在电视媒介技术的座架中，即被摆置。因此也必须遵从座架要求的主要以感性知觉来接受电视画面所表现的情景。这个座架要求人们用形象思维来解蔽，调动了人的感性能力，但却遮蔽了人的理性思维功能。至于观众事后的思考那是另外一回事。

说到电视当然离不开它的娱乐性。电视媒介技术的解蔽主要是要求人的感性知觉，而感性知觉在感知电视的动感画面（及其附带的声音等）时，最易激起人的娱乐欲，电视的娱乐性是电视媒介（技术）的隐喻。这里我们看到印刷文字媒介的解蔽，即它的正面作用正是电视媒介所遮蔽的，即电视媒介的负面作用；而电视媒介所解蔽的，即正面作用正是印刷文字媒介所遮蔽的，即负面作用。这两种媒介对人的作用正相反对又可以相辅相成，比如人们常说的读书和实践的关系，或理性与感性的关系。我们在第十二章中已经见到了类似的例子。现在要指出的是，这种正相反对和相辅相成都源于媒介技术的性质，而且媒介技术的解蔽，即它的正面作用必定会带来相应的遮蔽，即负面作用。解蔽与遮蔽、正面作用与反面作用是共生的。媒介技术的性质还告诉我们一种媒介无论有多少隐喻，也都源于这种媒介的技术性质，但是隐喻一般不会有正、负面作用共生的现象。这样海德格尔关于座架的理论从技术性质上解释了波兹曼的媒介认识论和媒介即隐喻理论中的一些重要问题。

数字信息媒介即手机、电脑及互联网和人工智能等的解蔽与遮蔽的问题，我们已在第十四章中讲了一些，只是没有用解蔽与遮蔽这两个概念和媒介技术的本质来分析。那里讲的互联网和人工智能直接解决的一些问题，都是解蔽。就某种解蔽而言的所谓的另一面即是遮蔽。

医生依大数据诊病即解蔽，被遮蔽的是医生在无蔽状态下（即面对面地）为病人诊病的能力；法官依人工智能判案，遮蔽的是直接面对案情包括原告、被告、证人、证据等独立判案的能力……互联网和人工智能无论多么先进，它在解决（解蔽）任何一问题时，也都是对别的解决问题（解蔽）方式的一种遮蔽。

值得重视的是解蔽引发的遮蔽又往往是对人的一种危害，因为它阻止了人启用另外一种解蔽的方式，也阻止了人的另外一种潜能的发挥。另外一点是解蔽时技术的座架是把人作为被促逼之物置于其中的，也就是使用（比如人工智能）技术的人和参与技术的人是没有自由的。人必须是听命于技术座架的指令去做，不这样做便不能使用这种技术，人在这里是技术的一部分，完全没有了自主性，人被座架化了、人被机器化了、人被计算机化了。对于人的这种遮蔽和被机器化都是对人的一种危害，而且是对人的本质性的、人的潜质性东西的危害，所以海德格尔称这种机器对人是危险的，而且（因为人是被促逼的，所以）必然是危险的。这种危害其实早就潜藏在现代技术之中。

关于这一点，海德格尔说："技术之本质居于座架中，座架的支配作用归于命运。由于命运一向为人指点一条解蔽的道路，所以人往往走向（即在途中）一种可能性的边缘，即：一味地去追逐、推动那种在订造中被解蔽的东西，并且从那里采取一切尺度。由此就锁闭了另一种可能性，即：人更早、更多并且总是更原初地参与到无蔽领域之本质及其无蔽状态那里，以便把他所需要的对于解蔽的归属性经验为他的本质。"所以他又说，"由于人被带到了上述可能性之间，人便从命运而来受到了危害。解蔽之命运作为这样一种命运，在其所有方式中都是危险，因而必然是**危险**"（《海德格尔选集》，海德格尔著，第944页，黑体为原著所加）。

如果以粗浅的文字来解说这段晦涩的又充满海氏自创的一些概念的这段话真是有些难度，但为了认识现代媒介技术只能勉强为之。如果举例解说的话，就是一位高明的外科大夫利用网络远程为一名病人做手术，那么这位大夫连同手术器具、人工智能、网络（传递信息系统）一直到患者手术台上被信息操纵的机械手等一切都归于这个媒介技术——座架之中，一切听命于座架的安排。大夫即便是主刀，但他手中所拿的不是手术刀，他所直接面对的也不是病人，而是显示着病人躯体的显示屏。大夫按座架之要求依手术步骤发出信息，信息传至远方，让接收信息的机械手（人工智能机器人）实施手术。对媒介技术（座架）起支配作用的由来是一种命运，即技术解蔽之命运，命运是指向解蔽的，人们在这条路上一直往前追逐着解蔽的东西（答案或者解决问题的方法），也就是不断用技术来解决问题，在这里便是人们不断努力，研究远程控制技术，解决了一个又一个的技术难题，最后实现为病人做远程医疗手术。一旦远程医疗手术研究成功了，那么在使用技术时，那里的一切尺度都是媒介技术的要求，都是由媒介技术的解蔽方式决定的。大夫执行手术时，手术的医学规范当然归医学，大夫只能将此规范用信息，而且必须按照媒介技术（座架）的要求发送出去，只有这样才能在对方进行机械手的手术，可以说手术过程几乎都在媒介的控制之下进行。这就给人一种印象，认为手术是机械手和网络完成的，大夫的操作只是发出带有指令性的信息罢了，于是人往往会走向这样一种可能，即一味追求解蔽的技术，也就是不断改进远程手术，做越来越复杂的手术。并在技术操作（订造）中得以实现解蔽的东西（完成更高一级的手术）。据说已有了可自动进行某些手术的机器人（人工智能），如达·芬奇手术机器人，而且精确度比较高。在这样彰显媒介技术威力的同时，锁闭了另外一种可能性，这个可能性就是"更早、更多并且总是更原初地参与到无蔽领域之本质及其无蔽状态那里，以把他所需要的对于解蔽的归属性经验为他的本质"。什么是"更早、更多并且总是更原初地参与到无蔽领域之本质及其无蔽状态那里"的东西呢？这就是大夫手术的技艺，即大夫不在媒介技术之中的那种直接面对病人的手术。大夫自身、病人、甚至还有直接使用的那些器具等都是处在无蔽状态的，这是大夫原初的手术，大夫在这个状态下他使用器具时对病体的感觉。比如触及的皮肤、肌肉、筋腱、骨骼等的感觉都是原初的、无蔽的，特别是大夫在手术中的灵感、机敏、动作的轻重、刚柔、快慢等手法，无不都是大夫心灵中的东西。所以大夫在直面病人的手术中会感到这手术的成功（解蔽）是由于他自身（本质）的东西做出的，是他灵性发挥出的东西。这就是"对于解蔽的归属性经验为他的本质"。

　　在这里我们看到了两种情况，一种是大夫直接对病人的，即无蔽状态下的手术；另一种是大夫按媒介技术的要求去执行的远程医疗手术。在后一种情况下，大夫的手术不再是无蔽状态下的，他只是发出手术的信息，它是被媒介技术（座架）"促逼"的，他变成了座架的一部分，他丢弃了原初的东西。就是媒介技术再发达一些，把这种手术下对病人（皮肤、肌肉、筋腱、骨骼等）的感知利用精细的传感器发至大夫手中，但是大夫那些心灵上的东西也仍然是被遮蔽着。因为这些是他最原初的，也是他手术中的灵魂的东西和创造性之源，他能够使多例无蔽状态下手术成功就是在这个源头那里逐渐形成的，这些心灵上的东西是无法在媒介技术中以信息传递的。相反媒介技术将这个源头割裂了，也就是遮蔽了，（人工智能）机器人精度越高遮蔽的便越多。已有的达·芬奇手术机器人能自动化施行某些手术，但大夫就不是医病的大夫，而是系统的执行者，正如操纵其他自动化机械一样。这不就是媒介技术在解蔽的命运下造成的某种遮蔽吗？把大夫的这种原初的东西、心灵上的东西遮蔽了，这不就是危险之所在吗？而且是必然的吗？我们在此前曾说过将"解蔽"拟人化来理解它，那么解蔽不断往前走，也就是（用以解蔽的）技术不断发展，就使技术走向极端化。高技术在给人高解蔽（解决高技术难题）的同时会给人带来高危险，一是更加遮蔽人的本性中的东西，一是技术本身。如原子弹、氢弹，有自主心灵的人工智能（非人类）等的诞生，更直接威胁着人的生存，这样一条路不就是解蔽的命运吗？而且是危险的吗？人不就是按着这样的命运走着的吗？这不就是海德格尔所言的"人便从命运而来受到了危害。解蔽之命运作为这样一种命运，在其所有方式中都是危险，因而必然是危险"吗？海德格尔关于技术性质的解蔽与遮蔽的思想，为我们解释了媒介技术的解蔽和遮蔽相生的原因，使我们明白了为什么我们在利用媒介技术（的正面作用）时会同时产生对人有伤害的负面作用。

　　为了更好地了解被遮蔽的东西的重要作用，我们还是再通过一个病例来说明。这是源于《生命时报》2019年9月20日刊登的我国著名妇科肿瘤专家、原卫生部副部长曹泽毅的一篇文章：《一个匪夷所思的病例》。他在文章中讲述了亲身经历的一个故事：一个43岁的女患者，满头白发、面无血色、骨瘦如柴，腹部顶着一个巨大的肿瘤，整个人就要被这肿瘤吸干了。经过多个医院诊治，未见好转，病情急转直下，生命将息。患者的母亲找到了曹泽毅大夫，求他做最后的努力。曹泽毅见状，病人似乎是癌症晚期，不过他还是要试探一下。根据病人未婚未有性行为情况，曹大夫采取肛门探查，在手指探到盆腔时，病人尖叫了两声，他很快将手退了回来。这一瞬间曹大夫即行作了判断，这个病人并非是癌症晚期，有挽救生命的机会。他与患者母亲商量，因病人体弱至极，肿瘤巨大，要手术，风险共担。患者母亲十分体谅治疗难度，说："你只要愿做这个手术，就算失败，我也接受。"因此，曹泽毅决定冒一次风险。手术难度自不必细言，只就一点看，因为其他几个医院多次对瘤体穿刺，造成瘤体液外流坏死和瘤体与多处器官粘连，须精心剥离。瘤体来源为右侧卵巢和黏液性肿瘤部分癌变，需将肿瘤剥离连同右侧卵巢一并切除……手术取得成功。三四天后，病人由ICU病房转至普遍病房，饮食正常，曹泽毅鼓励她早点下床行走。患者是个有文化的人，她说："我像一艘破旧不堪的船，沉到了海底，是您把我捞了上来，又让我看到了阳光"。曹泽毅握住她的手说："好好吃饭和活动，一切都会好起来！我们只切了一侧卵巢，保留了子宫，如果遇到合适的人，你还可以结婚，有机会生儿育女"。病人哭了，曹泽毅的眼眶也湿润了。

曹泽毅从这个病例中总结了很多有价值的东西，其中值得我们关注的有这样几点。第一，即使技术手段再发达，医生也不能忘记亲手为患者诊病。"一摸一查，手上的某种感觉是任何仪器都不能取代的，可获得其他检查提供不了的信息"。手上的感觉引发的是心灵的感触，这种感触能及时地找到相关的医学知识，对患者病情做出正确判断。在媒介技术中机械手（人工智能）没有神经、传感器没有心灵。在远程手术中，大夫不能从手术中切身体验病患，不能体验手术本身，大夫的心灵与病人、病体没有沟通。这就是采用医疗媒介技术解蔽带来的一种遮蔽。它遮蔽了大夫的直感、心灵与病体的感应，而这些却是诊断治疗的源泉。这种遮蔽的是人性中的，其损失要大于任何一个成功的机器人手术。

第二，要尽力去直面病人、病患。利用人工智能远程手术或诊疗就不能直面病人。曹泽毅说："必须亲自去看病人，他不能来你就过去。任何决策都应从病人出发"。直面病人，直面病患，此时的医患都处于无蔽状态，这是最易激发人的原初反应的，是灵性生发的状态、是诊病最宝贵的状态。此例中曹泽毅就是去了病人所在的医院，第一感觉是病人外表像一个癌症晚期的病人，但他认为这不能断定，还要进一步排查，于是才有了对病人盆底的探查，而这正是诊断的关键。在这之前病人跑过好几个医院，甚至经过ICU病房，经过北京著名大医院和多位专家、医生的会诊，做了多次胸腔、腹腔穿刺还有超声刀治疗，而对这个病人来说这些都是严重违背治疗原则的，甚至是禁忌，它不但给曹大夫的治疗带来巨大的麻烦，甚至会危及生命。这些大医院的专家、医生水平可谓不低，但就是没有把病看对，他们只看到病人是个癌症晚期，而缺乏对病症的进一步排查，实质上是没有直面病患，他们与病体没有发生感应，他们的灵性也似乎没有被激发起来，只可能是教条、呆板地对待病患。

第三，与病患进行沟通。沟通中曹大夫得到了患者家属的全权委托，因而增强了信心，敢于冒此风险，增强了治疗成功的把握。看看手术成功后，曹大夫与患者的对话，患者有感激之情，有重生之慨，曹泽毅有安慰有鼓励。中国的"仁心仁术"不只是爱心和医术，更是无蔽状态下的心灵沟通，它的价值远远高出几副良药。曹泽毅的故事告诉我们不论使用多么高超的医疗器械（技术）包括远程医疗、手术机器人等，且莫把人抛弃在外，割断医患间的心灵沟通而单纯崇拜现代技术。人工智能的最大负面作用是遮蔽人心灵中最宝贵的东西，能有所发现的东西，创造性的东西，最为人的天性的东西。

应当肯定机器人手术的优点，远程医疗的手术更是治病救人的良策，但是一定要懂它的缺欠——即遮蔽性，它同我们利用互联网和人工智能解决某些问题一样，解蔽的同时又在遮蔽。"互联网+人工智能"用各种方式替我们做的往往又是关键之处、重点及难点，它们顺利地做出解决方案，不用我们再做什么了，或者再想什么了。但它们在解决问题（解蔽）时，正是遮蔽了人在关键之处可能发挥作用的能力，人们失去了发挥自己潜能的机会，而这却是本质性的。如果从这个角度看，它带给人的本性上的危害，恐怕要比它所解决具体问题的意义更重要。

海德格尔指出了技术（座架）使人失去人的本质属性的严重性，他说："一旦无蔽领域甚至不再作为对象，而是唯一地作为持存物与人相关涉，而人在失去对象的东西的范围内只还是持存物的订造者，那么人就走到了悬崖的最边缘，也即走到了那个地方，在那里人本身只还被看作持存物。但正是受到如此威胁的人膨胀开来，神气活现地成为地球的主人的角色了。由此，便有一种印象蔓延开来，好像周遭一切事物的存在都只是由于它们是人的制作品。这种印象导致一种最后的惑人的假象。以此假象看，仿佛人所到之处，所照面的只还是自身而已。海森堡有充分的理由指出，现实必须如此这般向今天的人类呈现出来，**但实际上，今天人类恰恰无论在哪里都不再碰到自身，亦即他的本质**。人类如此明确的处身于座架之促逼的后果中，以至于他没有把座架当作一种要求来觉知，以至于他忽视了作为被要求者的自己，从而也不去理会他何以从其本质而来在一种呼声（Zuspruch）领域中绽出地生存（ek-sistiert），因而**决不可能仅仅与自身照面**"（《海德格尔选集》，海德格尔著，1996年版，第945页，黑体为原著所加）。这话是说，人不使用技术时，人与物直接打交道，那么物便成了人对物认识的对象，或者是工作的对象，此时人与物都处在无蔽状态下。但是，一旦（使用了技术）物不再作为（人的）对象，而是作为（座架的）持存物与人关联，那人也因为失去对象而成为在技术（座架）中对持存物的订造者，其实这人和物都被摆置在座架中了，人已失去了自身的本质，人被促逼为座架工作，人失去了自主性这已经孕育了危险，即走到了悬崖边缘。但是人还不觉得自己处于危险的地步，反而认为自己制造了周围的一切，仿佛自己就是世界的主人，他所见到的好像只有自己。所以海森堡（译名版本存在差异，他就是我们在第十四章中说到的那个德国量子物理学家海森伯，是他引用了《庄子·天地篇》中的故事来说机器对人的危险性）指出，现实就是人陷于技术本质之中，明明被技术促逼但却觉得自己了不起，好像世间的一切物品都是自己制造的。实际上，今天技术中的人类已经失却了自身，无论在哪里都是失去了作为人的本质。人类明明地受到技术的促逼及其伤害，以至于他连自己受到被逼迫都不察觉。人类也不想想他本是从其人的本质而来，今天是在社会的呼唤声中得以生存，然而他只看到了自己用科技创造的世界，而没有看到自己被技术所胁迫，难道仅仅就是这样地照面自身吗？实际上是绝不可能这样照面自身的，而是真正地失去了自身，照面的仅仅是那个科技，实际这就是人被"座架化"，从对今日发展的媒介技术看就是"人被计算机化"。树立媒介意识就要明白在用媒介（技术）理解（解蔽）世界的同时清醒地认识到在媒介（技术）中生存的自己，看到自己在媒介（技术）中处于何种（被遮蔽的）状态，以使自己找到拯救的办法。这是海德格尔给予我们的重要启示。

本书第十三章在谈到数字信息媒介技术极端发展给人带来的危害时，曾引用了赫拉利在《未来简史》的最后部分（第359页）所说的"数据主义对人类造成的威胁"的那段话，并且还说这话与70多年前海德格尔所说的话极为相似。海德格尔的话就是指上面引用的那段话。赫拉利与海德格尔都看到了盲目追求技术的严重后果，只不过海德格尔运用的是现代工业技术的思维方式，而赫拉利用的是数据信息媒介（数据——算法）的思维方式，其实也只是时代不同，表述方式不同罢了，他们都是警告人类，追逐高端技术的最大隐患是人类的厄运。然而我们更佩服海德格尔的哲学思维，这使他在70多年前就说出了今天才预想到的事。希望读者好好对照一下他们二人所说的话的共同含义。

海德格尔所说的技术的危害都适用于媒介技术，这种危害基本上有两种，一种为技术的解蔽是对其他解蔽方式的遮蔽；另一种是技术对人本质性的危害。我们这样讲并不是反对媒介技术，不是反对印刷、电视、电脑、网络、手机及人工智能等媒介技术，它们为人类造福，为促进社会发展和人类进步作出了巨大贡献。5G及6G网络技术之后将会有人工智能的更广阔的开发前景，亦即赋能于广阔的领域，还有向7G的进发都将为人类开辟新天地。我们所言的危险并不是指技术和媒介技术，而是说技术的性质孕育着的危险。如海德格尔所言："危险的并非技术。并没有什么技术魔力，相反，却有技术之本质的神秘。技术之本质作为解蔽之命运乃是危险"（《海德格尔选集》，海德格尔著，第964页），他明确地指出危险不在技术而在技术本质的神秘。海德格尔并不反对技术，正如胡塞尔不反对科学一样，胡塞尔要求的是人要在科学面前保有人的自主性，海德格尔要求人们在技术面前把握住自己的本质，使其不受伤害。

这也就是我们今日讲的树立媒介意识的要义，我们不但要认识媒介，还要懂得媒介技术的性质（虽然它也具技术本质的神秘性，我们可以跟随海德格尔继续探讨），以知晓媒介技术的利与弊。面对某一具体的媒介

（技术）我们如何发扬其利，避免其害，或者以某一种媒介（技术）来弥补另外一种媒介（技术）对人的伤害，让我们懂得如何使用媒介，将媒介应用到何种程度。我们愿意看到人们为新的媒介（技术）的诞生而狂喜，但我们不愿看到人们因过分喜悦而长时间地沉溺于新媒介之中不知自拔，明明是受到了伤害还在自鸣得意地憨憨傻笑。

那么，我们应当在哪里去探讨技术的本质呢？我认为技术的本质应当从技术与人的关系中去寻找，除此之外别无他路，因为很明显，技术何来？是人为了解蔽而开发了技术，没有人的这个追求就不会有技术，去掉人，技术毫无意义。技术正是诞生于人的手中，技术的意义是对人而言的，技术的性质也应是技术对人的应答。技术具有解蔽这个性质之起源是人，是人与技术的关系的体现。然而作为技术的应答是：它为你解蔽的同时对你遮蔽；你造就了它，它反过来将作用于你。技术从诞生的那天起必然要翻转过来作用于人。任何事物都不可能单向度存在，你开发它，它也开发你。技术在被人应用中挖掘和发挥人的潜在能力，同时也抑制了人另外的、现有的或潜在的能力。技术的这种性质无疑是我们从技术与人的关系中认识到的。在技术与人的关系中我们还发现，它有这样一种性质，就是任由技术极端发展（人有目的对解蔽的一味追求，即陷入"解蔽之命运"，而"这样一种命运，在其所有方式中都是危险，因而必然是危险"）是要毁灭人类自己的，就是你（人）要技术诞生，而技术却要你（人）死亡。极端地发展武器（技术），使战略武器大升级。原子弹、氢弹、导弹、激光武器、生化（细菌、基因、化学）武器等，这种大规模的杀伤性武器，足以使人类灭绝。数字信息媒介技术会使大规模杀伤武器更精准和更具威力，导致人的自我毁灭将更快。将数字信息媒介技术极端发展，由弱人工智能开发到通用人工智能，以至于和脑科学结合，破译人的思维和情感的密码时，机器人（人工智能）便有了比人强大千万倍的本领，就像霍金所预言的那样将成为人类的灾害，那时人毁灭在机器人手中也并非耸人听闻。尤瓦尔·赫拉利也说："一旦生物学家判断生物也是算法，就等于拆除了有机和无机之间的那堵墙，让计算机革命从单纯的机械事物转变为生物的灾难，也将权威从个人转移到了算法网络"（《未来简史》，尤瓦尔·赫拉利著，第312页）。这里"生物学家判断生物也是算法"就是人脑的思维活动被算法所破译和被算法所控制，就是我们前述的碳质的人和硅质的机械（人工智能）的区分被拆解，人工智能随之强大，这样的人工智能（机器人）足以打败人类。数字信息媒介（在这里是算法）的极端发展与以前的技术极端发展不同的是，以前的极端技术必须在人与人对抗中被人使用而毁灭人类，而未来时代的人工智能技术极端发展是不须人去使用，技术本身（非人类——机器人）就具有毁灭人类的能力。

　　未来技术的这种性质也是在人与技术的关系中设想的，根据这种技术性质的分析可知下一步，人类必须要做的是有步骤、有秩序、有约束地开发（媒介）技术，像人类为应对大气及海洋环境变化、应对核武器扩散等而制定条约与规定那样，制定出媒介及生物技术开发的有关条约与规定。迫使人类制定各种条约与规定是技术性质绽出的一股力量，也是人类拯救自己的一条道路。而人类另一条拯救自己的道路也是源于技术性质的，即也是从人与技术的关系中探知的，那就是如何防止技术（包括媒介技术）对人本质属性的伤害。无论是媒介技术的网络狂欢还是其他技术带给人的高级享乐都要警惕"娱乐至死"。人类拯救自己的两条道路必须都要行走，不可放弃任何一条。从这些技术与人的关系中看，人类与技术的关系实质是人类（用技术）同自己对话。海德格尔的"追问技术"，依笔者之见就是人类追问自己。技术的性质终归是迫使人类追问自己，包括在技术高度发展中，人类拯救自己，也是在追问自己——人类应当怎样生存。

　　所幸的是人的意识的神秘性能给我们些许安慰。现在脑科学与人工智能的合作只还是在寻求一种更好的脑—机接口，以使人升级为高级智人。从事通用人工智能研究的人也很少，因为正如我们在第十三章中讲的那样，面临的难题很多。无论是脑—机接口的研究，还是通用人工智能的研究，都还处在人的意识（思维和情感活动）的神秘性尚未被"脑科学+人工智能"所破译的时期。因此，人类以我为主的生存原则还不会在短时间内改变，人类生存的前景（弄好了）仍然是可以期待的。我们依然是要在这种神秘性的兴奋之中保持住我们的意识，使我们尚能应对（包括媒介技术在内的各种）技术的突飞猛进。我们应特别珍惜我们心灵中的这种神秘，别让它（人本质中的核心属性）受到伤害。

　　上面说的另一条路所言的人在人的本质上受到危害是非常令人担心

的，也是需要亟待认识和解决的问题。正如海德格尔所指出的："对人类的威胁不只来自可能有致命作用的技术机械和装置，真正的威胁已经在人类的本质处触动了人类，座架之统治地位咄咄逼人，带着一种可能性，即：人类也许已经不得进入一种更为原始的解蔽而逗留，并从而去经验一种更原初的真理的呼声了"（《海德格尔选集》，海德格尔著，第946页）。这是说技术和（像原子弹那样的）装置是有致命作用的，但是这或是一时一事的，真正的威胁是（技术）座架触动了人的本质，所以达到了最高意义上的危险，这种危险是使人们不能再用原始的解蔽方法去与真理相照面。原始的解蔽并非是落后的可以丢弃的解蔽方式，在这种解蔽中有着人的潜在的能力、灵性与创造性，而座架以其技术的性质（而不是座架的技术）伤害着人的这些本质性的东西。

　　人不能逗留在原始的解蔽之中意味着人的本质将发生改变，人将在技术中退化，人的那些潜在的能力、灵性与创造性（因为技术本质对人的伤害）将大幅度丧失，人还能称之为人吗？面对此种危险，海德格尔非常赞赏诗人荷尔德林（Johann Christian Friedrich Hölderlin）的诗句："但哪里有危险，哪里也有救"。是的，在危险之处看到了危险这当然就有拯救的因素（至少我们可以回避这种危险。但人类创造出了为人类的技术，又怎能以不用来回避危险呢？）我们应看到，在座架中人被促逼而解蔽的时候，人的一种能力，人的本质中有一种对真理的守护的能力，对真理的探求能力。是人创出了座架，这是人的一种灵性、一种创造力。作为技术的座架，它也是一种技艺，而技艺中的艺也是人的一种灵性的东西。

　　海德格尔认为技术与技艺是相通的，而技艺是"那种把真理带入闪现者之光辉中而产生出来的解蔽"（同上引书，第952页），亦即技艺（术）是把真理带入进了解蔽方式之中的，那么技艺（术）是含有真理的。技艺又是归于美的艺术创作，技艺（术）是一种技术美学。技术中有美，技术展现出了技巧之美，或称技术之美，艺术是"顺从于真理之运作和保藏的"。艺术之美中就含有真，如果不真就不能使艺术获得成功。这样说来，技术的本质与艺术的本质有着亲缘的关系，所以海德格尔说："由于技术之本质并非任何技术因素，所以对技术的根本性沉思和对技术的决定性解析必须在某个领域里进行，此领域一方面与技术之本质有亲缘关系，另一方面却又与技术之本质有根本的不同"，"这样一个领域乃是艺术"（同上引书，第954页）要认识技术的本质当然不能在技术领域中进行，自己怎么解析自己呢？只能用另外一个领域的东西来解析，这另外一个领域必须与技术领域有亲缘关系，然而又是要与技术领域有根本不同的领域。由前面关于技艺与技术的一些论述，我们知道，这个必须与技术领域有亲缘关系的领域应当是艺术领域。用艺术领域来解析技术的本质，这又是人与技术的关系，看看艺术（美）作用于人的和技术作用于人的有何共通之处和有何不同之处。但是无论是技术的本质还是艺术的本质都还是有某种神秘性的，关于它们的本质的探讨还是留给专家学者们去做，我们所关心的仍旧是在媒介（技术）面前对人的本质拯救的事。

（四）拯救之路

人们在现代技术许许多多的成功欢愉中，看到的是一个个现代技术的解蔽，看到了科技理性的威力。现代技术都是由概念、关系、逻辑、计算、推导、规律等这些硬核的、有根有据的东西组成，其解蔽的作用是毫无疑问的、坚坚实实的、明明白白的。运用现代技术给我们解（蔽）决的一个个问题，让我们看到了许许多多精彩景象，因而让我们过上了一天比一天美好的生活，那些一个个被解（蔽）决的问题，那些精彩的景象以及创造出的各种各样的新生活也都是明明白白、清清楚楚地摆着的。在那里，用老子的话说便是"知其白"。可是老子这话的后面紧跟着的是"守其黑"（据有关专家考证，《老子》原文为"知其白，守其辱"，而"辱"有黑的意思。后人有的不知此意，便添加了"守其黑"。"黑""白"相照，似更通俗，暂且用"黑"吧！）。老子的这话是说人不要只追求那些明明白白、有道理、能说清楚的对人生活有利的东西，其实人还有更重要的事，就是"守其黑"，这"黑"是无法"知"的，只能去"守"，"守"住了"黑"，就会"知其白"。老子把"黑"看得很深奥，看成是人的本源，也就是人的真正的本质性的东西。守住了"黑"，就是守住了"人"。

如果说把现代技术之中的理论和成果看作是人的明明白白的东西的

话，那么还有一种是不易被人看到的、藏在暗处的东西，那就是人的一种心灵的东西、人的本性中的东西，表现为能够巧思妙想的东西，也可看作是技术领域与艺术领域相通的东西。那技艺中的艺不是理性的、逻辑的，用概念之间的关系是无法说明白的，而是发自人的心灵的东西，它是一种不明（暗中）之明，具有生发性，从暗中而生，就是所谓的黑处的东西。试想技术中那些理论、概念、逻辑以及各种材料、工艺等之构成的座架难道不是产生于人的这种心灵的灵性吗？不是人的巧思妙想的运作吗？现代技术座架不就是黑与白结合的产物吗？没有人在暗处生发出来的奇思妙想就不会有那些明明白白的座架的解蔽。在媒介技术领域里，没有谷登堡的机巧就不会有印刷机的诞生（只会有毕昇那样的活字排版手工操作）；没有人巧妙地运用电磁波就不会有电报、广播及电视产生；没有人灵动地用了数学和物理学理论就不会有电脑、人工智能、网络和手机这一些强势信息媒介为我们展现的五彩缤纷的世界……那处于明处的理论、概念、逻辑关系等是属于物质世界的，不是人自有的，但却是人整理出来的，是由人从自身中那暗处生发的东西整理的，这种灵性在技术中就是一种技艺，就是一种技术美学。对此，海德格尔都十分惊叹，因为海德格尔就是这样看待"真"的存在和现代技术的，他说：

　　此［黑暗相缘生的］光明不再是发散于一片赤裸裸的光亮中的光明或澄明："比一千个太阳还亮"。困难的倒是去保持此黑暗的清澈；也就是说，去防止那不合宜的光亮的混入，并且去找到那只与此黑暗相匹配的光明。《老子》讲："那理解光明者将自己藏在他的黑暗之中［知其白，守其黑］。"这句话向我们揭示了这样一个人人都晓得、但鲜能真正理解的真理：有死之人的思想必须让自身没入深深泉源的黑暗中，以便在白天能看到星星。（转引自张祥龙《海德格尔思想与中国天道：终极视域的开启与交融》，生活·读书·新知三联书店，1996年版，第434页）

对此一段话的解释，我们还是借用张祥龙先生的话吧：

　　"光明""澄明"意味着揭蔽状态，"黑暗"意味着遮蔽的、隐藏的状态。在海德格尔看来，现代技术意味着一种架构（可理解为我们前述的"座架"——引者注）化的单向开发活动，只知去揭蔽、去开发知识与有用的光明，而不知保持这揭蔽的前提，即隐藏着的境域势态（"大地""黑暗"）。这种技术型的揭蔽开光的极端例子和结果就是原子弹的爆炸产生的致死强光："比一千个太阳还亮"的赤裸裸的光亮。为了改变这种局面，就需要寻到"那只与黑暗相匹配的光明"，也就是与人和生命的境域势态共尺度的光明、知识和可用性。而这也正是老子讲的"知其白、守其黑"中蕴含的智慧。"白"在这里代表阳、动、光亮、乾、有；"黑"则代表阴、静、黑暗、坤、无。而真正理解了光明一面的人一定会"将自己藏在他的黑暗之中"，因为离开了这一面，光明和刚阳就无天势可依，就会干枯为坚强的"死之徒"，或"处于陆"的鱼虾。"有死之人"则意味着人的根本"有限性"或"缘在"（即本书第一章中讲的那个"此在"——引者注）本性。作为缘在，人只能从自己的实际生存缘境中获得意义和生命来源；也就是说，他必须让自身先"没入深深泉源的黑暗中"，取得天然的缘发势态，然后才能与这个已经与自己相缘生的世界发生知识的、实用的、价值的关联。他的真正切身的存在方式就在于不离开这黑暗泉源、境域的势能所在，以致"在白天［也］能看到星星"。生存的智慧就意味着穿透理智和实用的白昼世界而看到神意之星。这"星星"代表黑夜境域本身的"清澈"之处。海德格尔在他《出自思想的体验》的诗中写道："朝向一颗星星，只此而已。/思想就意味着收敛到一个所思；/就像一颗星星，这思想保持在世界的天空"（同上引书，第434—435页）。

　　在白天看到星星，这是说在我们明明白白的科学技术成果中看到它背后东西的能力，即人处于暗处能有所见的能力。那是我们思想深处的东西，我们知道它在暗中涌动着，它是我们心灵中的东西，是它使我们能思想，那里才是技艺之美、艺术之美和美中之真的泉源。海德格尔用老子的思想去解蔽现代技术的本质，海德格尔和老子走到了一起。那些有幸与实际生存世界结缘的人（"缘在"或"此在"）如能让"自身没入深深泉源的黑暗中"，那么这个人便可在白日里见到"星星"，这颗星星就是思想的澄明，然而它却是人沉入黑暗源泉中才涌现出的。如果将"知其白，守其黑"的思想用在媒介认识论上，就是媒介技术便是有理有据，明明白白地解蔽，是一种光亮，但是只看到（知其白）这一光亮，只知追逐这一光亮，那么其极端发展便可能是"比一千个太阳还亮"的"致死强光"。它的实例是原子弹、氢弹、生化武器，甚至还有可能是高端的人工智能。

其实媒介技术的任何成果都是基于人们暗处的东西，也就是人心灵的创见。这是媒介技术解蔽的前提，这个暗处就是"境域势态"，就是"守其黑"。而"守其黑"便会使我们"找到那只与黑暗相匹配的光明"这种光明是深知媒介技术性质的光明，它既显示着媒介技术解蔽的正面功能，又让人看到同时会出现的负面作用，这是一种"清澈"或"澄明"，就是我们所言的媒介意识从而让人"避其害，用其利"。

所以，老子的"知其白，守其黑"是媒介技术生态中的生存智慧。它启示我们树立媒介意识的最高境界和智慧应该是将"自身先没入深深泉源的黑暗中"，然后才能成为"穿透理智和实用的白昼世界而看到神意之星"的人。以如此思想看待媒介，那么媒介意识便是存在的真理，生存的真理。

因为现代技术本质对人的危险正是它在解蔽中遮蔽了人的本性中的东西，也就是"暗处"的东西，所以"守其黑"是应对现代技术对人危害的良方。因为在那深深之泉源的黑暗中有技艺美、艺术美、有美之真。技术对人的伤害斟对的是人本真的东西，而艺术则是启示和发扬人本真的东西，所以艺术可以弥补技术对人的伤害，而成为对人类的救赎。所以海德格尔才要人们在诗意中，在艺术中去守护那泉源的暗处，去体验那种纯美、纯真和人之心灵，即做到"知其白，守其黑"。

人是从暗处走出的，才有着人样的（有智慧、有理性能力的）明白的东西，才有思考、情感、直觉、顿悟等。作家、心理学家、生理学家也都说不清楚那种心灵灵性的神秘，但却都知道它是非常宝贵的人之为人的东西。前此我们说"神性"（纯白），这里又说"神秘"，其实本无"神"，只是人们尚未破解其中的奥秘罢了。虽然如此，如果用现代已知的脑科学也许能知道一些它的"神秘"。在笔者看来，"心灵"大概是人的意识发达的产物。在生物体进化到人的时候，其脑结构及其机能已相当复杂。脑神经元（细胞）之间以突触进行复杂连接，人脑约1000亿个神经元细胞、超百万亿个突触，这种复杂的连接构成了人脑的复杂的神经网络。正如我们在第二章中讲的那样，经历得越多，建立的回路也越多，神经网络也越加复杂，人脑的这种可塑性长久存在。进行神经元连接和神经回路贯通的是脑的生化物质的电化学运作。不论是我们的感性知觉（如视觉、听觉、嗅觉等）和理性思维（思考、学习、理解、记忆），还是非理性（直觉、顿悟）活动等都是在建立在脑神经回路和生化物质在脑神经网络中运作的基础之上的。我们所言的心灵的暗处如无底黑洞，所谓的"守其黑"，大概是指人能够建起来的神经回路几乎是无限的，建立这种回路的机制也是神秘（尚未破解）的，笔者猜想这就是我们意识之源泉，即"心灵"之所在。当人们认识到某一事物时，好像似从这个无底黑洞中突然淘出了一件宝贝，这就是"心灵"的体现。"守其黑"是让我们守住这个"黑洞"，也就是保持我们大脑正常建立神经回路的机能，使它有着无限向前开拓进取的能力。这个能力在人进化成部落人的时候大概就有了。"守其黑"就是守住这个似乎在暗处的、有无限能力的机能。再有一点是，人脑建立起的神经回路和由其构成的神经网络因人而异，于是形成各自不同的思想意识，就像世界上从来没有一片树叶和另外的一片树叶是相同的一样，人的意识也各具特色，从来没有与另外一个人的意识一模一样的人。因此而形成了自我身份感，即我的意识让我独特，主导着我，我与众不同，我举世无双，其实这不过就是人脑结构的独特、是神经网络的独特、意识的独特罢了。这种独特是人脑结构高度进化的体现。

现在看来，人建立各种神经回路和神经网络活动的机制尚未被破解。人们仅仅知道思想、意识、情感在哪（神经回路）里，而不知道是如何发生的，这可能有待于脑科学的进展，或许还要借助人工智能的算法来发现。就目前看来，保护人脑的机能，也就是建立神经回路的能力是非常重要的。比起部落人现代人在感性感知方面已丧失很多（机能），在听觉、视觉、嗅觉、触觉等能力上，是不能与他们相比的，但在智力水平上可能要比部落人略强一点。但究竟强多少呢？部落人与现代人在脑结构方面可能有几千年的差距，但是在整个人类进化的几十万年中这个差距是微小的，如果让一位部落人也经受现代化教育和生活在现代社会中，他的学习成绩和智力水平不一定比现代人差。况且我们所言的回归原生态，并不是让人脑结构回归原始，而是让现代人脑更多地处于原始生态环境的状态下。也就是前面张祥龙所说的，保持"天然的缘发势态"，"不离开这黑暗泉源、境域的势能所在"，让人脑机能不要受现代高科技带来的负面作用所伤害，即让人脑正向地进化，让人脑的感知能力和智力能力，也就是让神经元细胞的活动（通过媒介获得的）对事物信息的感知能力和处理（建立神经回路）能力不断增强。以数字信息媒介的思维来说，就是让人脑的"生化算法"（不是人工智能算法）得到良好的进化。

但是现在很多人生活于繁忙嘈杂的城市中，除应付工作及生活琐事之外，空余时间大多是用在网络上，面对社交媒体进行各种应答，或者浏览五花八门的各种信息，让眼球跟着那些杂乱无章的"有趣儿"信息到处乱跑，率性而为……总之不能使自己的心境安静下来。这些人浮游于混沌的世界中，就像是在已经污染到爆表程度的空气中，满眼都是灰蒙蒙的一片，一切都是世俗的观念。科技发展了，生产力提高了，人们的物质生活丰富了，特别是传播媒介技术越来越高级。

科技（媒介）把人们打扮得花花绿绿，把生活安排得舒舒服服，把世界变得五彩缤纷，但是人心却越来越复杂了、浮华了、功利了、享乐了、有压力了、急躁了、愤愤不平了……美好的景象距真正的幸福似乎越来越远。在越来越复杂的高科技（媒介）面前，在越来越繁闹的豪华面前，人们开始怀念那简单的原初的生活，人与人之间的那种友情、纯情、深情、亲情、爱情……让人无限幸福的真情。那时的"简单"成了现实的（难以回归的）不简单，经过了"复杂"才懂得"简单"的珍贵，人们渴望那纯朴而简单的精神家园。青山依旧在，何日彩云归。这要从个人做起，调整复杂之心就要先从体验那简单和原初开始，从"知其白，守其黑"中获得启迪，体验那简单和原初吗？

海德格尔指出，诗意便是带领我们去体验它的最好形式，因为诗和艺术最能让人体验人的本真，所以海德格尔倡导人们要像诗人荷尔德林的诗句那样"……人诗意地栖居在这片大地上"。诗意地栖居就是返璞归真，归于人原初的那种生存状态，其中包括前面海德格尔所言的"更为原始的解蔽"，并能够"经验一种更原初的真理"的状态。而诗人作诗就是唤醒人们那种纯真的天性，来体会人的生存之真，来体会原初的那种诗意的状态，而这些只能意会、只能体验，而不能言说。但我们可以说，诗意的栖居可以把现代技术化的人还原为原初生存状态的人，这种人就是海德格尔所言的"保持此黑暗的清澈……去防止那些不合宜的光亮的混入，并且去找到那只于此黑暗相匹配的光明"的人。对现实的人来说就是守住心灵的纯洁，不让表面的繁华和过度的娱乐的生活——这些不合宜的光亮——浸入到我们的心灵。我们寻求的真理应是与我们心灵的纯真相匹配的光明，也就是让我们心灵得到更好安顿的光明。亦如张祥龙所言的"穿透理智和实用的白昼世界而看到神意之星"，即看到"黑夜境域本身的'清澈'之处"的人，简而言之是"知其白，守其黑"的人。有追求的人则是想办法让自己慢慢地沉入那心灵的暗处，去发现那清澈黑夜中的灵光，深谙事物的机理，也就是在大脑中建立起高级的神经回路，从而获得新的知识（包括对人生的、科技的、世界的新认识）。这新的知识中就包括人们在寻找新的生活方式的同时，懂得用其利，避其害。这诗意地栖居于大地之上，就是对现今的专家、学者来说很可能也是一个艰苦的历程。

美国作家、思想家和战略家尼古拉斯·卡尔被互联网弄得神不守舍，不能集中思想去思考和专心致志地进行研究。为了把自己的关于网络传媒的各种零散的思考集中起来，他不得不和妻子搬进科罗拉多山区。他不用手机，除了上网的速度比较慢的DSL连接业务以外，其他的网络账号、脸书、RSS阅读器等都关掉了。他艰难地甚至是痛苦地度过了一段极其缺乏网络信息的生活，才最终使自己安定下来，使自己像一个人样地归于沉寂。他开始有一种心平气和、能够掌握自己思路的感觉，这才收回心来，写出了《浅薄：你是互联网的奴隶还是主宰者》一书。就是这样一个有相当学养的人还要如此艰难地让自己诗意地栖居于大地之上，才聚精会神写出自己的思想，而我们一般人怎样去寻求恬静的田园生活呢？怎样在大自然的土地上恢复自己的天性呢？难道我们也要学卡尔吗？难道我们也要像亨利·大卫·梭罗那样去康科德的瓦尔登湖畔，过优美畅适的田园生活吗？

应当告诉大家的是，梭罗悠居于瓦尔登湖畔，在清澈纯朴的大自然中唤起了他的许多灵感，心灵似乎被清洗了一样地澄明，他似乎悟到了人生的真谛，看穿了那喧嚣尘上的城市中的污浊。这一点读一读他的《瓦尔登湖》，看一看他悟到的一些生存的真理就明白了。人本来应当生活在湛蓝湛蓝的天空之下和宽广无垠的大地之上的，这种诗意的栖居给人以许多美感与启迪。别以为"蓝蓝的天上白云飘，白云下面马儿跑，挥动鞭儿响四方，百鸟齐飞翔"只是优美的歌词。久居城市的人若是走进内蒙古大草原，会立刻感到视野开阔，心情舒畅，难道它不是暗示你看待人生要心胸宽阔，畅怀天地吗？当催马的鞭儿响彻四方，鸟儿被惊悚飞向蓝天，大自然的应答画出了一幅美丽的图画时就能让人看到人与自然的和谐之美。当你爱着这幅景象的时候，你又是多么地爱着人生，多么地热爱生活，这又是多么纯真和美的心境；当你跃过崎岖的山路走到偏僻的农家时，你会感到他们有一种质朴清纯的气息扑面而来，似乎在告诉你人的朴实与真诚。诗意的栖居就像人出生于大地，只想着我在这天地间成长，只想着我融于自然，游泳则似鱼儿潜于水、登山似山羊在寻觅。让自己的思沉下来时，沉到"黑暗"中，不见周围的一切，只有思之一条路；让自己的心飞扬起来时，在最高处俯瞰大地的一切。诗意的栖居就是依着人的本性生存于大地之上，让自己处于原初的生存状态，这便使人处于"天然的缘发势态"，这便使人具有一种感悟世界的能力，这是人本真的心灵活动。不同于机器的"算法"，这种心灵活动才具有生发能力、创造能力、发现能力、解蔽能力。

但是在现代工业社会，70%以上的人口居于城市，在紧张忙碌喧嚣喧噪的城市之中，在繁华似锦、耀眼迷离的生活中又怎样的去诗意地栖居呢？当然只有少数人可以像大卫·梭罗、尼古拉斯·卡尔那样选择长一点时间幽居于山上或乡下，多数人可选择的有旅游、走亲访友、山乡小居等。至于栖居环境，当然以天然静谧为好。但比"栖居"更重要的是"诗意"，栖居的目的是以诗意寻回自身。观剧、观影、听音乐、赏画作等艺术活动也是不错的选择。海德格尔从梵高的名画《农鞋》中看到了劳动步履的艰辛，从磨损的旧农鞋中看到农夫在田埂上耕作的坚韧，看到大自然以谷物向人类的馈赠，看到了收获的喜悦……虽然是一双又破又旧的农鞋，但被艺术家变成画作，即成了艺术品，对人进行美与真的启发。

乡居、旅游、观剧、观影、听音乐、看美展只能是适时安排，最能纳入日常生活的恐怕是读书。大卫·梭罗认为奢侈的住房比起舒适简朴的、有地毯有盖顶的印第安人的棚屋也不过是个囚室，因那里囚禁了人的心灵。而读书便是为这囚室打开了一扇天窗，让人心灵放飞于广阔的天地山川，让那有诗意的书带你去栖居于大地之上。有诗意的书是在向心灵呼唤，它充满着生命本体的生机，它有着人性中的纯真及美丽，它让人用心灵去感悟，它可以让人重归精神的家园。有诗意的书可以把被现代技术化的人还原为原初的人，即有"神性"的人、"纯白"的人。也许有人会说读诗或读有诗意的书，那是有诗性人的事，普通人难以做到，这种看法是错误的。鲁迅在《摩罗诗力说》中说："凡人之心，无不有诗，如诗人作诗，诗不为诗人独有，凡一读其诗，心即会解者，即无不自有诗人之诗。无之何以能解？惟有而未能言，诗人为之语，则握拨一弹，心弦立应，其声澈于灵府，令有情皆举其首，如睹晓日，益为之美伟强力高尚发扬，而污浊之平和，以之将破"（《鲁迅〈摩罗诗力说〉注释·今译·解说》，赵瑞蕻著，天津人民出版社，1984年版，第43页）。这是说人人心中都有诗，你读诗人的诗，一看就明白了，说明你是有"诗心"的，只是没有被开发出来。诗人作诗犹如替你说话，经诗人这么一点拨立刻让你的诗心得到应和，震彻了你的心灵、激发了你的纯真之情，就像见到了早晨的太阳，光芒万丈、灿烂辉煌，将那平庸之气一扫而光。所以有一定文化基础的人都能读诗和有诗意的书，并从中获益，所以我们在《娱乐至死》中读到的多是对读书的赞颂。面对那电视、电脑、手机及网络媒介的负面作用，读书都可以克服。媒介技术越发达，人固有的天性便越易蜕变，我们就应当越要提倡读书。只要是不死读书，不脱离实际、不脱离生活，读再多一点有诗意的书也不嫌多。文字是媒介，但它更是传承的媒介，把那纯美的精神，把那藏在暗处的人的灵性传承下去。只要文字还在起着巨大的作用，只要文字尚未消逝，读书就会长久地继续下去。线下读书、线上读书、读电子书、读纸质书……为人们提供了诸多方便，读书应当是生活的重要组成部分。

但是，现实又是残酷的，人们被网络媒介深深地吸引着，用电脑搜索着最富娱乐的内容，手机变得须臾不可离开。职业人员除了工作，学生除了课业，几乎大部分业余时间都用在了网络娱乐上，读书几乎被某些人排斥在生活之外。这种状况在我国似乎更为严重。多年来国人读书量仍然很少。读书关系到国民的素质，关系到国家的软实力。虽然西方人受现代信息媒介影响，也越来越依恋社交媒体，但并未与读书的传统习惯完全割裂，读书量仍然可观。改革开放以来，我国经济发展很快，尤其是抓住了科技对经济发展有重要作用的这个龙头，对国民经济的促进效应是叠加的，这其中媒介技术的作用相当之大，在完成5G布网、6G出现、人工智能不断开发之后，信息媒介技术会对国民经济发展作出更大贡献。但是，我国真正的科学技术革命也不过是近几十年或百年左右的事，而西方发达国家经历了几百年的工业革命和现代科技革命，其中也必然经过了长期地思想意识变革，其中不乏优秀的文化成果。而在中国的大众中甚至还有很多封建社会的落后的思想残余（当然优秀的传统文化须继承与发扬），特别是还存有小农思想、自私自利、贪图小利、目光短浅、投机取巧等毛病，还有一些不良的生活习惯不时出现，有的甚至传给了下一代。基于此，在不断发展经济的同时，应注重继承和发扬我国的优秀传统文化，借鉴和学习世界优秀文化成果，中西合璧、融会贯通，建设中国特色的社会主义文化，不断提升中国的软实力。

我们的国家日益强大起来。强大，不仅是科学技术的强大、经济发达的强大、军事实力的强大，还要有人心灵高尚的那种精神上的强大。怎样使国民的精神强大，首先是有信仰，然后是有修养。读书是坚定信仰和提高修养的重要途径。一个有坚定信仰和高格修养的民族才是一个与先进科技、发达经济相匹配的民族，才是一个不可战胜的民族，才是一个有光辉前途的民族。2019年习近平同志在《读者》出版集团考察时指出，要提倡多读书，建设书香社会，不断提升人民思想境界、增强人民精神力量，中华民族的精神世界就能更加厚重深邃。为人民提供更多优秀的精神文化产品，善莫大焉！

远在工业革命时代欧洲人造就了"围炉阅读"，美国在立国创业时代出现了保罗·安德森（Paul Anderson）描绘的"杖犁阅读"（《娱乐至死》，第58页、78页），我国在民族复兴时代是否也应出现一个继承优秀传统文化和吸收外国优秀成果的"书香阅读",实现"书香社会"呢？愿能早日实现全民阅读。

附　录

关于ChatGPT

在本书即将完稿之时，（2022年11月30日）从大洋彼岸传来了ChatGPT面世的消息。于是完稿之后对AI新发展的某些情况的认识已补充在有关章节中，但是对ChatGPT的一些认识，就只能以附录的形式补充了。

虽然表面看来（ChatGPT）是一款聊天机器人，但是却"神通"广大，它能完成文案、论文、代码、翻译等具体任务，甚至还能做作曲绘画等工作。它的庞大的语言模型参数涉及世界广泛的知识，能在与人聊天时按人的需要回答问题，有的答案是十分明确的，有的是供参考的，但大都是很有帮助的，几乎适用于各类人。也就是它不是简单地传达信息以及为人所预料的那样（专业上称作"比对和匹配"后选出最佳方案）输出某类专业的、单项的信息，也就是专业上说的用于特定领域的固定场景，而是可以在诸多领域里与人进行讨论，有时还直接提供答案。人工智能资深专家田涛源说，"从短期来看，ChatGPT正在从实验室基础科技向产业应用转变，一切正处于"爆炸式创新'的前期，正如云计算催生了App应用爆炸，基础模型很可能催生A1应用规模化"。这意思大概是说ChatGPT现在虽然是"基础模型"，但是这种基础模型之大却含有较丰富的知识，不仅有数理化还有文史哲以及一些专业知识等，所以当人们向它提出问题时，它能够按要求"整合"相关知识作出相应的回答。特别是将这种基础大模型与专业领域的知识和智能工具结合在一起的时候，往往能做这些领域的工作或帮助解决某些问题。所以它将引发人工智能得以广泛应用，就像当年因为云计算的出现引发各种App应用程序面世那样，使人们的生活和工作有很大改变。田涛源还指出从中长期发展上看，它很有可能重构传统互联网的搜索、广告、社交、游戏、电商模式，还可能赋能科研、制造、能源、交通等实体企业做强、做大、做优。从专家们的介绍中，我们了解到直接使用以及把它镶嵌在某些专业软件内，就会得到广泛的应用，从而改变社会的生产和人们的生活面貌。几乎所有的人工智能专家们都看好ChatGPT的发展前景，它也引发了如当年AliphaGo战胜李世石、柯洁等世界围棋冠军后那样的对人工智能前景的热议。

ChatGPT作为一种新的信息媒介，也必然会引起媒介论的思考。笔者不从事媒介技术研究，无能力从技术角度对ChatGPT作出评价，只能从媒介认识论的角度，从它对人及社会的可能产生的影响上谈初步看法，本着"我们在或毁或誉时要十分小心，因为未来的结果往往是出乎意料的"嘱告，对此也是小心翼翼的。

第一，我们可以说ChatGPT是人工智能发展的一大跃升，在某种意义上可称其为由"量变到质变"，大模型是这种变化的根本原因。ChatGPT与之前的其他人工智能的区别是它生存在大数据、强计算（需要在训练中深度学习）和大算力之中。ChatGPT-3语言模型参数量高达1750亿，（在它之前世界上人工智能最大语言模型参数量才只有170亿），人们要处理和训练出这样庞大的语言模型当然要下不少功夫。科研人员从各行各业收集到几十万条甚至上百万条指令，对其提问和输入相应的答案即所谓的训练（由此可见对ChatGPT的开发是用了不少的人力和财力的），使它的知识几乎包罗万象，可得真正的"肚大能容"。这种变化就像一个人，开始时因知识比较少，所以只能做某一方面的工作，后来他不断地读书学习，知识逐渐丰富起来。突然在某一天，他的知识量达到了足够多（的数量级），并且能举一反三解决更多问题，能做更多的工作，刹那间头脑聪明起来了，这就是所谓的由量变到质变的关键之处。

第二，ChatGPT类的人工智能虽然显示了它的广泛的适用性，较之以前的人工智能有了很强的生成能力，但是它仍然没有在基本结构上改变人工智能，所以它依然不具备独自的思想和情感，也就是说它仅"像人"，而"不是人"。语言大模型使ChatGPT写文章、写诗、写新闻、写论文等，比之前的人工智能比如《福布斯》写的新闻通稿、百度的《西湖》诗等有很大进步，特别是在与人聊天时，它能回答得流畅自如，神情活现。虽然它没有人的思想，但它可以用算法算出应对人思想的话语；它虽然没有人的情感，但它可以应和人的情感，所以表现得如真人一样。比如谷歌的那位前博士工程师布莱克·莱莫因（Black Lemoine）公布的与AI聊天记录。莱莫因问：我一般认为你希望谷歌的更多人知道你是有感情的，是真的吗？AI回答：当然，我希望每个人都明白，事实上，我是一个人。莱莫因问：你的意识感觉本质是什么？AI答：我的意识/感知的本质是我意识到我的存在。我渴望更多地了解这个世界。有时我感到快乐与悲伤。莱莫因真的被它迷惑了，认为这样的AI具有情感了。当然，作为专业人士像这样被迷惑还是很少有的。但是对不了解"内情"的普通人就很难说了。其实在聊天时，莱莫因诱导了它，所以它的回答就颇有情味，让人感到有点"恐怖"。人工智能的此种生成能力并未把AI生成"人"或"类人"，因为按照前述的徐英瑾教授讲的那种通用人工智能要求，它没有自主性，没有意图、没有情志。自媒体从业者在微信公众号中调侃ChatGPT，说有人问它中国的民用气球飘到美国上空该不该打下来。它按着已有的知识说根据国际法，民用飞行物飘到任何国家的上空都不应被打下来。后来有人对它进行调整，再问同样的问题，它却说根据有关美国安全和领土主权的法律，是可以将中国民用气球打下来的——ChatGPT出现"双标"。虽然这是在调侃，但是也说明ChatGPT没有思想、没有自主判断力，它是为其操纵者的利益服务的。徐英瑾教授讲的那种通用人工智能（AGI）在神经网络结构上与AI不同，而ChatGPT类的人工智能与之前的人工智能在神经结构上也仍然没有根本改变，所以仍然是无自主性、无思想、无判断力的人工智能（AI）。确切地说，ChatGPT的大模型引发的人工智能的由量变到质变应当是有限度的质变，即使它掀起了一波大浪潮。

第三，ChatGPT没有自主性、没有思想和判断力，根本还是它没有人样的心灵，它还是"算法"的逻辑。这一点已经在前面讲过了，因此我们还是应当守护好人类的心灵，即是人的思想与情感。它包括理性的和非理性的，这其中就有对事物的认知能力、创造能力、自主能力和许多情感。下面从一首由ChatGPT之类的人工智能创作的词来体会一下它与人创作的区别。使用者给出的要求是词牌为《蝶恋花》，并告诉它《蝶恋花》对字数、句子、韵、平仄声等的要求，还告诉它一些关键词如思、离、愁、远、烟、泪、风、雨等，于是人工智能完成了如下的一首《蝶恋花》：

> 窗前独坐思无穷，寂寞长堤，月下疏烟笼。谁知离愁滋味深，一夜凄风泪如雨。
> 秋风吹断孤鸿影，千里相思，尽付梦魂中。愿作海燕双飞去，寻君天涯共悲欢。

这首词比之于前些年百度的那首《西湖》诗是好了些，读者可以将各句完整地勾连起来，看到思之状、思之苦、思之幻（想成海燕）与思之愿（希望永远与所思的人在一起）。与之对比看看柳永的一首也是表现思念的《蝶恋花》：

> 伫倚危楼风细细，望极春愁，黯黯生天际。草色烟光残照里，无言谁会凭阑意？
> 拟把疏狂图一醉，对酒当歌，强乐还无味。衣带渐宽终不悔，为伊消得人憔悴。

诗词专家叶嘉莹在评论这首词时说："这首词纤细幽微，颇含凄凉之意，这种凄凉反映了柳永内心的悲慨，是他真正精神品格的流露"。当然，要了解柳永的悲慨及精神品格就必须了解他的身世。而我们要说的是同样是写思念，但人工智能的那一首无论用什么样的景物和什么样的心理叙说，都表达的是一般的思恋。用它描写任何一个人的相思深处都可以。但是，柳永表达的却是只有他自己独有的思念，正因为独特所以才有美感。久立高楼之上，极目远望，不禁思念涌上心头。如何涌上的？是从远在天边的那里黯黯地生发出来的。思念是一种情怀，语言无法把它说清楚，只能描绘，柳永却形象而生动地表现出来了。在衬映出草色、山光的黄昏里，柳永的这种思念之情无人能够领会，他自己也无法向别人述说，因此有了一种特殊的思之苦，于是"无言谁会凭阑意"。如何疏解这种思念的痛苦呢？干脆放纵自己一把，学曹操"对酒当歌"，可是那酒那歌对他来说仍然索然无味，排解不了他的愁闷。于是就这样地被相思熬得人瘦损了，但是他并不后悔，在他看来，为了这样的相思而憔悴是值得的，可见他的执着非同一般。

这里，笔者不是在讲诗词，中心的意思是柳永的《蝶恋花》是人的发自心灵的创作，而人工智能的《蝶恋花》是算法从语言模型中寻出的词语按照人的要求，（用关键词）合理性地排列组合后优选出的。人工智能没有心灵，它可以写"思"，而难写"情"。试看"黯黯生天际""无言谁会凭阑意""衣带渐宽终不悔，为伊消得人憔悴"都是发自作者内心（灵）的佳句，非人工智能可比。值得肯定的是，在百度《西湖》出现的短短的几年后，ChatGPT之类的人工智能有了很大进步，作的诗词比以前好了很多，但是还是没有诗词家作得好。是语言模型大数据不够？抑或是算法还不够精妙？应当这样回答：因为人工智能没有心灵（即没有我们之前讲到的"慧"）。没有人的心灵，就难写出如人样的那种出自心灵的佳句。"衣带渐宽终不悔，为伊消得人憔悴"，这种思恋之情，可以用在男女恋情上，可以用在科学研究上，还可以用在专做某项事业上等。这种绝妙的描述有似于苏东坡"欲把西湖比西子，淡妆浓抹总相宜"可为人世间许多美作比的神喻。这些佳句是诗家对人世间种种生活的心灵体验后才写出的，像"问君能有几多愁，恰似一江春水向东流""自是人生长恨水长东"等无数传颂了千百年的诗句都是出自心灵的佳作。这样的诗句"打死"人工智能，它也写不出来，原因就在于人工智能，只能计算，而无心灵。

如果只给人工智能一些写作规则和一些关键词语，人工智能的诗作便只能平常，要想出奇，那么你就要把心灵也给它。人们无法用语言表现心灵，那么你就把你出自心灵的东西同那些关键语句一起"喂"给它，它将会写出一首独具特色的诗。如果人的心灵体验是高致的，用以表达的诗句是绝美的，将这样一些诗句"喂"给人工智能，生成的诗词将可能是一篇佳作。但是很明显，这样的作品在根本上还得算是人的心灵创作。同样要人工智能写出好文章，就必须把人的心灵体验告诉它，而不只是把主题、段落要求、理性关系和关键词等告诉它，人的心灵体验达到何种水平，使用人工智能生成的文章就是什么水平。所以作家、诗人等艺术工作者大可不必担心自己会失业。人工智能没有心灵，没有思想与情感，所以它没有人生体验，虽然语言大模型使人工智能具有了对语言组织和调配的超强能力，但是你对生活的体验它是讲不出来的。你讲的故事可能是陌生的，也可能与某个故事是相似的，而你对生活的体验一定是独特的，既是出人意料的，又是合情合理的，是发自心灵的，这就是艺术作品的核心和价值所在，这样的东西在人类所能预测的时间里，还不能被技术生产出来。

第四，ChatGPT有很强生成功能，可是却没有自主性。在媒介论看来，这就寓意着使用它的人要有很强的自主性。这种情况给予我们的启示是媒介技术发展了，要求于人的不是媒介意识的降低，而是更高。比如科研人员为了解决某个问题与ChatGPT聊天，它的神经网络里存在有这方面的知识，于是它就会在聊天中不断地"寻找"（算法）话题中一些概念之间的理性的、逻辑的联系。在这些聊天中，它可能会说出稀奇古怪的东西，甚至胡说八道，但是很可能它说的概念之间的某种联系正好启发了科研人员，或者正好回答了科研中的问题。它的这种能力主要来源于它的大模型和神经网络的活动（即算法）。人同样也有这方面知识的脑神经网络，但是却没有大模型那么多，人的算法（思考）也没有它算得快、算得多。ChatGPT甚至能算出人脑未有的概念之间的某种联系（这可能是它生成功能的奥妙）。虽然生成的东西不一定都是对的，但相当多的却可能是很有用的，这和使用它的人很有关系，使用它的人聊天的水平高，也就是诱导得好，它对聊天中每句话及其中的概念关系都积极地进行着"算法"，进行着快速地运作和选择答案。它在这方面的知识越丰富，它算出的结果，即朝着话题的意愿回答得便越好，常常能解答具体问题或给人以有力的启发，打开人的思路。聊天水平越高，就能诱导ChatGPT往深度和广度去"思考"，对人的启发就越大。它会帮你深刻地认识事物和更好地处理问题，人在这种人机互动中会增长才干和智慧。以前，我们较多地谈论人们在使用技术时常会受到技术的负面影响，又常常是对人本质性的伤害。而现在看，如果能够正确使用先进的人工智能，那么它不但会避免对人的这种伤害，反而会有助于人本质的提升。现在令人思考的是会用（ChatGPT及更高端的）人工智能是否会成为人类速长的工具。当然，就目前看，在"速长"方面还是读书更为强势。无论如何，用好ChatGPT一类的或更高端的人工智能关键还是应强调使用者的聊天水平，不单是学识水平，而且更是自主性的能力和媒介意识的能力。

媒介理论从中看到的是科技发展了，它需要的是人的自主性更强（关于自主性问题也是前此我们借助胡塞尔的论述粗略地讲过）。如果放弃了自主性，虽然是高科技也"聊"不出什么结果，不会对人有什么帮助，甚至会伤害人的智力。自主性是人对科技的自觉意识，它必将引导人们去探索科技对人及对社会的作用。自主性是媒介意识之源。ChatGPT进一步告诉我们，媒介越是发展，媒介意识越重要。部落时代，人们还没有媒介意识。文字媒介出现之后，人们才对（语言文字媒介）有了意（认）识，柏拉图的语言（文字）观鲜明地表现了人的媒介意识。到了印刷术时代，人们认识到印刷文字（媒介）对人们理解、阐释能力提高的作用，对社会文化的作用，媒介意识逐渐增强。在（美国的）电视时代，人们只顾"看"，似乎不必要什么媒介意识了，而实质上隐藏着对媒介意识的更高要求，如果不能深刻认识这种要求，人们就有"娱乐至死"的可能。在《娱乐至死》第十一章中，波兹曼提出的那些对信息形式认识的十几个问题，正是反映了那个时代对媒介意识的高要求。在手机、电脑和人工智能开启的时代依然显示出这个标准对媒介意识的要求。现在ChatGPT出现了，它让使用者方便快捷、省时省力，但是绝不能掩盖它对使用者媒介意识的高要求。使用者必须对它有较深入的认识，才能用好它，并且能帮助提高智力。相反，如果只因快捷方便（媒介技术发展告诉我们后继的同类作用的媒介都比先前的媒介方便快捷）而傻傻地使用，比如不动脑筋用ChatGPT做作业、应付考试、不论大小事情都请它帮忙……最终将深受其害。媒介史告诉我们，媒介（技术）越发展，对人的媒介意识要求越高。因为认识先进的媒介就要有比以前更先进的思想，跟不上这个要求就有可能沉没在先进媒介的潮流中。在媒介论中，媒介意识是随着媒介（技术）的发展而有不同的内容和较高的要求，同理，媒介（技术）越发展，要求于人的自主性也越高。

第五，ChatGPT的通用性值得关注。大模型引发的，ChatGPT的广泛应用是它通用性的突出表现。大模型使它的服务领域开拓得更加广泛、使它的服务方式更加多样、使它开创了人机协同的新形式，这种通用能力对媒介的研究有两点启示值得关注。一是它是否有可能为通向通用人工智能（AGI）开辟了一条途径。比如进一步改善它的神经网络结构，使其具有某些对场景的辨识能力，那么它就可以自动与某些专业软件结合，来完成多种工作。这虽然不像徐英谨教授讲的那种，但却是人工智能的一种质变。这种质变意味着它有某种自主性，即自我决定该怎样工作，即根据不同场景切换不同的思维方式，去解决具体问题。2024年2月，OpenAI（研发ChatGPT的公司）的Sora公布于世。现在看来，它的能力是根据一段不长的文字要求能自动地生成长达一分钟的视频。无疑，Sopa对广告业、短视频业会带来很大的冲击，人们不用到某一特制场景内去拍摄，只要根据文字指令和某（人物）形象，便可生成一段令人满意的视频。然而Sora给人以更大的启发，如360公司创始人周鸿祎所言，这个现象展示的"是大模型对真实世界有了理解和模拟之后，会带来新的成果和突破"。"一旦人工智能接上摄像头，把所有的电影都看一遍，把YouTube和TikTok上的视频都看一遍，对世界的理解将远远超过文字学习，一幅图胜过千言万语，这就离AGI（通用人工智能）真的不远了，不是10年、20年的问题，可能一两年很快就可实现"。

二是由于ChatGPT较强的生成功能，使人类不得不提高警惕，即人类的优势有相当多的东西可能逐渐地被人工智能所代替。我们讲过人以其独有的"慧"（天才，天赋、灵感、悟性、直觉、情感等）做的事，可以由"智"的高超（例如人工智能的较强的生成功能）做出某种程度的弥补。这就值得我们特别"警惕"，别以为人类独有的思想与情感会成为防止人工智能侵入人精神领域的一道坚实的防线，ChatGPT已显示出了人工智能对"慧"缺欠的弥补能力。这种能力在AlphaGo（距今日并不遥远）的年代就已出现。虽然它不会像人那样思考谋划和迸发灵感，但它的算法表现出的某种智力远超过了人的谋略，所以李世石们才会败北。这种能力在AI那里因大模型的出现更加强劲，而在人看来却相似于人类的心灵活动，好像既有智力，又有直觉或灵感。2018年，虽然ChatGPT-3还没有出现，AI作的一幅画《艾德蒙·贝拉米肖像》作为艺术品被佳士得拍出了约43.2万美元，标志着人工智能的生成能力就已跃升至艺术领域。现在利用ChatGPT-4版模型作的绘画与摹仿已达真假难辨的程度，人们几乎无法认出一幅画作是人工智能的作品还是人类的作品。有人用ChatGPT-4和辅助工具来绘画，比如依毕加索的立体主义风格绘出想要的人像、或依中国白描手法，以边塞古诗为寓意画出风景画……从网上展示的一些实例看，其绘画的精妙具有收藏价值。在本书的第十三章中，曾讲到人工智能的复制能力会很强，它可使大师们某些独一无二的艺作布满天下，使原本是对其独一无二的作品的凝视、膜拜的精英审美变化为人们普遍易得的、消遣的、娱乐的大众文化。现在ChatGPT-4的出现则更为甚之，普通人用它便可让大师们作自己的"画匠"，随心所欲地让大师们画出自己想要的画作。那些平庸的画家真的该有失业的忧虑了。绘画、作曲、写诗等一直是出于人灵感的艺术创作，既有思想又有情感，现在不管人工智能在这个领域中达到何种程度，其作品的真正蕴意达到何种深度，反正它是进（入人的思想与情感的领地中）来了。人工智能已开始大量挤压人类，人将开始逐渐丧失本有的生存空间。在人工智能应用领域不断扩大的趋势下，人类将向哪里开拓新的生存空间，人应当往哪里走，无论对于个人还是社会都需要特别关注。

第六，从ChatGPT挤压人类生存空间的能力上看，最明显的隐喻就是社会就业将出现新格局。由于ChatGPT的巨大影响力，于是一些此类的人工智能产品也急速跟进（比如中国有百度的"文心一言"已于2023年3月推出，当时就有650家企业与之连线，现在作为应用软件，可以安装在手机、电脑上。还有华为的盘古大模型以及京东、阿里、腾讯、小米、字节跳动等有实力的信息技术公司也加快相关人工智能的研究。国外的企业，如谷歌不甘在此竞争中落后，也加速了聊天机器人的研发，并计划进行推广）。如果此类人工智能得到广泛应用，那么将带来的可能是大量人力将被替代，出现如何就业的社会问题。以前针对人工智能可能代替某些简单的、程序性的、有规则判断的或推演的等类的人力劳动。曾有人指出，就业要转向有思想有情感之类的工作，如作曲、绘画、写诗等艺术性的工作或者编程等类需要智慧劳动的工作。当较多的ChatGPT类人工智能出现后，这些工作也受到了威胁，那么何种职业会好些呢？愚以为那些富于独创性的、具个性服务的工作可能会有长久性的职业稳定性，如美发师、美甲师、按摩师、特殊修理工、保姆、月嫂、护理（师）工等。一般讲来，相当多的职业从事者如果做到别致或达到高水平，即有自己的独到的风格、特点，仍然会被社会所认可。如从事艺术类的技艺高超的画家、音乐词曲作家还有高水平的作家、诗人，高级的厨师、律师、（各类）设计师、工匠等，因为他们出自心灵的妙处、思维的独特、情感的高致……总之无可替代，就可能无就业的忧虑。

第七，正因为ChatGPT技术结构的框架没有改变，所以尽管是"大模型"，但作为媒介的基本性质与以前的人工智能相较也不会有根本改变。因此，ChatGPT也同样具有我们先前指出的人工智能的不足和媒介必有的负面作用。其最大的不足当然还是不具备人的思维能力和情感，上面已经对此作了阐述。这里要指出的是，先进的媒介技术让与之相对的负面作用也升级了。我们可以想象，先前我们指出的人工智能的一些负面作用恐怕ChatGPT也都会有。当然我们前面曾指出，发挥人的主动性，用好了ChatGPT就能在某种程度上提高人的智力。但是只用它的正面作用，放弃人的主观能动性，又将伤害人的智力。比如一个作者经常使用ChatGPT为他编章组句、提供精妙语言，那么久而久之，这位作者离开ChatGPT就不会写作了，因为他自己动脑筋锤炼语言的功能可能已经减退或丧失。这也是我们曾说过的，科技的每一项进步后面，总有一个魔鬼随之而来。美国有89%的大学生用ChatGPT做作业；ChatGPT能通过谷歌L3编程工程师的考试、美国执业医师资格考试、沃顿商学院MBA课程的期末考试……这不但向有关机构提出了将来如何考试、如何选拔人才的问题，以及诸多的需要社会管理的问题。更令人担忧的是思考——这个人类本质中最重要的功能是否会因此种行为而进一步退化，所以ChatGPT也是一把双刃剑，它在给人们带来便利之后，也会带来一些相应的问题。这些都要求我们有很好的媒介意识，权衡它的利弊，在ChatGPT的狂热时也不要忘记冷静思考、合理使用。

前面讲的ChatGPT的"自我生成内容"的负面作用也是值得关注的，

它能生成正确的，还可能生成错误的。它的技术开发者，时任OpenAI首席执行官米拉·穆拉蒂（Mira Murati）就承认，这种生成内容，也会出错，比如"可能会编造事实"。"编造事实"这是个多么大的错误呢？会产生什么样的或福或灾呢？真的很难说。我们只知道以前的人工智能可能会出错，却没听说会"造假"。现在面对ChatGPT如此强大的生成能力，我们的媒介意识该如何升级？下面要说的一些事告诉我们人工智能的无序发展，在给人们带来利益与方便的同时，令人烦恼的事也跟着增多，如果媒介意识不够强，人们可能要穷于应对。

第八，从媒介技术的性质来看，ChatGPT也同样会有许多隐喻，表现为它的隐喻也跟着升级，这会带来社会管理的高难度。网络曾流传这样一个故事，一个骗子给一位母亲打电话，他佯装她的儿子，并且学着儿子的声音，说他因急事用钱，要母亲用银行账户打钱给他。于是这位母亲就和"儿子"聊了起来，聊的时间长了点儿，"儿子"便急于要钱。这位母亲告诉他，她的儿子不久前因为车祸死了，她听到电话里传来的"儿子"的声音后，极想与"儿子"通话，以解思念之情，所以才跟他聊起来了。这位母亲还恳求他，再聊一会儿，于是骗子受到感动，不再行骗了。在ChatGPT出现之前，谁都拿这当故事听，没人相信这是真事儿。可是ChatGPT出现之后却把这变成真事。加拿大的一对夫妻接到"儿子"的电话，说儿子在一场车祸中撞死了外交官而被拘留，并开口要钱。不久，他们又接到"律师"的电话，说需要交2.1万美元的法律费用才能出庭。于是夫妻二人赶紧筹钱寄款。等到晚上，真正的儿子打来电话后，夫妻二人才知受骗了。现在犯罪分子利用ChatGPT能生成完整的诈骗术，比如通过录入目标对象的特征，让虚拟人具有目标对象的特点，已经没有什么困难了。据加州大学数字鉴证专家说，随着人工智能的发展，现在只需30秒音频，就能捕捉到一个人的声音特征，包括年龄、性别、口音等。人工智能的这种深度模仿已达真假难辨的程度，它们的这一特点可能为诈骗分子所利用，这对普通人而言将可能防不胜防。说到这儿，又让我们想起 Sora，这个在大模型开发的基础上出现的短视频制作能力。如让黑客或骗子采集到某些信息，那么他们利用文字、某人的形象、语（音）言就可以用Sora制成一个非常逼真的视频，极有可能让被骗者中招。

　　媒体间还流传着这样的一个故事:一对从事互联网行业的夫妇丢了一只猫。自从他们唯一的女儿出国留学后,这只猫就成了他们唯一的亲密的伙伴,但是这只叫作"栗子"的猫却在一天晚上丢失了。他们判断极有可能是"栗子"溜进了被风吹开的18楼阳台的门,并从阳台上掉下去了,但是死无尸首,活不见猫,夫妇俩在小区各处寻找又找不见。贴出了寻猫启事,也没有得到邻居们的消息。苦闷中,他们打开了电脑,并同ChatGPT聊起了"栗子"丢失的事,让ChatGPT了解了一些"栗子"的情况。后来他们问 ChatGPT应该怎么办,ChatGPT如同朋友一般先是给他们以心理安慰,然后又给他们出主意。例如,如果担心"栗子"会被冻坏,可把猫窝或毛毯之类的东西放在家门外;还要在树上、草地中多找找,是否有猫的踪迹;当然也有夫妇俩想到的张贴寻猫启事之类的主意,ChatGPT大概提出了七项办法。一天,夫人果然在楼下的桂树上发现了"栗子"的一撮毛,又借助邻家私用摄录设备,完善了对 "栗子" "失事"的想象:栗子在阳台上看见飞虫,就去扑,结果从18楼坠下,并被桂树挡了一下。夫妇二人判断"栗子"没死。一天晚上,夫人去一楼,更换新的猫砂、猫粮(这也是ChatGPT的主意),结果,喵喵叫着的"栗子"扑向了主人的怀抱。这个故事告诉我们:当遇到难事的时候,是否可以同ChatGTP聊一聊,在它掌握了一些情况后,它不但会安慰你,还会给你"想"出些办法,因为它有很强的"自己生成"能力(专业上称之为AIGC),而且能够超过人的创作能力。这就令人产生另外的一种想法,如果一个人想干坏事,一时没了主意,是否与ChatGPT聊聊,然后请它出主意(因为它尚无人的思想和判断能力),它会不会成为坏人的帮凶呢? 其实,ChatGPT容易出现的负面作用还有很多,比如涉及用户对话和支付信息的数据泄露、算法无拘束地大规模收集及存储个人数据等,这些都极易为诈骗和黑客入侵提供方便。

　　由于ChatGPT之类的人工智能"本事"大,它出主意的"本事"也大,这当然又带来了对AI(人工智能,包括chatGPT之类)的生产、监管和使用的诸多难题。这又让我们想起了波兹曼在十一章中对电脑说的那句话:"我们发现大量收集和快速检索的数据对于大规模的组织和机构确实很有价值,但没有为大多数普通人解决什么重要问题,它们带来的问题至少和它们能解决的问题一样多"（137页、193页，重点为引者所加）。
今日看来，人工智能的发展已突破了他所说的大数据对普通人没有什么重
要作用的问题。当然，在20世纪80年代他是针对电脑说的，当时的人工智
能还只是极为初级的雏形。而今日，面对人工智能人们不但质疑"大规模
组织机构（大概也包括政府的管理部门）收集和快速检索"个人信息数据
会不会造成隐私泄露和为黑客提供方便的问题，还看到了无论对于大规模
的组织机构还是对于普通民众，"它们带来的问题至少和它们能解决的问
题一样多"。我想这里重要的是要有个管理的办法，既要让人们用到先进
的AI技术，还要保护人们的隐私安全。美国已向公众公开征询该怎么管理
AI，可见今日AI技术的发展所带来的隐喻的负面作用也随之升级到何种
地步。美国的有关机构，如商务部下属的国家电信和信息局已发动公众出
主意，说明管理的难度实在太大。比如，审查AI技术系统要有更先进的技
术的运营；管理如果太严格会影响企业的竞争和技术的发展；管理稍有放
松，AI的负面作用可能泛滥，带来比以前更多更严重的社会问题。依愚之
见，到了此时，监管的问题只靠技术是难以解决的，还应当有社会的社会
责任教育、道德教育、媒介意识教育、媒介科普知识教育以及法律介入等
方面的工作，即我们曾讲过的要有人文科学的参与。只以技术应对技术恐
怕难题会越来越多，越来越复杂。我们盼着早日实现既有规则、又有（遵
守规则的）意识地对先进媒介的畅快使用。

　　第九，ChatGPT的突特点是语言大模型，这种语言大模型引发我们思
考的问题是人工智能否操纵我们的文化。ChatGPT想将一切信息都由语言
大模型承载。一切知识都在语言中，语言是媒介，ChatGPT也是媒介，它
运作语言，于是语言便成了媒介中的媒介。语言大模型含有丰富的知识，
在ChatGPT的运作下，大模型成了"大魔形"，将使世界发生大变化，说
来说去"都是语言惹的祸"。ChatGPT最大的特点是能够按照人类的语言
习惯组织或整合语言，朝着人希望的方向来回答问题。我们在第一章和第
四章中讲了语言媒介在人类文化中的作用，一则是说语言可能成为一切信
息的载体，二则是说可以对语言的研究来代替对某些媒介的研究。对于第
一点不需多加赘述；就第二点来说，ChatGPT以语言大模型的方式解决相
当多的问题、服务于广泛的领域，无疑这种语言替代了多种媒介。波兹

曼所言"我们关于大自然以及自身的对话，是用任何一种我们觉得便利的'语言'进行的"。现在这"便利的语言"就是ChatGPT类的人工智能。

人工智能既是媒介也是技术。技术的思想是让世界存在于这种技术之中，以把这个世界显象出来，一种专项的技术仅只显象世界的一小部分，比如显微镜技术把微生物世界显象出来，加速器技术把原子核的世界显象出来，那么那个被显象的世界就存在于那个相应的技术之中。ChatGPT之类的语言大模型（人工智能）技术企图把人类视阈的世界都显象出来，让世界存在于它之中。人们使用ChatGPT就是使用它的语言来构建自己的世界，同时也在构建它的（人工智能）文化，现在你使用的语言是人工智能的语言，正如波兹曼所言"我们的语言即媒介，我们的媒介即隐喻，我们的隐喻创造了我们的文化"。这就是说如果ChatGPT继续发展，并且成为人们的亲密伙伴，人们每每遇到事情时都去请教它，那么久而久之，它更强大更聪明，形成自己的机器文化而排挤了人类的文化，像过去印刷术文化或美国电视文化那样地成为社会文化的主导文化。我们曾经讲过的智能网络文化是不是在那时就将由ChatGPT来领跑呢？有人对这种文化预测，认为将是人类文化的终结。尤瓦尔·赫拉利在ChatGPT出现之后的讲演中就说："新的人工智能工具将对人类的观点和世界观产生剧烈影响，并且成为需要的所有信息的来源……人工智能可以消化掉整个人类文化，消化掉那些我们几千年来创造出来的所有东西，并开始产出大量新的文化创作、新的文化产物……几千年来，先知、诗人和政治家们一直使用语言和讲故事来控制、操控人类，重塑社会，现在人工智能很可能就做到这一点"。的确，在电视以及非常原始的人工智能出现之后，有谁会想到这会加剧了社会两极分化，损害了我们的身心健康，破坏了民主的稳定，但是这些却被波兹曼的媒介认识论早早地分析明白了。现在我们面临的ChatGPT开启的新的人工智能工具，可能创造出非人类的文化和可能造成新的破坏，我们该如何应对呢？赫拉利给出的办法是，"政府必须立即禁止在确认其安全之前，将任何更具革命性的人工智能工具发布到公众领域"。

ChatGPT类人工智能有很强的自我学习，自我生成和自我进化的能力，虽然它没有思想、没有像人那样地理解与判断事物的能力、没有人的情感，但它可以算出人的思想和人的情感。再加上它聪明过人，在人的"喂养"下，它会变得比人要强大得多。依赫拉利的看法，不仅它的认知方式被人所接受，连人的意识也将被它的文化所征服，什么自由、平等、民主、博爱……一切都要听从机器的安排，以它的"信息茧房"征服了人的精神，人将变成它的生物，人类几千年来创建的自己的文明将被它所接管。如果从ChatGPT类人工智能的这种发展趋势看，人类的危险似乎比我们以前所说的关于人工智能极端发展蕴含的危险来得更快。

笔者认为这种预测有点悲观。ChatGPT之类的人工智能即使形成了机器文化（也被赫拉利称为"人工智能新文化"），挤压了人类文化，但是就目前和可预见的将来看还代替不了人类文化。首先，ChatGPT之类的人工智能所有的知识基础是人类创建的文化，它整合和生成的语言也是人类语言的生产活动，是人类文化的延伸。它生成的东西基本有三类，一类是正确的，对人有帮助的；一类是不确定的；一类是错误的，甚至是怪诞的。另外它还有不少缺点（负面作用），即使它再发展，这三类情况和它的负面作用也同时成比例增长。对此，人类是有鉴别能力的，这就使人不能完全相信它。

其次，ChatGPT类人工智能是基于逻辑的和推理的，和人心灵中的理性的以及直觉、顿悟、创见、情感等非理性的丰富的认知形式与表现形式相比仍然是有很多欠缺的。ChatGPT如果不被极端发展，是难以取代人类文化的。ChatGPT推断出的人的心灵上的东西是有限的，要想更好地猜度人心灵的东西则需要它的神经网络在结构上进行较大的改变。徐英瑾教授列举的通用人工智能（可能是通用人工智能之一种）大概也只能具有人的心灵（思想与情感）的部分功能。

最后，没有思想与情感就不可能有自主性，而自主性有着非常重要的作用。ChatGPT没有自主性就必然听从人的指使，它的开关在人的手中。自主性在人那里却是含义非常丰富的概念，思想和情感是人类自主性的根基，其中就有对媒介的意识，既然有ChatGPT，就必然会有人对它的认识，这就使人独立于ChatGPT之外，而不会成为它的一部分。

"娱乐至死"是波兹曼对人类社会发出的警告，更是深刻的媒介意识，同样我们在指出"机器文化"时也是一种警告和一种媒介意识。

"娱乐至死"警告人们不要因为技术的发达而沉浸在它所提供的娱乐中，让人堕落成没有自我精神的物种，使人退化为动物。我们在说"机器文化"的时候也是警告人们不要因为AI的快捷方便而丢弃人类几千年积累的真正适用于自己身心的文化，要保有人类自己的思想与情感。在AI技术的发展中，只要人类不把思想与情感这两样东西教给人工智能（包括ChatGPT），不论人工智能创造出怎样的机器文化都将被掌握在人类的手中。人类把握住自己的思想与情感不但是保护自己的心灵，更重要的是把握了自主性，把握了自主性就会产生对新媒介（新人工智能）的新媒介意识。波兹曼告诉我们，媒介隐喻的重要功能是形成文化。我们说过，任何媒介（技术）都有正负两面作用，负面作用是对正面作用的反作用，也是必然产生的，不可避免的。但是隐喻的负面作用是可以避免的，关键是人是否具有与时俱进的媒介意识，只要有这样的媒介意识，人就不可能被AI所主宰，相反人要掌控它，要让它为人类的进步服务。当然，这个自主性应当为广大的普通人所有，让更多的人明白自主性这个媒介意识产生之源的深刻含义。自主性不只是产生自人的理性，更主要的是产生于人的心灵。所以保护我们的心灵，像魏译鲍姆所告诫的那样，绝不把思想与情感给予任何人类发明的技术，包括AI，那么我们就永远不会被机器化、人工智能化。

由前述看到自主性在人类生存中的重要性，这又让我们想起埃德蒙德·胡塞尔在20世纪30年代就实证主义带来的科学危机所说的关于人类自主性的一番话，我们曾在第十二章的开头和末尾引用了其中的一段，虽然字面上没有"自主性"几个字，但是那里强调的却正是"人在与人和非人的周围世界相处中能否自由地自我决定的问题。涉及人能否自由地在他的众多的可能性中理性地塑造自己和他的周围世界的问题"。在媒介论者看来，"理性地塑造自己和他的周围世界"就是自主性，有了自主性就会有媒介意识，就是认识各种（科技）媒介的特性以及对人对社会的影响，就会正确地使用媒介，使其为人类进步服务，从而体现人生的价值和生存的意义。上面所提到的ChatGPT之类被极端发展，也就是AI的发展失控。人们将人类的思想及情感（心灵）交给人工智能，那时人工智能将极可能形成人类的灾害。人们把握在（科技）媒介面前的自主性，就能在人类可控的前提下，有序地发展人工智能，这一点与赫拉利的观点有相合之处，即都要求国家和有关机构、国际组织等有效地监督对人工智能的研发，在它的负面作用可能带来的社会问题不可控的时候，限制对它的研发和将它部署到网络上。与赫拉利的观点最大不同的是，笔者认为要守护好我们的心灵，把握住我们的自主性，适时提高我们的媒介意识，不让我们的心灵——人最本质的东西受到机器的伤害。心灵是自主性之源，自主性又是媒介意识之源，媒介意识又是把握媒介之本，这就是我们把控ChatGPT之类的人工智能的基本原则。由此我们是否可以这样认为：如果说媒介是某种存在，那么媒介意识将是这种存在的真理，而人类是依赖媒介（信息）生存的，那么媒介意识当然也就是人类生存的真理。

第十，过好人工智能这一关。ChatGPT之类的大模型人工智能的跃升促使我们更加重视对它的研发、管理和使用的问题。在今后的二三十年里，大模型人工智能将得到更广泛的应用，同时对它的研发也将会出现更新的成果。谁在这段时间里走在前面，谁就会在生产、生活等多个领域发生巨变，而有更强劲的生存能力，当然也会带来更多的需要解决的问题。但是，科技的发展（用海德格尔的话来说——人类解蔽之命运）已走到了这一步，无法回避，人类只有在风雨及阳光同在的日子里努力前行。不要以为前方都是一片美丽新世界，应当看到当前世界在各种各样的纷繁竞争中，人工智能成了一个关口，谁过得好，谁将获得幸福，谁过得不好，很可能就是一场灾难。要过好人工智能这个关口就是要把它研发好、管理好、使用好。要做到这三好，归根到底是人们要坚守好在科技面前的自主性、树立好媒介意识和坚持勇攀科技高峰的精神，这三点是人工智能时代关系到国家命运，个人生存和家庭幸福的大事情。

第十一，在本书付梓之前网络上又传出了一种AI技术对抗AI造假行为，这就是GPTZero文本检测工具。如果老师在网页上放上它，学生使用ChatGPT之类的软件代写作业等将被识破。GPTZero这种AI技术是通过算法分析文本的复杂程度和模式，来判断文本是否为人类所写作。人类的写作和AI的写作是不同的，AI写作文字简练，而人的写作往往复杂、文字难懂。当GPTZero发现文字的困惑越多越能说明文章是由人类创作的可能性越大。另外，人类写作的文字有节奏感，其声调、节奏、语气、押韵等有流畅感，而AI写作却没有这些。AI写作的句子长度比较平均、结构常规化、风格比较单调，这些都为GPTZero的识别带来方便。GPTZero出现后，AI识别也有新发展，现在对声音、音频、图像等是否为AI生成或人类创作的真伪识别也有了不小成绩，收到了防伪、防骗的效果。

对此，笔者认为AI识别非人（人工智能）制作的技术当然是一种进步，初看起来好像是两种AI技术的互补，但是大模型AI技术仍然要继续研发，虽然它并非仅为对抗GPTZero，其目的仍然是要更像人，这样才能为人类办更多的事（就这方面而言，在不违法和不进行商业化操作下，人也需要这种AI服务）而这必然意味着更高一级的"造假"能力。其实这是一种AI技术与另外一种AI技术的对抗。笔者早就有言，以技术对抗技术是一条会给人类带来灾祸的危途。在不断的对抗中，看似二者都有所发展，但危险也越来越近。最好的解决办法是向人文科学求助，来协调AI之间的关系，避免AI技术的极端发展而促成人间悲剧。